신간회와 신간회운동의 재조명

신간회 신간회운동의 재조명

초판 1쇄 발행 2018년 12월 30일

저   자 ㅣ 정윤재 · 유지아 · 조규태 · 김인식 · 윤덕영 · 김기승 · 조맹기
편   자 ㅣ 민세안재홍선생기념사업회
발행인 ㅣ 윤관백
발행처 ㅣ 도서출판 선인

등록 ㅣ 제5-77호(1998.11.4)
주소 ㅣ 서울시 마포구 마포동 324-1 곳마루 B/D 1층
전화 ㅣ 02)718-6252 / 6257   팩스 ㅣ 02)718-6253
E-mail ㅣ sunin72@chol.com
Homepage ㅣ www.suninbook.com

정가 30,000원
ISBN 979-11-6068-235-9 94900
      978-89-5933-496-4 (세트)

※이 책은 평택시와 방일영문화재단의 후원으로 제작하였습니다.

민세학술연구총서 008

신간회와 신간회운동의 재조명

정윤재 · 유지아 · 조규태 · 김인식 · 윤덕영 · 김기승 · 조맹기   지음

민세안재홍선생기념사업회   편

책머리에

　이번에 발간하는 『민세학술연구 총서』 제8권은 2017년 6월 신간회기념사업회 · 조선일보 · 방일영문화재단이 공동으로 기획한 「신간회창립 90주년 기념 학술대회: 〈신간회와 신간회운동의 재조명〉」에서 발표된 논문을 정리한 것이다.

　신간회는 1927년 2월 15일 비타협적 민족주의자들과 사회주의자들이 절대독립을 목표로 창립한 일제강점하 최대의 항일민족운동단체였다. 신간회는 자치운동 등 타협운동을 배격하면서 비타협적 민족주의 세력이 중심을 모으고 여기에 사회주의자들이 민족운동의 주동성을 인정하면서 민족협동전선으로 발전할 수 있었다. 신간회는 문자보급과 야학 개설, 언론 · 출판 · 집회 · 결사의 자유 요구, 노동단체 지원, 농민운동 고양 등 다양한 분야에서 일제 식민지배에 저항하는 운동을 전개했다. 신간회 창립 90주년 기념학술대회는 그 동안 축적되어온 신간회 연구의 성과를 정리하고 새로운 관점에서 신간회의 조직과 신간회운동의 전개 과정을 재조명하고자 했다. 이 책에 수록된 논문들을 간략하게 소개하면 다음과 같다.

정윤재는 〈민주공화주의의 수용과 실천의 한국근대사〉에서 대한제국기 이후 우리 근대사를 정치사상적으로 '민주공화주의 수용과 실천 과정'으로 간주하고, 특히 신민회 결성이후 기미혁명(3·1독립만세운동과 상해임정 수립)의 모색 및 성취과정, 그리고 그 이후 신간회운동이 전개되는 동안 민주공화주의에 의해 개명된 수많은 개인들이 정치적 독립을 위해 실천했던 다양한 삶의 면모를 차례로 검토했다.

유지아는 〈1910-20년대 일본의 다이쇼데모크라시와 제국주의의 변용〉에서 다이쇼데모크라시는 제국으로 부상하는 일본이 예전의 구조로는 대응할 수 없게 된 것에서 출발한 운동의 총체라고 할 수 있으며 다이쇼데모크라시의 자율과 탄압이라는 이중성은 식민지에 더욱 강하게 나타났고, 이는 자율이라는 형식을 제공하면서 내면에서는 더욱 강력한 감시와 강제를 실시하기 위한 법체계를 마련하였다고 평가했다.

조규태는 〈1920년대 민족주의세력의 자치운동의 전개 양상〉에서 3·1운동 후 일본의 정치인들은 소위 '문화통치'와 함께 조선에 대한 자치를 제의하고 검토하였고 이에 대해 관심을 갖는 동아일보와 천도교 신파의 인사들이 주축이 된 민족주의계 인사들은 1923년 9월 자치운동의 추진체로서 연정회를 설립하였다. 그러나 이를 비판한 사회주의자들과 비타협 민족주의자들이 세력을 합하여 신간회를 조직, 자치운동을 무력화시켰다고 분석했다.

김인식은 〈창립기 신간회의 성격 재검토〉에서 1927년 5월 들어 조선일보가 신간회를 민족단일당으로 규정하기까지, 신간회는 발기 후 넉 달여 동안 여전히 순민족주의단체로서 민족좌익전선-단일민족진영을 지향하였고 창립기 신간회는 비타협(좌익) 민족주의를 근본이념으로 삼아 일관되게 절대독립을 추구하면서 자치운동 노선을 배격하였다고 평가했다.

윤덕영은 〈신간회 초기 민족 언론 세력의 정세인식 변화와 '민족적 총역량 집중'론의 성격〉에서 민족 언론 세력들은 중국과 일본에서 전개되는 국제정세의 변동에 대해 면밀하게 검토하고 있었으며, 이를 목적의식적으로 자신들의 운동방침에 반영하고 있었고 전 세계의 사조와 사상, 국제정세에 대해 깊은 수준은 아니지만 상당한 정도의 이해를 하고 있었다고 분석했다.

김기승은 〈언론에 나타난 신간회 해체 논쟁의 전개과정〉에서 신간회 해소 문제를 둘러 싼 언론에서의 논쟁은 1931년 1월과 4월 이후 크게 두 시기로 나누어지며 1931년 1월 초기 국면에서는 신간회 해소 반대론이 공격적이며 우세한 위치를 점하였으나. 4월 이후에는 신간회 해소 찬성론이나 신간회 지회의 해소론이 잡지에 본격적으로 소개되었다고 분석했다.

조맹기는 〈신간회와 조선일보-정당부터 문화산업육성 기능까지〉에서 조선일보가 주동이 된 신간회는 정당 뿐 아니라, 민족경제육성, 문자보급운동 등을 통해 민족문화산업육성 기능까지 확장시켰고 신간회와 조선일보는 당시 민족 정치·문화산업 전반을 주도하였다고 주장했다.

출판에 앞서 옥고를 써주시고 지난해 신간회 창립 90주년 기념 학술대회에 참여하여 발표와 토론을 맡아주신 여러 선생님들께 진심으로 감사를 드린다. 또한 신간회창립 60·70·80주년 창립학술대회에 이어 90주년기념 학술대회를 지원해주신 방상훈 조선일보 사장님과 조연흥 방일영문화재단 이사장님, 그리고 학술대회 주제 기획에 함께 참여해주신 이선민 조선일보 학술담당 선임기자와 행사 보도에 힘써주신 문화부에도 감사의 뜻을 전한다.

그리고 창립 당시 조선일보 주필로 신간회운동을 주도한 민세 안재홍 선생의 정신 선양과 재조명사업에 애정을 아끼지 않는 평택시의 모범적 후원과 이번 총서 8권을 포함하여 창립 이후 현재까지 민세연구총서의 기획과 꼼꼼한 교정에 힘써주신 황우갑 사무국장께 감사드린다. 아울러 2011년부터 좋은 인연을 맺어 매년『민세 학술연구 총서』를 발간하는 데 힘써 주시는 도서출판 선인의 윤관백 사장님과 편집기획자 여러분께도 깊은 감사의 뜻을 전한다.

2018년 11월 30일
한국학중앙연구원 문형관 연구실에서
민세학술연구총서 8권 편집위원 대표 정윤재 삼가 씀

차례 | 신간회와 신간회운동의 재조명

▌ 언론에 나타난 신간회 해제 논쟁의 전개과정 / 김기승

민주공화주의의 수용과 실천의 한국근대사

-신민회결성과 기미혁명 그리고 신간회운동까지-

정윤재 (한국학중앙연구원 사회과학부 교수)

1. 수많은 "개인들"

우리의 근현대사는 매우 복잡하고 혼란스럽게 보인다. 최근의 한국사 국정교과서 파동과 근현대사 속 인물이나 사건에 대한 평가를 둘러싸고 계속되는 논쟁들을 볼 때 그런 생각이 쉽게 가시지 않는다. 그러나 다시 한 번 찬찬히 우리의 근현대사를 들여다보면, 그것은 내외의 도전과 불행을 어렵사리 극복해가며 자주적 근대국가의 형성과 발전을 끈질기게 추구했던 역사적 도정(道程)이었음을 알게 된다. 우리는 조선후기와 대한제국기의 국가위기를 우리가 제대로 극복하지 못해 일제에 의해 강제로 복속 당했다. 이후 우리는 온갖 수탈과 수모를 당하는 암흑기를 감당해야 했지만 자주독립을 향한 의지와 꿈을 포기하지 않았다. 오랫동안이 암중모색과 준비 끝에 마침내 1919년 3월 1일 당시 민족지도자 33인들은 한국이 독립국임을 내외에 선포했고, 민중들은 독립만세운동을 대대적으로 결행했다. 곧이어 우리는 4월 11일 중국 상해에 대한민국 임시정부를 수립했고, 이를 기점으로 우리 민족은 완전독립에의 자신감과 희망을 다잡으며 막막했던 일제치하를 견디며 살아냈다.

이러한 우리의 근대사를 돌이켜 볼 때, 조선왕조 말기와 대한제국기, 그리고 일제치하와 같은 민족수난기를 거치는 동안 우리 안에는 민족공동체 안팎의 모순과 도전에 맞서 저항하고 투쟁했던 무수한 "개인들(individuals)"이 존재했음을 발견하게 된다. 이러한 개인들은 민족적 자존심과 정치적 주체성으로 버티고 인내하면서 자아와 공동체에 대한 심각한 도전에 대응했고, 민족갱생과 독립건국에의 희망을 끝끝내 붙잡고 살았다. 이같이 수다한 개인들은 빈부귀천이나 직업의 구분을 넘어 경향각지(京鄕各地) 세계 곳곳에서 살아 움직였다. 이들이야말로 역사의 주체였고, 민족의 주인이었다. 다만 피압박(被壓迫) 약소민족이었던 우리는 자체 힘만으로 정치적 독립을 쟁취하지는 못했다. 2차 대전에서 미국·영국·중국·소련 등 연합국(聯合國)들이 독일·이탈리아·일본과 같은 팽창주의적 제국주의국가에 승리함으로써 마침내 해방을 맞이할 수 있었다. 그리고 그 이후 남한과 북한은 분단 상태에서 경쟁과 대립을 지금까지 계속하고 있는 것이다.[1]

그런데 이 같은 우리 근현대사는 정치사상적으로 "민주공화주의의 수용과 실천"의 과정이었다. 서구의 근대적 경험으로 볼 때, 적어도 17, 8세기 이후 오늘날까지 보편가치로 여겨지고 있는 이른바 근대성(modernity)을 구성하는 핵심가치는 정치적 자주와 독립[민족주의], 산업화[과학기술혁명], 그리고 민주공화주의[시민혁명]이다. 즉, 종교개혁과 인본주의의 등장으로 자아(自我)와 천부인권(天賦人權)에 눈 뜬 개인들이 과학기술혁명으로 촉발된 산업화와 상공업의 발전으로 보다 많은 자유와 복지를 추구하게 되었다. 이 과정

....

[1] 정윤재, "민세 안재홍의 민족운동과 '조선정치철학'", 민세안재홍선생기념사업회 편, 『민족운동가들의 교류와 협동』(선인, 2018), 13~14쪽.

에서 유럽 대륙을 지배하던 신성로마제국(The Holy Roman Empire)으로부터의 독립과 부패한 절대왕정의 타파가 시도되었다. 이 때 각 개인들은 천부인권(天賦人權)과 존엄성을 지닌 "주권분담자들"(the sovereigns)로 간주되었다. 그리고 바로 이러한 개인들이 새로운 시대의 정치적 변화와 사회경제적 발전의 주체라는 민주공화주의적(民主共和主義的) 각성이 촉발되고 확산되었던 것이다. 그 결과 유럽 각 지역에서는 민주공화주의적으로 개명된 많은 개인들, 즉 "시민들(citizens)"이 신흥 상공업의 주체가 되었고, 신성로마제국으로부터의 정치적 분리 독립과 타락한 절대왕정체제, 즉 "앙시앙레짐"(ancien regime)으로부터의 해방을 얻기 위한 정치운동이 전개되었던 것이다. 적어도 이것은 18세기 이후 오늘날까지 보편적 추세였고 지구적 현상이었다.[2]

서구 근대사가 이렇게 전개되는 동안 아시아 대륙 동쪽 끝에 위치했던 한민족은 14세기말 유교적 정치이념을 바탕으로 개창된 조선왕조시대를 살고 있었다. 조선의 지식인과 군주들은 무엇보다 유교적 "민본(民本)" 사상에 충실한 나라를 만들고자 노력했다. 그래서 조선왕조 전기의 세종과 같은 군주는 강토 내 모든 신분의 백성들을 "천민(天民)"으로 간주하고, 그들이 "각자가 나름대로 살맛나는 삶을 즐길 수 있도록(各遂生生之樂)" 해주고자

---

[2] 따라서 특정 국가의 근대화 과정을 분석, 평가할 때는 자연스럽게 정치적 자주독립, 산업화, 그리고 민주공화주의라는 3 가지 가치들을 준거로 삼게 되는 것이다. 즉, 근대화 과정에는 이 3 가지 가치가 이미 들어있기 때문에 '근대성'과 '자주성'을 분리해서 특정 상황을 평가하거나 '자주성 없는 근대화'라는 모순적인 용어를 사용하여 평가하는 것은 매우 부적절한 것이다. 근대성에는 이미 자주성이 내포되어 있는 것이다. 같은 글, 15~27쪽; 정윤재, "일제하 한국 지식인들의 저항과 식민지 근대화론," 정윤재 외, 『식민지 근대화론의 이해와 비판』(백산서당, 2004), 195~202쪽. 그리고 근대 유럽에서의 자유주의, 민족주의, 그리고 산업화와 관련된 정치사상사적 흐름에 대해서는 F. M. 왓킨스 저, 이홍구 역, 『이데올로기의 시대』(을유문화사, 1982), 특히 1장과 5장 참조.

했다.3) 또 영조와 정조, 그리고 고종도 양반이 전횡하는 정치를 개혁하여 백성들이 정상적으로 살아가는 "백성들의 나라(民國)"4)를 만들고자 노력했다. 다산 정약용은 부패한 관리들에 의해 피폐해진 조선의 현실을 비판하고 유교경전을 재해석하여 인간은 모두 "자작(自作)"하는 존재임을 내세우고 왕조개혁을 주창했다.5) 그러나 이 같은 정치적 시도들은 결실을 맺지 못하고 외척들이 날뛰는 세도정치(勢道政治)로 이어졌고, 마침내는 홍경래(洪景來)의 난(1811)과 진주민란(晉州民亂, 1862)과 같이 백성 즉, 민중들이 나서는 민본정치의 새로운 양상이 전개되었다. 그리고 그들의 봉기는 계속 이어졌다. 이러한 민중적 저항은 결국 "사람이 곧 하느님이니(人是天)", "사람을 하느님 같이 하라(人如天)"는 평등사상을 선포하며 보국안민 척양척왜를 기치로 봉기한 동학농민혁명으로 발전했다.6)

물론 이러한 시도들이 목표로 했던 폐정혁파와 자주독립은 온전히 성취되지 못했다.7) 하지만 건강하고 자주적인 독립국가(獨立國家)를 향한 수많은 개인들의 행진은 중단되지 않고 계속되었다. 특히 서양으로부터 전래된 기독교8), 독립협회 운동, 그리고 신민회(新民會) 등을 통해 여러 신분의 개인들은 국가, 국민, 자유, 평등, 인권, 입헌주의, 주권재민, 시민, 애국심, 헌신 등과 같은 가치

3) 정윤재, "세종대왕의 '천민/대천이물'론과 '보살핌'의 정치", 『동양정치사상사』 제8권 1호(2009. 3), 145~161쪽 참조.
4) 이태진, "대한제국 황제정과 민국 정치이념의 전개-국기 제정 보급을 중심으로", 『한국문화』 제22호(서울대 한국문화연구소, 1997), 237~276쪽.
5) 정윤재, "정약용의 자작적(自作的) 인간관과 왕정개혁론: 조선후기 정치권력의 공공성문제와 관련하여", 『한국정치학회보』 제33집4호, 83~104쪽.
6) 신용하, 『동학과 갑오농민전쟁연구』(일조각, 1993), 31쪽.
7) 안재홍, 『한민족의 기본진로』(조양사, 1948), 90~94쪽.
8) 우리의 근대사에서, 국가나 국민의식을 불어넣어준 것이 "서양 선교사"였고, 이러한 흐름의 연속과정에서 "민족"이 새로운 "초월자"로 등장했다. 고미숙, 『계몽의 시대: 근대적 시공간과 민족의 탄생』(터, 2014), 140쪽과 제2장과 3장.

들을 새로 습득했고 정치적으로 크게 고무되었다. 그리하여 대한제국 전후기
의 우리 민족구성원들은 전통적인 민족의식을 되살리고, 또한 서구의 민주공
화주의 정치사상을 수용하고 실천하면서 당시 노골화되기 시작했던 일본제국
주의의 침략 기도에 부단히 저항했다. 한민족 내부에서 이어지던 이러한 정치
적·사상적 흐름은 1911년 중국 남경에서 성공한 신해혁명(辛亥革命)과 1918년
미국 윌슨 대통령의 민족자결주의(民族自決主義) 선언으로 한층 더 고무되었
다. 한국의 많은 활동적인 지식인들은 이제 각자가 자발적으로 나서 행동하고
힘을 합치면 민족갱생과 독립이 가능하다는 새로운 확신과 희망을 갖게 되었
다. 그리고 시대적 보편가치였던 민주공화주의에 의해 강화된 이 같은 확신과
희망은 각종 계몽활동을 통해 점차 그러나 빠른 속도로 일반 민중 속으로 침투
확산되었다. 그 결과 자주독립과 인간해방을 향한 그들의 열망은 마침내 1919
년 3월 전국적인 만세운동으로 맺어졌고, 또 상해임시정부의 수립선포로 이어
졌다. 그리고 일제치하의 어둠을 끝내 버텨내고 투쟁하다가 1945년 8월 마침내
광복(光復)을 맞이했던 것이다.

　그런데 이 과정에서 특히 1919년 3월 한민족 전 구성원에 의한 전국적인 독립
만세운동과 그 정치적 결실인 대한민국 상해임시정부의 수립선포는 우리 근대
사의 노른자위라 할 수 있는 매우 획기적인 거사(擧事)였다. 그것은 식민지상태
의 조선민족이 정치적 자주독립을 위해 폭력적 일본제국주의에 정면으로 맞서
봉기했던 대중적 비폭력 저항운동이었다. 그리고 무엇보다 전국의 212개 시·
군에서 약 200만 명이 참여하여 최소 7,500여 명이 희생당하고, 4만7,000여 명이
구금당하면서 전개되었던 독립만세운동은 오로지 "민족독립(民族獨立)을 확실
(確實)케 함"으로써 "자자손손(子子孫孫)의 영구완전(永久完全)한 경복(慶福)"을
보장하기 위한 마땅한 대가를 치르는 과정임을 「독립선언서」는 내외에 공표했
다.9) 그리고 이 독립만세운동은 당시 식민 상태에 있던 아시아의 여러 민족들에

게 감동과 충격을 주어 그들로 하여금 자주독립의식을 갖고 제국주의적 지배에 저항할 수 있는 용기를 갖게 해주었다.

이러한 독립만세운동의 전말을 잘 알고 있던 백암(白巖) 박은식(朴殷植)은 그것은 "세계혁명사의 신기원"[10]이었다고 평가했다. 민세(民世) 안재홍(安在鴻)은 "기미운동"은 일제에 의한 "노예적 피압박"을 단호히 거부하여 봉기했던 전 민족적인 "피의 감투(敢鬪)"였으며, 전 민중 각자가 "자발적이고 자주적"으로 민족생존의 대의에 따라 행동하는 "민주역량"을 내외에 드러냈던 "독립자활" 운동이었다고 평가했다.[11] 또 원로 사학자 천관우는 "3·1운동은 우리 근대 민족운동사의 큰 호수이다. 이전의 모든 근대민족운동의 물줄기가 이리로 흘러들고, 이후의 모든 근대민족운동이 여기서 흘러나가는 것을 쉽사리 실감할 수 있다"[12]고 함으로써 3·1운동의 민족사적 의의를 명료하게 표현했다. 그리고 3·1운동의 역사적 배경과 발생과정 및 그 이후의 민족운동사를 종합적으로 연구했던 이현희 교수는 '3·1운동'을 "동학혁명이라는 민중운동의 재현"이었음을 입증하면서, 그것은 "평화지향적이면서 민주공화제라는 자주국가 건설의 이념"을 추구했던 "민족주의 민중구국운동"이었다고 평가했다.[13] 그러나 지금까지 1919년 3월 전후의 우리 민족구성원들의 자주독립을 향한 제반 움직임들은 '3·1운동'이란 엉거주춤한 호칭으로 불리면서 그 역사적 의의가 크게 저평가되었다. 특히 이 민족적 거사가 '3·1운동'이란 주인 없는 용어로, 적어도 신민회 결성 이후 민주공화주의적으로 개명되었던 수많은 개인의 결단과 행동으

---

9) 이현희, 『3·1운동사론』(동방도서, 1979), 198~199쪽.

10) 박은식 저, 김도형 역, 『한국독립운동지혈사』(소명출판, 2008), 535쪽.

11) 안재홍, "3·1정신과 국민정신-군인정신의 수립 문제," 안재홍선집간행위원회 편, 『민세안재홍선집 2』(지식산업사, 1983), 411~414쪽. 이후 『선집 2』로 인용함.

12) 천관우, 『한국사의 재발견』(일조각, 1979), 327쪽.

13) 이현희, 앞의 책(1979), 174~175, 178~179쪽.

로 성사된 전국적인 거사였던 사실이 숨겨지거나 왜곡되는 결과가 방치되었던 것으로 생각된다.

이상과 같은 관찰과 문제의식에서, 필자는 특히 그간의 연구에서 우리의 근대사가 서구의 근대적 경험이 남긴 보편가치들 중 하나인 정치적 자주독립과 그것을 위한 민족주의운동에 해당하는 정치적 실천과정이 면면히 전개되었음에도 불구하고 아직 이에 대한 적정한 연구가 크게 미흡하다는 사실에 주목하고자 한다. 그래서 이를 보완하기 위한 노력의 하나로 우리의 근대사에 대한 정치사상사적 접근을 시도하여 그것이 "민주공화주의의 수용과 실천과정"의 성격을 지니고 있었음을 드러내고자 한다.[14] 이를 위해 필자는 연구방법상 근대기에 활동했던 다양한 개인들의 사상과 행동을 주요 분석대상으로 삼고자 한다. 그리고 이미 상술한 바와 같은 이유로 '3·1운동'을 "기미혁명(己未革命)"으로 명명하고자 한다. 그리고 이어지는 절들에서 먼저 동학농민혁명과 대한제국 출범, 독립협회운동, 그리고 계속되었던 항일운동까지를 기미혁명 이전의 역사적 배경으로 검토하고자 한다. 다음으로 1907년 신민회 결성 이후 1919년 3월까지 국내외 지도자들과 민중들에 의해 발의되고 추진되었던 각종 애국계몽운동과 의병운동, 그리고 1919년 3월 전후의 독립만세운동과 상해임정 출범까지를 "기미혁명의 모색과 성취 과정"으로 검토하고자 한다. 그리고 기미혁명 이후 1920년대에 국내외에서 전개되었던 각 분야의 다양한 개인들이 실천했던 항일민족운동을 신간회운동까지 검토할 것이다. 마지막으로 이상의 검토를 요약하고 몇 가지 시사점들을 정리하고자 한다.

---

[14] 따라서 본고는 자료의 새로운 발굴과 정리에 기초한 것이 아니고, 기존의 연구 성과들을 다시 읽으며 한국근대사는 정치사상적으로 볼 때 민주공화주의의 수용과 실천의 측면도 있었음을 밝히는 노력의 한 소산이라 할 수 있다.

2. 동학혁명 이후의 국권회복운동: 역사적 배경

조선의 고종정부가 갑오동학혁명을 자력으로 수습하지 못하고 청(淸)에 그 진압을 요청했고, 결국 청군이 서해안의 풍도(豊島)에 도착했다. 청과 일본은 이미 갑신정변이후 이홍장과 이등박문 사이에 천진조약(1885. 4)을 맺어 장차 조선에 군대를 파견할 경우, 사전에 서로 통보한다고 약조한 바 있었지만 청은 이를 지키지 않은 것이다. 그러자 기회를 엿보고 있던 일본은 즉시 1895년 7월 25일 충청도 아산만에 군대를 파병하여 청국군대를 선제공격함으로써 청일전쟁이 시작되었다.[15] 전쟁은 일본이 뤼순지역과 타이완 등을 점령하고, 그 세를 몰아 일본이 청국과 시모노세키조약을 체결함으로써 일본의 일방적인 승리로 끝났다. 이 무렵 고종정부와 동학농민군은 전주화약을 맺고 잠시 소강상태를 유지하고 있었는데, 청일전쟁에서 승리한 일본은 이 기회를 놓치지 않고 고종을 무력화시키고, 조선침략을 본격 추진하기 위해 친일정권의 수립을 기도하였다. 이를 위해 먼저 오도리 게이스케(大鳥圭介) 공사와 일본 육군여단이 공모하여 서울을 점령하고, 7월 23일 경복궁에 난입하여 고종을 포로로 만든 상태에서 소위 '갑오경장'이란 국정개혁을 추진했다. 1894년 7월 27일 군국기무처라는 임시특별기구가 설치되면서 3차에 걸친 갑오개혁이 1896년 2월까지 추진되었는데 이는 반일적인 명성왕후 세력을 밀어내고 영의정 김홍집을 총재관으로 하는 내각으로 친일적인 개혁을 도모하기 위함이었다. 여기에는 국왕의 인사권 축소, 강력한 경무청의 신설, 중국연호 폐지, 13도로의 개편, 방곡령 반포 금지 및 일본화폐 통용 허락, 과부재혼 허용, 공사노비제와 반상문벌·연좌제 등의 폐지가 포함되었다.

이 과정에서 일본은 대원군을 섭정으로 옹립하여 친일적인 정국운용에 활용

---

15) 한영우, 『미래를 여는 우리 근현대사』(경세원, 2016), 47~106쪽.

코자 했으나 대원군은 이를 거부했다. 그리고 위기에 몰린 고종과 왕후는 "인아거일"(引俄拒日) 정책으로 자주성을 회복하고, 동도서기(東道西器)에 입각한 개혁개방을 기도했다. 때마침 일본의 중국지배를 원치 않았던 러시아·프랑스·독일의 3국 간섭으로 일본이 요동반도를 청에 반환하게 되자, 명성황후는 이해 8월 김홍집·김윤식·이범진·박정양·이완용 등 미국 및 러시아와 가까운 인물들로 새 내각을 구성하여 반일정책을 추진했다. 그러나 일본은 이러한 기도를 사전에 꺾기 위해 육군준장 출신의 미우라 고로(三浦梧樓) 공사를 새로 파견하고, 일본 수비대 병력과 경찰을 동원하여 1895년 10월 8일(음 8월 30일) 경복궁에 있던 명성왕후를 시해했다. 이에 왕실과 백성들은 크게 반발했다. 곧이어 11월에 친일내각이 소위 단발령(斷髮令)을 발표하자 전국의 유생들은 격분하여 을미의병(乙未義兵)을 일으켰다. 고종왕실과 그 척족들은 물론 이 의병들의 거사를 배후 지원했고, 대표적인 의병장은 이천과 여주의 박준영, 춘천의 이소응, 제천의 유인석과 서상렬, 강릉의 민용호, 홍주의 김복한, 산청의 곽종석, 문경의 이강년, 장성의 기우만 등이었다. 의병들은 전국 곳곳에서 일본군과 격전을 벌였으며 지방의 친일관리들을 처단하고 군사시설을 파괴했다.

　한편 일제의 침략기도와 살해위협에 직면했던 고종을 위하여 측근들은 정동구락부(貞洞俱樂部) 내 친위관리들의 협조를 얻어 고종을 일단 미국공사관으로 피신시키고자 기도했다(일명 춘생문사건). 그러나 여의치 못하자 1896년 2월 11일 새벽 고종은 궁녀가 타는 가마를 타고 궁을 빠져나와 러시아공사관으로 피신했다(아관파천). 고종은 이곳에서 친일관료들에 대한 체포령을 내렸고, 이어서 김홍집·정병하 등이 서울 길거리에서 군중들에게 맞아 죽었다. 어윤중 역시 용인에서 지방민들에게 맞아 죽었다. 유길준은 일본으로 도망갔고, 김윤식은 제주도로 유배당했다. 고종은 러시아공사관에 약 1년간 머물면서 이완용·이범진·윤치호 등이 중심이 된 내각을 운용했다. 단발령 폐지와 의정부

제 부활, 음력 재사용 등과 같은 정책을 시행했다. 대신 중국사신을 영접하던
영은문을 부수고, 그 자리에 독립문(獨立門)을 세웠다. 마침 미국에서 귀국한
서재필은 정부의 재정지원을 받아 1896년 4月부터『독립신문』을 발행하여 구
미의 민주·자유·평등사상을 소개하고, 유교문화와 중국을 비판했다. 당시의
고종정부는 대외적으로 러시아를 활용하여 일본을 견제하는 노선을 취하고 있
었다. 그리고 민영환이 러시아를 다녀온 이후인 1897년 봄부터는 러시아와 일
본 모두를 불신했다. 미국과 독일 등 구미국가들과의 친교를 통한 국가의 자주
독립을 추구했다.[16] 그러면서 이로부터 약 8년 동안 고종은 상대적으로 자주적
인 국정운영을 펼 수 있었다.

  1897년 2월 20일, 고종은 마침내 러시아 공사관에서 나와 정동에서 가까운
경운궁(덕수궁)으로 환궁했고, 김병시·정범조 등과 같은 동도서기적 개화파
인사들을 등용하여 구본신참(舊本新參)과 민국이념(民國理念)에 따라 새로운
나라를 만들고자 했다. 구본신참은 동도서기와 같이 우리의 옛것을 바탕으로
하고 서양제도들을 새로이 참고한다는 뜻이며, 민국이념은 영·정조 이래 꾸
준히 논의되어 왔던 소민(小民) 즉, 일반백성들 위주의 국가를 건설하고자 하
는 뜻이었다. 고종은 같은 해 8월 16일 연호를 광무(光武)로 바꾸고, 곧이어
10월 12일에는 문무백관을 거느리고 환구단(圜丘壇)에서 천제(天祭)를 지내고
황제즉위식을 거행했다. 고종은 삼한을 아우른다는 뜻에서 국호를 대한(大韓)
으로 하는 제국을 세웠다.

  이후 대한국(大韓國)은 황제의 위상과 권한을 강화하고 광무개혁(光武改革)
을 단행하여 위기를 극복하고자 했다. 독립협회도 이와 같은 취지에서 전제군
주제를 입헌군주제로 바꾸고 중추원을 의회로 변경할 것을 건의했다. 고종황

---

16) 정윤재, "대한제국기 민영환의 위기극복리더십", 이희주 편,『고종시대 정치리더십
    연구』(한국학중앙연구원출판부, 2017), 114~125쪽.

제는 1898년 11월 이를 받아들여 시행하고자 했다. 만민공동회를 이끌었던 소수의 청년들은 공화제로의 개혁을 이상적으로 생각은 했지만, 그것이 공개적으로 표명된 것은 10년 후 신민회에 의해서였다.[17] 그러나 일본의 사주를 받았던 것으로 보이는 조병식이 고종에게 독립협회가 황제폐위와 공화국 건설을 꾀한다는 거짓 보고를 하여 고종이 독립협회를 불신하게 만들었다. 독립협회 내 친일간부들은 일제의 계략에 부화뇌동하여 반정부투쟁을 선동했다. 그래서 회장 윤치호는 이 해 8월 정탐 차 서울에 왔던 이토 히로부미를 환대하여 국민들로부터 호된 비판을 받고 있었다. 이에 고종은 이상재 등 독립협회 간부 17명을 구속하고, 만민공동회는 정부에 의해 1898년 12월 강제 해산 당했다.[18] 이런 배경에서 1899년 8월 17일에 발표된 「대한국 국제」에는 주권자인 황제가 군사통수권, 입법권, 행정권, 관리임명권, 조약체결권, 사신임명권 등의 권한을 행사한다는 조항들이 있었지만 의회나 국민들의 참정권, 그리고 사법권 등에 대한 규정은 없었다.[19]

광무개혁을 추진했던 대한제국은 우선 국권확립을 위해 국방력과 재정능력의 확보, 그리고 상공업 육성에 필요한 실질적인 조치를 취했다. 즉, 1899년 2월 원수부(元帥府)를 신설하여 시위대와 진위대를 대폭 증강하고 육군헌병대

---

[17] 신용하, 『한말애국계몽운동의 사회사』(나남출판, 2004), 188쪽.

[18] 한영우, 앞의 책(2016), 77~78쪽.

[19] 백암 박은식은 독립협회가 나름대로의 공헌이 있었지만 결과적으로 국민들의 지지하에 고종의 위상을 강화해 대한제국의 자주성을 보다 강화하는 데 성공하지 못했던 것은 그 지도자들이 "지식의 기초도 유치하고 조잡함"을 면치 못한 상태에서 "성급하게 날뛰었"던 때문이라고 비판하였다. 그리고 그는 『열자(列子)』에 나오는 늙은 우공이 자손에게 땅을 물려주기 위해 우직하게 밭을 일구는 일에만 몰두했다는 "우공이산(愚公移山)"을 예로 들면서, "상식적인 몸가짐으로 끊임없이 노력"하면 "약자라도 성공"하고 "성급한 마음으로 바쁘게 질주하면 강자라도 반드시 패하는 법"임을 상기시켰다. 박은식 저, 김승일 역, 『한국통사』(범우사, 2000), 박은식, 217쪽, 이후 『한국통사』로 인용함.

도 설치함으로써 그동안 일본군에게 왕궁수비를 내맡겼던 수모를 끊었다. 고급장교 양성을 위해 무관학교를 설립했고, 황제는 대원수로서 프러시아식 군복을 입어 위엄을 높이고자 했다. 독일인 에케르트에게 국가(國歌)를 만들도록 했고, 어기(태극기) · 친왕기 · 훈장 등을 제정하기도 했다. 블라디보스토크나 두만강 이북의 간도지방의 조선인들을 보호하고, 이 지역을 영토로 편입시키기 위해 해삼위통상사무관(海蔘葳通商事務官)과 북변도관리(北邊島官理)를 설치했다. 또 미국인 전문가를 초빙해 최초로 근대적인 토지조사사업을 실시함으로써 소유권이 확인된 지주들에게는 근대적인 토지증서인 지계(地契)를 발급하면서 조세수입원도 확보했다.

동시에 각종 정부수입을 궁내부 내장원에서 직접 관리하게 함으로써 황제로 하여금 회사나 학교설치, 황실행사나 반일의병 지원, 헤이그 밀사 파견 등에 필요한 예산을 편리하게 쓸 수 있게 했다. 식산흥업(殖産興業) 차원에서 각종 기술학교와 의학교 · 외국어학교 등이 세워졌고, 방직 · 제지 · 금은세공 · 목공예 · 무기제조 · 유리공장 등의 설립도 지원했다. 영세 보부상들로 하여금 상무사(商務社)를 조직케 하여 영업특권을 부여하고, 세금을 자율적으로 납부하게 했다. 경인선 철도 부설을 시도하였고, 미국과 합작으로 서대문과 청량리 사이에 전차를 부설하기도 했다. 대한제국은 1899년 만국우편연합에 가입했고, 1900년에는 파리 만국박람회, 1903년에는 오사카박람회에 각각 참가했다. 1903년에는 국제적십자 활동에도 참여했고, 이 해에 서울에서 만국박람회를 개최하려고도 시도했다. 이 같은 일련의 개혁적 조치들은 고종황제의 권한과 위상이 강화된 상태에서 성과를 낼만한 것이었다.

그러나 이 같은 개혁은 일본의 군사적 위협과 집요한 통제로 실효를 거둘수 없었다. 산업개발과 교통건설과 관련된 각종 이권은 일본의 철저한 내정간섭 하에서 러시아 · 미국 · 영국 · 일본 등에게 넘겨졌다. 특히 일본은 경부철도

(1898년)와 경인철도(1899년) 부설권을 잇달아 취득하여 이 공사에 농민들을 강제동원하고 토지를 강제로 빼앗아 동학혁명 이후 잠잠했던 농민들의 의병운동을 다시 촉발했다. 전라도 농민들의 영학당(英學堂)운동과 경상도 행상·빈농·노동자·걸인의 활빈당(活貧黨)운동이 대표적이다. 당시 이웃 청나라에서는 영국과 러시아가 의화단의 난(1900)을 함께 진압한 이후, 만주를 차지하고자 획책했던 러시아를 견제하기 위해 영국은 일본과 동맹을 맺어(1902. 1) 각각 중국 지배와 조선 지배를 인정했다. 그리고 일본은 곧장 러시아에게 자신의 조선에 대한 재정 간섭과 만주지역에 대한 경제침투를 허용하라고 요구했다. 그렇지만 러시아가 거부하자 일본은 즉시 인천 월미도에 정박 중이던 러시아 군함을 습격함으로써 러일전쟁을 일으켰다(1904. 2). 이러한 사태추이 속에서 대한제국 정부는 미리 대외적으로 중립(中立)을 선언하여 자주적 영토보전을 도모했다. 그러나 일본은 대한제국에 대한 독점적 지배권을 명문화하기 위해 소위 한일의정서(1904. 2)의 체결을 강요했다. 동시에 군사적 목적으로 경부철도(1905. 5. 28. 개통)을 시작으로 마산철도와 경인철도를 서둘러 부설했고, 이러한 혼돈지경을 이용해 일본의 시네마현은 조선영토인 울릉도와 독도를 비밀리에 자기네 부속 섬으로 편입시켰다.

　일본은 이후 고종황제는 그대로 존치하되, 통감부를 통해 조선을 완전히 통제하기 위해 을사늑약 체결을 강요했다. 그러나 고종과 신료들이 강하게 저항하자 일제는 동경의 이토 히로부미를 파견하고 일본군대를 덕수궁 중명당에 배치시켜, 끝까지 거부했던 황제의 국새(國璽) 대신 외무대신 박제순의 직인을 이용해 형식뿐인 조약체결을 강제했다. 이에 대한 저항이 곳곳에서 일어났고 시종무관 민영환, 좌의정 조병세, 홍만식(참판 홍영식의 형), 전 대사헌 송병선, 학부 주사 이상철, 김봉하 등은 자결했다. 민영환은 "한번 죽음으로써 황제폐하의 은총에 보답하고 이천만 동포에게 사죄하노니 민영환은 죽어도 죽지 않을 것이며 구천에서 여러분을 기필코 도울 것이니, 우리 동포 형제는 더욱 더 분투하여 뜻을 굳게 하고 학문을 익히며 힘을 합하여 우리가 자주독립을 찾게 된다면 죽은 자들도 황천에서 기뻐할 것이다"는 유서(遺書)를 남겼다. 이상설은 슬퍼하며 연설하기를 "민영환이 죽은 오늘이 바로 전 국민이 죽은 날이다"며 통곡했다. 민영환의 자결소식을 들은 중국유학생 반종례는 한국이 망했으니 이제 중국도 위태로울 것이라며, 중국을 위한 시무14조를 남기고 인천 앞바다에 몸을 던졌다.[20]

그리고 러일전쟁 동안 을미의병의 전통이 이어지면서 의병들의 봉기와 투쟁이 전국 각지로 번져갔다. 원용팔(원주), 정운경(단양), 김도현, 유인석, 허위, 이강년, 기삼연(장성), 이인영 등이 대표적인 지도자들이었다. 을사늑약 이후에는 민종식, 최익현, 정용기, 신돌석, 임병찬 등이 나서 일본군과 치열한 전투를 벌였다. 전 참판 민종식은 충남 내포지방에서 1000여명의 의병을 규합하여 일본군을 사살하고 홍주성을 점령했고, 최익현과 임병찬(전 군수)은 전라북도에서 900여명의 의병들과 태인, 정읍, 순창 등지에서 항쟁했다. 이 때 최익현은 "우리가 대의를 펴서 천하로 하여금 우리 대한에도 죽음을 잊고 나라를 위하는 사람이 있다는 것을 알게 한다면, 다른 날 국권을 회복하는 경우를 위해 만일의 도움이 없지 않을 것이다"라고 거사이유를 밝혔다. 그리고 그는 거사가 성공할 수 있겠느냐는 어떤 사람의 질문에 "나도 성공하지 못할 것을 안다. 그러나 국가에서 양사(養士)한 지 500년에 기력을 내어 적을 토벌하고, 국권을 회복함을 의(義)로 삼는 사람이 하나도 없다면 얼마나 부끄럽겠는가. 내 나이 80에 가까우니 신하 된 직분을 다할 뿐이다"라고 대답했다.[21] 경북 영천에서는 정용

---

20) 『한국통사』, 340~353쪽.
21) 최익현, 『면암집』, 「부록」 권4, '연보', 3면; 최익현(저)/민족문화추진회(편), 『면암집』 3, 169쪽. 방용식, 『위정척사 지식인의 국제관계 인식과 대응 연구: 비전, 진단과 처방, 그리고 행동을 중심으로』, 한국학중앙연구원 한국학대학원 정치학박사 학위논문

기가 900여명의 의병과 함께 산남창의진(山南倡義陣)을 설치하여 청송, 청하지역에서 활약했다. 평민 출신 신돌석은 경북 영해에서 300여명의 의병을 모아 봉기하여 마침내 강원도와 경북의 해안지역에서 3000여명의 대규모 의병부대를 만들어 일본군에 큰 타격을 가하였다. 이러한 의병들을 조직하고 이끌었던 지도자들은 대부분 유교를 숭상하던 전직 관료들이었고 농민들이 주요 전투 병력이었으며, 여기에는 대한제국 초기부터 활동하던 동학당, 영학당, 화적, 그리고 활빈당의 조직원들이 포함되어 있었다.

일제의 대한제국 강점을 위한 계략들이 점차 노골화되어 가는 가운데 고종황제는 을미년에 일본 군인들에 의해 명성왕후가 시해될 때 끝까지 저항하며 옹위하다가 죽은 홍계훈·이경직 등 충신들의 넋을 기리고 추장하기 위해 민영환으로 하여금 장충단(獎忠壇)을 건립하도록 지시하고 마침내 1900년에 준공했다. 장충단이란 비명은 아들 순종이 전서체로 썼고, 비문은 민영환이 썼다.

한편 고종황제가 일제에 의해 유폐되고 대한제국 정부가 쇠망해가는 위기에서 "그렇다면 나라도 나서서 무엇인가 해야겠다."고 결심하고 행동했던 "왕 같은 개인들"이 곳곳에 출현했다. 대한제국을 구하고 정치적 자주독립을 추구하는 여러 개인들은 또한 근대적 소통수단인 신문(新聞)을 창간하여 여론을 일으키고 민중을 계몽하기 시작했다. 1898년 남궁억 등이 창간한 국한문 혼용의『황성신문』은 을사늑약 이후 장지연의 「을사오적전말」과 「시일야방성대곡」이란 논설을 실어 국민들의 각성을 촉구했다. 또 이종일은 순한글의『제국신문』을 만들어 정치논설보다는 주로 국민교양 관련 기사를 많이 실었다. 또 일본의 검열을 피하기 위해 양기탁은 1904년 영국인 베델(T. Bethel, 裵說)을 발행인으로 초빙하여『대한매일신보』를 창간하고 일본의 침략행위와 한국인들의 항일 운동을 낱낱이 보도했다. 특히 신채호와 박은식의 애국적인 논설은 많은 사람

(2016), 176~177쪽에서 재인용.

들을 감동시켰다. 고종황제가 을사늑약의 불법성을 폭로한 친서를 발표한 신문도 바로 『대한매일신문』이었다. 이 신문은 처음에 국한문 혼용이었다가 순한글로 바뀌었고, 외국인들을 위해 『The Korean Daily News』를 발행하기도 했다. 나중에는 신민회(新民會)의 기관지 역할도 했다. 이밖에 1906년에 천도교 측에서는 손병희·오세창이 주도하여 『만세보』를, 기독교 장로교 측에서는 『그리스도신문』을, 천주교에서는 『경향신문』(주간지)을 각각 창간하고 계몽에 나섰다.

또 1903년 서재필, 이상재, 윤치호와 같은 개명된 지식인들은 황성기독교청년회(서울YMCA 전신)를 만들어 청년들에게 구미의 신지식을 가르치고 애국심을 고취했다. 또 독립협회운동으로 한성감옥에 갇혀있던 이승만은 그 안에서 기독교인으로 변화하는 체험을 했고, 『제국신문』 주필로 논설을 계속 썼다. 그리고 『독립정신』을 저술하여 구미의 새로운 정치사상들을 소개했다. 그는 1904년 말 민영환 등의 추천으로 석방되고 특사로 미국에 가서 러시아와 일본 간의 강화조약 체결과정에 우리나라의 입장을 반영시킬 목적으로 파견될 때, 끝내 고종황제를 알현하지 않고 떠났다.[22] 그리고 여러 언론기관들의 맹렬한 계몽운동은 마침내 전국의 개인들을 움직여 국채보상운동(1907)이라는 매우 획기적인 자발적 국민운동을 촉진하였다. 당시 대한제국 정부는 일본으로부터 빌린 1,300만 엔 상당의 차관으로 큰 어려움에 있었고, 이 사실을 알아챈 대구시민들은 서로 나서서 국채보상기성회를 조직하고, 이 빚을 갚고 대한제국이 일본으로부터 경제적 독립을 쟁취하는 일에 매진하였다. 당시 언론기관들은 이를 전국에 알려 많

----

[22] 정윤재, 앞의 글(2017), 132~135쪽 참조. 당시 이승만은 분명히 그의 능력을 인정했던 고종의 특사로 석방되어 미국에 파견되는 영광의 기회를 얻었으나 민영환 등의 간곡한 설득에도 불구하고 고종황제를 알현하여 정식 특사임명을 받지 못하고 미국으로 출발한 것이다. 이는 마침내 이승만도 그를 감옥에서 석방시켜준 고종 황제의 존재와 권위를 무시하는 단계에까지 이르렀음을 의미한다. 즉, 이 시기에 민주공화주의적 정치에 대한 기대가 이미 싹트고 확산되었음을 뜻하는 것이다.

은 개인들이 이에 호응하게 했고, 남자들은 담배를 끊고, 여자들은 비녀나 가락
지를 팔아 모금에 동참했다. 그러나 이 운동은 통감부(統監府)에 의해 배일운동
으로 규정되었고, 지도자인 양기탁 등이 구속되면서 중단되었다.

이와 함께 대한제국 출범이후 관리들은 황제의 위상과 권한을 강화하여 정
치적 자주성을 확보하고, 대외적 독립성을 유지하고자 노력했다. 그리고 독립
협회에 가담했던 정치엘리트들은 중추원을 의회와 같은 기관으로 개편하여 황
제의 국민적 지지기반을 강화하고자 했다. 이들은 그때까지는 군주제에 대한
공개적인 부정과 비판은 삼가고 있었지만, 국가위기가 점차 고조되면서 국민
들은 각지에서 자구책을 강구하며 저항했다. 하지만 그들의 행동은 분명 정치
적으로 입헌군주제의 실천에 국한되어 있었고, 대체로 국민계몽과 교육 강화
라는 방향에 제한되고 있었다.[23]

이런 움직임에 대하여 일제는 유교에 대동학회(1907), 불교에 본원사, 기독
교에 동양전도관 같은 친일교단을 만들어 종교적으로도 민족적 자율성을 파괴
하고 훼손시키고자 했다. 이때 동학교도이던 이용구가 일진회(一進會)와 시천
교(侍天敎)를 만들어 친일행각을 벌이자, 손병희(1861~1921)는 1906년 천도교
(天道敎)를 창설하여 동학의 정통성을 이어가며 민족운동을 추진했다. 손병희
는 이미 동학군통령으로 동학혁명에 투신했고, 1897년에는 최시형으로부터 도
통을 전수받아 활동하고 있었다. 그는 1904년 2월 한일의정서 체결로 대한제국
이 위기에 처하자 의정대신과 법부대신에게 재전(財戰, 재정과 산업진흥), 도
전(道戰, 종교, 도덕의 확립), 언전(言戰, 대외홍보와 외교)의 "삼전론(三戰論)"
에 따른 국정혁신을 요구하는 '비정혁신안'을 제출했다. 그는 "독립이란 주권이
정부에 있고 힘이 인민에 있는 것"이니 정부가 백성의 힘을 얻어 일하는 것이
매우 필요하고, 이를 위해서는 백성의 뜻을 모아 수용하는 "민회(民會)"를 설립

---

23) 전상숙, 『한국인의 근대국가관과 '민주공화국' 재고』(선인, 2017), 63~65쪽.

하여 외세에 대처해야 한다고 제안했다. 그는 또 교세확장을 위해 전국 각 지방에 대교구를 설치하여 총 72교구를 운용하였다.[24] 그는 이용익 등과 협력하면서 그의 '보성학교'를 인수했고, 나중에 '동덕여학교'를 인수하여 교육 사업에 전념했다. 천도교도들은 "개 같은 왜놈들 우리의 원수로다"라는 주문으로 망국기의 국민들에게 일제에 대한 적대감정을 일으키는 데 공헌했다.[25]

이처럼 국가적 위기를 극복하고자 했던 수많은 "애국적인" 개인들이 여기저기서 행동하며 나서기 시작했으며, 그것은 마침내 의식 있는 민족지도자들로 하여금 우리나라도 구미국가들에서 보는 것과 같은 민주공화국을 정치적 이상으로 삼게 하는 데까지 나아가게 했다. 다만, 이런 과정에서 군주의 위상을 강화시키고 그와 함께 나라를 부강하게 만들어 가고자 했던 소망은 점점 엷어지고 군주 대신 "나"와 "우리"가 나서서 분투노력해야겠다는, 그래야 나라가 제대로 설 수 있겠다는 생각이 점점 백성들 속에 자리 잡기 시작했다. 마침내 그들도 "국민"이 되는 길로 접어들고 있었던 것이다.

3. 신민회의 민주공화주의적 비전 공표, 3·1독립만세운동, 그리고 상해 임시정부 수립: 기미혁명(己未革命)의 모색과 성취

대한제국이 쇠망 위기를 당하여 정치적 자주독립을 염원했던 많은 개인들과 결사체들이 특히 1905년 을사늑약 이후 더욱 강렬하게 동 조약의 취소 및 애국계몽운동을 전개하고 있던 중, 한국인도 당시의 정치사상적 글로벌 트렌드였던 민주공화주의라는 새로운 정치원리를 우리 민족이 취해 나아가야 할 바로

---

24) 성주현, 『천도교에서 민족지도자의 길을 간 손병희』(역사공간, 2012), 136~138쪽 참조.
25) 전택부, 『이상재평전』(범우사, 1989), 141쪽.

택정한 조직이 있었으니, 그것은 바로 신민회(新民會)였다. 그것은 이미 미국 캘리포니아 리버사이드지역에서 한인동포들과 "도산공화국(Dosan Republic)"으로 불렸던 공동체를 직접 만들고, 운영했던 안창호(安昌浩. 1878~1938)가 1907년 2월 귀국하여 당시 국내에서 가장 활발하게 항일언론활동을 전개하고 있던 『대한매일신문』의 총무 양기탁과 긴밀하게 협의하여 조직된 비밀결사체였다. 이 신민회는 양기탁·신채호·장도빈 등 대한매일신보계, 전덕기·이준·이동녕·조성환·김구 등 상동교회 및 청년학교계, 이동휘·이갑·유동열·노백린·김희선 등 대한제국 장교출신들, 이승훈·안태국·최응두 등의 평안도계, 그리고 안창호·이강·정재관·임준기·김상무·송석준 등 공립협회계 인사들과 협동하여 4월에 창립된 또 하나의 새로운 전국적 항일운동단체였다. 신민회의 창립에 참여했던 인사들은 대부분 이미 서로 잘 아는 사이였으며, 특히 10여 년 전 청소년기에 독립협회와 만민공동회운동에 함께 참여했던 동지들로 지역적으로 전국 8도 지역을 대표하고 있었다.[26] 이 때 신민회는 안창호가 기초한 것을 동지들이 함께 검토하여 확정, 발표했던 「대한신민회 통용장정」 제2장 제1절을 통해 그 목적과 활동방향을 다음과 같이 선언했다.

첫째, 신민회는 국권을 회복하여 "자유독립국(自由獨立國)"을 세우는 것을 궁극적인 목적으로 하며 그 정체(政體)는 "공화정체(共和政體)"로 한다.

둘째, 이 목적을 달성하기 위해 당장은 힘이 없으므로 국권을 회복할 수 있는 "실력의 양성"에 매진한다.

셋째, 국가는 "국민의 것"이며, 국가의 부강은 "국민의 부강"에서 나온다는 민주주의 사상에 기초하여 실력양성은 무엇보다 국민들의 실력, 즉, "민력양성(民力養成)"에 집중한다.

넷째, 이렇게 새로운 국민 즉, "신민(新民)"을 양성하는 일은 반드시 스스로

26) 신용하, 『한말 애국계몽운동의 사회사』(나남출판, 2004), 151~153, 353~377쪽.

의 힘으로만 성취하고자 하는 "자신(自新)"[27]이어야 한다.

다섯째, 이 같은 "자신(自新)"은 사회, 국가, 국민의 모든 분야에서 수행되어야 한다.

여섯째, 그리고 이 "자신(自新)"은 신문, 잡지, 서적의 간행으로 국민지식을 증진시킴, 각지에 계몽운동가를 파견하여 각성시킴, 우수한 학교를 설립하여 인재를 양성함, 실업가들을 권고하여 영업방침을 지도함, 회원들이 합자하여 실업장을 만들어 모범을 보일 것, 국외에 무관학교를 설립하여 독립전쟁에 대비할 것, 국외지역에 독립운동기지를 만들어 독립군을 창설할 것 등의 방법으로 추진한다.

일곱째, "국권회복운동의 주체"로서 신민회를 육성, 강화하고, 국내외의 "애국성이 있는 동포를 일체 단합"시키며, 각지에 산재한 회원들 간의 "연락과 소통"을 긴밀히 한다.

여덟째, 이상과 같은 목적과 방법으로 실력이 양성되면, "신민회"가 앞장서고 신민이 "통일연합"하여 "비폭력 또는 폭력의 각종 방법으로 일제히 궐기해서" 국권을 회복하고 "자유문명국"을 건설한다.[28]

신민회의 이 같은 노선은 한 마디로 을사늑약에 대한 조직적인 저항이자 장기적이고 구체적인 독립운동의 방략이었다고 할 수 있다. 그리고 정치사상적으로는 한민족이 마침내 왕조 중심의 군주정치시대를 마감하고 처음으로 근대적인 입헌민주공화국의 건설로 나아가는 시발이었다. 창립 당시 신민회의 창건위원들은 당수격인 "총감독"에 양기탁을 추대했고, 안창호는 조직부장과

---

[27] 「대한신민회 취지서」에 의하면 과거 우리 민족은 외세에 의탁하여 자신(自新)하지 못했기 때문에 오늘날 "악수악과(惡樹惡果)"했지만, 이제는 자신(自新)으로 "선수선과(善樹善果)"해야 한다고 나와있다. 신용하, 앞의 책(2004), 154쪽 참조.

[28] 같은 책, 153~155쪽 참조.

같은 역할의 "집행원"을 맡아 회원들의 입회자격을 심사하는 일에 집중했고, 다른 인사들과 같이 미주지역을 담당하는 "감독"역할도 겸했다. 창건위원들이 소속되었던 각 지역들 사이의 협조도 원만했기 때문에 창건위원들은 적극적으로 신민회의 취지를 주변 동료들에게 전하였고 그 결과 전국각지에서 지도급 인사 약 800명이 회원으로 가입했다. 이것은 사실상 당시에 활동했던 계몽운동가들을 모두 망라한 것으로, 그래서 신민회는 전국적 규모의 막강한 영향력을 가진 애국계몽운동단체가 되었다.[29]

이후 신민회는 이미 선포한 목적과 방침에 따라 우리 민족의 미래를 새로 만들어 나아가는 과정에 "신민(新民)"이 필요하다고 주장하면서 대한제국 구성원 한 사람 한 사람이 국가의 주인이며 국가의 권력과 부강함은 국민으로부터 나온다는 새로운 근대적 정치사상과 누구든 나부터 몸으로 실천하자는 "자신(自新)"의 필요성을 적극 계몽했다. 또 신민회는 국내에서의 청소년 실력양성과 교육과 국외에서의 독립군 양성을 위한 대책을 준비했다. 그리고 일제의 팽창주의로 필연적으로 도래할 중일전쟁(中日戰爭)과 중미전쟁(中美戰爭)의 기회가 오면 즉시 대일독립전쟁을 개시하고 국내진공을 시도한다는 구체적인 독립 쟁취 전략도 준비했다. 또 신민회는 민족자본의 육성과 민족의식 및 민주의식의 고취에도 진력했다. 평양에 대성학교(안창호), 정주에 오산학교(이승훈), 그리고 평양과 대구에 태극서관을 설립하여 교육·출판 사업을 벌였고, 인격수양을 위한 청년학우회를 조직하였으며, 평양 근교에 자기(磁器)회사를 만들어 운영했다.[30] 이 신민회는 을사늑약 이후 한국 내 지식인들의 국권회복운동을 주도했던 대표적인 조직으로 친일의존으로 대세에 순응코자했던 일부 식자들이 조직했던 일진회와 대조를 이룬다.[31]

---

29) 같은 책, 153, 371쪽.

30) 같은 책, 157~161, 188, 190쪽 참조.

31) 을사늑약을 전후한 시기에 국내 엘리트 사이에는 크게 2가지 흐름이 나타나고 있었는

이 시기 대한매일신보 주필이던 신채호는 이제는 국민이 나라의 주인(主人)
이고 미래 대한의 정치체제는 "입헌공화국"이어야 함을 역설했다. 그는 "20세기
신국민"이란 논설을 써서 "입헌국"만이 "국민적 국가"요, 입헌국이 아닌 "1~2인이
전제하는 나라는 세계대세를 거역하는 나라로서 반드시 망한다고 지적했다.[32]
그리고 박은식은 "유교구신론(儒敎求新論)"을 발표하여 조선유교에 대한 비판
에 앞장서면서 성리학은 양명학적 비판과 성찰을 통해 개신해야 한다는 주장을
폈다. 특히, 그는 기존의 조선유교가 "제왕"에만 경도되어 "인민사회"에는 무관
심했고, 공자가 "사역천하(思易天下)"했던 일을 잊고 완고와 몽매에 빠져 "인민
사회(人民社會)"를 윤택하게 하는 데 매우 소홀했다고 비판했다.[33] 조선유교의
성리학적 전통 속에 있던 그가 스스로 그 한계와 문제점을 지적한 것이다. 그는
공자의 대동사상과 맹자의 민위중(民爲重)설을 새롭게 해석하여 개인들의 자유
와 평등, 그리고 책임과 사명을 고취하고자 했는바,[34] 이는 백성들이 각자 "신
민"으로서 황제를 대신하는 시대에 부응하는 사상적 혁신이었다. 그는 전통유
교에 대한 양명학적 접근을 통해 정치사회적 혁신을 추구했던 대표적인 유교지
식인으로, 김택영과 정인보도 이 계열에 속했던 지식인들이었다.

....

데, 하나는 이 신민회를 통한 국권회복운동이요, 다른 하나는 송병준 등 친일파들이
결성했던 일진회를 통한 대세순응경향이었다. 신민회 측 인사들은 기본적으로 위정
척사나 동도서기론과 맥을 같이하면서 당시의 국가위기를 극복할 수 있는 주체는
바로 한민족 자신이며 그것을 이끌어 갈 수 있는 정신적 에너지도 "우리 안"에서 나올
수 있다고 믿고, 힘들고 시간이 걸리더라도 부단한 자아혁신과 자강불식으로 국난을
극복할 것을 의도했다. 이에 반해, 친일파들로 구성되었던 일진회측은 우리의 주체적
능력을 부인하고 힘과 문명이 있는 일본이나 서구국가들에 의존하여 민족의 살길을
찾자는 현실적응론과 사회진화론으로 대처해야 한다는 사람들이었다. 한영우,『다시
찾는 우리 역사』(경세원, 2008), 509~510쪽 참조.

[32] 신용하, "한말 단재 신채호의 민족주의 사상", 신용하, 앞의 책(2004), 336~339쪽.

[33] 박은식, "유교구신론"『서북학회월보』(1909. 3); 신용하,『박은식의 사회사상연구』(서
울대출판부, 1986), 180~185쪽.

[34] 같은 책, 159~209쪽.

그러나 이러한 신민회의 가능성과 위험성을 인지했던 일제는 소위 '105인 사건'이란 것을 조작하여 신민회에 가담했던 민족지도자 대부분을 검거·구속함으로써 한반도 강점의 고삐를 더욱 죄기 시작했다. 하지만 이러한 단속과 검거열풍에도 불구하고 민주공화주의적으로 개명되었던 많은 "애국자들"의 행동은 계속 이어졌다. 먼저 새로운 교육의 필요성을 절감했던 인사들이 미국 기독교단체들의 지원을 받아 전국에 약 30여개의 학교를 세웠다. 함경도의 독지가 정현석이 세운 원산학사(1883)로부터 시작된 사립학교 설립운동은 이후 미국 북감리회의 배재학당(1886)과 이화여학교(1886), 미국 북장로회의 숭실학교(평양, 1897), 미국 남감리회의 호수돈여숙(개성, 1904), 전덕기의 청년학원(1904), 이용익의 보성학원(1905), 엄귀비의 진명여학교와 숙명여학교(1905), 신규식의 중동학교(1906), 이상설의 서전의숙(간도, 1906), 서북학회의 오성학교(1907), 기호흥학회의 기호학교(1908), 이재극의 동덕여자의숙(1908), 장지영의 소의학교(1909) 등으로 이어졌다. 이들은 물론 "신민(新民)"교육과 애국계몽운동의 진원지 역할을 담당했다.[35]

이인직은 서양식 서술방식을 도입한 신소설『혈의 누』,『귀의 성』,『치악산』 등을 발표하여 이 분야를 개척하면서 자유·평등·미신타파 등 신사조를 계몽했다. 그리고 이해조는 신소설『자유종』(1910)을 발표하여 조선의 남자유생들이 중국의 책과 역사, 그리고 거기서 들어온 신문물들에 대한 이야기만 늘어놓고 정작 조선의 현실에는 무관심하게 지내다가 나라가 쇠락했다고 비판하고 이제 조선여자(朝鮮女子)들이라도 나서서 나라형편을 살피고 대책을 강구해야겠다는 "실학"정신을 계몽했다. 최남선은 잡지『소년』에 '해에게서 소년에게'라는 신체시를 처음 발표했다. 또 조선광문회를 조직하여 조선 실학자등의 저술을 간행하기 시작했고, 신문관(新文館)을 통해서는 서양의 서적들을 소개했다.

----

35) 한영우, 앞의 책(2008), 514쪽.

 이 같은 자주적 행동들은 국어학과 역사학, 그리고 예술분야에서도 계속 이어졌다. 한글이 각종 언론기관들에 의해 공개적으로 많이 쓰이면서 표준 글쓰기에 대한 저술들이 나오기 시작해 유길준의『조선문전』(1895)에 이어 이봉운의『국문정리』(1897), 지석영의『신정국문』(1905)이 잇따라 출간되었고, 주시경의『국어문법』(1906)과『말의 소리』(1914)도 나왔다. 1907년에는 정부의 학부(學部)에 국문연구소가 설립되어 주시경·지석영 등이 주로 활약했다. 이는 나중에 조선어학회의 모체가 되었다.36) 특히 이 시기 주시경(1876~1914)은 을사늑약으로 나라를 침탈당한 때라도 국권을 회복하려면 "국성(國性)"을 강화해야 하고, 국성인 "국어와 국문"을 애호하고 연구·보급하며 강화해야 한다고 주장했다. 그는 당시 세계에는 3000여종의 언어가 있고 한국어는 널리 사용되는 70여종의 언어 중 하나로 "세계 우등어법(優等語法)의 하나"라고 평가했다. 그는 한국어는 이미 고조선시대부터 만들어져 4000년 이상 함께 사용되어 왔다고 주장하면서 "어문민족주의" 사상을 전개하며 애국계몽운동을 이끌었다.37)

 역사분야에서는 안정복의『동사강목』을 시작으로 서양식 역사서술방식으로 편찬한 교과서들이 나오기 시작했는데, 여기에는 장지연·김택영·현채 등이 참여했다. 그러나 이 교과서들이 일제의 임나일본부설을 그대로 답습하는 등 문제점을 노출하자, 신채호는 이를 비판하여 "새로운 근대사학"38)을 시도했다. 그는 민족주의 시각에서 을지문덕·최영·이순신 등에 대한 전기를 쓰고『독사신론』(1908)을 발표하여 만주지역과 부여족(단군족) 중심의 민족사 정립을 추구했다. 또 신문학이나 신체시가 친일문학 쪽으로 흐르는 경향을 직시하

36) 한영우, 앞의 책(2008), 516~517쪽.
37) "국어문전음학,"『주시경전집 하권』, 157~159쪽; 신용하, "구한말 서구 사회학의 수용과 한국 사회사상," 학술원『학술논문집』(인문사회과학편), 제52집 1호(2013), 277~279쪽 참조.
38) 한영우, 앞의 책(2008), 517쪽.

고『대한매일신보』에 국내외 위인들의 전기를 연재하였는데, 이것은 1910년대에 들어 꿈의 형식을 빌려 애국심을 고취하는 "사화"(史話)식 소설로 발전했다. 또 예술분야에서는 조선시대 가사문학(歌辭文學)을 계승하여 "창가"(唱歌)라는 노래가 유행했는데, 〈독립가〉·〈권학가〉·〈한양가〉 등이 대표적이다.

또 한편으로는, 국가패망의 울분이 터져 일본인과 매국노를 공격하는 일도 이어졌다. 황해도 청계동천의 "의병중장" 안중근은 동지 우덕순·유동하·조도선과 함께 모의하여 하얼빈에서 이토 히로부미를 사살함으로써(1909. 10. 26) 중국 등 주변 국가들에게 큰 파문을 일으켰고, 우리 국민들에게 용기를 북돋웠다.[39] 평양출신의 기독교신자 이재명은 매국노 이완용을 죽이고자 군밤장수로 위장하고 명동성당 앞에서 그를 찔러 중상을 입혔고(1909. 12. 23.), 그의 동지 김정익도 공분을 느껴 일진회장 이용구를 살해하고자 그의 동정을 살피던 중 이재명의 거사로 발각되자 칼을 내던지고 뜻을 이루지 못함을 크게 한탄하였다. 김정익은 체포되어 살인음모죄로 종신징역을 선고받았다. 이재명, 김정익 두 사람은 모두 미천하고 가난한 집안출신이었지만, 매국노를 처단하고 나라를 구하고자 기꺼이 자신을 희생함으로써 "세계를 놀라게" 했던 것이다.[40]

안중근의 사촌동생 안명근도 "형님의 뜻을 좇아" 2대 통감 테라우찌(寺內)를 제거하고자 동지들과 도모했으나 누설되어 체포되었다. 그러나 그는 법관이 자신을 애국을 명분으로 이천만 동포로부터 모금을 했다며 자신을 "도적"이라 하자, 맞받아 "우리 2천만 동포가 죽는 것을 무서워하지도 않고 우리나라를 강탈하였으니, 오히려 그대들이 '천하의 대도적'이 아니고 무엇인가?"라고 힐문했다. 안명근이 이렇게 저항하며 일제에 맞서자 총독부는 안중근 일가를 엄중하게 감시하기 시작했고,[41] 곧이어 '105인 사건'을 조작하여 전국의 주요 인사

39) 박환,『안중근 : 민족의 영웅 시대의 빛』(선인, 2013).
40)『한국통사』, 418~424쪽.
41)『한국통사』, 439~440쪽.

들을 검속하고 체포했다. 이어서 1910년 경술국치를 당하자마자 이회영은 우리가 망한 것은 군사력이 없어 자주국방을 제대로 못했기 때문이라고 단정하고, 스스로 가문의 모든 토지와 재산을 매각하고 솔거하여 200여명의 동조자들과 함께 만주에 들어가 이시영, 이상룡과 함께 신흥강습소(1919년에 신흥무관학교로 개편됨)를 세워 간부 약 3,500명을 배출했다.[42] 그는 가히 민주공화주의적 "영웅"이라 할 만하다.

이상에서 본 것처럼 이미 군주가 유명무실해졌고, 국운도 기울어 미래가 안보이는 암담했던 상황에서 의식 있는 많은 개인들은 오로지 자신의 의지와 열정으로 행동했다. 그리고 적어도 신민회가 한민족의 미래비전을 민주공화국으로 채택한 이후에 각 개인들이 보여주었던 비판과 저항의 행동들은 각자가 민주공화주의적으로 개명되었던 결과로 평가할 수 있다. 그러나 이러한 행동은 거기에 주도적으로 참여했던 주요 엘리트들의 경우에 국한된 현상이었을 것이고, 이에 수동적으로 동원되었던 일반대중들은 여전히 민주공화국을 염두에 두기보다는 대한제국 혹은 조선왕조의 회복을 꿈꾸었을 가능성이 많다. 이 시기는 아직 유교적 근왕사상이 일상화되었던 시기였으며, 일반대중들의 경우 구미의 민주공화국에 대한 견문이 거의 없었기 때문이다. 그러나 분명히 말할 수 있는 것은, 일제의 침략과 간섭으로 대한제국이 쇠망해가던 시기에 비판과 저항에 참여했던 사람들은 그 직업이나 신분이 무엇이든 각자 나름대로 정치적으로 당당한 자주국가의 모습을 상상하고 있었다는 사실이다. 그들은 상소문·격문·창의문·신문·회보·책 등 각종 인쇄물을 계속 생산하고 배포하면서, 그리고 동아리를 만들어 행동하면서 그들만의 "상상의 공동체(imagined community)"[43]로서 새로운 민족과 국가를 그리고 있었던 것이다. 그들은 대한

---

42) 이덕일, 『아나키스트 이회영과 젊은 그들』(웅진닷컴, 2001).
43) 베네딕트 앤더슨 저, 윤형숙 역, 『민족주의의 기원과 전파』(나남, 1991), 59~70쪽.

제국의 고종황제가 재위하고 있을 때는 감히 민주공화국을 공개적으로 내세우
며 나서지는 못했다. 그러나 을사늑약 이후 일제가 통감부를 통해 고종황제를
허수아비로 만들고 황세자를 철저하게 통제하여 황제가 유명무실해진 상태가
되자, 백성들 각자는 왕 대신 자기 스스로 나라주인으로 나서며 행동하기 시작
했다. 기왕의 왕조적 전통에서 일상화되었던 "보국안민(輔國安民)"의 가치는
힘을 잃었고 뜻있는 각 개인들이 새로운 국가를 세우기 위해 나서기 시작했던
것이다. 요컨대, 이미 독립협회운동이 전개되면서 국가와 개인 사이의 관계가
새롭게 인식되기 시작했고, 특히 1905년 을사늑약 이후에는 그나마 "충군애국
(忠君愛國)"의 대상이던 고종황제는 더 이상 정치적 "흡인력"을 유지할 수 없게
되었다. 이렇게 군주의 존재와 역할이 실종된 상태에서 군주를 대체하는 새로
운 정치적 표상이 곧 "민족"이었는바,[44] 이때부터 전통적인 한민족은 개명된
각 개인들의 참여와 행동으로 새로운, 그러나 힘든 고난의 여정인 근대 민족국
가 건설의 길로 나아가게 된 것이다. 바로 이러한 시대적 흐름 속에서 신민회
가 미래의 국가를 민주공화국으로 공표하며 비밀결사운동을 시작했던 것이
다.[45]

그러나 이 시기의 사람들이 지녔던 소망이 모두 민주공화주의적 비전으로
정립되었던 것은 아니었다. 예컨대, 이미 최익현과 함께 의병전쟁을 치렀던

---

[44] 고미숙, 앞의 책(2014), 136~143쪽.

[45] 물론 적어도 서재필이 주도했던 독립협회와 만민공동회에 참여했던 사람들은 이미
구미의 민주공화주의에 대해 잘 알고 있었다. 예컨대, 이승만은 이미 옥중에서 쓴 『독
립정신』(1904)에서, "어찌하여 우리들 목숨이 타는 불이나 끓는 물속에 있는 것처럼
위급한 처지에 놓이게 되었는가" 하고 물으면서 빈부귀천 남녀노소 구별 없이 "이천만
민족의 한 사람으로서 나라를 이 지경으로 만든 데 대해 일정 부분 책임이 있다는
것을 깨달아야 한다"고 말한 다음, "국민이 힘쓰면 문명부강한 나라를 만들 수 있다"고
주장했었다. 이승만 저, 김충남/김효선 풀어씀, 『독립정신』(2010), 255, 34, 40쪽.

임병찬이 전라도 지역에서 주도했던 독립의군부(1913~1916)나 1907년부터 1915년 사이 황해도와 평안도지방에서 의병활동을 벌였던 의병장 채응언 등은 대한제국의 부활을 꿈꾸었다. 그러나 그 밖의 많은 국권회복운동들은 민주공화주의적 개명에 바탕을 두거나 민주공화국의 건설을 염두에 두었다. 대구에서 박상진과 김좌진 등이 조직했던 대한광복단(1913)은 전국의 애국지사들과 연계하며 군대양성과 친일파 숙청을 도모하다가 1918년에 발각되어 잠시 주춤하기도 했지만 3·1운동 후에도 활발하게 활동했다. 또 경상도지역의 대종교 신자들인 윤상태와 서상일, 이시영 등은 1915년 조선주권회복단을 결성하여 3·1만세운동에 적극 참여했다. 평안도지방에서는 숭실학교의 기독교신자 학생들이 주동하여 조선국민회(1917)를 조직하여 대조선국민단과 같은 간도지방의 독립운동단체들과 연락하며 활동했다. 또 서울에서는 교사들의 조선식산장려계(1914), 함경남도 단천에서는 자립단(1915), 평양 숭실여학교 교사들의 송죽회(1913), 민단조합(1915), 자진회(1918) 등 수많은 비밀결사들이 자발적으로 조직되어 국권회복을 꾀했다.[46]

그리고 1910년대의 이러한 움직임에 영향을 주었던 국제적인 사건은 아시아 최초의 민주공화주의혁명이었던 중국 신해혁명(1911)과 1918년 2월 미국 윌슨 대통령의 민족자결주의선언이었다. 그리고 민족에 대한 역사의식과 근대적 자주독립국가에의 소망을 잡고 살았던 지도자들은 이러한 국제정세를 최대한 활용하고자 노력했다. 그 결과가 바로 3·1독립만세운동과 대한민국 임시정부 수립으로 귀결되었다. 그래서 이 절에서는 신민회가 결성된 이후 대한제국이 쇠망하고 일제의 무단통치 10년이 흐르는 동안 당시 국내외에서 활동했던 여러 민족지도자들 가운데 우선 안창호, 이동휘, 나철, 주시경, 신규식, 박은식, 이상재, 여운형, 조소앙, 이승만의 경우를 살피기로 한다.

---

[46] 한영우, 앞의 책(2008). 526~527쪽.

　1907년 4월 신민회를 창립했던 안창호는 곧이어 평양에 대성학교를 설립했고, 평양·서울·대구에 태극서관(太極書館)을 설치 운용했다. 또 평양에 자기회사도 세워 운영했다. 이 해 말경 안창호는 이토 히로부미로부터 소위 '안도산 내각'의 구성을 제의받았으나 거절했다. 그는 계속해서 교육사업에 집중하는 한편 전국 각처를 다니며 강연하고 전 국민의 조직화를 도모했다. 1909년에 그는 국내 최초의 청년운동단체인 청년학우회(靑年學友會)를 창설했고, 최남선(崔南善)이 실무를 맡았다. 그리고 안창호는 안중근의 이토 히로부미 저격 배후로 의심받아 잠시 구금되었다가 풀려났다. 1910년 강제합병이후 조선총독부는 안창호에게 또다시 내각구성을 제의했으나 그는 다시 거절하고, 다음해 4월 국외망명을 떠났다. 그는 이갑 등과 블라디보스토크·북경·청도·상해 등지로 유랑했고, 요인들과 청도회담을 개최했으나 성과는 없었다. 1911년 청년학우회가 해산되자 그는 북만주 밀산현에 무관학교를 세우고자 했으나 여의치 못했고, 러시아·영국·독일 등을 거쳐 미국으로 망명했다. 그는 1912년 샌프란시스코에서 대한인국민회 중앙총회를 조직하고 초대회장이 되었다. 그리고 "민족성부흥운동(民族性復興運動)"을 위한 청년단체의 필요성을 절감하고 로스엔젤레스로 와서 송종익과 함께 흥사단(興士團)의 약법(約法)을 상의하고, 정원도·하상옥·강영소 등과 흥사단 조직에 착수했다. 그는 과거의 공립신문을 『신한민보』로 바꾸어 속간했고, 마침내 1913년 청년학우회의 후신으로 "흥사단"을 창립했다. 그 발기인은 전국 8도를 대표하는 25인의 동지들이 맡았다. 그리고 1914년에는 대한인국민회가 캘리포니아 주지사로부터 정식 사단법인으로 인가를 받았다. 1917년 그는 송종익·임준기 등과 같이 북미실업주식회사를 설립하여 운영했고, 주로 하와이·멕시코·쿠바지역을 다니며 흥사단 조직을 확대해 나갔다.

　평북 단천이 고향인 이동휘(李東輝,1873~1935)는 대한제국 육군 참령을 지낸 무관출신 지도자이다. 그는 1907년 한일신협약으로 군대가 강제해산 당하자 강화친위대(江華親衛隊)를 이끌며 전등사를 중심으로 의병봉기를 계획했다가 발각되어 구속당했었다. 그러나 그를 잘 알고 있던 미국인 선교사의 도움으로 풀려났고 그 해 10월 이동휘는 신민회의 핵심간부로 안창호, 이동녕 등과 만주지역을 답사하며 무관학교와 독립운동기지를 물색했고, '105인 사건'으로 다시 투옥 당했다. 그는 서북학회(西北學會)를 조직하여 강화도, 함경도 평안도 등지를 순회하며 감동적인 연설로 교육과 자주독립의 필요성을 강조했고 보창학교와 합일학교 등 수많은 학교의 설립을 지원했다.47) 그는 1909년 6월 22일 평양 만수대 송림에서 열렸던 대강연회에 당대의 명연설가들인 안창호, 윤치호와 함께 참가했는데, 당당한 체구의 이동휘는 웅장한 음성으로 연설하여 6, 7천 명의 청중들을 크게 감동시켰다. 그는 "지금의 세계는 민족경쟁의 시대라 독립한 국가(國家)가 아니고는 민족(民族)이 서지 못하고 개인(個人)이 있지 못하"며 "국민(國民) 각자(各者)가 각성하여 큰 힘을 발하지 아니하고는 조국(祖國)이 독립(獨立)을 유지할 수 없다"고 역설했다. 그리고 말미에서 "2천만 동포여 각자(各者) 발분수양(發奮修養)하여 도덕적(道德的)으로 거짓 없고 참된 인격(人格)이 되고 국가 천년의 대계를 위하여 견고하게 단결(團結)"을 이루고 "지금에 깨달아 스스로 고치고 힘" 쓸 것을 촉구하는 한편, "우리가 하려고만 하면 반드시 우리나라를 태산(泰山) 반석(盤石) 위에 세우고 문화와 부강구비한 조국을 성조할 수 있다"고 격려함으로써 청중이 모두 "대한독립만세"를 고창하게 만들었다.48)

1910년 이후 이동휘는 신민회의 안창호와 긴밀하게 연락하면서 북만주와 연해주지역을 순회하며 계몽과 조직활동을 계속했고, 1913년 10월말 제2차 러

---

47) 반병률, 『성재 이동휘의 일대기』(범우사, 1998), 68~70쪽.
48) 윤경로, 『105인 사건과 신민회연구』(일지사, 1990), 238쪽; 유석인, 〈애국의 별들〉186~187쪽. 반병률, 『성앞의 책(1998)』, 71~72쪽에서 재인용.

일전쟁 발발을 예상하고 이를 활용한 독립전쟁을 대비하기 위한 목적에서 이상설, 이종호, 이동녕, 정재관 등과 함께 대한광복군정부(大韓光復軍政府)라는 최초의 임시정부를 세웠었다. 이동휘는 이상설에 이어 제2대 정도령(正都領)으로 대한광복군장부를 이끌었고, 1914년 4월에는 동지들과 북만주 왕청현(王淸懸) 나자구(羅子溝) 한인촌에 사관학교를 설립하여 기숙사에 생도들을 합숙시키고 독일장교 2, 3명을 교관으로 채용했다. 생도들은 주로 지역 내의 대흥서숙 학생들이었고 약 100여명에 달했다.[49]

또 1917년 러시아혁명이 성공한 이후 소련이 적극 지원했던 코민테른의 영향을 받아 특히 식민지배를 받던 민족들 사이에 사회주의운동이 크게 확산되기 시작했었는데, 이러한 국제정세에 따라 1918년 연해주에서 이동휘는 박애, 김립 등과 한인사회당(韓人社會黨)을 창립했고 1919년 초에는 파리강화회의에 대표 파견문제를 최재형, 문창범 등과 함께 논의했다. 이후 1919년 6월 말경 한인사회당의 이동휘를 포함한 김규면, 김립, 박진순, 박애, 이한영 등 간부들은 상해임정에 참여하기로 결정했는데. 이동휘는 당초 참여에 반대하는 입장이었으나 "민족기관에 들어가서 힘쓰지 않으면 제국주의와 싸울 수 없다"는 동지들의 권고를 따라 김립과 함께 상해임정에 들어가 활동했다. "민족주의자들과의 유일전선을 취하는 일시정책"을 택한 것이었다. 1921년에 사회주의자들은 소련 내 교민들 중심의 이르크츠크파 고려공산당와 상해파 고려공산당으로 양분되었고, 이동휘는 후자의 위원장으로, 코민테른의 지도와 자금을 지원받아 당조직을 유지하면서도 줄곧 상해임정의 핵심지도자중 한 사람으로 활약했다. 그는 1919년 9월에 통합 상해임정의 국무총리로 선임되었고 자금모금을 위해서는 '군무총장'이란 명의를 사용하기도 했다.[50] 그의 사회주의 사상을 공

---

49) 반병률, 앞의 책(1998), 110~113쪽; 한영우, 앞의 책(2016), 117쪽.
50) 반병률, 앞의 책(1998), 203~204쪽.

식으로 학습한 적도 없고 또 "나는 공산주의가 무엇인지 아무 것도 모르는 사람"이라고 말했던 인물이었지만[51] 그렇다고 당시 볼세비키당이 지배하던 소련의 외교정책에 대해 전혀 무지했다고 보기는 어렵다. 다만 그는 민주공화주의적 비전에 따라 신민회의 핵심간부로 반제국주의 항일투쟁을 했던 민족지도자의 입장에서 소련의 지원을 전략적으로 활용하여 한민족의 자주독립을 도모했던 것으로 평가할 수 있을 것이다.

나철(羅喆, 1863~1916)은 민족의 위기를 단군신앙으로 극복하고자 단군교를 창시하고 포교와 세력 확장에 진력했다. 그는 오기호, 이기와 같은 호남지역 지식인들과 합동하여 민간신앙으로 전해지던 선교(仙敎) 혹은 신교(神敎)와 같은 단군신앙을 근대종교로 발전시켜 1909년에 단군교를 개창했다. 이것은 일제의 탄압으로 대종교(大倧敎)로 개칭되었는데, 1910년대에는 간도와 연해주지역에까지 포교되어 수많은 애국지사들이 이에 가담하는 등 교도가 20만을 헤아렸다. 대종교는 환인, 환웅, 단군을 삼신일체의 신격으로 섬기며 이들이전 인류와 한민족의 조상으로 교화(敎化)와 치화(治化)의 일을 하고 있으며 고대에 만주와 한반도지역에 거대한 문명제국을 건설했었다고 믿었다. 그리고나철은 이러한 신앙을 바탕으로 고조선과 고구려 및 발해의 고토인 연해주와만주지역을 되찾아 "대조선"을 세운다는 원대한 비전을 제시했다. 그렇지 않아도 일제의 간섭과 탄압이 가혹해지면서 이에 시달린 국민들과 자주독립에 뜻있는 사람들이 이곳으로 모여들어 간도지역은 이 시기의 의병전쟁을 이어가는새로운 독립운동기지가 되었다. 대종교인으로서 여기서 활약했던 대표적인 인물은 이회영, 이시영, 이동녕, 이상룡 등이었다. 이들은 서간도 유하현의 삼원보에 "경학사"(耕學社)라는 자치단체를 만들고, 이를 모체로 독립군양성을 위

---

51) 이 점에서 이동휘는 1920년대 초에 소련 및 일본에 유학하면서 사회주의 사상을 공부하고 돌아와 1920년 중반 이후 공산주의 활동을 벌였던 김재봉이나 박헌영 등과 구별된다. 한영우, 앞의 책(2016), 138~139쪽 참조.

한 신흥강습소를 설립했다. 대종교 2세 교주 김교헌은『신단실기』(1914),『신단
민사』(1914)와 같은 역사책을 지어 교포교육에 심혈을 기울였고, 3세 교주 윤세
복은 환인지방에 동창학교(1914)를 세우고 신채호·박은식 등 저명한 역사가
를 초치하여 위인전을 편찬하게 했다.[52] 이즈음 여운형은 김규식의 파리 행
여비조달 차 블라디보스토크에 왔었지만, 간도지역에서는 이미 국제정세의 흐
름을 알고 국민의회를 조직하고 윤해와 고창일을 민족대표로 파리에 파견하기
로 했던 것이다. 그런 까닭에 여운형은 모금은 못했지만 이동녕·조완구·박은
식·문창범과 만나 후일을 도모하기로 합의하는 성과를 얻었다. 이 지역 독립
운동가들은 1918년 12월 39명의 대표를 뽑고「대한독립선언서」를 발표하였는
데, 이것이 한민족 최초의 무오독립선언이다.[53]

　그런데 일제강점 하의 국내는 사정이 달랐다. 조선총독부 관리들이 주인행
세하면서 우리 민족은 일제의 혹독한 무단정치 속에서 살아야 했다. 남녀노소
모두가 국망을 한탄하고 방황하는 암흑의 세월이 시작되었던 것이다. 이렇게
앞이 보이지 않는 깜깜한 어둠 중에 1911년 10월 중국으로부터 신해혁명 소식
이 전해졌다. 그것은 아시아 최초의 민주공화주의혁명으로 멸만흥한(滅滿興
漢)의 기치를 들었던 쑨원(孫文) 등 중국의 지식인들이 주도하여 중화민국(中
華民國)이라는 근대적 민주공화국을 세웠던 것이다. 이것은 당시 조선 청년들
에게는 정치적 복음이었다. 황제가 속박된 상태에서는 "내라도 나서야 조국을
되찾을 수 있겠다"는 용기와 희망이 싹트기 시작했다.

　한인으로서 유일하게 신해혁명에 가담했던 신규식(申圭植, 1879~1922)은 대

---

[52] 이렇게 민족미래에 대한 원대한 비전을 바탕으로 역사교육과 군사교육이 병행되었던
　　만주지역에서는 그래서 그런지 다른 어느 지역보다 먼저인 1918년 12월에 39명의 대표
　　가 모여 최초로「대한독립선언서」(무오독립선언)를 발표했다. 한영우, 앞의 책(2008),
　　524쪽 참조.
[53] 이정식,『몽양 여운형』(서울대출판부, 2008), 173~174쪽.

종교 신자로서 투철한 민족의식과 함께 민주공화주의사상에 입각하여 상해에
서 독립운동을 시작했던 인물이다. 그는 충청도 청주 동쪽의 고령 신씨 집성촌
에서 자라 한학을 공부했고, 벼슬했던 부친과 형을 따라 서울로 가 1896년 관립
한어학교에 들어갔다. 그는 이 시기 독립협회운동에 가담하여 이승훈·허위
등과 알게 되었고, 재정부장으로 활동했다. 1900년에는 다시 육군무관학교에
서 수학하여 전술학·군제학·병기학·외국어 등을 배우며, 민대식·신창휴·
조성환과 친교를 맺었다. 그는 참위로 임관된 후 진위대·시위대를 거쳐 육군
유년학교 학도대 등에서 복무하며 품계가 종2품까지 올랐으나, 1907년 일본이
군사권마저 강탈하면서 그의 군 생활은 끝났다. 그는 잠시 낙향하여 문중어른
들을 설득하여 문동학원(文童學院)을 설립했다. 그리고 나철과 만나 1909년 7
월 대종교에 입교하면서 구국활동에 본격적으로 나섰다. 그는 법치문란, 부정
부패, 근거 없는 자기비하, 당파싸움 등을 국망의 원인으로 규정했고, 이보다
더 큰 원인은 "상진천량(喪盡天良)", 즉 "하늘이 준 본연의 착한 마음을 송두리
째 잊어버려" 양심이 마비되고 악한 병에 걸린 때문이라고 진단했다. 그리고
이를 벗어나기 위해서는 "선조의 교화와 종법, 선조의 능력과 이기, 국사와 국
치(國恥)를 잊지 말고 마음에 새겨야만 대한의 혼(魂)을 간직할 수 있으며, 그
래야만 나라를 되찾을 수 있다"[54]고 믿었다.

　그는 의형제를 맺은 조성환, 박찬익과 망명을 결의하고 가산을 모두 정리하
여 약 2만여 원을 마련했다. 1911년 봄 서울을 떠나 만주, 산동, 베이징, 항주를
거쳐 상해에 도착한 그는 신해혁명을 준비하던 혁명파의 잡지 『민립보』의 사
원 쉬티엔푸(徐天復)과 친교를 맺으면서 중국동맹회의 왕싱(王興), 천치메이
(陳其美) 등과 교류했다. 신규식은 신성(申星)이란 이름으로 동맹회에 가입해
서 한국인 지사로서는 신해혁명에 투신한 "최초의 인물"이 되었다.[55] 그는 삼

54) 강영심, 『신규식 - 시대를 앞서간 민족혁명의 선구자』(역사공간, 2010), 59쪽.

민주의를 내걸고 봉기하여 청조의 낡은 봉건통치를 몰아낸 신해혁명을 "아시아의 밤을 밝혀주는 희망의 등대"로 표현했다. 나중에 상해에서 만났던 중화민국 초대 임시대총통 손문에게 증정한 〈축손총통〉이란 시를 통해서 "공화국 새 세상 만들어 낡은 세상 돌려세우니 사해의 만백성 즐거워 손중산 우러러 모시네"라며 민주공화주의 시대가 도래한 것을 기뻐했다. 1913년 말경 신규식은 민립보사를 거점으로 하던 중국혁명가들의 문학단체 남사(南社)에 가입하여 친교의 폭을 넓혔고, 이 문학단체의 회합인 아집(雅集)에서 그는 "삼한이 망국하게 된 비참을 통분하여 집을 떠나 서쪽으로 와 독립운동에 전력을" 다하고 있는 조선인으로 소개되었다. 또 그는 리더휘(李登輝), 탕월즈(康文治) 등이 상해를 거쳐 가는 중국학생들의 일자리를 주선해주기 위해 조직했던 환국중국학생회에도 가입하여 그들과도 친교를 다져 후일 중국국민당의 임정지지를 이끌어내는 역사적 배경을 만들기도 했다.[56]

신해혁명이 발발한 이후 조선의 청년학생들이 상해로 몰려들기 시작했다. 그리고 여기서 조직적인 투쟁을 이어 나갈 단체가 필요했는데, 이에 부응하여 신규식이 1912년 5월 20일에 만든 것이 바로 "동제사"(同濟社)다. 이를 중추적으로 이끌었던 인물은 신규식(이사장)과 박은식(총재)을 비롯하여 김규식·신채호·홍명희·조소앙·문일평·신건식·조성환 등이었다. 동제사는 북경·천진·만주 등 중국내 주요도시와 러시아·미국·일본 등에도 지사를 두었다. 특히 당시 동제사는 각지 청년학생들의 연락조직체로 미주지역과 하와이에서 보내온 『신한민보』나 『국민보』 같은 잡지를 받아 이를 다시 만주지역과 국내로 비밀리에 배포했다. 박찬익, 김용호, 신철, 신무, 김갑, 정환범, 김용준, 민충식, 안재홍,[57] 윤보선, 이찬영, 민필호, 신석우, 여운형, 조동우, 장건상, 정원택

55) 같은 책, 68쪽.
56) 같은 책, 69~78쪽.
57) 안재홍은 1912년 일본 와세다대학 재학 중 당시 메이지대학에 다니던 조소앙과 함께

등이 회원이었다. 이들의 면면을 볼 때, 동제사는 정치사상적으로 "시민적 민족주의"와 유교적 "대동사상"을 지향하고, "국혼" 중시의 역사관과 대종교 신앙을 바탕으로 하는 독립노선을 취했다. 중국국민당 인사들과 친교가 깊었던 신규식은 그들과 함께 신아동제사(新亞同濟社)도 만들었다. 그는 박은식과 더불어 대동보단을 조직했고, 「진단」이라는 잡지를 발행하기도 했다. 그는 1914년 『한국혼』을 써서 동포들을 향하여 "다함께 대한의 혼을 보배로 여겨 소멸되지 않도록 할 것이며, 먼저 각기(各己) 가지고 있는 마음을 구해내어 죽지 않도록 할 것이다"[58] 라고 전했다. 이후 그는 박달학원을 만들어 상해로 모여드는 조선청년들과 교민들을 보살피고 교육하는 일에 집중하였고, 1919년 3·1독립만세운동 직후에는 여운형, 선우혁 등과 독립임시사무소를 설치하기도 했다. 그는 상해 임정의 의정원 부의장, 법무총장, 외무총장, 국무총리로 활약했고 말년에는 광동특사로 손문을 만나는 등 독립외교 활동도 적극 벌였다.[59]

한편, 대한제국이 패망할 때 여운형(呂運亨, 1886~1947)은 20대의 청년으로 '백정교회'로 유명했던 종로의 승동교회에서 조사(助師)로 전도의 일을 하고 있었다. 신학교도 다니던 그는 1911년 25세의 나이로 서울YMCA의 운동부장이자 한국 최초의 야구팀 주장이 되었다. 그는 이때부터 '몸짱'이자 '만능 스포츠맨'으로 불렸고, 1934년에는 조선축구협회 회장이 되기도 했다. 그런데, 중국의 신해혁명은 청년 여운형에게 큰 울림을 주었다. 그렇지 않아도 중국에 들어가 청을 멸망시키고 명의 은혜를 갚아야 한다는 소신을 펴다가 유배당했다가 처참한 몰골로 귀가했던 그의 조부 영향도 있어 그는 중국에 대해 친화력을 가지고 있었다. 그러던 터에 신해혁명으로 청조가 멸망했다는 소식이 전해진 것이

상해에 와서 〈동제사〉에 가입하고 중국을 여행했다. 정윤재, 『다사리공동체를 향하여: 민세 안재홍 평전』(한울, 2002), 34~36쪽.

58) 신규식 저, 김동환 역, 한국혼(범우사, 2009), 18쪽.

59) 강영심, 앞의 책(2010), 83~85, 108~139쪽 참조.

었다. 당시 서울의 중국 상점에는 황싱과 쑨원의 사진이 걸리고" 혁명의 새로운 음파는 뜻있는 청년들의 귀를 난타했다.[60]

다음 해 11월 그는 야구단을 인솔하고 일본 와세다 대학의 초청으로 동경에 가서 원정경기를 가졌다. 그는 재동경유학생 환영모임에서 "우리 어머니는 그렇게 돌아가셨지만, 우리네 여러 오뉘들은 다 같이 잘 자라나고 있습니다."라는 말을 되풀이하는 감동적인 답사를 했다. 이후 그는 김규식이나 이승만처럼 해외에서 공부를 더 해야겠다는 생각도 했고 독립운동에의 열정도 느꼈다. 그는 1913년 당시 서간도에서 이회영 등이 신민회의 뜻을 계승하여 설립, 운용하고 있던 신흥학교를 탐방했지만, 그런 벽지(僻地)보다는 문화적 수준이 있고 교통이 좋아 국제적 시야도 넓힐 수 있는 상해나 남경같은 도시지역이 전략적으로 유리할 것이라고 판단했다. 그래서 그는 1914년 중국 남경의 진링대학(金陵大學)으로 유학을 떠났다. 그에게는 자신의 성장과 함께 조국독립을 위해 자유롭게 활동할 공간이 필요했고, 연약한 우리 민족의 힘만으로는 도저히 조국독립을 이룩할 수 없음을 깨달았기 때문"이었다.[61]

여운형은 공부를 마치고 1917년 초부터는 상해로 가서 미국 선교사 조지 휘치가 운영하던 협화서국(The Shanghai Mission Bookstore)에 취직했다. 또 교포자녀들의 교육을 위해 인성학교(人成學校)를 세워 김두봉 등과 봉사했고, 신석우와는 친목회를 만들었다.[62]

조동호와 가까이 지내다가 일본 와세다 대학 정경학부를 졸업하고 온 장덕수와, 정주의 오산학교에서 가르치다 항주군관학교에 입학한 김홍일과도 만났다. 특히 장덕수는 당시 정치에는 "문외한"이던 여운형에게 많은 지적 자극을 주었던 까닭에 둘은 의기투합할 수 있었다. 장덕수는 불우했던 어린 시절 일본

60) 이정식, 앞의 책(2008), 104쪽.
61) 같은 책, 99~100, 103쪽.
62) 같은 책, 133~141쪽.

인 관리의 후원으로 와세다대학에 유학까지 했으나, 1913년 이후 일본에서 대대적인 민중운동으로 대정(大正)데모크라시 시대가 열리는 것을 직접 목격하고 송진우 등 조선유학생들과 사귀면서부터 민족의식을 갖게 되었다. 그는 "개개 구성원들이 살아 숨 쉬는 삶의 공동체로서 민족이라는 존재를 자각"[63] 하고 독립운동에 가담하기 시작했다. 그는 조선이 당장 독립하기는 어렵고 먼저 전 민족이 합심 노력하여 힘을 기르고 난 뒤 "그 위에 조선민족 일동 전선적(全鮮的)으로 떨쳐 일어나 당당히 조선독립을 향해 매진하는 것 외에 다른 방법이 없다"[64]고 생각했다. 마침 미국 윌슨대통령은 1차 대전의 종식을 앞두고 "모든 식민지" 문제를 해결하는 데 있어서 "연관된 민족의 주권과 요구가 완벽하게 보호되어야 한다"는 민족자결주의를 선언했다. 여운형은 미국의 주중대사 크레인(Charles Crane)이 상하이에 와서 행한 연설을 직접 듣고 "지금이야말로 조선과 같은 약소민족이 해방을 도모하기에 절호의 기회"라고 판단했다.[65]

그는 크레인 대사를 직접 면담하여 민족자결주의를 재차 확인하고, 장덕수와 함께 우선 파리강화회의에 대표를 파견하기로 했다. 김규식을 대표로 보내기로 최종 결정한 후 그 파견주체를 신한청년당으로 했다. 그러나 김규식은 걱정했다. 파리에 가봐야 조선을 알아주는 나라가 없고 겨우 "방청인"으로 발언권도 없는 터에 외로이 "혼자의 말만 가지고는 세계의 신용을 얻기 힘들다"는 판단 때문이었다. 따라서 김규식은 신한청년당이 서울에 사람을 보내어 "독립을 선언해야겠다. 국내(國內)에서 무슨 움직임이 있어야 내가 맡은 사명이 잘 수행될 것이고, 우리나라의 독립에 보탬이 될 것이다"[66]라고 판단했다.

---

63) 자세한 내용은 최선웅, "1910년 일본유학 전후 장덕수의 행적과 민족문제의 자각," 『한국사학보』 제47호(2012.5), 137~169, 155~156쪽.

64) 같은 책, 145~146쪽

65) 같은 책, 153쪽.

66) 같은 책, 165~166쪽.

　김규식의 파리 파송 사실과 이러한 생각은 장덕수에 의해 일본과 서울에
즉시 전달되었고, 천도교의 손병희와 최린, 중앙학교 교감 현상윤이 먼저 행동
하기 시작했다. 그리고 송진우는 현상윤과 함께 천도교 측과 이승훈·박희도
등 기독교측이 긴밀하게 협조하며 동참하게 하는 데 진력했다.[67] 결국, 동경에
서는 최팔용이 주동하여 2·8독립선언을 하고, 이광수가 선언문을 썼다. 장덕
수는 2·8독립선언문을 서울의 이상재에게 전했고, 미국에서 날아오다 동경의
독립선언에 참여했던 여운홍은 장덕수와 연락을 취하면서, 국내에 들어와 이
상재·최남선·함태영·이갑성 등을 만나 논의한 후 상해로 떠났다. 당시 국내
외의 청년지도자들 사이에는 파리강화회의에의 대표 파견과 이를 지원하기 위
한 민족차원의 행동에 대한 합의가 성숙해 있었다.[68]

　한편 조소앙(趙素昻, 1887~1958)은 신채호 등과 함께 성균관에서 공부한 후
18세가 되던 1904년 10월 왕실유학생으로 동경부립 제일중학에 입학했다. 그는
러일전쟁 후 날로 노골화되고 있던 일제의 대한제국 병탄기도를 비판하고, 우
에노공원에서 다른 유학생들과 민영환 등 7충신 추모집회를 열고 민족반역자
들을 성토했다. 또 "조선인에게는 고등교육이 필요 없다"는 교장의 망언을 규
탄하여 퇴학당하고 기숙사에서도 쫓겨났다. 그는 계속해서 각종 스트라이크를
주동했고, 공수학회를 만들어 학보의 주필로 활약했다. 그는 『대한매일신보』
에 일진회를 통박하는 기사를 실었고 1906년 말 미국에서 귀국 차 동경에 들렸
던 안창호와 만나 시국담을 나누었다. 또 국채보상운동과 금연운동, 그리고
면암 최익현 추모회에 참여했다. 그는 한일신협약(정미조약)에 분개하여 반일
시위를 벌였고 『대한매일신보』에 시론을 발표했다. 미국 샌프란시스코에서 전
명운과 장인환이 일본 앞잡이 스티븐슨을 사살하자 그는 동경의 조선유학생들

67) 김학준, 『고하송진우평전』(동아일보사, 1990), 116~119쪽.
68) 이정식, 앞의 책(2008), 167쪽.

과 시국집회를 열고 매국노들을 성토했다.[69]

조소앙은 1908년 명치대학 법학부에 입학했고. 이듬해 1월 대한흥학회를 창립하고 그 회보의 주필로서 창간호에 "신한국인은 신한국열을 요흘진져"를 발표했고, 이어서 "학생론"(4호), "북관대첩비사건"(5호), "회원제군"(7호), "歲己酉終에 舊韓을 送함"(8호)을 썼다. 1910년 2월에는 "갑신이후 열국대세의 변동"(20호)를 썼고, 일제의 강제병탄 음모를 국내에 알리기 위해 일본신문을 수 천매 국내에 발송하려다 밀정의 신고로 발각되어 실패했다. 그는 또 한일합방성토문을 작성해서 국내의 윤치호, 김규식에게 전달하기 위해 이창환을 국내로 밀파했다. 1911년 동경 내 조선유학생들의 단체를 통합한 조선유학생친목회의 회장으로 피선되었다. 그는 26세가 되던 1912년 명치대학을 졸업하고 귀국하여 경신학교, 양정의숙 등에서 잠시 교편을 잡았고 상해의 신규식 등과 연락을 취하며 지냈다. 1913년에는 북경을 거쳐 상해로 망명해 신규식·박은식 등과 함께 동제사와 박달학원으로 망명 온 청년들을 훈련시켰다. 그러나 1915년 국내에 잠입하다가 중국 안동에서 발각되어 뜻을 이루지 못했다. 조소앙은 1916년 몸에 났던 큰 종기를 완치하자 곧바로 다시 상해로 망명했고, 1917년에는 박은식 등과 함께 "대동단결선언"을 발표했다. 또 1919년 2월(음력) 조소앙은 여준, 김좌진, 박찬익 등과 함께 만주 길림에서 무장투쟁단체 대한독립의군부를 조직하고, "대한독립선언서"를 발표했다.[70]

한편 1908년부터 황성기독교청년회(서울YMCA의 전신) 종교부 간사로 일하던 이상재는 제1회 독청년회 하령회를 개최하고, 1910년 11월에 귀국한 이승만을 초청하여 이듬해 5월부터 전국 순회강연회를 열었다. 이상재는 이 강연회를 조선청년들의 전국적 조직화의 기회로 삼았고, 이것은 1914년 조선기독교학생

---

[69] 김기승, 『조소앙: 대한민국 임시정부의 이론가』(역사공간, 2015), 8~42쪽.
[70] 같은 책, 43~59쪽.

회 연합회 결성으로 매듭지어졌다. 경술국치 후 많은 사람들이 일제에 협력하거나 망명을 떠났는데, 이상재는 1913년 황성기독교 청년회의 총무가 되었다. 그는 일본시찰단 일원으로 거의 "끌려" 다니다시피 동경을 방문했다. 그 때 일본의 발전상을 보고는 되레 "죽은 어머니가 생각난다"고 불편한 심경을 솔직하게 드러냈다. 또 거대한 병기창과 군수공장을 보고나서 동경시장이 낸 저녁식사 자리에서 "일본이 아시아에서 강대국이라는 것을 알았지만, 성경에 '칼로 일어선 자는 칼로 망한다'라고 쓰여 있어 걱정"이라고 발언하여 일본인들은 아연실색케 했다. 그는 1915년 윤치호에게 총무를 넘기고 명예총무로서 강연회를 주도하면서 청년들을 규합했다. 그는 3·1독립만세운동의 독립선언문에 비폭력 무저항주의가 반영되도록 오세창·이승훈·박승봉 등 기독교계 인사들과 긴밀하게 접촉했다.[71]

한편, 1904년 2월 러일전쟁이 발발했을 때, 박은식(朴殷植, 1859~1925)은 『황성신문』의 주필로 날카로운 필봉으로 일제의 침략야욕과 조선의 취약성을 신랄하게 비판했다. 이 해 7월부터 그는 『대한매일신보』의 주필로 일하고 있었지만, 다음 해인 1905년 11월 을사늑약이 체결되자 장지연이 "시일야방성대곡"을 쓰고 구속된 이후 『황성신문』은 정간되었다. 그러다가 복간되자 박은식은 다시 『황성신문』으로 복귀하여 1910년 8월 폐간될 때까지 주필로 일했다. 『대한매일신보』에서는 객원으로 글을 쓰며 일제비판과 국민계몽에 매진했다. 그는 국권상실 후 "우리가 일찍이 근대적 실력양성을 못했던 회한에 떨었으나 절망할 것이 아니라 이제부터라도 전 민족이 분발해서 국권회복의 장기전(長期戰)에서 최후의 승리를 쟁취해야 한다"고 역설했다. 그는 정약용과 박지원 같은 실학자들을 높이 평가하고, 중국은 양계초의 변법자강론이 나라를 구할

[71] 최남선이 박승봉의 집에서 이들과 함께 선언문을 검토했었다. 전택부, 앞의 책(1981), 42쪽.

것이라고 생각했다. 그는 주자학적 유교를 비판하는 "유교구신론"을 주창하면서, 특히 "교육구국론"과 "실업구국론"에 따른 사회계몽에 주력했다. 그는 1906년 3월 장지연·윤효정·심의성·임진수·김상범·윤치호 등과 대한자강회(大韓自强會)를, 10월에는 자신이 앞장서 서우학회를 조직했다. 그는 서우학회를 통해 사범속성과를 이수하고 야학교를 열어 청장년 교사를 긴급 양성하여 사립학교에 배치하기도 했다. 1907년 2월에는 지석영·주시경·양기탁·유일선·이종일 등과 국문연구회(國文硏究會)를 조직하여 한글사용을 통한 신학문 교육과 민력양성에 힘썼다. 그는 신민회에 가입하여 주로 교육과 출판 분야의 일을 거들었고, 신민회 회원들로부터 국로(國老)로 추대 받았다. 그는 신민회의 방침에 따라 서우학회와 이준·이동휘 등이 조직했던 서북흥학회가 통합되어 서북학회가 창립되자 평의원으로 참여하였지만, 이동휘·안창호·유동열·노백린·이갑·이종일·김붕준 등이 계속 원로로 모셨다. 서북학회는 황해도·평안도·함경도 지역에서 큰 영향력을 발휘하는 조직으로 성장했다. 그는 또 서북학회 월보(月報)의 주필로 1910년 폐간 때까지 일했다. 특히 서북학회는 신민회와 함께 박은식을 교장으로 하는 서북협성학교를 설립하고, 이북지역에 무려 63개의 지교를 설치 운영했다.[72]

박은식은 일제가 신기선 등을 동원하여 대동학회를 내세워 유림계를 친일화하려는 정치공작을 벌이자 이에 대항하여 이범규·장지연·원영의·조완구 등과 대동교(大同敎)라는 종교단체를 창립했다. 그는 이를 통해 유교적 대동사상과 양명학에 입각하여 유교를 개혁하고 유림계와 유교문화를 국권회복운동에 동원하고자 했다. 그는 또 1910년 유근·최남선 등과 조선광문회(朝鮮光文會)를 조직하고, 민족고전의 간행과 보급을 꾀했다. 그러나 1910년 8월 29일 조선을 강점한 일제가 각종 탄압과 함께 특히 "국혼"이 들어있는 국사서들을 압수

---

[72] 신용하, 앞의 책(1986), 13~19쪽.

소각하자, 박은식은 무엇보다도 우리 젊은이들이 민족의 역사와 국혼을 상실할 것을 우려했다. 그는 "국체는 수망(雖亡)이나 국혼(國魂)이 불멸하면 부활이 가능한데 지금 국혼인 역사마저 분멸되니 통탄불이라"[73]고 탄식했다. 그는 이때 "한 사람의 문사로서 한국민족의 "국혼"이 살아있는 역사서를 집필하여 망국민이 된 자기민족의 후손들에게 자기의 역사를 가르쳐 주고 "국혼"을 유지케하여 독립의 기초의 한 측면을 만드는 것을 자기의 사명"이라고 생각했다.[74] 그는 1911년 3월 사망한 부인의 장례를 치르자마자 곧장 망명하여 압록강 건너 만주 환인현 흥도천에 있는 그의 동지 윤세복의 집으로 갔다. 그는 여기에 기숙하며 독실한 대종교 신자로서 독립운동에 전력했다.

박은식은 만주지역 고대사 유적지를 답사하고 모두 6편의 한국고대사 관련 저술을 냈다. 신해혁명이 발발하자, 그는 곧장 상해로 가 신규식 · 홍명희와 함께 동제사를 조직하고, 교민들의 자녀교육을 위해 박달학원을 설치했다. 그는 남경과 상해를 오가며 당대 중국의 지식인 지사들인 강유위 · 양계초 · 당소의 · 경해구 · 왕정위 등 "중국혁명동맹회" 의 인사들과 교류했다. 그는 잠시 홍콩의 잡지 『향강』의 주간으로 일했고, 나중에는 강유위의 위탁으로 중국신문 『국시일보』의 주간이 되기도 했었다. 그는 또 『안중근전』, 『이준전』, 『이순신전』 등을 저술하고, 1915년에는 망명 이후 줄곧 써오던 『한국통사』를 완성해 상해의 출판사 대동편역국에서 출간했다. 이는 "처음으로 한국근대사를 체계화"한 것으로, 1864년부터 1911년까지의 한국근대사를 "일제침략사"로 기술했다. 『한국통사』는 일제의 잔학성을 폭로하고 한국민들의 통분을 촉발하여 "독립운동의 정신적 원동력"을 확보하고, "국혼"을 일깨우고자 했다. 이 책은 중국 상해와 만주지역은 물론 러시아지역, 그리고 미주지역에까지 널리 보급되어

73) 같은 책, 22쪽.
74) 같은 책, 23쪽.

읽혔고, 국내에도 밀반입되어 "민족문화 전통에 대한 깊은 애착과 자부심", 그리고 일제침략에 대한 "불같은 분노"와 "독립투쟁에의 결의"를 촉발했다.[75] 이후 그는 유랑생활하며 한 때 청군제독이었던 오장경의 딸집에 기숙하기도 했다. 그는 상해에서 이상설·신규식·유동열 등과 독립전쟁을 준비하기 위해 신한혁명단을 조직하고 그 취지문을 썼다.[76]

이들은 당초 1915년에 "신한혁명당"을 만들고 고종황제를 옹립하여 망명정부를 세우고자 했으나, 1차 대전 이후 군주국들이 쇠퇴하고 미국이 세계정세를 주도하자 신규식·조소앙·박은식 등 14인은 1917년 7월 "대동단결선언"을 발표하여 공화제로의 전환을 주문했다. 조소앙이 쓴 것으로 알려진 이 선언문은 주권은 "민족 고유의 것"으로 융희황제가 포기했다면 그것은 고스란히 "국민이 양여 받게 된 것"이라고 주창했으며, 그래서 "한국 사람이 아닌 사람에게 주권을 양도하는 것은 근본적으로 한국의 국민성이 절대로 불허하는 바이다"라고 선포했다.[77] 1918년 박은식은 러시아령 시베리아지역 교민들의 요청으로 잠시 이 지역 잡지 『한족공보』의 주간으로 일했다. 그는 이 지역에 계속 머물면서 『발해사』와 『금사』를 한글로 역술하였다. 그는 한인촌과 여러 학교들을 순회하며 『한국통사』를 강연하며 독립사상을 고취시키는 중 블라디보스토크에서 3·1독립만세운동을 맞았다.[78]

한편 미국에 유학 중이던 이승만(李承晩, 1875~1965)은 1909년 박용만과 함께 미 본토 및 하와이교민들을 중심으로 국민회(뒤에 대한인국민회로 개칭)를 조직했다. 샌프란시스코 교민들은 안창호의 주선으로 이미 공립협회(1905)를 조

---

75) 같은 책, 25~26쪽.
76) 같은 책, 27쪽.
77) 서희경, 『대한민국 헌법의 탄생: 한국헌정사, 만민공동회에서 제헌까지』(창비, 2012), 67~68쪽.
78) 신용하, 앞의 책(1986), 27쪽.

직했고, 교민 장일환과 전명운이 스티븐스를 사살한 사건(1908) 이후 조직적 독
립활동을 벌이고 있었다. 이승만은 1910년 6월 미국 프린스턴대학에서 박사 학
위를 취득한 후 일시 귀국하여 YMCA의 주선으로 2차례 전국순회 전도여행을
마치고, 다시 일본을 경유하여 미국에 갔다. 그는 1912년 3월 국제감리교대표회
의에 참석한 뒤 6월에 미국 우드로 윌슨 대통령을 만나 연설하며 한국독립을
호소했다. 이후 그는 윌슨 대통령의 추천서를 가지고 미국 전 지역을 다니며
한국독립을 역설했고, 1913년 호놀룰루에 도착하여 한인감리교회의 한인기숙
학교 교장이 되었다. 그는 '105인 사건'의 실상을 폭로하고, 월간 『태평양잡지』
를 발간했다. 1917년에 하와이에서 독립군학교를 만들었고, 이 해 10월 29일 뉴
욕에서 개최된 세계 25개 약소민족대표회의에 박용만과 함께 참석했다. 1918년
에는 서재필 · 민찬호 · 정한경 · 안창호 등과 워싱턴에서 신한협회(新韓協會)를
조직했고, 이 해 12월 정한경과 함께 파리평화회의 대표로 선출되었다. 그러나
출국허가를 받지 못했다. 그러자 다음 해인 1919년 2월 25일 정한경과 함께 대한
인국민회 대표자격으로 "열강은 한국을 일본의 학정으로부터 구출해줄 것"과
"한국의 완전독립을 보증할 것", 그리고 "당분간 국제연맹의 통치하에 둘 것"을
핵심으로 하는 독립청원서를 윌슨 대통령에게 제출했다.[79]

　그런가 하면 국내에서는 주로 천도교 측이 중심이 되어 3 · 1독립만세운동이
준비되고 있었다. 천도교 3대 교주 손병희(孫秉熙, 1882~1922)는 교세확장에
힘쓰면서도 "이신환성(以身換性)", 즉, 자신의 몸을 성령으로 바꾸어 희생하라
는 최제우의 가르침을 실천하는 수련을 지속했다. 그리고 수시로 49일 특별기
도회를 열어 정신무장을 독려했는데, 특히 봉황각에서의 49일 특별기도회를
끝낸 이후인 1914년 8월 보성사 사장 이종일은 민족운동의 중추적 추진을 위해
민족문화수호운동본부, 천도구국단 등 비밀결사를 조직했다. 그는 또 1917년

---

[79] 이한우, 『이승만: 대한민국을 세운 독립운동가』(역사공간), 105~110쪽.

1차 세계대전이 끝날 무렵 그는 손병희에게 대대적인 민중운동을 벌일 것을 제안하고 대중화, 일원화, 비폭력의 원칙으로 기독교와 불교 등 종교단체들과 연합하여 만세운동을 전개할 것을 건의했다. 손병희는 이종일·권동진·오세창·최린 등 참모들과 동대문 밖의 상춘원에서 자주 회합하며 대중의 조직적인 동원과 자금조달 문제, 여타 종교단체들과의 공조 문제 등을 숙의했다. 그리고 최린은 최남선이 작성한 독립선언서를 손병희에게 보고하고, 이의 조판을 신문관에서 하고 인쇄는 보성사가 맡게 했다. 그래서 이종일 사장은 김홍규 등 사원 2명과 27일 저녁 6시경부터 비밀리에 선언서 인쇄를 시작했다. 그런 도중 종로경찰서 고등계 한인형사 신승희가 이 사실을 눈치 채고 인쇄소로 찾아와 검속했다. 이종일은 즉시 나와 손병희 집으로 달려가 이 사실을 그에게 보고하고 종이에 싼 5천원을 받아 인쇄소에 있던 신승희에게 전달했다. 물론 비밀유지를 조건으로 하였고, 마침내 그날 밤 11시가 다 되어 독립선언서 2만 1,000매의 인쇄가 완료되었다. 독립선언서는 일단 천도교 신축창고로 옮겨졌다가 전국에 배포되었다.

1919년 2월 28일 저녁에는 가회동에 있는 그의 집에 33인의 민족대표 중 23명이 모여 결연한 의지를 상호 확인했다. 손병희는 "우리 거사는 조선의 신성한 유업을 계승하고 아래로 자손만대의 복락을 작흥하는 민족적 위업입니다. 이 성스러운 과업은 제현의 충의에 의지하여 반드시 성사될 줄 믿어 의심치 않는 바입니다"라며 인사했고, 일동은 대량 유혈사태를 미리 방지하기 위해 거사장소를 탑골공원에서 태화관으로 변경하는 데 합의했다.[80]

마침내 다음 날인 3월 1일, 국내의 각계 지도자들은 단합하여 독립을 향한 반일시위운동을 결행했다. 손병희·권동진·이종일·최린 등 천도교 측 15명, 백용성·한용운(韓龍雲) 등 불교 측 2명, 길선주·이승훈 등 기독교 측 16명

---

[80] 성주현, 앞의 책(2012), 218~220, 224~227쪽.

등 33명의 민족대표가 모여 독립선언서를 발표했다. 민족대표들은 종로경찰서에 연락하고 곧바로 체포되었으나 탑골공원에서는 학생들이 모여 독립선언서를 낭독하고 만세시위에 들어갔다. 서울시위에 때를 맞춰 평양·진남포·안주·의주·선천·원산 등 북한지역에서 만세운동이 일어났으며, 3월 10일을 전후해서는 남한 일대로 퍼져 중소도시와 농촌에까지 확산되었다. 5월 말까지 계속된 이 만세 시위에는 전국 218개 군에서 200여만 명의 주민이 1,500여 회 참가했는데, 각계각층의 주민이 모두 참여한 것이 특징이다.

3·1독립만세운동은 비폭력, 무저항주의로 출발했으나 시위가 확산되면서 동맹파업과 예금인출, 심지어 전차를 공격하고, 광구(鑛區)를 파괴하고, 면사무소와 헌병주재소를 습격하는 등 차츰 폭력시위로 번졌다. 거족적인 시위에 놀란 일본은 군대와 경찰을 모두 풀어 시위자들을 '폭도'로 규정하고 발포·살육·고문·방화 등 무자비한 방법으로 탄압했다. 경기도 화성군 송산면에서는 마을 전체를 불태우고, 마을주민을 학살했으며, 화성군 향남면 제암리에서는 마을주민을 교회에 가두고 불을 질러 타죽게 했다. 충남 천안의 아우내 장터에서는 18세 소녀 유관순(柳寬順; 1902~1920)이 앞장서서 시위를 이끌다가 체포되어 서대문 형무소에서 악랄한 고문을 받은 끝에 숨을 거두었다.

이 같은 독립만세운동이 추진되고 성사되면서 한국인들 사이에는 고조선 이래의 "한민족"이 독립운동의 주체이며 그 민족 개념이 "대중 차원으로까지 확산되고 정착"되었고,[81] 한국인들은 "빈부귀천 남녀노소를 막론하고 모두 독립을 꿈꾸고" 있다는 것을[82] 내외에 분명하게 선포했다. 그것이 당장 독립이라는 결과를 가져오지는 못했지만, 그동안 일본이 마치 한국인들이 희망하여 한반도를 식민지배하고 있는 것처럼 선전한 것이 완전히 거짓이었음을 모든 계

---

81) 박찬승, 『민족. 민족주의』(소화, 2010), 93쪽.
82) 강동진, 『일제의 한국침략정책사』(한길사, 1980), 21쪽; 전상숙, 『한국 근대 민족주의와 변혁이념, 민주공화주의』(신서원, 2018), 169쪽에서 재인용.

층의 한국인들이 전국적으로 궐기함으로써 백일하에 드러냈다. 3·1독립만세운동은 한민족 역사상 최초의, 그리고 아시아지역에서는 중국 신해혁명에 이어 두 번째의 민주공화주의적 시민혁명이었던 것이다. 3·1독립만세운동은 다른 나라의 민족운동에도 큰 자극과 충격을 주었다. 중국에서는 이해 5월 4일 북경대학 학생들이 주도하여 제국주의와 봉건주의에 항거하는 5·4운동을 일으켰고, 인도에서는 1915년 마하트마 간디가 영국의 식민통치에 반대하는 비폭력 무저항주의운동을 벌였다. 이밖에 베트남, 필리핀, 이집트 등지의 민족해방운동에도 자극을 주었다. 3·1운동이 표방한 비폭력주의와 독립선언서에 나타난 인도주의(人道主義)는 우리가 평화를 사랑하는 진정한 문화민족임을 보여주었다는 점에서 무력항쟁 못지않은 의미를 가진다.[83]

3·1만세운동의 결과 1919년 4월 11일 상해임시정부가 수립되었고, 13일에는 국제적으로 선포되었다. 그리고 상해임정은 그 정치이념이 민주공화주의로 정립되었고, 이로부터 한민족은 일본제국주의에 저항하며 "인민대중인 민족이 국가의 주권을 갖는 독립 민족국가를 수립하기 위한 민족해방운동을 본격적으로"[84] 전개하기 시작했다.

중국의 상해임정은 서울과 블라디보스토크의 임시정부를 통합하여 1919년 11월 9일 비로소 내각구성을 완료했다. 상해임정은 연통제(聯通制)로 국내와 긴밀하게 연락을 취했고 『독립신문』을 발행하여 내외에 배포했다. 워싱턴·파리·북경에 외교관을 파견하여 국제사회에 대한민국의 존재와 한민족의 독립의지를 보다 적극적으로 알렸다. 그것은 동시에 식민 상태의 암흑 속에서 살아가던 각처의 한국인들에게 소박하면서도 또렷한 희망이었다. 이로써 한국인들은 각처에서 독립조국에의 의지를 새로이 다지면서 각자의 능력과 처지에 따

---

83) 이상 3·1운동에 대한 설명은 한영우, 『미래를 여는 우리 근현대사』(경세원, 2016), 120~122쪽 참조.

84) 전상숙, 앞의 책(2018), 68쪽.

라 최선을 다하며 버티고 저항할 수 있게 되었다. 상해임정은 박은식이 강조했던 "국혼"이 담긴, 그래서 언젠가는 더 온전한 모습으로 "환생"할 독립조국의 튼실한 씨앗이었다. 요컨대, 3 · 1독립만세운동에 국내외의 전민족구성원들이 각자의 자유의지로 참여하고 행동함으로써 정치적 독립의지를 만방에 표출했다. 그 결과 우리 민족은 대한민국 임시정부의 수립을 선포했고, 이로써 우리 민족은 자주독립정신이 충만하고 또 독립할 수 있는 능력을 지니고 있음 내외에 성공적으로 공표했던 것이다.

4. 민주공화주의적 각성의 확산과 저항의 지속: 기미혁명(己未革命)이후 신간회운동까지

　그러나 상해임정의 역정은 순탄하지 못했다. 해외생활의 궁핍함과 자금빈곤, 그리고 노선대립으로 인한 내홍과 갈등은 심각한 문제였다. 그렇지만 이러한 난관들을 극복하기 위한 민족지도자들의 노력도 진지하게 시도되었다. 임정 출범 당시의 대통령제 대신 현장에서 활동하는 지도자들을 중심으로 하는 주석제나 국무령제를 도입하는 등 정부조직의 효율적인 운용을 위한 몇 차례의 제도개선이 있었다. 또 노선대립을 완화하기 위한 민족주의적 합작도 지속적으로 시도되었다. 예컨대, 조소앙이 이끌던 한국독립당 재건파와 김구의 한국국민당, 그리고 이청천의 한국혁명당은 서로 합의하여 1940년 5월에 새로운 한국독립당을 창립하고 조소앙이 제안했던 삼균주의(三均主義)를 공식 독립방약으로 채택했다.[85] 모든 것이 불비한 중에 성향이 다른 여러 개인들이 함께 모여 분란도 많았지만 그들은 민주공화정 체제를 계속 유지하면서 그 틀 안에

---

85) 김기승, 앞의 책(2015), 129~130쪽.

서 서로 인내하고 공조함으로써 "기미혁명"의 정신과 그것이 제시했던 미래에의 희망을 지켜내고자 진력했던 것이다.

1919년 3월의 독립만세운동 이전에 미국을 출발하여 4월 10일 상해에 도착한 안창호는 여운형, 신익희, 윤현진, 김구 등 소장파들과 자주 소통하면서 각파 원로들과도 접촉하여 임시정부를 통합적으로 구성하는 데 주력했다. 그는 미국에서 가져온 2만5,000달러로 청사를 마련하고, 내무총장으로 매일 출근하며 일했다.[86] 이듬해인 1920년 1월 3일 상해교민들에 대한 신년사를 통해 유명한 "국민황제론"을 펴면서 이제 한국인들은 민주공화국의 주인으로 새로워져야 한다고 역설했다. 그는 "대한 나라에 과거에는 황제가 1인밖에 없었지마는 금일에는 2천만 국민이 다 황제요, 제군의 앉은 자리는 다 옥좌며, 머리에 쓴 것은 다 면류관이외다"라면서 "이제 국가흥망이 인민전체(人民全體)에 있고 대통령이나 국무총리와 같은 정부직원들은 모두 '제군의 노복'이니, 이제 군주인 인민은 그 노복을 선(善)히 인도하는 방법을 연구하여야 한다"고 했다. 그는 이어 "정부직원은 특정 개인의 노복이 아니라 '인민의 공복'이므로 인민전체의 명령에 복종해야 한다. 국민들은 정부직원들을 방문하여 사사로운 부탁을 하거나 한담을 하지 말아야 한다. 공무원들을 비판만 하지 말고 때로는 얼러주고 칭찬도 해주어야 한다. 주권자인 국민들이 합하면 명령을 발하는 자가 되고 나누이면 명령에 복종하는 자가 된다. 종이 쓸 만하면 부족하나마 얼러주면서 부리는 것이 필요하다"고 말했다. 또 안창호는 당시 논란이 되었던 이승만 대통령에 대한 처분과 관련해서 "나는 단언하오. 현재의 내각은 이 이상의 내각을 얻기 어렵소. 이혼 못할 아내거든 분(粉)이라도 발라놓고 기뻐하시오"[87]라며 임시정부를 중심으로 단합할 것을 촉구했다.

[86] 흥사단출판부, 『도산 안창호』(1983), 72~77쪽. 발행인은 서영훈, 편집인은 박인주였다.
[87] 주요한, 『안도산전서』(흥사단출판부, 1999), 654~666쪽.

이즈음 서울YMCA의 명예총무 이상재(李商在, 1887~1927)는 1920년 8월 24일 미국의회 의원시찰단이 서울에 오자 윤치호 총무와 대대적인 환영회를 개최하고자 했다. 그러나 총독부가 시찰단과의 접촉을 금지했기 때문에 이상재는 신흥우와 함께 조선호텔 로비에 들어가 일행 중 한 사람을 붙들고 환영회에 와줄 것을 요청하고 내락을 받았다. 그러나 다음날 오전 사정상 못 오겠다는 전언이 와서 모두 낙담했으나, 그 날 오후 뜻밖의 일이 벌어졌다. 캘리포니아 출신 허스만(H. S. Hersman)의원이 일본경찰의 방해망을 뚫고 성조기를 단 차를 몰고 YMCA에 나타났던 것이다. 그래서 약 200명의 조선인들이 다시 모여 이상재의 환영사로 시작되는 환영회를 열 수 있었다. 이로써 일제탄압의 사실이 국내외 언론을 통해 다시 또 알려지게 되었다.[88] 미국의 이승만은 3·1독립운동 이후인 4월 14일 미국 필라델피아에서 서재필·정한경 등과 함께 재미한인회의를 개최하여 한국의 독립을 선언한 후 독립관(Independence Hall)까지 행진했다. 그리고 4월 23일 서울에서는 13도 대표들이 모여 독립을 선포하고, 이승만을 '한성정부'의 집정관총재로 임명했다. 이후 이승만은 4월 30일 파리의 강화회의에 참석하고 있던 미국의 윌슨 대통령에게 한국독립과 김규식의 발언권을 요청하는 청원서를 보냈다. 6월에는 미국·영국·프랑스·이탈리아에 한국독립을 정식으로 통보하였는데, 이 때 대한민국의 영문표기를 처음으로 "Republic of Korea"라고 썼고 이후 지금까지 통용되고 있다.[89]

1919년 3·1만세운동 당시 블라디보스토크에 있던 박은식은 61세의 고령이었지만 그 회원이 수천 명에 달했던 대한국민노인동맹단을 조직하고 이끌었

---

[88] 전택부, 앞의 책(1989), 146~148쪽. 이상재와 YMCA 측에서는 이것을 "제2의 독립운동"으로 평가하기도 하며(같은 책, 219쪽), 천도교 측에서는 이종일 보성사 사장의 명의로 1922년 3월 1일 "제2 독립선언서"를 발표하기도 했는 바(이현희, 앞의 책(1979), 313~316쪽), 이것은 기미혁명 이후 그것을 계속 이어가고자 했던 사회적 분위기가 지배적이었음을 시사하는 것이다.

[89] 이한우, 앞의 책(2010), 109~110쪽.

다. 그는 5월 대표 5인을 서울에 파견하여 65세의 강우규 의사가 사이토 마코토 (齋藤實) 총독을 향해 폭탄을 투척하는 거사를 도모했다. 같은 해 8월, 그는 상해로 와서 대한민국 임시정부를 원로로서 지원하면서『한국독립운동지혈사』의 집필을 시작했다. 그는 1929년 12월 상해의 한인이 운영하던 출판사 유신사(維新社)에서 이 책을 출판했고, 이 책은『한국통사』와 함께 중국의 교포와 독립운동가에게 큰 감동을 주었고 국내에도 비밀리에 대량 반입되어 혹독한 탄압 속에서도 국민들 사이에 널리 읽혔다.[90] 그는 상해임정의 분열을 막기 위해 원세훈 등과 국민대표회의(國民代表會議)의 소집을 요구했고, 이는 박용만·신채호·신숙 등이 주도하던 북경군사통일회의 호응을 얻어 마침내 1923년 1월 상해에서 국민대표회의가 열렸다. 그는 1924년에 독립신문사 사장에 취임했고, 6월에는 의정원이 이승만 대통령유고안을 통과시킨 후 혼란수습을 위한 국무총리 겸 대통령대리로 추대됐다.[91]

일제는 1920년대 식민지조선에서 소위 '문화정치'를 시작했다. 그러나 일제는 한민족에 대한 경제적 착취와 사회적 차별정책을 노골적으로 강화하면서 민족분열공작을 지속했다. 그렇지만 상해 임시정부의 출범으로 희망을 갖게 된 한국인들은 각종 문화적·학술적 계몽활동을 계속 전개했는데, 여기에는 1920년에 나란히 창간되었던 조선일보와 동아일보가 서로 입장은 다르기는 했지만 큰 몫을 했다. 원래 실력양성운동은 신민회가 제시했던 독립방략으로 두 신문사들은 주로 언론을 통한 계몽, 문맹퇴치, 신문물 소개, 민립대학 설립, 그리고 물산장려운동 등을 실천하는 데 집중했다. 민립대학 설립운동은 대한제국 말기에 조절되었다가 기미독립만세운동 이후 한규설·이상재 등 100여명이 앞장서 재추진했고, 후에 이승훈·윤치호·김성수·송진우 등이 합세하여

90) 신용하,『박은식의 사회사상 연구』(서울대학교출판부, 1986), 28~29쪽.
91) 같은 책, 29~31쪽.

1923년 3월에는 약 1,000명의 인사들이 민립대학설립기성회를 조직하여 국민 모금운동에 나섰다. 이에 총독부는 1924년에 경성제국대학을 만들어 민립대학 운동을 수포로 돌아가게 했다. 또 물산장려운동은 대한제국기의 국채보상운동 과 같은 맥락에서 추진되었는데, 1920년 평양에서 조만식 등이 처음 주도하였고, 1923년에는 서울에서 "조선인이 만든 것을 입고, 먹고, 쓰자"는 슬로우건 하에 국산품 애용, 소비절약, 금주, 금연 등의 생활계몽운동을 펼쳤다. 이 운동은 거대한 일본자본에 밀려 성공할 수 없었지만 그런 속에서도 1919년에 설립되었던 김성수의 경성방직은 계속 유지되며 나름대로 필요한 역할을 했다.[92]

한편 불교계대표의 한 사람으로 3·1독립만세운동에 깊숙하게 관여했던 한용운(韓龍雲, 1879~1944)은 3년의 옥고를 치렀다. 그는 이미 『불교유신론』을 써서 조선불교의 개혁과 일제예속화에 저항했으며, 1908년 12월 서울에 명진측량강습소를 개설, 소장으로서 근대 측량기술을 보급하여 국토는 비록 강점당했으나 "개인 소유 및 사찰 소유의 토지라도 끝까지 수호하고자" 노력했던 인물이었다. 그는 재판을 당하는 중에 피고인 답변으로 "조선독립이유서"를 길게 써서 제출했고, 일제의 전향회유공작을 물리치며 감방에서 "달아 달아 밝은 달아/ 네 나라를 비춘 달아, 쇠창을 넘어와서 너의 마음 비춘 달아, 계수나무 베어내고 무궁화(無窮花)를 심고저"라는 옥중시를 남겼다. 1922년 3월 출옥하여 안국동의 선학원에 나가며 물산장려운동을 지원했다. 다음해 그는 조선청년불교청년회 총재에 추대되었고 중편소설 『죽음』을 탈고했다. 1925년에는 백담사에서 시집 『님의 침묵』을 탈고하고 이듬에 출간했다. 1927년에는 신간회 창립에 참여, 초대 경성지회장으로 활동했고 조선불교청년회를 조선불교총동맹으로 바꾸어 일제의 불교탄압에 맞서 주제적인 불교 정립에 매진했다. 1929년 1월 1일자 조선일보에 "조선 청년에게"란 신년사를 써 큰 반향을 일으켰다.

92) 한영우, 앞의 책(2016), 134~136쪽.

그는 "현금의 조선 청년은 시대적 행운아다. 바꾸어 말하자면, 현대는 조선 청년에게 행운을 주는 득의의 시대다. 청년의 주위는 역경인 까닭이다"라고 써서 당시의 일제암흑기는 오히려 청년들의 자기단련의 절호의 기회라는 긍정적이고 적극적인 희망의 메시지를 던졌던 것이다. 그는 또 시 "낙원은 가시덤불에서"에서 "나는 자연의 거울에 인생을 비춰보았습니다. 고통의 가시덤불 뒤에 환희의 낙원을 건설하기 위하여 님을 떠난 나는 행복합니다."라고 하며 독자들로 하여금 고진감래로 성숙한 인격을 닦으며 미래를 대비할 것을 권했다. 신간회가 해소되던 해인 1931년 9월 윤치호 · 신흥우 등과 나병구제연구회를 조직하여 나병환자들을 돕고자 했고, 김법린 · 김상호 등과는 불교청년들의 비밀결사 만당(卍黨)을 결성했다.[93]

그런가 하면 문학과 예술, 그리고 건축 분야의 많은 개인들도 자주독립에의 꿈을 끈질기게 전했다. 3 · 1독립만세운동 직후인 1920년 초에 홍난파(洪蘭坡, 1897~1941)는 〈봉선화〉를 작곡했는데, 가사는 친구 김형준이 쓴 것이다. 그것은 우리민족의 행복했던 과거와 일본침략으로 파괴된 현재, 그리고 "북풍한설 찬바람에 네 형체가 없어져도 평화로운 꿈을 꾸는 너의 혼(魂)은 예 있으니 화창스런 봄바람에 환생(還生)키를 바라노라."로 끝나는 3절은 여지없는 독립찬가였다. 그는 흥사단가를 작곡했다는 이유로 구속되었다가 늑막염을 얻어 죽었다.[94] 1941년 이 노래는 당연히 금지곡이었지만 "여걸" 소프라노 김천애 (金天愛, 1919~1995)는 전국순회 도중 수시로 부르면서 국민들과 교감했다.[95] 이와 함께 곧이어 나온 이흥렬(李興烈, 1909~1980)의 〈바위고개〉는 "십여 년간의 머슴살이 하도 서러워 진달래꽃 안고서 눈물집니다."라고 노래함으로써 이제 모두가 "주인"으로 "혼"을 지키며 살아가면 반드시 자주독립의 날이 올 것이

---

93) 임중빈,『만해 한용운: 그 생애와 정신』(명지사, 2000), 36~37, 66~69, 140~172, 292~293쪽.
94) 한상우,『기억하고 싶은 선구자들(지식산업사, 2003)』, 198~211쪽.
95) 같은 책, 180~187쪽.

라는 박은식과 안창호의 메시지를 국민들 마음속에 쏙쏙 박히게 했다. 동요운
동을 펼치다 쫓겨 만주 용정으로 도피했던 윤극영(尹克榮, 1903~1988)도 이 시
기에 〈반달〉을 지어 "멀리서 반짝반짝 비치는 건 샛별등대란다. 길을 찾아라."
면서 우리는 지금 동쪽의 일본이 아니라 "샛별등대"와 같은 상해임정이 있는
"서쪽나라"로 가고 있다는 희망의 메시지를 전했다.[96] 또 '건축왕' 혹은 '땅장수'
로 유명했던 정세권(鄭世權1, 888~1965)은 1920년대에 건양사라는 건설회사를
통해 서울의 북촌, 가회동, 성북동, 행당동 등에 개량한옥을 대량으로 지어 전
통한옥과 주거문화를 유지하는 데 기여했다. 그는 김종량, 이민구 등 조선인
부동산 개발업자로서 총독부의 차별과 단속을 계속 받았지만 주택수요를 예견
하고 기획하는 능력을 발휘해 거부가 되었다. 그는 물산장려운동, 만주동포구
호운동, 신간회운동, 조선어학회 등을 재정적으로 적극 지원하였고 특히 안재
홍, 이극로와 평생 동지로 친밀하게 지냈다. 그는 조선어학회 회관을 지어주고,
그 재정담당 고문 격으로 계속 지원하다가 조선어학회 사건으로 옥고를 치르
기도 했다.[97]

　한편 국외지역에서는 일제에 대한 무장투쟁이 계속되었다. 특히 만주와 연
해주지방에는 50여만의 동포가 모여 살면서 대종교 및 박은식, 신채호, 김교헌
등의 영향으로 군정서 · 대한국민회군 · 북로군정서 · 대한독립군 · 광복군총영
등 30여개의 독립군 부대들이 항일투쟁만이 아니라, 이 지역을 한민족의 새로
운 터전으로 회복시킨다는 거대한 꿈도 펼치고자 했다. 홍범도(洪範圖, 1868~
1943)와 최진이 이끌었던 봉오동전투(1920. 6)에서 일본군 제1지대와 싸워 대승
했고, 김좌진(金佐鎭, 1889~1930)과 이범석(李範奭, 1900~1972)이 지휘했던 청
산리전투(1920. 10)에서는 일본군 1,200여명을 살해하고 2,000여명을 부상당하

---

96) 같은 책, 236~241쪽.
97) 정세권의 삶에 대해서는 김경민, 『건축왕, 경성을 만들다』(이마, 2017)을 참조바람.

게 했다. 남만주 압록강변의 집안에서는 채찬·김승학의 참의부가 임정직속으로 창설되었고(1923), 봉천 일대에는 오동진·지청천 중심의 정의부(1925)가 있었으며, 북만주에서는 연해주에서 돌아온 독립군들이 김혁·김좌진을 중심으로 신민부(1925)를 조직했다. 이들은 일종의 자치정부 형태로 교민들을 이끌고 있었으며, 나중에 국민부로 통합되었다(1929).

그러나 일제의 문화통치 하에서 "환생"에의 꿈을 이어가기란 매우 어렵고 희생을 감수하는 고행이었다. 국내에서는 각종 계몽과 문맹퇴치운동, 물산장려운동, 그리고 한규설과 이상재의 민립대학설립운동 등이 이어졌지만, 일제가 퍼뜨린 식민사관에 정면 대응할 만한 정신적 단련이 아직 미진했던 최남선과 이광수 등과 같은 지식인들의 행태는 민족에 대한 냉소와 미래에 대한 허무주의를 조장했다. 이들은 그들이 모델로 삼았던 서구문명이 보았던 근대성의 핵심인 정치적 자주독립 혹은 민족주의에 대한 인식이 부족했다. 그들은 일본을 통해 전해 받은 약육강식론이나 사회진화론 및 일본식 문명개화론에 대한 비판의식을 결여하고 있었다.

동아일보의 송진우와 장덕수도 비슷한 입장이었다. 이들은 나름대로 "문화주의"를 표방하고 정치적 자주독립은 먼 미래의 과제로 미뤄두고 우선 자치론에 순응하면서 나름대로 민족자존을 지켜보고자 기도했지만 주변을 감동시킬바가 없었다. 송진우는 일제의 속박과 차별 하에 있는 민족현실을 직시하며 영국에서 들어온 신자유주의(New Liberalism)를 토론하는 동아일보 사설 "자유권과 생존권"에서 "자유권은 정치적 생존권이며, 생존권은 경제적 자유권"이라고 전제한 뒤, 자유는 물론 생존의 보장도 없는 조선민족은 "어떻게 살아야 할 것이냐"의 문제를 제기하고, "인류의 문명은 심력(心力)의 발전"이라는 에머슨(Ralph Waldo Emerson)의 말을 인용하며, "이천만 심(心)을 일심으로 하여 우리의 목적을 달(達)하기까지 노력하자"고 주장했다.[98] 이러한 주장은 당시 일제에 대한 타협노선을 합리화하는 논리를 담고 있었다.

또 동아일보 주필이자 상해 고려공산당 국내지부의 최고책임자격이던 장덕수도 당시 영국에서 유행하던 신자유주의에 따라 근대문명을 비판하면서 그 실천운동은 정치적[국가적] 범주와 사회적[민족적] 범주에서 전개된다고 생각했다. 그러나 식민지조선에서는 이미 정치적 자유가 없으니 정치적·국가적 차원을 논할 여지가 없고, 다만 비정치적 사회운동으로서의 민족운동이 필요하다고 생각했다. 그에게 있어 민족운동의 방법은 문화운동이었고, 그것은 동아일보의 "문화주의"로 표방되었다. 장덕수는 식민지조선의 정치적 속박은 어찌할 수 없는 현실로 용인하되, 장기적이고 정신적인 차원에서 경제·도덕·종교·철학·예술과 함께 정치를 포함한 모든 생활 분야에서 '내적' 충실을 기하자는 것이었다. 이를 위한 방법으로 세계문명의 수입, 경제발전, 교육확대, 악습개량, 새 도덕 수립 등을 제시했다.[99]

그러나 기미혁명을 겪고 나서 곧장 경성고보를 자퇴하고 일본으로 건너갔던 박열(朴烈, 1901~1974)은 달랐다. 그는 당시 일본제국주의노선을 비판하고 조선독립을 지지하던 사회주의계열의 일본인 지식인들과 친교를 맺고, 김약수·조봉암·서상일 등과 함께 흑도회를 조직했고, 후에는 신영우·홍진유·사상일 등과 함께 아나키스트 중심의 흑우회(黑友會)를 만들어 항일활동을 벌였다. 그는 "하늘을 보고 짖는 달을 보고 짖는 보잘 것 없는 나는 개새끼로소이다."라

98) 송진우, "자유권과 생존권,"『동아일보』, 1925년 1월 12~15일, "서설: 윤덕영, 고하 송진우의 근대국가 사상과 민족운동가로서의 위상," (재)고하 송진우선생기념사업회,『고하 송진우의 항일독립과 민주건국 활동에 관한 연구』(2016), 19~22쪽.

99) 고려공산당은 권위 있는 동아일보를 내외의 반제투쟁에 활용하고자 했고 장덕수 등은 이러한 노선을 견지하되 1920년대 전반기 국내 민족운동의 주류였던 고려공산당을 자유주의화하고 나름대로의 민족운동에 이용하고자 했으나 마르크시즘과 국제공산주의운동이 득세하면서 여의치 못했다. 최선웅, "1920년대 초 한국공산주의운동의 탈자유주의화 과정: 상해파 고려공산당 국내지부를 중심으로,"『한국사학회보』제26호(2007. 3), 295~297쪽.

는 자신의 시를 인연으로 동지이자 아내였던 가네코 후미코를 만났다. 그는
또 1923년에 재일조선인들과 함께 불영사라는 단체를 만들었고 마침 일본에
왔던 동아일보 주필 장덕수를 구타하기도 했다. 일제는 관동대지진이 발생하
자 재일조선인들을 국면전환의 희생양을 몰아 무차별 학살했고 이 때, 박열에
게 대역죄를 씌웠다. 그렇지만 재판과정에서 박열은 자신을 죄인으로 대우하
지 말 것과 재판정과 자신의 좌석을 대등하게 배치할 것을 요구했다. 그는 조
선선비의 관복을 입고 법정에 나갔고, 재판장을 "그대"라고 호칭하면서 "그대
들이 나의 육체는 뺏을 수 있을지라도 나의 정신은 빼앗지 못 한다"는 당당한
발언으로 일본인들을 깜짝 놀라게 했다.[100]

　그런가 하면, 국내에서는 심산(心山) 김창숙(金昌淑, 1879~1962)이 옥중투쟁
을 벌이고 있었다. 그는 나석주의 조선식산은행과 동양척식회사 폭탄투척 의
거의 "주동자"로 지목되어 1927년 6월 14일 상해에서 체포되어 대구경찰서에
구금되었다. 그는 예심과정에서 일제를 전면 부정으로 일관하여 재판관의 물
음에 "나라가 없는데 어떻게 본적이 있을 수 있는가?"며 반문했다. 그는 김용
무·김완 등 한인변호사들이 변호를 받을 것을 간청했으나 "내가 변호를 거부
함은 대의가 엄하다. 나는 대한 사람이고 일본 법률을 부인하는 사람이다. 일
본 법률을 부인하면서 만약 일본법률론자에게 변호를 위탁하면 그 대의에 모
순됨이 어떻겠는가. …나는 포로이다. 포로이면서 구차하게 살려고 함은 치욕
이다"며 전면 거부했다. 그는 이 해 12월 14년형을 선고받고 항소를 포기하고
대전교도소로로 이감되었고, 고문을 당해 두 다리가 마비되기도 했다. 병세가

안 좋아 입원과 요양, 그리고 재수감을 반복하면서 수형생활을 이어가는 동안에도 그의 의기와 투지는 그대로였다. 형무소 관리들에게 고분고분하지 않았을 뿐 더러 "절은 경의를 표하는 것인데 내가 너희들에게 경의를 표해야 할 것이 무엇인가?"면서 형무소장을 보아도 인사를 하지 않았다. 또 일제는 그에게 최남선이 친일로 전향하며 쓴 일선융화론'을 읽게 하고 전향을 종용했으나, "기미년의 독립선언서가 최남선의 손에서 나오지 않았던가? 이런 사람으로 도리어 일본에 붙어 역적으로 되었으니 비록 만 번 죽여도 오히려 죄가 남는다"면서 감상문 쓰기를 거부했다. 그는 옥중에서도 창씨개명을 끝내 거부했고 이후 계속 옥중투쟁을 하다가 해방을 맞았다.[101]

한편, 조선일보의 주필 안재홍(安在鴻, 1891~1965)과 같은 지식인들이 나서 논리와 기백으로 일제의 식민통치를 공개비판하고 민족정기를 세워 투쟁할 것을 고무했다. 그는 "살기(殺氣)에 싸인 문화정치(文化政治)"란 사설에서 "문화정치의 음험한 내막"이 이미 "그 본색"을 드러내 "온갖 불의와 비도를 자행"하고 있으나, 시대는 이미 "피압복민중의 해방의 투쟁을 고조하는 시대"이니 일본은 배타적인 "도둑근성"을 버리고 아시아 각 민족이 서로 원수지음이 없이 "자주자립"하는 길로 나아가는 추세에 동참해야 한다고 역설했다.[102] 또 그는 동양척식회사가 토지조사사업을 벌이면서 조선 내 각종 농토를 농민들로부터 탈취하고 농민들이 농토를 버리고 만주로 떠나는 일이 발생하자, "농민도의 고조"란 사설을 써서 이제 "조선인의 전장은 밭두둑과 논두렁과 창고마당이 되어야"한다고 선언했다. 전인구의 약 8할이 농민임을 들어 이젠 노동을 천시했던 과거의 "서생도"가 아니라 "농민도가 조선인 생활의 표준과 원칙이 되어야 한다"고 주장하며 다음과 같이 계몽했다.

---

101) 권기훈, 『김창숙: 혁신유림계의 독립운동을 주도한 선각자』(역사공간, 2010), 96~110쪽.
102) 『시대일보』 1924년 13일자 사설; 『민세안재홍선집 1』, 46~48쪽.

"조선은 내 나라이다. 나의 향토이다. 생활의 근거지이다. 문화발전의 토대이다. 세계로의 발족지이다. 이 나라의 논밭은 조선인이 먼저 갈아야 하겠고 이 땅의 벌과 비탈과 진펄과 개골창은 조선인이 먼저 이룩하고 갈아먹어야 한다. 그것을 할 수 없는 곳에 함께 일어나 지켜야 하고 싸워야 하고 고쳐가야 하고 편리할 것을 발명하여야 하고 새 제도를 세워야 하고 이를 장해하는 어떤 놈들이고 부숴 치워버려야 할 것이다. 할 노릇 다해 보고 쓸 재주 다 써보고 부릴 부지런 다 부려보아도 끝끝내 생활할 수 없고 자꾸만 쫓겨 갈 밖에 없고 헤어져 없어질 밖에 없는 형편이면 덩어리가 되어라. 문문히 가지 말아라. 조선이란 우리의 나라이다. 온갖 것에 우선권이 있다. 땅에고 공장에고 산에고 바다에고 직업에고 의식에고 조선인이 반드시 또 마땅히 우선권을 가져야 한다. 이런 것에 발바투 덤벼서 요구하고 싸우고 지키고 찾아오고 그것이 모두 틀리는 곳에 더욱 큰 가장 무서운 방책을 채용하는 것이 농민도의 본질이다."[103]

바로 이러한 비타협적인 태도와 전략에서 정치적 자주의식이 또렷했던 국내 지식인들을 중심으로 조직된 것이 바로 신간회(新幹會)였다. 1927년 1월 19일 창립발기인회의를 거친 뒤 그 발기인으로 김준연, 권동진, 이갑성, 이승복, 문일평, 백관수, 신석우, 신채호, 안재홍, 조만식, 한기악, 한용운, 홍명희, 이종린, 이상재 등 당시 각 분야의 대표적 인사들이 참여했다. 발기인 대회 바로 다음날 창간되었던 『현대평론』에는 김준연, 백남운, 안광천, 홍명희가 각자 자치운동을 "일본의 정치낭인과 조선의 협정배가 꾸민 합작품"이라고 비판하고, 신간회는 "민족운동의 표면운동단체"로서 장기적으로 지속되어야 할 조직이라고 주장했다. 바로 이어 2월 15일 조선일보의 이상재를 회장으로 권동진과 신석우를 부회장으로, 그리고 안재홍과 이승복 등 여러 인사들이 실무간사를 맡으면

서 신간회가 발족되었던 것이다.[104] 그렇다면 한국근대사 전개과정에서 3·1
독립만세운동 이후의 주요 연결고리였던 신간회운동의 민주공화주의적 성격
은 구체적으로 어떠한 양상으로 나타났었는가?

　첫째, 신간회는 당시 국내외 한민족 구성원 각 개인들이 그 필요성을 절감하
고 자유롭게 참여하여 조직된 자발적인 결사체였다. 창립 당시 신간회 강령은
"조선인 된 자가 누구나 진지한 고려를 요할 시대의식을 대표한 자이다"라고
공포했으며, 강령의 첫머리를 "우리는"이라고 함으로써 자유의지로 나선 개인
들의 총의를 묶었다.[105] 그리고 신간회가 발족한지 열 달쯤 지나 국내 각처에
약 104개의 지부가 결성되었을 때, 안재홍은『조선일보』에 "신간회의 급속한
발전: 지회설치 일백돌파" 란 제목의 사설(1927. 12. 13.)을 통해 신간회는 한가
한 지식인의 철학이나 종교적 계시에서가 아니라, "오직 대중과 그 선구자들이
각자의 피 끓는 투쟁"을 각오하고 "존귀한 생존의식"에서 "뼈아픈 체험"으로 나
타난 것이라고 단정했다.[106] 그래서 지방지회와 회원이 계속 늘어 1931년 당시
지부가 경남에 19곳을 비롯해 경북 18, 전남 14, 함북과 함남 각각 10, 경기
9, 전북 8, 강원과 평북 각각 7, 황해도와 충남 각각 6, 충북 5, 평남 3 등 전국에
모두 122개가 설치되었다. 일본의 도쿄·나고야·쿄토·오사카에도 지회가 있
었다. 지회가 많을 때는 전국에 140여개 회원이 약 4만 명에 이르렀을 정도로
그 대중적 기반이 충실했다.[107] 만주 용정(龍井)에는 간도지회가 해외에서는

---

104) 민세안재홍기념사업회 편,『안재홍과 신간회의 민족운동』(선인, 2012)에 실린 다음
　　의 논문들을 참조함. 김인식, "신간회의 창립과 민족단일당의 이론," 75~108쪽; 성주
　　현, "신간회운동과 민족주의좌파 세력," 109~148쪽.

105) 당시 발기인이었던 이승복은 "우리는"이란 표현은 앙리랜드의 공화당(共和黨)이
　　1902년에 내걸었던 "Sin Fein(We Ourselves)를 보고 썼다고 한다." 이문원, "신간회의
　　사회민주주의적 성격에 대한 검토," 민세안재홍선생기념사업회 편,『안재홍과 신간
　　회의 민족운동』(선인, 2012), 201쪽.

106) 민세안재홍기념사업회,『민세안재홍선집1』(지식산업사, 1981), 248~250쪽.

107) 水野直樹, "신간회 동경지회의 활동에 대하여," 스칼라피노·이정식 외 6인,『신간회

최초로 1927년 4월 28일에 세워졌고,[108] 상해에서는 조소앙, 이동녕, 안창호, 홍진, 이시영, 김구, 조완구, 구연흠 등 임시정부 요인들이 국내의 신간회 운동에 호응하여 한국유일독립당 촉성회를 조직하고 조소앙을 상임위원으로 선임했다.[109]

둘째, 신간회운동에는 한민족 구성원이면 누구나 직업·성별·신분·종교·이념 등의 구별이나 차별이 없이 평등하게 참여했다. 먼저 직업별 분포를 보면, 농어업과 목축이 54.19%(2만2천여 명), 노동자·직공이 23.8%(6천여 명), 상업 10.8%(4천3백여 명), 공업 1.7%, 회사원과 은행 1.19%, 도시 인텔리(기자·의사·간호사·저술가·교원·교육자·대서 등) 5.0%, 여관·이발소·사진 등 서비스업 6.05%였다.[110] 이리하여 당시 신간회는 "전조선의 지식계급, 농민, 심지어 봉건적 이데올로기를 아직 버리지 않은 양반층까지 포괄하여 거대한 세력을 형성"하고 있었다.[111] 이러한 신간회운동에는 조선일보계 인사들, 기독교계, 불교계, 천도교 구파계, 재야유림계, 학계, 사회주의계의 화요회·북풍회·서울청년회 등의 지도자들이 거족적으로 참여했다.[112] 뿐만 아니라 유영준, 김활란, 최은희, 주세죽 등 여성엘리트들은 근우회(槿友會)를 조직하여 신간회의 자매단체로 활발하게 활동했다.

셋째, 당시 신간회의 창립과 운영에 적극 참여했던 민족지도자들은 노선과 성향이 다양했지만 일제의 속박과 차별에 대해 공유했던 비판적 문제의식에 따라 "민족유일당"을 성사시키기 위해 상호 절제하고 신중하게 행동하면서 공

연구』(동녘, 1987), 86, 108쪽 참조.
[108] 신용하, 『신간회의 민족운동』(독립기념관 독립운동사연구소, 2007), 134~136쪽.
[109] 삼균학회, 『조소앙선생 약전』(1989.5), 10쪽.
[110] 水野直樹, "신간회운동에 대한 약간의 문제," 스칼라피노·이정식외 6인, 앞의 책, 87쪽; 한영우, 앞의 책, 545쪽.
[111] 『동아일보』, 1930년 1월 10일.
[112] 김운태, 『일본제국주의의 한국통치』(박영사, 2002), 278쪽.

감과 포용의 폭을 넓혔다. 즉, 그들은 반제국주의적 비타협적 항일노선에서 신간회에 자발적으로 참여하던 자치론자들이나 공산주의자들을 공개적으로 비판하거나 배제하지 않고 포용했다. 그리고 공산진영은 "부르주아 민주주의 혁명론"[113]에 따라 그 투쟁대상이 우선은 조선총독부였기 때문에 신간회에 참여했으며, 그러면서 굳이 자신들의 소속이나 신분을 적극적으로 드러내지 않았다. 이러한 사실들에 착안할 때, 당시 신간회에 참여했던 사람들은 이데올로기적 좌우구별보다 반제국주의적 항일여부에 입각한 좌우구별[114]을 더 우선시하면서 민족구성원내의 이데올로기적 차이를 미리부터 지적하거나 표명하여 어리석은 불협화음을 조성하지 않았다.[115] 그리고 신간회 후기의 회장을 맡았던 허헌은 당시 대표적인 "민족변호사"였을 뿐 아니라 당시의 민족지도자들과 자연스럽고 격의 없이 지내던 지도자 중 1인이었다.[116] 이렇게 볼 때 정치적 자주독립과 그것을 위한 단결을 모색하던 신간회와 그 구성원들의 성격을 특정 이데올로기(ideology)로 규정하기보다 "민주 공화주의"라는 보편적 정치 이념(political ideal)에 입각하여 민족차원의 모순극복에 동참했던 단체로 보는 것이 더 타당할 것으로 본다.[117]

....

113) 이러한 "부르주아 민주주의 혁명"은 공산주의자들이 혁명 전략으로 제시되었던 2단계혁명론의 제1단계에 해당되는 것으로 그 주체는 프롤레타리아이다. 그리고 프랑스대혁명은 "부르주아 혁명" 즉 우리가 아는 시민혁명으로 그 주체가 "시민"인 점에서 분명히 구별된다. 김인식, "신간회운동기 ML계의 부르주아 민주주의 혁명론",『중앙사론』, 제7집(1991.12), 117~156쪽 참조.

114) 안재홍, "조선인의 정치적 분야,"『조선일보』, 1925년 1월 20일; 정윤재,『다사리국가론』(백산서당, 1999), 159쪽.

115) 신간회의 이러한 성격과 관련하여 안재홍은 해빙정국에서 "제2의 신간회"운동으로 건준을 성사시키고자 했으나 실패했다. 정윤재,『다사리공동체를 향하여: 민세 안재홍 평전』(한울, 2002), 제5장 "민족진영이 주도하는 좌우합작을 위하여" 참조.

116) 허근욱,『민족변호사 허헌』(지혜네, 2001), 279~295쪽 참조.

117) 예컨대, 일찍이 이문원 교수는 신간회의 정치적 성격을 "사회민주주의"로 규정했다. 이문원, 앞의 글(2012), 200~213쪽. 당시 양 진영 인사들은 식민지극복을 위해 "민족

넷째, 당시 항일차원의 여러 가지 "민족적 현안"(national issues)에 깊은 관심을 가지고 지원했으며, 민족운동과 관련 있는 국제정세에 대해서도 소식을 적극 전파했다. 신간회 중앙본부에서는 파업 등 노동운동 지원, 광주학생운동 등 학생운동 지원, 미국 기독교 지도자 등 내외 저명인사 초청 강연회 개최, 재만동포 실태 등 각종 진상보고회 개최, 언론·출판·집회·결사 탄압 규탄, 청년동맹과의 연합활동 지원, 산림조합 사건 지원, 전국노동운동 지원, 조선인 본위 교육운동 지원 등을 실천했다. 또 지방의 지회들은 서로 소통하며 지회의 운동방침 제정, 독립운동에 대한 지원과 연락, 철산·익산 지회 사건 지원, 조선총독부 폭압정치 반대운동, 일본 수상에게 재일 한인노동자의 국내송환 항의 전문 발송, 인권변호사에게 격려 전화하기 캠페인, 동양척식회사의 일본인 이민 반대운동, 소작쟁의 지원, 일제의 지방행정 규탄 등의 활동을 펼쳤다.118)

다섯째, 일본제국주의의 비민주적 인권유린과 억압정책을 비판하고, 근대적인 개혁을 요구했다. 즉, 신간회의 지도자들은 전국을 다니며 동척과 같은 조선인 착취기관 철폐, 일본인의 조선이민 반대, 사상연구의 자유 요구, 조선인 중심의 교육정책 등을 요구하고 소작쟁의와 동맹휴학 등을 지도했다.119) 그리고 일제에 대한 비타협노선으로 민족독립을 변함없이 추구함과 동시에 비폭력적 방법으로 자유기본권 허용과 민주적 제도 도입, 일제에 기생하는 봉건지주 타파, 형평사 사원과 노복 및 여성의 신분해방, 인신매매와 공창제 및 강제결혼

주의" 혹은 "사회주의" 그리고 "민주주의"라는 "이념들"(ideals)의 범주에서 경쟁 혹은 협력했으며, "자유주의"나 "공산주의" 혹은 "사회민주주의"와 같은 "이데올로기들"(ideologies) 차원의 격렬한 대결을 하고 있었다고 보기는 어렵다고 생각한다. 이데올로기와 이념에 대한 정치학적 구분에 대해서는 Mark N. Hagopian, Ideals and Ideologies of Modern Politics(New York: Longman, 1965).

118) 신용하, 『신간회의 민족운동』(독립기념관 독립운동사연구소, 2007),173~252쪽 참조.
119) 서중석, "안재홍과 송진우, 타협이냐 비타협이냐". 역사문제연구소 편, 『한국현대사의 라이벌』(역사비평사, 1991), 115쪽.

폐지, 미신타파, 허례허식 타파, 풍속개량 등을 요구하고 추진했다.[120] 신간회 운동의 이러한 민주공화주의적 성격은 앞뒤의 여러 가지 다양한 민족운동들이 공통적으로 지녔던 사상적 특징이었다. 이러한 사실은 우리의 근대가 국가의 쇠망으로 시작되어 부득이 민족의 국권회복, 즉 정치적 자주독립의 성취라는 근대적 과제를 해결한다는 공동체적 소명의 실천과정으로 전개되었음을 잘 보여준다.

　여섯째, 적어도 3·1독립만세운동 이후부터 신간회운동까지 민족진영과 공산진영은 각기 이데올로기적 구별이나 대립보다는 각자 반제국주의 투쟁과 항일이라는 민족주의 차원의 공통과제 수행과정에 참여한다는 연대의식으로 협력했다. 이러한 신간회운동의 추진은 민족진영, 특히 "만족주의 좌익"의 리더십에 의해 동기화되었고 공산진영이 전략적으로 동조함으로써 "민족단일당"을 형성하는 방향으로 발전되었다.[121] 이러한 사실은 신간회 운동을 포함한 우리의 민족운동이 외세에 대한 순간적이고 감정적 저항이 아니라, 민주공화주의적으로 개명된 개인들이 각자의 사상적 입지와 사회적 성향을 달리하면서도 민족주의 차원의 공통목표를 성취하기 위해 합심하고 단결하는 근대적 대중운동의 양상으로 전개되어 왔음을 시사하는 것이다.

　그런데 이 시기에 비록 신간회운동에는 참여하지 않았으나, 민주공화주의적으로 개명된 지식인으로서 기업경영으로 민족운동에 참여했던 인물들이 있었는데, 안희제와 김성수를 우선 꼽을 수 있다. 안희제(安熙濟, 1885~1943)는 경남 의령사람으로 31세 때 부산에서 국내 독립운동 거점 확보와 국외 자금지원을 목적으로 동지들과 백산상회를 설립·운영했고, 3·1독립만세운동 때는 독

---

120) 조지훈, "신간회의 창립과 해소", 김운태, 앞의 책, 279쪽에서 재인용.
121) 이에 대해서는 신간회기념사업회 편, 『안재홍과 신간회의 민족운동』(선인, 2012)에 실린 다음 두 논문에서 자세하게 검토된 바 있다. 김인식, "신간회의 창립과 민족단일당의 이론," 75~108쪽; 성주현, "신간회운동과 민족주의좌파 세력," 109~149쪽.

립선언서를 배포했다. 그는 전국 유지자들이 참여했던 동아일보 창립발기인 중 1인이었고, 초대 부산지국장이었다. 1926년 8월 부산에서는 어느 일본인이 6살짜리 조선소녀가 자기 밭에서 오이 한 개를 따먹었다고 몸에 독약을 묻히고, 기둥에 묶어 폭행을 가했다는 소식이 퍼져 부산시민 6,000여명이 대거 몰려가 시위를 하고 성토집회를 가졌다. 이 때 조선인 3명이 경찰에 체포되었는데, 안희제는 이들을 석방시키기 위한 교섭위원 중 1인이었다. 그는 전진한·함상훈 등 동경유학생들이 선도했던 협동조합운동에 가담하여 1928년 전국 조합들과 연계하여 협동조합경리조합을 만들어 이사장으로 봉사하기도 했고, 이즈음 계몽잡지『자력』(自力)을 발간했고, 1929년 9월에는 중외일보 사장에 취임하여 자신의 능력은 없으나 "사회와 민족에 대한 일편의 신념"은 아무에게도 지지 않는다고 전제한 다음, "오인으로 하여금 능히 동정의 양면을 소상케 하고, 나아가서는 이에 순응해야 할 길을 지시한다는 것은 실로 신문의 책임이다."라는 유명한 취임사설을 썼다.[122]

김성수(金性洙, 1891~1955)는 전북 고창의 지주집안 출신으로 와세대 대학에 유학한 이후 자신의 사회경제적 배경과 재능을 기반으로 경성방직 같은 기업을 만들어 교육사업을 벌여 나름대로 민족경제의 터를 닦고 민족의 미래를 담당할 인재들을 길러내고자 노력했다. 그는 자신의 인품과 경제력으로 많은 민족지도자들과 교류하고 또 도움을 주기도 했다. 그러나 그는 자신의 개인적·사회적 요인 때문에 직접 비타협적 민족운동에 적극 가담할 수는 없었다. 대신 그는 암울했던 일제치하에서 성심을 다해 기업과 교육기관을 만들어 놓음으로써[123] 기미혁명과 그 이후 신간회로 이어져오던 민족갱생과 자주독립의 사상과 기맥이 여러 민족구성원들 사이로 확산되고 공유될 수 있는 기회와 공간을

---

122) 이동언,『안희제: 독립운동자금의 젖줄』(독립기념관, 2010), 19~21, 100~110쪽.
123) 김성수의 이러한 면모에 대해서는 김중순 저, 유석춘 역,『문화민족주의자 김성수』
     (일조각, 1998) 참조.

만들고 제공했던 것으로 평가할 수 있을 것이다.[124]

5. 맺음말: 요약과 몇 가지 시사점들

이상에서 필자는 우리 근대사를 정치사상적으로 "민주공화주의 수용과 실천 과정"으로 간주하고, 특히 신민회 결성 이후 기미혁명의 모색 및 성취과정, 그리고 그 이후 신간회운동이 전개되는 동안 민주공화주의에 의해 개명된 여러 개인들이 보여주었던 다양한 삶의 면모를 차례로 검토했다. 이로써 새롭게 드러난 사실들을 정리하면 다음과 같다.

첫째, 조선왕조 후기와 대한제국 전기에 살았던 많은 개인들은 비록 이 시기의 각종 개혁과 개방, 혹은 반외세운동에 참여했다 하더라도, 정치사상적으로는 여전히 전통적 유교이념과 왕조적 정치질서에 익숙해 있었다. 또 독립협회의 주도적인 지도자들도 성공적인 주권회복을 위해서는 입헌군주제나 의회제도의 도입이 필요하다고 생각하고는 있었지만, 정작 대한제국의 국체를 군주국에서 민주공화국으로 전환해야 한다는 개혁안을 공식적으로 제안하지는 않았다.

둘째, 이 시기에 유교적 근왕사상에 따라 대한제국의 원상회복을 원했던 개인들과, 적어도 1907년 신민회가 민주공화국의 건설을 정치적 비전으로 공식 발표한 이후 이에 영향을 받고 각종 국권회복운동에 참여했던 개인들은 비록

---

[124] 안희제와 김성수는 1930년 이후 일제의 민족말살정책과 전시동원체제가 강화되었을 때, 대조적인 행동을 보였다. 안희제는 대종교 신자로서의 활동에 집중하면서 만주에서 발해농장을 경영했고, 김성수는 조선청년들의 '성전'참여를 권장하는 사설을 썼다. 이것은 비록 양인이 모두 민주공화주의적 개명으로 기업과 교육 분야에 관여했다 하더라도 민족과 국가에 대한 주체적 의식과 국권상실에 대한 문제의식을 어떻게 가지고 있었는지에 따라 다른 행동이 나올 수 있음을 보여주는 사례이다.

각자가 염두에 두었던 미래의 국가형태는 서로 달랐어도, 그들은 다 같이 일제와 열강들의 간섭이나 침략을 극복하고 부강한 자주독립국가를 염원하고 있었다. 그래서 한민족은 조선후기부터 시작된 이 같은 민족갱생과 국권회복을 위한 공동체적 투쟁과, 그로 인한 고난과 시련들을 함께 겪으면서 "근대민족"으로 형성되었다.[125]

셋째, 적어도 신민회가 민주공화국을 미래 비전으로 공표한 이후 각종 애국계몽운동과 항일활동에 개인적 혹은 집단적으로 참여했던 많은 한민족 구성원들은 국권회복과 독립건국에의 희망을 꿋꿋하게 견지하며 인내했다. 그들은 비록 당장은 실현될 것으로 기대하지는 못했지만 그럼에도 불구하고 그 가능성을 모색하고 준비하는 각고의 세월을 보냈고, 중국의 신해혁명과 미국 윌슨 대통령의 민족자결주의 선언에 크게 고무되었다. 그들은 각종 매체와 회합, 그리고 결사를 통해 주변 사람들을 개명시켰으며, 이렇게 개명된 다양한 신분과 직업의 개인들은 정치적 자주독립을 향한 희망을 함께 붙잡고 그 꿈을 구현시키기 위해 자유의지로 각자의 처지에서 판단하고 선택하며 행동했다. 이러한 개인들은 국내 각 지방과 국외 각 지역에서 독립건국의 일에 자발적으로 참여했고, 상호 민주적 토론과 인격적인 교류를 이어가며 활동했다. 물론 이 과정에서 그들은 개인적 견해 차이 혹은 인간적 친소로 인해 적잖이 갈등하기도 했지만 그것 때문에 항일독립투쟁 자체가 포기되지는 않았다.

넷째, 그들은 마침내 1919년 3월의 독립만세운동을 대대적으로 일으켰고 대한민국 상해임시정부를 민주공화국으로 수립, 선포하는 기미혁명을 성공시켰다. 이후에도 다양한 분야와 신분 및 직업의 여러 개인들에 의한 자주독립을

---

125) 우리 민족의 "한(恨)"은 조선왕조나 그 이전에서부터 전래된 것이 아니고, 을사늑약으로부터 빚어진 국망이란 민족적 충격과 비극에서 비롯되었고, 이러한 민족비극을 극복해가는 과정에서 한민족은 "근대민족"으로 형성되기 시작했던 것이다. 고미숙, 앞의 책(2014), 특히 제3장 참조.

향한 끈질긴 활동들이 경쟁적으로 계속 이어져 신간회운동까지 성사시켰다. 이 같은 민주공화주의적 활동에 참여했던 많은 개인들은 반제국주의 항일운동을 통한 자주독립과 민족보전이라는 당대의 일반적인 "목적가치(end-values)"에 충실했을 뿐 아니라 성실함, 일관성, 용기, 애국심, 언행일치, 절제 등과 같은 "행동양식가치(modal values)"들을 솔선수범하는 리더십을 발휘함으로써 국민들로부터 존경과 지지를 받았다. 이 같은 민족지도자들에 의한 항일운동은 1930, 40년대까지 민족운동의 주류로 지속되었던 것이다.

여섯째, 민주공화주의의 수용과 실천의 독립운동사라고도 할 수 있는 우리 근대사는 결코 순간적인 민족감정이나 울분에서만 비롯된 저항의 역사가 아니었다. 오히려 그것은 개인의 자유와 국가나 민족 사이의 평등이라는 근대적·보편적 가치들이 완전 무시되고 반문명적 폭압과 속임수가 난무하는 야만의 상황을 끈질기게 교정하고 혁파하면서 민족의 자주독립을 추구했던 역사적인 투쟁과정이었다. 동시에 이 과정에 참여했던 개인들은 우리 속의 사상과 철학, 그리고 문화의 탁월함을 포기하지 않으면서도 서구의 민주공화주의와 국제관계의 중요성에 착안하는 유연한 자세로 대처했다. 이런 점에서 특히 손병희, 나철, 안창호, 주시경, 박은식, 신채호, 한용운, 조소앙, 안재홍 등과 같은 지식인 지도자들에 대한 재조명이 필요하다.

일곱째, 일제치하를 저항하고 버텨내며 지내는 동안 민주공화주의적으로 개명되었던 수많은 개인들은 민족갱생과 국토보전, 그리고 정치적 자주독립을 위해 각 분야에서 견디며 투쟁했던 결과 이들은 비록 완전하지는 못했지만 근대적인 "상상속의 공동체"를 대한민국으로 탄생시켰다. 이들은 이미 구미국가들로부터 도래했던 다양한 인쇄물들과 지적 네트워크를 통해 민주공화주의를 수용했다. 또 신민회의 결성, 신해혁명 학습, 개인 혹은 단체차원의 자발적인 활동들, 국내외 인사들 간의 지속적인 소통, 그리고 3·1독립만세운동의 성취와 대한민국 상해임시정부의 성립 등으로 이어졌던 기미혁명으로 전통적인 한민족은 역사상 처음으로 근대민족으로 거듭났으며, 근대국가의 주체가 되었다. 또 기미혁명 이후에도 각종 교육·계몽운동, 노동자·농민·학생들의 집단적 저항, 그리고 신간회운동 등과 같은 자발적 결사와 활동들이 계속 이어졌으며 적어도 신민회 이후 지속되었던 이러한 민주공화주의적 개명과 활동들은 구미의 자유주의적(自由主義的) 정치행태와 다름없는 것이었다.126) 이 과정에서 개명된 각각의 한민족 구성원들은 대한민국 상해임시정부에 소속된 국민으로서, 그리고 처음으로 근대적인 정치공동체의 주체로 존재하고 살아가는 삶을 지키기 위한 정치적 노력을 계속했던 것이다. 이 시기의 대한민국은 상해임시정부가 대표하고 있었기 때문에 형식상 비록 완전한 형태의 국가는 못되었지만 한민족 구성원들은 그것을 좀 더 완전한 형태로 만들어 가는 어렵고 힘든 일들을 기꺼이 "나의 일" 혹은 "나의 의무"로 여겨 감당하면서 근대국가의 국민이라는 자의식을 돋우고 희망을 가꾸며 살았던 것이다.

여덟째, 한국근대사에 등장했던 엘리트들은 그 지향과 행동방식으로 "개구리(井底蛙)형"과 "물고기(釜中魚)형"으로 나눌 수 있는데, 대한제국 이후 해방까지 민주공화주의적 개명으로 민족주의적 희망과 가능성을 포기하지 않고 민족모순을 극복하고자 했던 인물들은 대체로 "개구리형"이었다. "개구리형"은 공동체적 위기를 당하여 "나"와 "우리"속에 문제해결의 "빛"이 있다고 생각하고 그 "차가운 우물 속"을 견디면서 희망 속에서 언제나 "파란 하늘을 쳐다보며" 자강불식·자아혁신하는 사람들로, 그러한 "우리들"과의 협력과 단결로 위기를 극복하고자 했다(예컨대, 안창호, 박은식, 이승만, 신채호, 안재홍, 여운형,

126) 1925년 조선공산당이 창립되면서 민주공화주의의 좌파적 흐름이 생겼으나 이것은 당시의 한민족 내부적 조건으로 보아 반제국주의 항일투쟁의 전략적 확산의 성격도 있었다. 그리고 이러한 좌파가 근대 한민족사의 주류는 아니었다. 이 부분에 대한 것은 다음의 과제로 남긴다.

이상재, 김구, 이동휘, 김좌진, 이범석 등).[127] 반면, "물고기형"은 공동체적 고난 자체를 '약자의 필연적 숙명'으로 간주하고 그것을 해결할 방도는 일본이나 서구열강들과 같은 "바깥"에 있다고 생각하고 언제나 주변의 땅만 살피며, 현실 적응적인 처세로 이익을 취하는 데 빠른 사람들이다. 그리고 이들은 '못난 우리들'과의 협력보다 적자생존, 약육강식의 논리에서 정치적 자주독립보다는 우등한 외세에의 적응에 더 마음 썼던 사람들이다(예컨대, 이용구, 송병준, 이완용, 윤치호, 최남선, 이광수 등).

요컨대, 대한제국 쇠망기와 일제치하 암흑기에 있었던 이상과 같은 항일민족운동은 1907년 신민회에 의해 공식 도입되었던 민주공화주의에 의해 촉진되었고, 그것은 마침내 한민족 역사상 최초의 시민혁명이라 할 수 있는 3·1독립만세운동과 상해임시정부의 수립으로 매듭지어졌다. 그리고 이후 계속되었던 항일민족운동은 다시 국내외 민족지도자들의 전 민족적 통합전선인 신간회운동으로 발전하였다. 이로써 고대로부터 존재해 오던 한민족은 민주공화국의 완성을 향해 나아가는 근대민족으로 전환되었고, 이것은 다시 우리 민족이 1930년대 이후 전시동원체제로 바뀐 일제의 더 혹독해진 수탈말살정책을 견뎌내고 마침내 광복을 맞이할 수 있게 했던 중요한 정신자원이었다.

---

[127] 이러한 "개구리형" 인물들은 정치사상적으로 "우리의 필요와 상황에 대한 주체적 인식"을 바탕으로 주변 환경과 외래의 사상과 지식들을 활용하는 "자아준거적" 태도를 견지하는 사람들이다. 정윤재, "'자아준거적 정치학'과 한국정치사상연구: 문제해결적 접근의 탐색," 정윤재 외, 『한국정치사상의 비교분석』(한국학중앙연구원, 1999), 3~38쪽 참조.

참고문헌

강영심, 2010, 『신규식 - 시대를 앞서간 민족혁명의 선각자』, 역사공간.

고미숙, 2014, 『계몽의 시대: 근대적 시공간과 민족의 탄생』, 터.

권기훈, 2010, 『김창숙: 혁신유림계의 독립운동을 주도한 선각자』, 역사공간.

김기승, 2015, 『조소앙: 대한민국 임시정부의 이론가』, 역사공간.

김경민, 2017, 『건축왕, 경성을 만들다』, 이마.

김광 저, 이민원·양수지 역주, 2017, 『나의 친구 윤봉길』, 선인.

김용직·손병희 편저, 2011, 『이육사전집』, 깊은샘.

김운태, 2002, 『일본제국주의의 한국통치』, 박영사.

김인덕, 2013, 『극일에서 분단을 넘은 박애주의자 박열』, 역사공간.

김중순 저, 유석춘 역, 1998, 『문화민족주의자 김성수』, 일조각.

김학동, 2016, 『홍사용평전』, 새문사.

김학준, 1990, 『고하송진우평전』, 동아일보사.

민세안재홍기념사업회, 1981, 『민세안재홍선집1』, 지식산업사.

민세안재홍기념사업회, 2012, 『안재홍과 신간회의 민족운동』, 선인.

박은식 저, 김승일 역, 2000, 『한국통사』, 범우사.

박은식 저, 김도형 역, 2008, 『한국독립운동지혈사』, 소명출판.

박찬승, 2010, 『민족. 민족주의』, 2010.

박환, 2013, 『안중근: 민족의 영웅, 시대의 빛』, 선인.

반병률, 1988, 『이동휘의 일대기』, 범우사.

방기중, 1993, 『한국근현대사상사연구: 1930, 40년대 백남운의 학문과 정치경제사상』, 역사비평사.

방용식, 2016, 『위정척사 지식인들의 국제관계 인식과 대응 연구 - 비전, 진단과 처방, 그리고 행동을 중심으로』, 한국학중앙연구원 한국학대학원 박사학위 논문.

베네딕트 앤더슨 저, 윤형숙 역, 1991, 『민족주의의 기원과 전파』, 나남.

삼균학회, 1989, 『조소앙선생 약전』.

서중석, 1991, "안재홍과 송진우, 타협이냐 비타협이냐". 역사문제연구소 편, 『한국현대사의 라이벌』, 역사비평사.

서희경, 2012, 『대한민국 헌법의 탄생: 한국헌정사, 만민공동회에서 제헌까지』, 창비.

성주현, 2012, 『천도교에서 민족지도자의 길을 간 손병희』, 2012.

신용하, 1993, 『동학과 갑오농민전쟁연구』, 일조각.

_____, 2013, "구한말 서구 사회학의 수용과 한국 사회사상," 학술원 『학술논문집』(인 문사회과학 편), 제52집1호.

_____, 1997, "신민회의 창건과 그 국권회복운동"(상)(하), 『한국학보』 제8–9집.

_____, 2004, 『한말 애국계몽운동의 사회사』, 나남출판.

_____, 2007, 『신간회의 민족운동』, 독립기념관 독립운동사연구소.

_____, 1986, 『박은식의 사회사상연구』, 서울대출판부.

안재홍, 1945, 『신민족주의와 신민주주의』, 민우사.

_____, 1948, 『한민족의 기본진로』, 조양사.

윤경로, 1990, 『105인 사건과 신민회 연구』, 일지사.

F. M. 왓킨스 저, 이홍구 역, 1982, 『이데올로기의 시대』, 을유문화사.

이동수, 2007, "개화와 민주공화주의", 『정신문화연구』 제30권 제1호, 5~29쪽.

이동언, 2010, 『안희제: 독립운동자금의 젖줄』, 역사공간.

이덕일, 2001, 『아나키스트 이회영과 젊은 그들』, 웅진닷컴.

이만규, 1946, 『몽양여운형투쟁사』, 민주문화사.

이문원, 2012, "신간회의 사회민주주의적 성격에 대한 검토", 민세안재홍선생기념사업 회 편, 『안재홍과 신간회의 민족운동』, 선인.

이상화, 2013, 『빼앗긴 들에도 봄은 오는가』, 시인생각.

이승만 저, 김충남·김효선 풀어씀, 2010, 『독립정신』, 동서문화사.

이태진, 1997, "대한제국 황제정과 민국 정치이념의 전개–국기 제정 보급을 중심으로," 『한국문화』 제22호, 서울대 한국문화연구소.

이정식, 2008, 『몽양 여운형』, 서울대출판부, 2008.

이한우, 1996, 『이승만 90년 하』, 조선일보사.

_____, 2010, 『이승만: 대한민국을 세운 독립운동가』, 역사공간, 2010.

이현희, 1979, 『3·1운동사론』, 동방도서.

임중빈, 2000, 『만해 한용운: 그 생애와 정신』, 명지사.

재단법인 고하송진우선생기념사업회, 2016, 『고하 송진우의 항일독립과 민주건국 활동 에 관한 연구』.

전상숙, 2017, 『한국인의 근대국가관과 '민주공화국' 재고』, 선인.

전택부, 1981, 『이상재 평전』, 범우사.

정윤재, 1999, 『다사리국가론: 만세 안재홍의 사상과 행동 연구』, 백산서당.

정윤재 외, 1999, "'자아준거적 정치학'과 한국정치사상", 『한국정치사상의 비교연구』.

정윤재, 2002, "정약용의 자작적(自作的) 인간관과 왕정개혁론: 조선후기 정치권력의
　　　공공성문제와 관련하여", 『한국정치학회보』 제33집4호, 83~104쪽
_____, 2004, "일제하 한국 지식인들의 저항과 식민지 근대화론", 정윤재 외, 『식민지
　　　근대화론의 이해와 비판』, 백산서당.
_____, 2009, "세종대왕의 '천민/대천이물'론과 '보살핌'의 정치", 『동양정치사상사』 제
　　　8권1호, 145~161쪽.
_____, 2013, "도산 안창호의 1920년 신년연설", 미래인력연구센터 뉴스레터, 『미래인』
　　　제72호.
_____, 2018, "민세 안재홍의 민족운동과 '조선정치철학'", 민세안재홍선생기념사업회
　　　편, 『민족운동가들의 교류와 협동』, 선인.
_____, 『다사리공동체를 향하여: 민세 안재홍 평전』(한울, 2002)
_____, 2017, "대한제국기 민영환의 위기극복리더십", 이희주 편, 『고종시대 정치리더
　　　십 연구』, 한국학중앙연구원출판부.
_____, 근간예정, 『대한제국기 민영환의 위기극복리더십 연구』.
주요한, 1999, 『안도산전서』, 흥사단출판부.
천관우, 1979, 『한국사의 재발견』, 일조각.
최선웅, 2012, "1910년 일본유학 전후 장덕수의 행적과 민족문제의 자각", 『한국사학보』
　　　제47호(2012. 5), 137~169쪽.
_____, 2007, "1920년대 초 한국공산주의운동의 탈자유주의화 과정: 상해파 고려공산
　　　당 국내지부를 중심으로", 『한국사학회보』 제26호, 285~317쪽.
한국학중앙연구원 편, 2005, 『민세 안재홍 심층연구』, 황금알.
한상우, 2003, 『기억하고 싶은 선구자들』, 지식산업사.
한영우, 2008, 『다시 찾는 우리 역사』, 경세원.
_____, 2011, 『간추린 한국사』, 일지사.
_____, 2016, 『미래를 여는 우리 근현대사』, 경세원.
허근욱, 2001, 『민족변호사 허헌』, 지혜네.
흥사단출판부, 1983, 『도산 안창호』, 1983.
水野直樹, 1987, "신간회 동경지회의 활동에 대하여", 스칼라피노 · 이정식 외, 『신간회
　　　연구』, 동녘.
Hagopian, Mark N. 1965, *Ideals and Ideologies of Modern Politics*, New York:
　　　Longman.

1910-20년대 일본의 다이쇼 데모크라시와 제국주의의 변용*

유지아 (원광대 동북아시아인문사회연구소 연구교수)

1. 머리말

20세기 초에 접어들면서 일본인들은 자신과 가족, 사회에 대해 새롭게 인식하기 시작했다. 청일전쟁과 러일전쟁의 승리, 서양과의 우호적인 외교 관계와 공감대 형성, 입헌 민주주의 도입, 지속적인 산업 성장, 대중 교육의 확립, 새로운 형식의 대중 매체 등장 등 많은 요소들이 일본인들로 하여금 기존 가치관에 의문을 제기하고 새로운 생활방식을 모색하도록 하였다. 이러한 사회적인 배경과 함께 러일전쟁 이후 일본자본주의 중공업이 성장하면서 미츠이(三井)·미츠비시(三菱)·스미토모(住友)·야스다(安田) 4대 재벌을 정점으로 독점자본주의가 형성되고, 도쿄(東京)·오사카(大阪)·나고야(名古屋)·고베(神戶)·요코하마(橫浜) 등 대도시의 자본주의화와 인구증가로 인해 도시공업노동자가 증가하여 새로운 중산 계층이 성장한 것도 영향

* 본 논문은 한일관계사연구 제57집(2017.8)에 게재한 내용임.

을 미쳤다.

한편 러일 전쟁에서 일본은 승리했지만, 미국의 중재로 인해 포츠머스 강화회의에서 배상금을 강하게 요구할 수 없었다. 이에 일본의 민중은 약한 정부 아래서 고생한다고 불만을 토로했으며, 선거권을 갖고 있지 않았기 때문에 자신들의 의지를 표현하기 위해 집회라는 형식을 취했다. 이렇게 발생한 집회의 정점이었던 히비야 방화사건(日比谷焼打ち事件)에 의해 정우회(政友會)[1]를 여당으로 하는 사이온지 긴모치(西園寺公望) 내각이 성립했으며, 국민들 사이에는 일등국 의식이 고양되었다.

이러한 일본의 사회적 분위기와 함께 1912년에 다이쇼 천황 요시히토(嘉仁)가 메이지 천황의 뒤를 이어 즉위했다. 어린 시절 뇌막염을 앓아 병약한 천황의 이미지가 있었던 다이쇼 천황은 1921년부터 황태자 히로히토(裕仁)에게 섭정을 맡기고, 26년에 사망했다. 그러나 일본사회에는 '다이쇼'라는 연호를 인용하여 '다이쇼 데모크라시' 시대라 부른다. '다이쇼 데모크라시'는 1910년대와 1920년대에 일본 사회의 다양성과 긴장, 경제적 호황과 장기침체가 혼재되어 있는 시대였다. '다이쇼 데모크라시[2]'라는 말은 시기와 내용, 가리키는 대상

----

[1] 정우회는 1900년 9월 15일, 초연주의(超然主義)의 파탄과 정당정치의 필요성을 느낀 이토 히로부미(伊藤博文)가 여당으로 조직했다. 정식 명칭은 입헌정우회(立憲政友會)이며, 일본 제국의회에서 최초로 본격적인 정당정치를 한 정당이다.

[2] 다이쇼 데모크라시는 일본에서 1910년대부터 1920년대(주로 다이쇼 시기-大正-)에 걸쳐 정치·사회·문화 각 방면에서 일어난 민주주의의 발전, 자유주의 운동, 풍조, 사조를 총칭하는 말이다. 信夫清三郎, 『大正デモクラシー史』(1954年)에서 처음 사용한 용어로 그 정의나 내용이 정확하지 않고, 다이쇼 시기가 시작되기 전부터 데모크라시의 움직임이 있었기 때문에 '다이쇼 데모크라시'라는 용어는 적당하지 않다고 주장하는 역사가(江口圭一, 井上清, 伊藤隆 등)들도 존재한다. 그러나 본고에서는 '다이쇼 데모크라시' 용어 자체에 대해 논하기보다는 그 시기가 제국주의와 어떻게 연관되어 있는지를 주로 논하기 때문에 '다이쇼 데모크라시'라는 용어를 그대로 사용하기로 한다.

혹은 역사적인 평가에 이르기까지 논자에 따라 다양하게 쓰이고 있다. 때문에 다이쇼 데모크라시가 역사 용어와 역사 개념으로서 확실하게 정의되었다고 하기는 힘들다. 그럼에도 불구하고 이 시대를 '천황제 민주주의'라고 서술할 정도로 민주주의의 영향을 많이 받은 시대로, 정당인들이 선거를 통해 국회에 진출하고, 내각을 구성하는 정당정치 체제가 뿌리를 내리기 시작한 시기이기도 하다.

'다이쇼 데모크라시'에 대한 대표적인 연구는 마츠오 다카요시(松尾尊兊)[3]와 나리타 류이치(成田龍一)[4]의 연구를 들 수 있는데, 모두 '다이쇼 데모크라시'를 '안으로는 민주주의, 밖으로는 제국주의'라는 관점에서 서술하고 있다. 그리고 다이쇼 데모크라시의 출발점이라고 할 수 있는 요시노 사쿠조(吉野作造)의 민본주의와 제국의식에도 주목하고 있으며, 다이쇼 데모크라시에 대한 이러한 관점은 현재에도 이어지고 있다. 그리고 '다이쇼 데모크라시'와 조선식민정책의 전환에 대해 연구한 논문도 있다. 1910년까지 식민지 조선에 강력한

3) 松尾尊兊,『大正デモクラシー』, 岩波書店, 2001, 岩波現代文庫, 学術 55(마츠오 다카요시,『다이쇼 데모크라시』, 소명출판사, 2011). 1974년에 출간된 책을 이와나미 문고로 다시 출판한 것으로, 제1부는 메이지 말년에 나타난 다이쇼 데모크라시 초기 단계의 양상, 제2부는 제1차 세계대전 시기에 요시노 사쿠조(吉野作造)의 제창으로 일세를 풍미한 '민본주의'의 성립 기반, 제3부는 제1차 세계대전이 끝난 이후, 다이쇼 데모크라시의 전면적인 개화 시기의 주요한 문제점을 다루었다. 전체적인 논조는 다이쇼 데모크라시는 '안으로는 입헌주의 밖으로는 제국주의'라는 모순적인 것이며, 말기에 가서 '안으로는 국민주권주의 밖으로는 비제국주의'를 주장했으나, 사회주의자들이 교조적인 이념투쟁 등을 함으로써 적기를 놓치고 실패하였다고 주장하고 있다.
4) 成田龍一,『『大正デモクラシー』シリーズ日本近代史④, 岩波新書, 2007(나리타 류이치,『다이쇼 데모크라시-데모크라시가 제국 일본을 동요시켰다』, 어문학사, 2012). 다이쇼 데모크라시를 크게 세 시기, 즉 제1기는 1905년의 러일전쟁의 강화에 반대하는 운동부터 1912~1913년의 제1차 호헌운동까지의 시기, 제2기는 제1차 호헌운동부터 1918년의 쌀소동까지의 시기, 제3기는 쌀소동부터 1924년의 제2차 호헌운동까지의 시기로 구분하여 각 시기의 일본사회와 데모크러시를 연구하였다.

영향력을 행사하면서 '무단통치'를 실시한 일본 육군 세력은 3·1운동을 기점
으로 하라 다카시(原敬)에게 주도권을 넘겨주게 되었다. 소위 '문화정치'라고
불리는 이 시기 일본의 식민정책 특히 자치정책에 대해 연구한 논문들이 그것
이다.[5] 이 가운데 강동진은 1920년대 문화정치는 3·1운동에 따른 지배체제
위기의 수습책이자 조선 지배에 대한 열강의 비난에 대처하기 위한 선전적 대
응책으로, 무력통치방식을 유지하면서 반일세력을 분열시키는 통치전략을 구
사했다고 주장하고 있다. 반면, 김동명은 내지연장주의와 문화정치가 일방적
이고 억압적인 정책이 아니라 조선인에게 일정한 정치의 자유를 부여함으로써
협력을 얻어 추진하는 정책이었기 때문에 조선인 상호간의 경쟁과 분열을 일
으켰다고 말하고 있다.

　본고는 이러한 선행연구에 기반하여 당시 일본의 다이쇼 데모크라시가 일본
사회에 뿌리를 내리는 과정을 살펴보고, 식민지 조선에 어떠한 형태로 나타나
는지 고찰하고자 한다. 시기는 러일전쟁 이후부터 일본에서 치안유지법이 개
정되는 1928년까지를 대상으로 한다. 다이쇼 데모크라시가 1932년에 정우회
내각의 몰락과 함께 끝난 것으로 보는 것이 일반적이지만, 그 이전에 일본사회
에서는 치안유지법을 제정·강화하여, 일본뿐 아니라 식민지 조선에도 적용하
여 데모크라시와 역행하는 모습을 보이고 있기 때문에, 1928년 치안유지법의
개정까지를 살펴보고자 한다.

---

[5] 春山明哲, 「近代日本の植民地統治と原敬」 『日本植民地主義の政治的展開 1895-193
4─の統治体制と台湾の民族運動─』, アジア政経学会, 1980; 강동진, 『일제의 한국침
략정책사』, 한길사, 1980; 박찬승, 『한국근대정치사상사연구』, 역사비평사, 1992. 『민
족주의의 시대』, 경인문화사, 2007; 김동명, 『지배와 저항, 그리고 협력─식민지 조선
에서의 일본제국주의와 조선인의 정치운동─』, 경인문화사, 2006.

2. 러일전쟁 이후 일본사회의 양면성(兩面性)

1904년 10월 45척의 러시아 발틱 함대는 뤼순(여순)항에서 일본군을 몰아내라는 명령을 받고 핀란드 만을 출항하였다. 그러나 영국으로부터 수에즈 운하 진입을 저지당하여 아프리카를 돌아 인도양을 횡단하고, 중립국들이 입항을 거절해서 석탄과 식량, 물을 얻기 위해 전투를 계속 해야 했다. 다음 해 5월 27일 쓰시마 해협에 도착한 러시아군은 다음 날 저녁 도고 헤이하치로(東鄕平八郞) 해군 제독이 이끄는 일본 해군과 치룬 전투에서 34척이 침몰하였다. 이에 일본은 미국 루즈벨트 대통령에게 중재를 요청했고, 미국은 뉴햄프셔(New Hampshire)의 포츠머스에서 강화회담을 열었다. 난항이 계속된 끝에 일본과 러시아는 1905년 9월 5일 일본의 승리를 인정하는 포츠머스 조약에 서명했다. 조약의 두 번째 조항은 러시아는 조선에서 일본의 최우선적인 이익을 인정하며, 일본의 어떠한 조치도 반대하지 않는다는 내용을 담고 있었다. 추가 규정으로 일본은 러시아의 랴오둥 반도 조차지와 남만주의 철도 및 광산 이권, 사할린 남부 지역을 넘겨받았다. 대신 일본은 러시아로부터 다른 보상을 요구하지 않는다는 조건을 받아들였다.

그러나 일본 국민들의 생각은 달랐다. 10년 전의 청일전쟁보다 8배가 넘는 경비가 들었고, 전사자 6만 명과 병사자 2만 명이 넘는 청일전쟁의 4배에 달하는 희생자가 발생한 전쟁이었기 때문에 보상금에 대한 기대가 컸던 것이다. 이에 의원·지식인·언론인·민중 모두가 분노했고, 의원들은 격노한 민중을 조직하여 포츠머스 조약에 서명하는 날 도쿄의 중심부인 히비야 공원에서 집회를 갖기로 하였다. 경찰의 집회 금지에도 불구하고 사흘 동안 대규모 폭동이 일어나 도쿄는 무정부 상태가 되었으며, 17명이 사망했고, 도쿄파출소의 70%가 파괴되었다.6) 이 히비야 방화사건(日比谷燒打事件)은 '다이쇼 데모크라시'

의 발단이라고 일컬어지고 있는데, 일본에서는 국가가 결정한 사안에 대한 민중의 첫 번째 대대적인 반발이었기 때문이다.

『도쿄아사히신문(東京朝日新聞)』의 방화사건에 대한 투서에서는 강화조약과 이를 체결한 내각에 대한 국민의 분노를 소요에서 발견하고, 국민의 풍성하고 열혈적인 애국심에 감사한다고 쓰고 있다.[7] 즉, '국민'이라는 이름 아래 수행된 이 소요는 자유주의와 국권주의, 번벌 비판과 국권 팽창이 모순 없이 결합되었다고 할 수 있다. 요시노 사쿠조(吉野作造)[8]는 이러한 움직임에 대해 "민중이 정치상에서 하나의 세력으로 움직이는 경향이 처음으로 유행하게 되었다"[9]고 논했다. 러일전쟁에 승리한 일본 때문에 비판적인 주체로서 민중 즉 국민이 등장했다고 생각한 것이다.

이와 같은 상황을 배경으로 러일전쟁 후에는 천황제 입헌주의의 전제주의적 측면에 대한 민중의 반발이나, 개혁 운동이 일어났다. 특히, 1905년에 일어난 '히비야 방화사건'에서 1914년 시멘스 사건[10]까지 도시민중의 폭동은

---

6) 앤드루 고든, 김우영 옮김, 『현대 일본의 역사-도쿠가와 시대에서 2001년까지』, 이산, 2005, 250~251쪽.

7) 『東京朝日新聞』, "忠靈の墳墓", 1905.9.5.

8) 1878년~1933년, 다이쇼 시대를 중심으로 활약한 일본의 정치학자, 사상가이다. 도쿄대학에서 정치사를 강의하다가 1914년 1월, 『주오고론(中央公論)』편집장 다키다 초인(瀧田樗陰)으로부터 부탁을 받고 논설을 발표하여 주목을 받기 시작했다. 그는 국민이 필요로 하는 바가 곧 정부의 기본 목표라고 주장하면서 민본주의를 요구했다. 이를 실현하기 위해 보통선거권, 민간에 의한 군대 통솔, 귀족원의 민선기구로의 전환, 사회주의 국가의 점진적 설립 등을 주창하면서 다이쇼 데모크라시의 기수로 등장하게 되었다.

9) 吉野作造, 「民衆的示威運動を論ず」, 『中央公論』 1914.4.

10) 1914년 1월, 제31회 제국의회 개회 중 외신 보도에 의해 독일 시멘스 사의 군함 수주와 관련하여, 독일 시멘스사에서 해군 수뇌부에 뇌물 수여를 한 것이 발각된 사건이다. 이로 인해 야마모토 콘베에(山本権兵衛) 내각 퇴진을 요구하는 민중운동이 일어났다.

빈번하게 일어났다. 일본의 민중들은 자신들이 국가에 세금을 내고 국가를 위해 목숨을 바치는 만큼 자신들의 목소리가 정치에 반영되어야 한다는 점을 주장했다. 그들은 제국과 천황을 지지하면서, 민의를 무시하는 천황의 대신들을 비난하였으며, 국민과 천황 모두의 소원을 존중하는 정치제도를 요구했다. 이러한 요구는 세금 감면, 아시아의 패권, 입헌주의 강화, 집회의 자유 등으로 집약되어 나타났다. 이처럼 러일전쟁 이후에 민중의 요구가 폭발하여 나타난 데는, 근대화 이후 일본 사회가 가지고 있던 양면성이 청일전쟁과 러일 전쟁을 통해 민중 또는 국민이 주체성을 형성하면서 구체화되었기 때문이다.

러일전쟁 후 일본사회에 드러난 양면성은 세 가지 면에서 살펴볼 수 있다. 첫째는 경제력과 군사력의 면에서 서양 열강과 맺는 관계의 양면성, 둘째는 천황제의 전제주의와 입헌주의의 양면적인 성격, 셋째는 일본 국민의 아시아와 서양에 대한 인식의 양면성이다. 먼저, 경제력과 군사력 면에서 서양 열강과의 관계를 살펴보면, 일본은 러일 전쟁에서 승리하면서 세계 강대국들과 어깨를 나란히 하게 되었다는 인식에서 시작되었다고 할 수 있다. 더욱이 제1차 세계대전에서 승전국이 됨으로써 국제연맹의 원가맹국에 이름을 올리면서 일본은 세계 5대 강국에 들어가게 되었으며, 동아시아에서는 독점적 군사력을 보유하게 되었다. 그러나 군사대국이 곧 경제대국으로 이어지는 것은 아니었다. 즉, 군사강국과 경제약국이라는 두 가지 측면을 가지고 있었기 때문에, 열강과 대립하면서 경제적으로는 미국·영국과 같은 강국에 의존하면서 군사강국으로 자립해 나가고자 했다.

〈표 1〉 1910년대 강대국의 경제수치와 군비지출 (단위 : 백만달러)

	1900년			1913년			1921년※		
	GNP	공업생산비율	군비지출	GNP	공업생산비율	군비지출	GNP	공업생산비율	군비지출
미국	18,700	23.6%	190	39,600	32.0%	340	93,100	31.4%	1,770
러시아	8,300	8.8%	200	14,300	8.2%	440	16,000	9.0%	400
영국	9,400	18.5%	670	12,000	13.6%	450	21,400	10.7%	1, 280
프랑스	6,100	6.8%	210	7,500	6.1%	290	16,000	4.4%	340
독일	9,300	13.2%	210	13,600	14.8%	310	22,100	12.7%	30
이탈리아	2,800	2.5%	80	4,300	2.4%	140	9,100	2.8%	250
일본	1,200	2.4%	70	2,500	2.7%	90	6,700	5.2%	400

인용: 「International Industrialization Levels from 1750 to 1980」(Paul Bairoch)[11]; 大藏省, 『明治大正財政史』 第1卷, 經濟往來社, 1955年을 참조하여 작성(※의 공업생산비율은 1938년도 기준임)

〈표 1〉을 보면, 1900년대에는 일본과 영국의 군사지출이 GNP와 공업생산비율에 비해 비교적 높은 것을 알 수 있다. 당시 일본은 러시아와의 전쟁을 상정하고 군비를 확충하고 있었으며, 영국은 보어(Boer) 전쟁[12] 때문이었다. 1921년에도 여전히 일본과 영국은 7%에 달하는 군비를 지출하면서 군비 확충에 열중하고 있다. 반면, 미국 등 다른 강국들은 군비지출은 1900년과 1913년에 1%~3%의 증가에 그치고 있었으며, GNP와 공업생산비율이 훨씬 성장하는 것을 알 수 있다. 결국, 강국들이 군비를 증가시키는 것은 제1차 세계대전 시기이다. 이러한 경제성장과 군사비의 추이로 미루어 볼 때, 일본은 러일전쟁 후부터 제1차 세계대전이 끝난 1914년까지 영일동맹과 러일조약 사이에서 군사적인 팽창을 해나가면서, 경제적으로는 강대국에 의존하고 있다는 것을 알 수 있다. 그리고 제1차 세계대전 이후부터 만주사변 시기에 워싱턴체제[13]에 순응하면

---

11) http://www.geocities.jp/kingo_chuunagon/kikaku/kokuryoku.html#industry (2017.6.7일 검색)
12) 남아프리카 전쟁, 또는 앵글로-보어 전쟁이라고도 불리는 이 전쟁은 남아프리카에 거주하는 네덜란드계 백인인 보어인과 영국인들 사이에 트란스발 지역에서 발견된 금광을 둘러싸고 1899년부터 1902년까지 약 2년 8개월 동안 벌어졌다.

서 영미에 협조하여 경제성장과 군사적인 측면에서 제국의 안전을 도모하고자 하였던 것이다. 이러한 의미에서 일본은 이면적 제국주의라고 할 수 있다.[14]

다음으로 나타난 양면성은 일본제국의 국가권력과 정치체제의 면에서 살펴볼 수 있다. 일본은 메이지(明治) 유신을 통해 전제주의 천황제를 정착시켜 다이쇼(大正) · 쇼와(昭和)까지 3대 천황이 군림하였다. 천황은 일본제국헌법[15]에 의해 '만세일계(万世一系)'의 침범할 수 없는 신성함을 가진 존재라고 규정[16]하였으며, 현신인(세상에 인간의 모습을 하고 나타난 신)으로서 신권적이고 초월적인 존재가 되었다. 또한 천황은 제국헌법에 의해 통치권을 총람하는 원수[17]이며, 입법 · 제국의회 · 관제 · 군편제 · 외교 · 계엄 · 은사(恩赦) 등 국무에 관한 대권을 보유하는 절대적인 최고 권력자였다. 뿐만 아니라 천황은 육해군을 통수하는 육해군 대원수[18]였다. 이러한 천황의 신권적이고 초월적인 권위는 원로, 궁중그룹, 추밀원, 귀족원, 군부 등의 보필에 의해 담보되었기 때문

13) 제1차 세계대전 후 베르사유에서 강화조약(1919)을 맺고, 독일에는 군비 제한과 거액의 배상금이 부과되었다. 그리고 국제평화를 목적으로 국제연맹(1920)이 설립되지만, 대전 후 국제시장에서 중요한 자리를 차지하게 된 미국은 참가하지 않았다. 이후 미국은 워싱턴 회의(1921~1922)를 열고 영국, 프랑스, 이탈리아, 일본 사이에서 해군 군축조약과 중국에 관한 조약을 맺었다. 이 조약관계로 얽힌 국가 간의 관계를 중심으로 태평양지역에 형성된 연합 체제를 워싱턴체제라고 한다.

14) 1930년대까지 일본의 군사강국과 경제약소국사이에서의 양면성에 대해서는 江口圭一, 「1930年代論」, 江口編, 『体系日本現代史1 日本ファシズムの形成』, 日本評論社, 1978年 참조.

15) 1889년 2월 11일에 공포되어 1890년 11월 29일에 시행된 근대 입헌주의에 기초한 일본제국의 헌법이다. 제국헌법(帝國憲法), 또는 공포 당시 메이지 천황의 연호를 따서 메이지 헌법이라 불리기도 한다. 패전 후 1946년 5월 3일에 개정한 신헌법과 구분하여 구헌법이라고도 한다.

16) 大日本帝国憲法第1条는 "大日本帝国ハ万世一系ノ天皇之ヲ統治ス(대일본제국은 만세일계의 천황이 통치한다)고 명시하고 있는데, 천황을 군주로 하는 군주제임을 규정한 조항이라고 할 수 있다.

17) 大日本帝国憲法 第4条.

18) 大日本帝国憲法 第11条.

에 이러한 기구 및 기관을 통틀어 전제적 천황제라 할 수 있다.

반면, 이 시기 천황제는 입헌주의적인 측면도 가지고 있다. 제국헌법에서 천황은 헌법의 조규에 의해 통치권을 행사하며, 제국의회의 협찬으로 입법권을 행사한다고 규정하고 있다. 그리고 모든 법률은 제국의회의 협찬을 거칠 것을 필요로 한다고 정하고 있다. 실제로 당시 천황은 절대적인 권력을 무제한으로 행사한 것이 아니라, 통상적으로 국정을 내각에 위임하고, 통수권은 통수부에 위임했다. 미노베 다츠키치(美濃部達吉)가 주장한 천황기관설(天皇機関説)[19]은 천황제의 입헌주의적인 측면에 초점을 맞추어 역설한 것이다. 천황제의 이러한 양면성을 천황제 입헌주의[20]라고도 한다.

천황제가 가지고 있는 양면성은 신권적인 측면과 입헌주의적인 측면이 강해지는 시기가 정해진 것이 아니라, 국정을 담당하는 내각의 성격과 역량에 따라 다르게 나타났다. 즉, 다이쇼 데모크라시의 전반기인 러일전쟁 이전부터 제1차 세계대전까지는 파벌출신의 원로가 국정을 장악하여 전제주의적인 성격을 강화하였기 때문에, 중의원을 기반으로 한 정당은 파벌과의 제휴를 통해 서서히 국정에 참여하고 민중은 도시 폭동에 의해 전제주의적인 정치체제에 도전했다. 또한 다이쇼 데모크라시 후반기인 제1차 세계대전 이후에는 정당정치가 정착되면서 전제주의적인 성격을 강화해 나간 파벌이나 원로대신 귀족원과 추밀원 및 군부가 천황제의 입헌주의적 성격을 강화시켰다. 이에 더해 민중의 광범위한 사회운동의 전개는 천황의 입헌주의적 성격을 더욱 진전시켰다.[21]

----

[19] 제국헌법하에서 확립된 헌법학설로, 내용은 통치권은 법인인 국가에 있고, 천황은 그 최고기관으로서 내각을 비롯한 다른 기관으로부터 보필을 받으면서 통치권을 행사한다는 것이다. 독일의 공법학자 게오르그 엘리네크(Georg Jellinek)가 주창한 국가법인설에 기반하여, 헌법학자 미노베 다츠키치(美濃部達吉) 등이 주장한 학설이다. 천황주권설(天皇主権説)과 대립된다.

[20] 천황제 입헌주의에 대해서는 江口圭一, 「天皇制立憲主義論」, 朝尾直弘教授退官記念会編, 『日本国家の史的特質－近世・近代－』, 思文閣出版, 1995年 참조.

이와 같이 다이쇼 데모크라시 시기의 국가권력과 정치체제 양면성은 국정 담당자와 민중의 의지에 따라 다르게 나타났다.

　마지막으로 일본사회를 구성하고 있는 민중의 인식에서도 양면성을 찾아볼 수 있다. 1900년대 들어 일본의 농촌에서는 대지주, 소농, 소작농 등 다양한 계층이 발생하고, 도시에서도 임금노동자, 상점주인, 대기업에서 월급을 받는 새로운 중산층이 형성되면서 다양한 계층이 등장했다. 뿐만 아니라 책과 신문, 잡지가 대량으로 유통되면서 새로운 중산층이 제국을 일으켰다는 자부심과 함께 현대적인 삶을 함께 영유한다는 의식을 갖는데 일조하였다. 이러한 의식은 사회적인 분쟁으로 나타나기도 하였는데, 1910년대와 1920년대에 농촌에서 일어난 사회적 소요의 일차적 원인은 절대빈곤이라는 경제적 후진성이나 전통적인 위계질서가 아니었다. 1920년대의 지주-소작인 분쟁은 생산성이 떨어지고 상업화가 덜 진행된 일본 북동부에 비해, 상업화가 진전된 중부 및 서부 지역에서 두 배가량 많이 발생했다. 소작쟁의는 근대화되고 도시에 거주하는 부재지주가 많은 지역일수록 자주 일어났다. 농민들은 부농의 지속적인 배려와 지원을 원하면서도 스스로 앞길을 개척할 수 있는 보호조치를 강구하고자 했기 때문이다.[22]

　또한 러일전쟁 후에는 일본자본주의 중공업이 성장하면서 미츠이(三井)·미츠비시(三菱)·스미토모(住友)·야스다(安田) 등 4대 재벌을 정점으로 독점자본주의가 형성되고, 도쿄(東京)·오사카(大阪)·나고야(名古屋)·고베(神戸)·요코하마(橫浜) 등 대도시의 자본주의화와 인구증가로 인해 도시공업노동자가 증가하였다. 그러나 치안경찰법 아래 노동자의 권리는 무시당했으며, 열악한 노동조건을 개선하기 위한 노동운동은 불법화되었다. 그럼에도 불구하고 노동조건

21) 朝尾直弘, 他編, 「1910-30年代の日本ーアジア支配への途ー」『岩波講座 日本通史 第18卷 近代3』, 岩波書店, 1994, 8~9쪽.
22) 앤드루 고든, 앞의 책, 276~277쪽.

에 불만을 가진 군수공장, 조선, 광산 등 대기업의 노동자들은 노동쟁의를 일으키기도 하였다.[23] 자본주의의 성장과 함께 도시의 수공업자, 직인 등은 몰락했으며, 인력거꾼, 일일 노동자 등 하층노동자가 증가하였다. 뿐만 아니라 농촌에서 빈곤한 농민들이 도시로 대거 유입되면서 도시의 슬럼화가 진행되었기 때문에, 도시민중의 불만은 하나로 집약되어 집회와 소요로 표출될 수 있었다.[24]

그러나 집회와 소요는 모두 강화에 대한 반대를 계기로 일어났고, 여기에는 배외주의를 내포하고 있었다. 히비야 방화사건이 일어났던 히비야 공원은 청일전쟁과 러일전쟁 당시 승리를 축하하면서 제등 행렬을 한 곳이었고, 전후에는 개선한 장군들을 맞이하는 축제 공간이었다. 그들은 이 공간에서 축제를 할 수 없는 현실에 분노하면서, 전쟁으로 인해 피폐해진 조선과 중국 혹은 러시아 사람들에 대한 배려는 결여되어 있었다. 일본이 조선을 병합한 1910년에 오사카와 도쿄 등지에는 약 2천 5백 명의 조선인이 있었다. 그리고 1930년에 이르러서는 41만 9천 명으로 늘어났으며, 주로 건설현장과 구리광산에서 위험하고 보수도 적은 막노동을 하며 생활하였다. 재일조선인은 생활고와 함께 인종주의와 차별에 직면했다. 데모크라시 문화를 향유하며, 인권을 존중해가던 일본에서 재일조선인은 인권과는 거리가 먼 이등국민이었던 것이다. 또한 일본의 도시 임금노동자들은 자신들과 일자리를 경쟁해야하는 재일조선인을 경계하고 혐오하면서, 조선인은 게으르고 어리석기 때문에 가난할 수밖에 없다고 규정했다. 이러한 식민지 국민에 대한 인식은 일본 국민의 배외주의적인

[23] 朝尾直弘 他編, 앞의 책, 22~23쪽.
[24] 成田龍一, 앞의 책, 2007에서 나리타는 다이쇼 데모크라시 초기 사회운동을 주도한 두 개의 세력은 일일노동자나 직인 등이 포함되어 있는 "도시잡업층(都市雑業層)"과 "단나층(旦那層)" 즉, 농사지을 땅을 가지거나, 상가 및 공장을 경영하는 옛날 중간층이라고 규정했다. 또한 나리타는 단나층은 명망가이면서 토지세나 전기요금의 상승에 반대하는 운동을 전개했으며, 러일전쟁 후에는 폭동으로 이어졌기 때문에 '다이쇼 데모크라시'의 큰 조류를 이끌었다고 지적하고 있다.

인식과 연결된다. 따라서 이 시기 민중운동은 배외주의와 전쟁의 승리로 인해 쟁취해야 할 아시아의 패권에 대한 요구가 강하게 나타났다. 즉, 내부적으로는 자유와 인권이 정착되어가던 이 시기에 외부적으로는 일본인의 자유와 인권을 보장할 아시아의 패권 장악이라는 양면성이 작용하고 있었다.

이와 같이 다이쇼 데모크라시는 제국으로 부상하는 일본이 예전의 구조로는 대응할 수 없게 된 것에서 출발한 운동의 총체라고 할 수 있다. 다양한 계층에 의해 기존의 사회 구조와 질서에 대항하여 전개된 운동이다. 그리고 사회운동의 저변에는 일본 사회의 양면성이 적나라하게 드러나면서 다이쇼 데모크라시의 이중성도 강화되어 가는 것을 볼 수 있다.

3. 제국의 다이쇼 데모크라시

앞 장에서 살펴본 바와 같이 1905년 히비야 방화사건이후부터 1914년 시멘스 사건에 이르기까지 도시민중의 폭동은 빈번하게 일어났다. 참가자들은 직인, 인부, 일일노동자, 인력거꾼 등 도시하층민과 학생이 주를 이루었다. 그리고 〈표 2〉에서와 같이 그들이 주장한 내용은 대체로 세금, 물가 등 경제적인 요구와 대외적인 강경론, 그리고 철저한 입헌정치였다. 이러한 요구는 앞에서 살펴본 일본 사회가 안고 있는 양면성으로부터 비롯된 모순을 타파하겠다는 의지에서 표출된 것이라고 할 수 있다. 따라서 일본 민중은 대내적으로는 전제적인 요소를 개량한 입헌주의 하에서 경제발전을 꾀하자고 주장하였으며, 대외적으로는 일본제국의 팽창을 억제하지 않고 성과를 획득해야 한다고 주장하였다. 일본 민중의 민주주의 인식에 모순이 존재하고 있다는 것을 확인할 수 있다.

〈표 2〉 1905-1914년 사이 도쿄에서 일어난 폭동

날짜	주요쟁점	폭동장소
1905.9.5~7	러일전쟁 후 강화조약 반대	히비야 공원
1906.3.15.~18	전차요금 인상 반대	히비야 공원
1906.9.5.~8	전차요금 인상 반대	히비야 공원
1908.2.11	세금 인상 반대	히비야 공원
1913.2.10	헌정 옹호	의사당 주변
1913.9.7	강력한 대중국 정책 촉구	히비야 공원
1914.2.10.~12	해군비리 성토, 헌정 옹호	의사당 주변

(출처: 앤드루 고든, 『현대일본의 역사』, 252쪽 참조)

이러한 현상에 대해 고든은 "임페리얼 데모크라시(제국의 데모크라시)"라고
표현하였다.[25] 고든은 다이쇼 데모크라시의 개념은 전전(戰前) 일본 민중의
사상과 행동이 착종한 복잡성을 이해하는데 곤란하게 한다고 말하면서, 1905
년 이후의 사회사·정치사를 내포한 모순과 당시 일본인의 다양한 사상을 생
각할 때 '다이쇼 데모크라시'보다 '임페리얼 데모크라시'라는 용어를 쓸 필요가
있다고 역설한 것이다. 그는 다이쇼 데모크라시는 일반적으로 1905년에서 1932
년까지라고 규정하는데, 다이쇼 천황이 집권한 시기가 1912년부터 1926년까지
이기 때문에 시기상 맞지 않다고 설명하면서, '임페리얼'을 쓰면 다이쇼 데모크
라시 이전과 이후의 관련성을 표현할 수 있다는 것이다. 즉, 메이지시대 전환
의 핵심에는 자본주의의 발흥뿐만 아니라 천황주권의 확립과 제국주의의 시작
이 일체화되어 있으며, 이것이 발전하여 파벌정치가 구상했던 전제주의적인
정치질서를 무너뜨리면서 민주적 운동의 기반이 준비되었다는 것이다.[26]

이러한 모순은 당시 일본 정치가들에게도 극명하게 나타난다. 다이쇼 데모

25) アンドリュー・ゴードン「日本近代史におけるインペリアル・デモクラシー」(赤沢史朗 編,『年
報日本現代史 第2号』「現代史と民主主義」, 東出版, 1996).
26) 앞의 책.

크라시를 이끈 인물로 알려져 있는 요시노 사쿠조(吉野作造)의 민본주의 사상
도 같은 맥락에서 분석할 수 있다. 요시노는 1916년에 유럽에서 유학을 마치고
돌아와, 『주오고론(中央公論)』에 "헌정의 본의를 역설하여 유종의 미를 거두는
방법을 논함"이라는 글을 발표[27]하였다. 내용은 '인민의, 인민에 의한, 인민을
위한 정치'라는 데모크라시에 대해 '인민의' 정치는 민주주의와 군주제 국가인
일본에 적용할 수 없지만, '인민에 의한, 인민을 위한' 정치는 적용이 가능하며,
적용할 필요가 있다고 논했다. 그는 이것이 민본주의라고 역설하면서, 민본주
의를 실현하기 위해서는 언론의 자유, 선거권의 확장, 정당내각제의 실현이
필수불가결하다고 주장했다. 따라서 요시노의 민본주의론은 전제주의를 비판
하는 이론적 무기로 언론사들의 환영을 받았다.

그러나 요시노는 '인민의 의사에 의한 지배'를 국내정치의 보편적 가치로
제시하면서도, 대외적으로는 '인민의 의사에 반하는 지배'인 제국주의의 길
을 수용했다는 평가를 받고 있다. 그는 민족생존의 필요를 바탕으로 한 제국
주의적 진출은 국제적으로 용납될 수 있다는 논리로 제국주의적 팽창을 합
리화하였다. 그러한 논리는 잡지 『신인(新人)』에 실린 다음의 글에서 알 수
있다.

　　세계에는 세계주의 또는 인도주의를 주장하고 세계 만민의 융화를 강조
　하면서 국가들 사이에 벌어지고 있는 이해의 경쟁이라는 어두운 부분을 감
　추려는 자가 있다. 또한 소위 동포주의라는 것이 국제경쟁의 화를 완화시키
　는 경향이 있음을 부인할 수 없다. 그러나 문제는 오늘날 국제경쟁을 완화하
　려는 세력이 대단히 미약하다는 것이다. 국제관계는 개인관계와 달리 도덕

27) 吉野作造, 「憲政の本義を説いて其有終の美を済すの途を論ず」(『中央公論』 1918.1.),
　　『選集』 2, 99~142쪽.

이라는 것이 중요하지 않다고 해도 좋다 … (중략) 어쨌든 오늘날 국제관계를 지배하는 것은 개인과는 달리 도덕이 아니라 완력이다.[28]

요시노는 근본적으로 민본주의와 국가주의를 서로 배치되는 관계가 아니라 타협과 조화의 관계로 설정했다. 그는 군국주의나 평화주의는 국제정치상의 주의이고, 민본주의는 내정상의 주의에 국한된 것으로 서로 별개의 것으로 보면서 다음과 같이 설명하고 있다.

민본주의와 군국주의는 종래 서로 함께할 수 없는 것으로 생각해왔다. 그러나 정확히 말한다면 이 양자는 동일선상에서 서로 대립하는 관념은 아니다. 군국주의와 상대되는 것은 평화주의고, 또 민본주의와 상대되는 것은 관료주의다. 다만 종래의 군국주의는 관료주의를 동반했고, 평화주의는 민본주의와 함께 했기 때문에 군국주의와 민본주의가 마치 대립하는 것처럼 생각했을 뿐이다.[29]

이러한 군국주의는 민본주의와 양립할 수 있고 또한 평화주의와 배치되지 않는다는 요시노의 논리는 민본주의와 갈등 없이 밖으로는 제국주의를 정당화할 수 있게 했다. 앞에서 고든이 다이쇼 데모크라시를 '임페리얼 데모크라시(제국의 데모크라시)'로 표현하면서, 대내적으로는 천황제 입헌주의 전체를 변혁하는 것이 아니라 전제주의적인 측면을 입헌주의로 개혁하는 것일 뿐이며, 대외적으로는 일본제국주의의 팽창을 당연시한다고 지적한 것과 일치한다.

---

28) 吉野作造, 「蘇峰先生著 時務一家言を讀む」(『新人』1914.6,7,8, 10월 연재), 『選集』3, 72~109(한상일, 『제국의 시선－일본의 자유주의 지식인 요시노 사쿠조와 조선문제－』, 새물결, 2004, 152~153쪽 재인용).

29) 吉野作造, 「民本主義と帝国主義の両立」(『中央公論』1918.7), 『選集』5, 328쪽(한상일, 앞의 책, 154쪽 재인용).

러일전쟁 이후, 다양성과 긴장을 내포하고 있던 일본 사회에 경제적인 활력을 부여한 것은 제1차 세계대전이었다. 제1차 세계대전은 동양에 대한 일본의 이권을 확립하는 절호의 기회가 되었을 뿐만 아니라, 일본경제를 비약적으로 발전시켰다. 〈표 1〉에서 제1차 세계대전 전과 후를 비교해보면, 일본의 GNP는 6배 이상이 증가했으며, 공업생산비율도 2배 이상이 증가했다. 그리고 1914년과 1918년 사이에 일본의 산업생산고는 14억 엔에서 68억 엔으로 급증했으며, 일본산 면직물의 해외 판매는 185%나 신장했다.[30] 세계대전을 통해서 일본은 아시아 최대의 공업국이 되어 수출·무역의 수입이 크게 증가하면서 자본주의 사회로 이행하였다. 그러나 전쟁 경기는 인플레이션을 초래하였으며, 그 가운데에서도 쌀값은 생산의 정체, 지주나 미곡상의 매점매석 및 투기에 의해 1917년부터 18년에 걸쳐 폭등했다.[31] 거기에 시베리아 출병으로 인해 쌀의 매점매석과 투기가 가속화하여, 결국 1918년 7월 중순부터 2개월에 걸쳐 전국에서 쌀소동이 일어나게 되었다. 폭동은 비조직적이고 자연발생적인 특성 때문에 군대와 경찰에 의해 진압되었다. 쌀소동이 끝나고 1920년대가 되면서 일본의 전시경제는 막을 내렸다. 주식은 폭락하고, 은행들이 도산하였으며, 주요 산업의 생산 가치는 1년 만에 40%까지 하락했다. 결국 공장들이 문을 닫으면서 수천 명의 노동자들이 해고되었다.

이러한 사회상을 반영하듯 쌀소동 이후 일본에서는 폭동형태의 사회운동이 사라지게 되었다. 폭동은 순간적으로는 사회에 불만을 호소할 수 있지만, 요구사항을 관철시킬 수 없다는 한계를 인지한 것이다. 따라서 성과를 획득하기 위해서 조직적인 사회운동을 할 수 있는 단체를 만들기 시작하였다. 농민들은 농민조합, 노동자는 노동조합, 학생은 "신인회(新人会)"와 같은 단체를 만들어

---

30) 앤드루 고든, 앞의 책, 264쪽.
31) 앞의 책, 1914년과 1920년 사이에 쌀 소매가격은 174% 올랐고, 전반적인 도매물가는 거의 150% 상승했다.

나갔다. 그리고 보통선거운동을 통해 자신들의 의견을 반영하고자 하였다. 이와 같이 다이쇼 데모크라시 후반에는 사회운동의 조직화와 보통선거운동을 특징으로 하는 '개조의 시대'[32]로 전환해 나갔다.

이와 같이 쌀소동은 사회운동에 큰 영향을 미쳤을 뿐만 아니라, 통치에도 큰 전환기를 가져왔다. 데라우치 내각이 사퇴하고, 정우회의 총재 하라 다카시(原敬) 내각이 탄생하였다. 하라는 1880년대에 외무성에 발탁되었으나, 1890년대 초에 언론계로 돌아가 성공적인 편집자로 활동했다. 그리고 1900년에 정우회에 들어가 사무총장을 맡고, 1902년에 중의원 의원에 선출되어 내각을 구성할 당시에 정우회의 총재였다. 하라 내각은 대신을 모두 정우회 출신으로 임명한 최초의 본격적인 정당내각이었다. 또한 하라는 번벌(藩閥)에 속하지 않고 작위도 받지 않았기 때문에 '평민 재상'으로 인기가 높았다. 하라 내각은 4대 정강을 내걸어 산업기반을 정비하고 국력을 충실히 도모함으로써 현재 상황에 대응하려고 하였다.[33] 그리고 선거법 개정을 통해 기반을 확보하고자 하였다. 1900년 선거법 개정으로 납세 자격은 직접국세는 30엔에서 10엔 이상으로 인하된 상태에서, 하라는 1919년 5월에 다시 직접국세를 3엔 이하로 낮추어 유권자수를 134만 명에서 286만 명으로 늘렸다. 그러나 이러한 조치는 정우회의 세력을 확보하기 위한 수단에 불과했으며, 궁극적으로는 하라도 보통선거제는 아직 시기상조이며 사회 운동 역시 사회 질서를 혼란하게 한다는 이유로 진압하였다.

결국, 하라가 암살당하고 1924년 1월 7일에 추밀원 의장 키요우라 게이고(淸

---

[32] 1919년 4월 야마모토 사네히코(山本実彦)가 사장으로 있는 개조사(改造社)에서 간행한 잡지로, 잡지 발간 이후 '개조'는 이 시기를 대표하는 말이 되었다. 이 잡지와 함께 일본의 지식인은 노동문제나 사회문제에 보다 더 관심을 갖게 되었으며, 사회를 변혁하려는 움직임이 다방면으로 표출되었다.
[33] 成田龍一, 앞의 책, 90~91쪽. 4대 정강은 충실한 교육시설 개선, 교통기관 정비, 산업과 통상무역의 진흥, 국방의 충실이다.

浦奎吾)를 수상으로 하는 내각이 조직되자, 다카하시 고레키요(高橋是淸), 이누카이 츠요시(犬養毅), 가토 다카아키(加藤高明) 3명을 중심으로 호헌삼파가 형성되어 정당내각을 결성하였다. 호헌삼파는 보통선거 실시를 공약으로 내세워 중의원 선거에서 승리하고, 1926년 6월 11일에 가토 다카아키를 수상을 하여 내각을 구성하였다. 그리고 1925년에 중의원의원 선거법을 개정하는 형태로 보통선거법이 성립되어, 납세액의 제한 없이 일본국적을 가지고, 내지에 거주하는 모든 성인 남성(25세 이상)에게 선거권이 주어졌다. 마침내 국민국가로서의 제도적 기반이 성립되어, 근대국가의 국민이 탄생한 것이다.

　보통선거법에서 성인여성은 선거권을 가지지 못했고, 부재자 투표제도도 도입되었지만 대상은 선박이나 철도에 승선하고 있는 사람, 연습소집이나 교육소집 중인 군인에 한하였다. 그리고 당시에 제국헌법이 적용되지 않은 식민지에도 선거권이 주어지지 않았다. 보통선거지만 성인남자, 본국에 있는 사람에 한해서만 선거권이 주어졌던 것이다. 이와 같이 극히 한정된 보통선거였기 때문에 여기에 포함되지 못한 사람들을 배제하기 위한 체제로 치안유지법이 같은 시기에 성립되었다. 당시 노동운동의 활동가나 사회주의자들은 선거에 대해 크게 기대하지 않았다. 반대로 선거에 의해 국민의 틀 안으로 들어가는 것에 반발했다. 따라서 보통선거법이 성립해도 사회운동은 활발하게 일어났고, 그 시기 사회주의가 운동의 중심이 되었다. 정부는 그 운동을 치안유지법으로 억제하고자 하였다. 국민에게 선거권을 주었으니 선거권을 행사하되, 운동은 금지한다는 논리였다. 보통선거법은 국민의 틀 안에서 권리를 부여함과 동시에, 그 틀에서 벗어나는 경우에는 철저하게 배제하겠다는 한계가 있었다. 이러한 한계는 식민지 한반도에도 그대로 적용된다.

4. 다이쇼 데모크라시의 변용

- 조선식민정책과 치안유지법

일본 사회·통치 체제의 변화에 의해 하라 수상이 내각을 구성하고 얼마 지나지 않아 3·1운동이 일어났다. 하라는 3·1운동은 조선 지배의 근본적인 모순에 의한 것이 아니라 일시적인 현상으로 보고, '내지연장주의'만 실현된다면 일본제국주의 지배에 대한 조선인의 반대운동은 일어나지 않을 것이라고 확신했다.[34] 따라서 하라는 1918년 9월에 수상에 취임한 직후 식민지 지배체제의 개혁에 착수하여 총독부 관제를 개혁하고자 하였다.[35] 그 결과 1919년 8월 8일 조선총독부 관제가 추밀원에서 통과되자, 하라는 조선총독과 정무총감에 내정된 사이토 마코토(齋藤實)와 미즈노 렌타로(水野鍊太郎)를 각료에게 소개하고 '조선통치사견(朝鮮統治私見)'[36]을 건넸다. 본 장에서는 하라가 건넨 '조선통치사견'에 나타난 조선인식을 살펴보고, 이후 조선통치를 위해 적용한 치안유지법을 분석한다.

1) 하라 수상의 '조선통치사견(朝鮮統治私見)'

'조선통치사견(朝鮮統治私見)'은 (상)과 (하)로 구성되어 있는데, (상)에서는 조선 지배 정책의 기본방침을 역설하였고, (하)에서는 15개 항목의 구체적

34) 김동명, 앞의 책, 58쪽.
35) 春山明哲,「近代日本と植民地統治と原敬」『日本植民地主義の政治的展開 1895~1934 －その統治体制と台湾の民族運動』, アジア政経学会, 1980, 49~52쪽.
36)「朝鮮統治私見」上・下『斎藤実関係文書』104~9 日本国立国会図書館 憲政資料館 소장(영인본, 高麗書林, 1990), 13卷, 60~93쪽.

인 정책을 제시하고 있다. 먼저 하라 수상은 "1910년 한국병합 후에 조선에 대한 제도는 대체로 대만을 모방한 것"이라고 말하면서, 다시 대만제도는 "구미제국의 식민지에 대한 여러 제도를 참작한 것이지만, 병합 후 약 10년의 경험에 의하면 현행 제도는 근본적으로 잘못된 것이라고 단언할 수 있다"고 서술하고 있다. 그 이유는 구미 국가들의 식민지는 일본제국의 조선에 대한 것과는 전혀 그 성질이 다르기 때문이라고 설명하면서 조선과 일본의 관계를 다음과 같이 서술하고 있다.

구미제국에 속한 식민지는 인종도 다르고, 종교도 다르고, 역사도 달라 언어풍속 하나만 다른 것이 아니다. 이와 같이 근본적으로 다르기 때문에, 조선에 대해서는 특수한 제도를 시행해야 한다. 그러나 우리 제국과 신영토인 조선과의 관계를 보면, 언어풍속이 다소 다를지라도 그 근본으로 거슬러 올라가보면 거의 동일계통에 속해 있어서, 인종에서는 원래부터 다르지 않고 역사에서도 상고로 올라가면 거의 동일한 것이라고 할 수 있다.[37]

위에서 말한 것처럼, 하라 수상은 조선과 일본은 언어가 조금 다를 뿐이며, 상고로 올라가면 역사도 거의 동일하다고 인식하고 있었으며, 이러한 조선과의 특수한 관계 때문에 조선도 내지와 똑같은 제도를 시행해야 한다고 주장하고 있다. 즉 행정, 사법, 군사, 경제, 재정, 교육에서도 완전히 똑같이 제도를 시행해야 한다는 것이다. 하라 수상은 일본과 조선과의 특수한 관계에 따라 동일한 제도를 시행하면, 동일한 결과를 초래할 것이라고 확신하고, 조선 지배에서 일본과 동일한 주의와 동일한 방침에 의한다는 근본정책을 정했다. 이로 인해 조선인을 일본인에 동화시키는 "내지연장주의"라는 일본형 식민지 정책

[37] 앞의 문서, 60~93쪽.

을 제창한 것이다.[38]

여기에서 말하는 하라 수상의 "내지연장주의"는 종래 정치사의 입장에서는 육군=죠슈 번벌에 의한 식민지 지배를 타파하기 위한 것이라고 평가하고 있다. 하라는 3·1운동을 계기로 기존에 조선 식민지 통치의 주도권을 잡고 있었던 군부를 공격하여 조선 식민지 통치에 대한 주도권을 획득하고자 했던 것이다. 따라서 군부가 시행한 정책에 대해서 반대할 뿐이지, 기본적으로 조선의 자치와 독립에 대해서는 명확히 반대하는 입장이었다. 단, 하라 수상은 "내지연장주의"를 실시하면 조선인의 자치 및 독립 기도를 저지할 수 있다고 믿었던 것이다. 이러한 생각은 앞에서 인용한 부분에서 조선과 일본의 인종, 역사 등을 동일시하면서 조선의 독자성을 전혀 인정하지 않고 동일시하려는 부분에서도 알 수 있으며, 이는 강력한 '동화주의'라고 할 수 있다.

하라 수상의 "내지연장주의"는 같은 시기 이노우에 가쿠고로(井上角五郎)[39]가 조선에 대한 식민지 정책에 대해 민족자결을 강조하고 있는 것과는 대조적이다. 이노우에는 "조선에서 진보한 사상을 가진 사람들의 생각에 의하면, 통치의 근본으로 돌아가 한 민족이 자기에게 가장 적당한 정책을 시행하기 위해서는 그 민족 자신이 행하는 방법밖에 없다. 즉 민족자결이어야 한다. 이민족의 지배하에 있으면 단언컨대 이상적 정치의 결실을 바라는 것은 무리다"라고 말하고 있다. 즉, 이노우에는 민족자결이 당연한 논리이므로, 조선의 정치는 조선을 위해서 행하는 조선인에 의한 정치이어야 한다고 주장했다.[40]

---

38) 김동명, 앞의 책, 59~64쪽.
39) 1860.11.30~1938.9.23. 일본의 실업가이자 정치가로 평민출신이다. 임오군란 후에 조선정부의 고문이 되어, 조선을 개혁하기 위해서는 분위기를 조성할 필요성을 느끼고 관보에 가까운 신문을 발행하도록 진언했다. 그 결과 박문국이 설립되고, 「한성순보(漢城旬報)」가 발간되었다. 갑신정변에도 관여하여 김옥균·박영효와 친분이 있었기 때문에 일본으로 탈출했다가 1885년 조선으로 돌아와 한문과 한글의 혼용문제를 실용화한 「한성주보(漢城周報)」를 창간하였다.

이와 대조적으로 하라는 15가지 정책을 제시하면서 "내지연장주의"를 강조하고 있다. 그 내용은 ①조선총독은 문무관 모두 가능함, ②조선에서 시행하는 법률명령은 되도록 내지에서 시행하는 법률명령을 시행할 것, ③사법, 재정 등의 사무를 내지와 밀접하게 관련시킬 것, ④내지의 부현제, 시정촌제를 조선에서 시행할 것, ⑤헌병을 폐지하고 경찰관으로 바꾸어 지방장관에 분속하게 하며, 중앙총독부에 내무성 경보국과 같은 것을 설치하여 통할할 것, ⑥교육을 내지 교육과 동일하게 할 것, ⑦잡혼, 잡거 등을 추진할 것, ⑧관리의 등용, 봉급에 내지인과 조선인의 구분을 두지 않을 것, ⑨조선의 토지를 개발하여 내지인, 조선인 모두 혜택을 받게 할 것, ⑩조선관리의 제복대검(制服帶劍) 제도를 폐지할 것, ⑪친일당(親日党) 뿐만 아니라 공평하게 조선의 명가(名家)·구가(舊家)에 수작(授爵)을 은사할 것, ⑫조선 형법, 특히 태형을 폐지하고 내지와 같게 할 것, ⑬기독교의 선교사 및 교도와 의사소통을 꾀할 것, ⑭교육과 종교를 피할 것, ⑮현행 특별회계는 당분간 그대로 둘 것 등이다.

제도상으로는 일본 본국과 동일한 법률, 명령제도 등을 실시하며, 강대한 총독 권한을 축소하며, 헌병경찰로 대표되는 무단정치를 폐지한다는 것이다. 그리고 조선인에 대해 일본인과 차별을 폐지하고, 지방유력자 및 종교 단체 등의 대우를 개선하여 반항을 방지하겠다는 것이다. 따라서 내용만을 보면, 평화적으로 조선을 통치하려는 듯이 보이지만 식민지의 행정과 재정을 독립시켜 군벌의 식민지 지배를 약화시키고, 식민지와 일본 내지를 일원화하여 광역적인 지배체제를 구축하겠다는 의도가 들어 있다. 즉, "내지연장주의"의 궁극적인 목표는 조선인을 일본인에 동화시켜 완전한 일본제국의 국민으로 만들어 반항과 저항 없는 조선 지배를 지속하려는 것이다.

----

40) 山本美越乃氏談,「朝鮮統治私見 (一~三)」, 神戸大学経済経営研究所 新聞記事文庫 政治(17-064); 大阪新報 1919.12.23-1919.12.25 (大正8).

하라 수상의 "조선통치사견"을 받아 들고 조선총독에 취임한 사이토는 1919년 9월 3일에 시정방침을 발표하였다. 그 내용은 일본 제국주의의 지속적인 조선 지배를 위해 병합 이래 지배정책의 기본방침인 동화주의를 계승한다는 것이다. 그리고 조선인을 일본인에 동화시켜 천황제 국가의 신민, 일본 제국의 국민으로 삼는 정책을 "문화정치"라는 말로 포장해서 제시했다.[41] 그리고 행정상 형식주의의 타파, 조선인의 민의 수용, 조선인의 임용상 차별 폐지, 조선의 전통 존중, 지방자치제도 실시 등을 정책으로 내놓았다. 사이토는 조선인의 요구를 받아들여 그들에게 어느 정도 정치적 활동의 자유를 허용하는 문화적 통치방법을 강구하였으나, 앞에서 하라 수상의 의도와 마찬가지로 이는 동화주의 지배체제를 실현하기 위한 방법상의 전환일 뿐, 조선인의 자치나 민족자결을 염두에 둔 것은 아니다. 따라서 일본제국은 이러한 동화주의에 저항하는 세력에 대해 한층 더 강한 제재조치를 감행하는데, 그것이 다음에서 살펴볼 치안유지법이다.

2) 치안유지법의 적용 확대와 조선통치

다이쇼 시대에 노동운동과 사회운동에 참가한 일본 대중들 사이에 자본주의는 혜택 받지 못한 사람들을 착취하면서 편안하고 잘 사는 세상을 약속한다는 인식이 확대되었다. 그리고 러시아 혁명과 사회주의 사상에 경도되어 극단적 성향의 반체제주의들이 등장하였고, 이러한 세력이 조직을 형성하면서 사회주의자와 공산주의자, 좌익 정치 정당 등이 활발하게 활동하였다. 더욱이 1925년 3월, 국회가 보통 선거권을 승인함으로써 정치적 좌익 세력들에게는 의회 정치의 틀 안에서 그들의 목표를 추진할 수 있는 기회가 만들어졌다.

----

[41] 『京城日報』, 『매일신보』, 1919년 9월 4일.

그 가운데에서도 사회민주당은 1926년 12월에 결성되어, 자유방임의 자본주의는 서민들의 경제, 사회, 정치적 행복과 양립할 수 없다고 비난하였다. 특히 1928년 2월 사회민주당에서 출마하여 당선된 4명의 후보들은 의회 연단에서 기간산업의 국유화, 소작민에게 토지를 재분배하는 토지 개혁법 제정, 노동자와 소작민에게 유리한 복지법 시행, 시민의 자유권에 대한 제한 사항 철폐, 여성의 참정권을 요구했다.[42] 더욱 과격한 좌익 세력인 일본공산당은 1922년 7월 15일에 러시아 혁명에 영향을 받은 언론인과 정치인으로 구성된 소규모 단체로 결성되었다. 이후 일본공산당은 정부가 불법 단체로 선언한데다 당파 논쟁으로 내분이 계속되던 1924년에 자진 해산했다가, 1926년 12월에 비밀 지하 조직으로 재등장했다. 일본공산당은 선전 운동과 교육 활동에 대거 참여하면서 영향력을 행사해 나갔다.

당시 일본 제국주의 지배층이 가장 두려워한 것은 이러한 사회주의와 공산주의 그리고 무정부주의 운동세력이었다. 따라서 데모크라시 사상이 고조된 시대적인 상황에서 국민을 국가 체제 안에 확실하게 묶어두기 위한 제도가 필요하였다. 그리고 치안유지법이 보통 선거권과 교환하는 형태로 일본의 사회주의와 공산주의를 제재하는 수단으로 만들어졌다. 치안유지법은 1922년 '과격사회운동취체법안(過激社會運動取締法案)'에 기원을 두고 있다. 이 법안은 일본 민중의 강력한 반대로 통과시키지 못했다가, 관동대지진의 혼란을 틈타 1923년 칙령 '치안유지를 위한 벌칙에 관한 건'을 통과시켰다. 이후 1925년 4월 22일 법률 제46호로 공포되어 20일간의 공시기간을 둔 후에 시행되었다. 그리고 부칙조항에 의해, 식민지 조선에서 1925년 5월 8일 「치안유지법을 조선, 대만 및 사할린에 시행하는 것」이 칙령 제175호로 공포되어 공포 3일 후부터 시행되었다.[43]

....

42) 제임스 L. 맥클레인, 『서양인이 본 일본역사 일본근현대사』, 다락원, 2004, 485~486쪽.

조선총독부가 치안유지법을 필요로 했던 이유는 당시 조선에서도 공산당을 조직하려는 등 사회주의 운동이 민족해방운동의 중심적 경향으로 자리 잡아 나가고 있었기 때문이다. 한국에서 전위당(前衛黨)을 조직하려는 움직임은 1923년을 기점으로 사회주의 운동의 중심이 국외에서 국내로 이동하면서 시작되었고, 운동의 형태도 선전에서 조직운동으로 바뀌어가고 있었다. 조선공산당으로 인한 식민지 지배에 대한 일본의 위기의식은 사이토 조선총독의 훈시에도 나타난다. 조선공산당 관계자들에 대한 제2차 검거 직후인 1926년 7월 5일에 개최된 고경찰부장 회의에서 사이토는 "영내의 대체적인 정세는 평온하나 한편 위험사상에 현혹되어 영외의 공산주의 단체와 뜻을 같이 하여 선전의 기회를 엿보며, 이들 선전 방법도 교묘해지는 등 아직 경계를 늦출 수 없습니다. …(중략)… 만약 편견으로 통치를 비난하고 민중에게 시정방침을 오해하도록 하여 내선융화를 방해하려는 언동을 하는 자에 대하여는 단호한 처분을 내리고 추호도 용서할 수 없다"고 훈시했다.[44]

당시에는 공산주의자들이 조선에서 합법적으로 공산당을 조직하더라도 그 조직행위 자체가 법을 위반하는 것은 아니었다. 일본이 할 수 있는 일은 창립대회 금지, 제령 제7호[45]를 통해 회합 금지를 내리는 정도이다. 그러나 공산당이 조직되면 그러한 조치도 할 수 없는 상태가 되기 때문에 1924년에 치안경찰령을 제정하여 조선에 시행하려고 하였다. 그러나 치안경찰령은 치안경찰법을 바탕으로 하고 있었고, 치안유지법은 치안경찰법의 결함을 보완하기 위해 새

43) 山口吸一, 『改訂·朝鮮制裁法規』 完 (1939年, 朝鮮圖書出版), 1021쪽.
44) 朝鮮總督府, 『朝鮮』 1926년 8월, 136~137쪽.
45) 山口吸一, 앞의 책, 187쪽. 1919년 4월 15일 「정치에 관한 범죄 처벌에 관한 건」(조선총독부 제령 제7호)를 만들어 조선인들의 독립운동을 탄압하였다. 제령 제7호는 "정치의 변혁을 목적으로 다수 공동하여 안녕질서를 방해하거나 또는 방해하려는 자"에 대한 처벌 규정으로, 치안유지법이 제정될 때까지 조선 민중의 반제 독립운동을 처벌하는 대표적인 정치형법이 되었다.

로 제정된 법률이기 때문에 결국 치안유지법을 조선에 실시하였다.46) 치안유
지법의 내용 중 식민지 지배와 관련된 것은 '국체의 변혁'과 '사유재산 제도의
부인' 개념이다.

'국체의 변혁'은 모든 권력을 부인하고 주권의 존재를 부인하는 것으로 만세
일계(萬世一系)의 천황을 폐하거나 천황의 통치권을 변경하고자 하는 개념이
다. 따라서 통치권과 관련된 사항은 모두 '국체의 변혁'과 관련된다. 일본 정부
는 의회에서도 식민지의 독립운동은 천황의 통치권 확보라는 차원에서 국체변
혁에 해당한다는데 동의했다. 이로써 일본은 독립운동은 국체변혁운동이라는
시각을 바탕으로 식민지의 민족주의계열 독립운동을 탄압하는데 적용하였다.
그리고 '사유재산 제도의 부인'은 사적 재산에 대한 소유권을 중심에 둔 개념이
다. 즉 사적 재산을 부인한다는 것은 사적 재산을 변경하거나 파괴하는 것은
물론 위태롭게 하는 것도 포함되어 있다. 이는 당시 일본 제국주의 체제 유지에
위협을 가하는 사회주의 사상의 침투를 방지하고 사회주의 계열의 독립운동을
탄압하기 위한 법적 근거로 작용하였다.47) 또한 치안유지법은 조선 식민지에
적용되면서 단속범위가 확대되었다. 즉, 국체의 변혁을 목적으로 결사를 조직하
거나 가입하는 경우의 처벌은 물론 협의, 선동을 하는 경우에도 처벌할 수 있도
록 규정하고 있다. 이는 결사의 구체적인 활동뿐만 아니라 결사와 관계없는 행
위들을 미연에 처벌할 수 있도록 하여 사상범의 처벌을 가능하게 하였다.

그러나 조선인 사회주의자에 대한 단속을 강화하였음에도 불구하고 1927년
1월에 사회주의자와 민족주의자가 연합하여 신간회가 조직되었으며, 같은 해

---

46) 장신, 「1920년대 민족해방운동과 치안유지법」『學林』제19집, 연세대 사학연구회,
　　1998, 81~83쪽.
47) 한남제·김철수, 「1920년대 「치안유지법」의 제정·적용과 '식민지 지배'」『평화연구』
　　제20집, 경북대 평화문제연구소, 1995, 249~253쪽; 최종길, 「식민지 조선과 치안유지
　　법의 적용-1926·27년을 중심으로」『한일관계사연구』제30집, 2008, 497~529쪽.

5월 7일에는 도쿄에서 신간회 도쿄지회가 설립되었다. 이러한 움직임은 8월 3일 도쿄에서 재일조선노동총동맹과 신간회 도쿄지회가 중심이 되어 총독정치를 탄핵하는 행동으로 발전하였다.[48] 따라서 치안유지법이 불완전하다고 주장하여 형벌의 강도를 높여 극형을 주요 내용으로 하는 치안유지법 개정에 착수하였다. 이 개정안은 군국주의적 거국체제를 굳히는 법정책의 일환으로 형벌의 시비에 대한 논란이 많아서 폐안이 되었다. 그러나 개정안이 모든 사회주의 운동과 식민지 한국에서 발생하고 있는 독립운동을 근절할 수 있다고 판단하여 제56회 제국의회의 승인을 받아, "치안유지법 중 개정긴급칙령"(1928. 6.29. 緊勅 제129호)[49]이 성립되었다.

조선에서 치안유지법이 적용 확대된 이후 치안유지법으로 검거된 건수와 인원을 살펴보면, 1926년에는 43건으로 321명, 1927년에는 46건으로 196명, 1928년에는 195건으로 751명이 검거되었다.[50] 그리고 조선에서 공산주의 색채가 뚜렷하지 않은 독립운동에도 치안유지법의 국체변혁 조항이 적용되고 있었다. 예를 들어 '신간회 철산지회 관계자에 대한 1930.7.21. 고등법원 판결'인데, 신간회는 통일전선적 성격을 가진 민족단체로 그 자체는 공산당의 외곽단체라고 할 수 없으나 판결에는 국체변혁 조항이 적용되었다.[51] 그리고 1929년 11월

---

48) 최종길, 「1927년을 전후한 조선과 일본의 정치적 연관성 — 조선에서 치안유지법이 확대 적용된 배경을 중심으로 —」 『일본사학회』 3, 2010, 184~185쪽.

49) 제1조 국체의 변혁을 목적으로 하여 결사를 조직하는 자 또는 결사의 임원 그 밖의 지도자적인 임무에 종사한 자는 사형, 무기 또는 5년 이상의 징역이나 금고에 처하며, 사정을 알고 결사에 가입한 자 또는 결사의 목적수행을 위한 행위를 한 자는 2년 이상의 유기징역 또는 금고에 처한다. 사유재산제도의 부인을 목적으로 결사를 조직한 자, 결사에 가입한 자 또는 결사의 목적수행을 위한 행위를 한 자는 10년 이상의 징역 또는 금고에 처한다.

50) 한남제·김철수, 앞의 논문, 258쪽.

51) 水野直樹, 「日本の朝鮮支配と治安維持法」, 旗田巍 編, 『朝鮮の近代史と日本』, 大和書房, 1987, 133쪽.

에 광주고등보통학교 학생을 중심으로 전국적인 학생 반일투쟁으로 확대되어 1,600여명의 활동가와 학생이 검거된 광주학생운동으로, 이 때 검거된 사람들은 1930년 3월까지 치안유지법 위반으로 177명이 기소되었다.[52]

이 시기 일본 지배층은 일본에서 보통선거법의 실시와 함께 치안유지법으로 일본 대중을 국민의 틀 안에 넣고 저항하는 세력을 탄압했던 것처럼, 식민지 조선에서도 문화정치라는 일면 조선인과 대립보다는 화합의 분위기를 강조하는 정치 제도를 실시하는 것 같지만 치안유지법으로 독립운동을 처벌하고 있었다. 일본은 사회주의나 공산주의뿐만 아니라 각종 독립운동을 탄압할 수 있는 법적 근거를 치안유지법에 두고 식민지 지배의 도구로 삼았다. 이후 일본은 치안유지법으로 조선인을 대대적으로 검거하면서 식민지 지배구조를 구축해 나갔다.

5. 맺음말

20세기 초 일본은 청일전쟁과 러일전쟁의 승리, 서양과의 우호적인 외교 관계와 공감대 형성, 입헌 민주주의 도입, 지속적인 산업 성장, 대중 교육의 확립, 새로운 형식의 대중 매체 등장으로 인해 새로운 생활 방식을 추구하였다. 뿐만 아니라 같은 시기 일본은 민주주의를 수용하고 생활화하면서 자아를 확립하였고, 서양과 일본국, 그리고 아시아에 대해서도 서서히 인식하게 되었다. 이 시기 러일전쟁 후 일본사회에 나타나는 양면성은 세 가지 면에서 살펴볼 수 있다. 첫째는 경제력과 군사력 면에서 서양 열강과 맺는 관계의 양면성, 둘째는 천황제의 전제주의와 입헌주의의 양면적인 성격, 셋째는 일본 국민의 아시아와 서

---

52) 朴慶植, 「治安維持法による朝鮮人弾圧」『季刊 現代史』, 現代史の会, 1976, 122쪽.

양에 대한 인식의 양면성이다.

다이쇼 데모크라시는 제국으로 부상하는 일본이 예전의 구조로는 대응할 수 없게 된 것에서 출발한 운동의 총체라고 할 수 있다. 다양한 계층에 의해 기존의 사회 구조와 질서에 대항하여 전개된 운동이다. 그리고 사회운동의 저변에는 일본 사회의 양면성이 적나라하게 드러나면서 다이쇼 데모크라시의 이중성도 강화되어 가는 것을 볼 수 있다. 특히 식민지 국민에 대한 인식은 일본 국민의 배외주의적인 인식과 연결된다. 따라서 이 시기 일본 내부에서 대중들은 민주주의적인 입장에서 국민의 권리를 주장하는 민중운동을 활발하게 전개하면서, 대외적으로는 배외주의와 전쟁의 승리로 인해 쟁취해야 할 아시아의 패권에 대한 요구를 주장하였다. 즉, 내부적으로는 자유와 인권이 정착되어가던 다이쇼 데모크라시에 대외적으로는 일본인의 자유와 인권을 보장할 아시아의 패권 장악이라는 양면성이 작용하고 있었다.

다이쇼 데모크라시의 절정이었던 보통선거법 실시는 일본 대중 운동의 승리로 평가된다. 그러나 보통선거에서 성인여성은 선거권을 가지지 못했고, 성인남자, 제국헌법이 적용되지 않는 식민지에도 선거권이 주어지지 않아서 본국에 있는 사람에 한해서만 선거권이 주어졌다. 이와 같이 극히 한정된 보통선거였기 때문에 여기에 포함되지 못한 사람들을 배제하기 위한 체제로 치안유지법이 같은 시기 성립되었다. 국민에게 선거권을 주었으니 선거권을 행사하되, 사회운동은 금지한다는 논리였다. 다시 말해 보통선거법은 국민의 틀 안에서 권리를 부여함과 동시에, 그 틀에서 벗어나는 경우에는 철저하게 배제하겠다는 한계가 있었다. 이러한 한계는 식민지 한반도에도 그대로 적용된다.

한편, 다이쇼 데모크라시의 민주주의적 측면이 미친 영향이 전혀 없었다고는 할 수 없다. 3·1운동 이후 일본에서는 조선 식민지를 지배가 아닌 동일한 국민으로 대해야 한다는 주장이 나왔으며, 그 대표적인 예가 당시 수상이었던 하라의 '조선통치사견'이다. 이러한 의견을 바탕으로 새로 임명된 조선총독 사이토는 조선 지배 정책을 "문화정치"라는 말로 포장해서 제시했다. 그리고 행정상 형식주의의 타파, 조선인의 민의 수용, 조선인의 임용상 차별 폐지, 조선의 전통 존중, 지방차치제도 실시 등을 정책으로 내놓았다. 표면적이라고는 할지라도 데모크라시의 영향으로 식민지에서의 정책에 변화를 초래한 것이다. 그러나 사이토가 조선인의 요구를 받아들여 그들에게 어느 정도 정치적 활동의 자유를 허용하는 문화적 통치방법을 강구한 것 또한 하라 수상의 의도와 마찬가지로 이는 동화주의 지배체제를 실현하기 위한 방법상의 전환일 뿐, 조선인의 자치나 민족자결을 염두에 둔 것은 아니다. 따라서 일본제국은 이러한 동화주의에 저항하는 세력에 대해 한층 더 강한 제재조치를 감행하는데, 그것이 치안유지법의 적용과 확대였다.

식민지로서 또는 그 외 방법으로 타국지배를 행하는 제국을 유지하려는 노력은 외국에서는 저항을 불러일으키게 되기 때문에, 국내 정당 지도자들의 정당성을 약화시키고 위신을 저하시켰다. 그리고 제국의 수탈을 요소로 하여 유지되는 자본주의의 발흥은 국내에서 노동자나 소작인들에 의해 강한 저항을 불러일으켰다. 그 결과 초래된 사회적 불안정은 권력과 정당의 신뢰성을 실추시켰다. 따라서 일본 지배층은 일본에서 보통선거법의 실시와 함께 치안유지법으로 일본 대중을 국민의 틀 안에 넣고 저항하는 세력을 탄압했던 것처럼, 식민지 조선에서도 문화정치라는 일면 조선인과 대립보다는 화합의 분위기를 강조하는 정치 제도를 실시하는 것 같지만 치안유지법으로 독립운동을 처벌하고자 했던 것이다. 일본은 사회주의나 공산주의뿐만 아니라 각종 독립운동을 탄압할 수 있는 법적 근거를 치안유지법에 두고 식민지 지배의 도구로 삼았다. 이후 일본은 치안유지법으로 조선인을 대대적으로 검거하면서 식민지 지배구조를 구축해 나갔다.

다이쇼 데모크라시가 가지고 있는 이중성은 식민지에 더욱 강하게 나타났고, 자율과 탄압이라는 다시 말해, 자율이라는 형식을 제공하면서 내면에서는 더욱 강력한 감시와 강제를 실시하기 위한 법체계를 마련하였다. 그리고 다이쇼 데모크라시에 자주 등장한 단어인 '자유'와 '평등'은 서구에서와 같이 인간관계에서의 '자유'와 '평등'이 아니라, 신 즉 '천황 앞의 평등'이라고 생각했기 때문에, 민주주의도 천황제 하의 민주주의라고 해야 할 것이며, 이는 이후 침략전쟁을 일으키는 정신적, 논리적 명분을 부여하였다.

참고문헌

松尾尊兊, 『大正デモクラシー』, 岩波書店, 2001, 岩波現代文庫, 学術;55. (마츠오 다카요시, 『다이쇼 데모크라시』, 소명출판사, 2011).

成田龍一, 『大正デモクラシー』シリーズ日本近代史④, 岩波新書, 2007. (나리타 류이치, 『다이쇼 데모크라시-데모크라시가 제국 일본을 동요시켰다』, 어문학사, 2012).

春山明哲, 「近代日本の植民地統治と原敬」, 『日本植民地主義の政治的展開 1895-1934ーの統治体制と台湾の民族運動ー』, アジア政経学会, 1980.

江口圭一, 「1930年代論」, 江口編 『体系日本現代史1 日本ファシズムの形成』, 日本評論社, 1978年.

＿＿＿＿, 「天皇制立憲主義論」, 朝尾直弘教授退官記念会編 『日本国家の史的特質 ― 近世·近代ー』, 思文閣出版, 1995年.

朝尾直弘 他編, 「1910-30年代の日本ーアジア支配への途ー」 『岩波講座 日本通史 第18巻 近代3』, 岩波書店, 1994.

アンドリュー·ゴードン 「日本近代史におけるインペリアル·デモクラシー」(赤沢史朗 編, 『年報日本現代史 第2号』 「現代史と民主主義」, 東出版, 1996).

水野直樹, 「日本の朝鮮支配と治安維持法」, 旗田巍 編 『朝鮮の近代史と日本』, 大和書房, 1987.

朴慶植, 「治安維持法による朝鮮人弾圧」, 『季刊 現代史』, 現代史の会, 1976.

吉野作造, "民衆的示威運動を論ず", 『中央公論』 1914.4.

＿＿＿＿, 「憲政の本義を説いて其有終の美を済すの途を論ず」(『中央公論』 1918.1.), 『選集』 2.

＿＿＿＿, "蘇峰先生著 時務一家言を讀む"(『新人』 1914.6,7,8,10월 연재), 『選集』 3.

＿＿＿＿, "民本主義と帝国主義の両立"(『中央公論』 1918.7), 『選集』 5.

大蔵省, 『明治大正財政史』 第1巻, 経済往来社, 1955年.

＿＿＿＿, 「朝鮮統治私見」 上·下 『斎藤実関係文書』 104-9 日本国立国会図書館 憲政資料館 소장(영인본, 高麗書林, 1990)

山本美越乃氏談, 「朝鮮統治私見 (一~三)」, 神戸大学経済経営研究所 新聞記事文庫 政治(17-064); 大阪新報 1919.12.23.-1919.12.25 (大正8)

山口吸一, 『改訂·朝鮮制裁法規』 完 (1939年, 朝鮮図書出版)

강동진, 『일제의 한국침략정책사』, 한길사, 1980.

박찬승, 『한국근대정치사상사연구』, 역사비평사, 1992.

＿＿＿, 『민족주의의 시대』, 경인문화사, 2007.

김동명, 『지배와 저항, 그리고 협력-식민지 조선에서의 일본제국주의와 조선인의 정치
　　　　운동-』, 경인문화사, 2006.

앤드루 고든, 김우영 옮김, 『현대 일본의 역사-도쿠가와 시대에서 2001년까지』, 이산,
　　　　2005.

한상일, 『제국의 시선-일본의 자유주의 지식인 요시노 사쿠조와 조선문제-』, 새물결,
　　　　2004.

제임스 L. 맥클레인, 『서양인이 본 일본역사 일본근현대사』 다락원, 2004.

장신, 「1920년대 민족해방운동과 치안유지법」『學林』 제19집, 연세대 사학연구회,
　　　　1998.

한남제·김철수, 「1920년대 「치안유지법」의 제정·적용과 '식민지 지배'」『평화연구』
　　　　제20집, 경북대 평화문제연구소, 1995.

최종길, 「식민지 조선과 치안유지법의 적용-1926·27년을 중심으로」『한일관계사연
　　　　구』 제30집, 2008.

＿＿＿, 「1927년을 전후한 조선과 일본의 정치적 연관성-조선에서 치안유지법이 확대
　　　　적용된 배경을 중심으로-」『일본사학회』 제3집, 2010.

【Abstract】

Transformation of the Taisho Democracy and Imperialism in Japan: 1910s to 1920s

Yoo, Ji−A

Key words :

Taisho Democracy, The Emperor system of Japan, Constitutional Democracy, Imperialism, Common Elections Law, Police Suppression, Culture Politics

In early 20th century, Japan established hospitality and empathy with western dominions by winning the Russo-Japanese War. On the same time, Introducing Constitutional Democracy, continuous industrial growth, formulating public education and massmedia influenced Japanese to face new lifestyle. Also, introduction and adaptation of democracy helped Japanese to understand themselves and expand recognition upon the others such as western and Asian cultures. This era is called Taisho Democracy. During this era, there were three ironic aspects existed : First, Japan tried to reinforce their weak economic power by enforcing military strength. Second, The Emperor system of Japan included both absolutism and constitutionalism. Lastly, Japanese civilian advocated democracy for their inner society and imperialism for the outer world.

During the era of the Taisho Democracy, many social movements were actively held in Japan by various social groups. They tried to resist the formal social hierarchy. Processing such movements emphasized the ironic aspects in Japanese society. Thus the Taisho Democracy became more duplicated. Especially, understanding the colonial citizens related to the xenophobic ideas in Japanese society. Freedom and human rights were adapted in Japanese society. However, because of the irony and duplicated aspects inside the Japanese society, dominating Asian region was understood as an essential action to ensure the freedom and right of the Japanese people. On this era, Common Elections Law was launched to protect Japanese right. However, only Japanese male received right to vote - Japanese female and colonial civilians were excluded. Such extremely limited common election caused the emerge of the Police Suppression Law. This law was made to keep such excluded people being excluded. Police Suppression Law stated that civilians cannot perform the social movement because they received the right to vote. Such limitation applied toward the colonial Korean peninsula, also known as Chosun.

After 3 · 1 Movement, Japan present "Culture Politics" to ensure their cultural ruling by permitting limited political freedom for the movements. However, this was the procedure for the transferred ruling method which did not count the autonomy of Chosun or National self-determination. Therefore, Japan tried to expand their range of the Police Suppression Law to sanction groups harder which opposed their Assimilationism. Japan set this Police Suppression Law as legal basis for their colonial ruling and suppression toward the socialism, communism and other movements for the independence. Later on, Japan arrested enormous Chosun people based on the Police Suppression Law and established stronger colonial ruling structure.

1920년대 민족주의세력의 자치운동의 전개 양상

조규태 (한성대 역사문화학부 교수)

1. 머리말

일제강점기 특히 1920년대에 식민지 조선에서는 자치운동이 전개되었다.[1] 즉 3·1운동에도 불구하고 독립의 실현이 어려워지자, 군사·외교 같은 외정은 일본이 담당하고, 행정·치안 같은 내정은 조선인이 담당하려는 자치운동, 혹은 내정독립운동이 전개되었던 것이다. 黎明會의 요시노 사꾸조(吉野作造) 같

---

[1] 독립운동이 저항운동이라고 한다면 자치운동은 분리형협력운동이었다. 이 점에서 자치운동은 동화형협력운동인 참정권운동과는 차이가 있다. 백남운은 국민협회의 참정권운동을 '융화를 주장하는 종속적 자치운동'으로, 일반적인 자치운동을 '분리를 주장하는 계획적 자치운동'으로 나누었다(김동명, 「일본제국주의에 대한 저항과 협력의 경계와 논리」『한국정치외교사논총』31집 1호, 2009, 47~48쪽). 이 글에서는 '융화를 주장하는 종속적 자치운동'으로 불린 참정권운동이나 각파 유지연맹의 자치운동에 대해서는 다루지 않고, '분리를 주장하는 계획적 자치운동'으로 불린 일반적 자치운동만 다룰 것이다. 자치파는 속령자치파(金尙會), 참정권청원운동파(자치운동파와 동화운동파를 통칭, 강동진)으로 평가되었다(신주백, 「총론: '자치'에 대한 관점과 접근방법」『역사와 현실』39, 2001).

은 지식인뿐만 아니라 野黨 憲政會의 총재인 카토 타카아끼 (加藤高明)도 조선에 대한 자치 허용 가능성을 언급하자[2] 일본이 완전한 조선의 독립을 허용해주지는 않지만 조선의 자치를 허용해줄 수 있을 것이라는 현실적 판단에서, 독립의 차선책과 단계적 독립론으로 자치운동이 추진되었다.

동아일보, 천도교 신파, 기독교를 중심으로 한 민족 부르주아지들은 민족운동의 중심세력, 혹은 중추계급을 자처하며 문화운동과 함께 자치운동을 통하여 민족운동의 주도권을 장악하고자 하였다. 이들은 자치운동의 전개 시 민족 부르주아지가 주도권을 장악하기 위해 정치지향의 결사체로 硏政會를 결성하였다.

연정회의 구성원들은 조선총독부 및 일본 정계의 요인을 만나 자치의 부여 가능성을 타진해보고, 여론의 반발을 우려하여 '自治'를 공공연히 떠들지는 않았으나 신문이나 잡지에 글을 실어 자치운동으로의 방향 전환을 넌지시 제시하면서 여론의 추이를 살폈다.

연정회에 참여한 집단 중 천도교와 기독교는 각기 자치가 부여되었을 때를 대비하여 표면으로는 사회문화단체이나 이면으로는 정치지향의 결사인 천도교청년당과 수양동우회·흥업구락부를 조직하였다. 또 이들은 자치가 부여되고 보통선거 방식으로 선거가 치러지면 농민을 장악해야 권력을 획득할 수 있다고 보고 각기 조선농민사를 설립하고, YMCA 농촌부를 설치하였다.

이러한 자치운동은 1920년대 중반 민족주의세력의 분화를 가져온 단초로 작용하였다. 자치운동을 계기로 민족주의세력은 '민족주의 우파'(소위 타협적 민족주의자)와 '민족주의 좌파(소위 비타협적 민족주의자)'로 분화되었다. 처음 민족주의 좌파는 민족주의 우파와 함께 자치운동에 동참하였으나 1925년 일본의 보

---

[2] 1919년 7월 경 헌정회 총재 카또 타카아끼는 조선에 대한 자치 가능성을 언급하였으나 여론이 분분하자 자신이 조선에 대한 자치가능성을 언급했다는 것은 와전이고 조선통치의 방침은 내지연장주의라고 정정하였다고 한다(이태훈, 「1920년대초 자치청원운동과 유민회(維民會)의 자치 구상」『역사와 현실』 39, 2001, 78쪽).

통선거법이 통과된 직후 민족주의 우파와 결별하고 사회주의세력과 제휴하여
6·10만세운동·신간회운동과 같은 이른 바 비타협적 민족운동을 전개하였다.

이처럼 1920년대의 자치운동이 우리 민족운동사에서 차지하는 의미가 크므
로 지금까지 자치운동에 대해서는 많은 연구가 있어왔다. 그리하여 자치운동
의 발생 배경[3], 자치운동의 전개 과정[4], 자치운동의 주도세력[5], 자치운동의
성격[6], 자치운동의 논리[7], 자치운동과 관련된 결사인 연정회·천도교청년당·
수양동우회·동우구락부의 결성과 그 주도인물[8], 자치의 실현 후 정권의 획득
과 관련된 조선농민사의 조직과 활동[9], 자치운동의 추진과 관련된 천도교 신
파(민족주의 우파)와 천도교 구파(민족주의 좌파)의 분화[10] 등이 밝혀졌다.

그런데 자치운동을 추진한 핵심체인 연정회에 참여한 구성원과 집단 및 그

[3] 강동진, 「계층분단정책과 분할통치」 『일제의 한국침략정책사』(한길사, 1980). 박찬승, 「일
제하의 자치운동과 그 성격」 『역사와 현실』 2, 1989. 윤덕영, 「1920년대 중반 일본 정계변화
와 조선총독부 자치정책의 한계」 『한국독립운동사연구』 37, 2010. 윤덕영, 「1926년 민족주
의세력의 정세 인식과 '민족적 중심단체' 결성 모색」 『동방학지』 152, 2010.
[4] 박찬승, 「일제하의 자치운동과 그 성격」 『역사와 현실』 2, 1989.
[5] 윤덕영, 「1920년대 전반 동아일보 계열의 정치구상 운동과 '민족적 중심세력'론」 『역
사문제연구』 24, 2010. 정용서, 「1920년대 천도교 신파의 "민족 자치" 구상」 『동방학지
』 157, 2012.
[6] 박찬승, 「일제하의 자치운동과 그 성격」 『역사와 현실』 2, 1989.
[7] 강명숙, 「1920년대 초반 동아일보에 나타난 자치에 관한 인식」 『역사와 현실』 41,
2001. 김동명, 「일제하 '동화형협력' 운동의 논리와 전개-최린의 자치운동의 모색과
좌절-」 『한일관계사연구』 21, 2004. 이나미, 「일제시기 조선 자치운동의 논리-독립운
동론, 참정권론과의 관계를 중심으로-」 『민족문화연구』 44, 2006.
[8] 정용서, 「일제하 천도교청년당의 운동노선과 정치사상」 『한국사연구』 105, 1999. 이
현주, 「일제하 (수양)동우회의 민족운동론과 신간회」 『한국정신문화연구』 92, 2003.
[9] 심재욱, 「1920~30년대초 고하 송진우의 사상과 활동」 『한국민족운동사연구』 22,
1999. 윤덕영, 「1926년 민족주의세력의 정세 인식과 '민족적 중심단체' 결성 모색-'연
정회 부활' 계획에 대한 재해석」 『동방학지』 152, 2010.
[10] 조규태, 「천도교 구파의 신간회」 『한국근현대사연구』 7, 1997. 조규태, 「천도교 신파의
자치운동과 조선농민사의 크레스틴테른 가입 활동」 『한국민족운동사연구』 48, 2006.
김정인, 「천도교 신파와 조선농민사」 『천도교 근대 민족운동 연구』(한울, 2009).

변화, 그리고 집단별 자치운동 관련 결사와 농민기관 등에 대한 구조적인 파악, 각 집단의 역량 등에 대해서는 제대로 검토하지 못하였다. 그런 관계로 자치운동을 추진한 세력의 역량과 신간회의 결성 배경에 대한 견해는 아직 일치하지 않는다.[11]

또 자치운동의 전개시기에 대해서도 약간의 이견이 있다. 1920년대의 자치운동이 1923~1924, 1925~1927, 1929~1932의 세 시기로 나뉘어 전개되었던 점에서는 의견이 일치하지만, 연도 내에서는 수개월의 시차가 보인다. 이는 자치운동의 전개시기를 신문과 잡지와 정보문서에 나타난 내용으로 판단하는가, 혹은 세력별·집단별 결사체 및 그 관련기관의 조직시기를 참작하여 판단하는가의 차이에서 기인하였다.

이러한 문제를 해결하기 위해서, 필자는 연정회의 구성원을 분석하여 자치운동 추진세력의 구성을 알아본 후, 각 집단별로 자치운동의 추진과 관련된 결사 및 기관의 조직 시기와 배경, 세력과 활동 등에 대해서 알아보려 한다. 구체적으로 먼저 민족주의세력의 자치론 확산과 민족적 중심세력의 형성에 대하여 살펴보겠다. 여기에서는 연정회에 참여한 인물들의 특징을 살펴봄으로써

11) 박찬승은 자치운동 추진세력에 대해 주체역량도 갖추고 있지 못하였다고 보았다. 이러한 견지에서, 그는 1920년대 중반 국내의 사회주의운동, 노농운동이 크게 활성화되는 가운데 비타협민족주의자들과 사회주의자들의 연합전선이 형성되고 있던 것을 우려한 일제가 일부 민족개량주의자들에게 자치 가능성을 흘려 그들의 자치운동을 고무시켰다고 주장하기도 하였다. 이에 반해 필자는 천도교 신·구파의 분화 과정과 천도교 신파의 조선농민사 조직, 천도교 구파의 6·10만세운동과 신간회 참여에 대한 검토를 통하여, 자치운동세력이 주체적으로 자치를 이끌어낼 정도는 아니지만 자치가 허여된다면 집권할만한 상당한 역량을 갖고 있었다고 생각한다. 그리고 1925년 조선에 자치가 부여되고 그해 일본에서 통과된 보통선거법에 따라 선거가 실시된다면 자치운동세력이 집권할 가능성이 있다고 판단되어, 민족주의 좌파와 사회주의세력이 연합전선을 형성하였다고 보고 있다. 윤덕영도 민족주의세력의 자치운동에 대한 우려에서 신간회가 조직되었다고 보았다(윤덕영, 「1926년 민족주의세력의 정세 인식과 '민족적 중심단체' 결성 모색」 『동방학지』 152, 2010, 254쪽.

연정회의 결성 배경을 추론해보도록 하겠다. 다음으로는 1925년 보통선거법의 통과 이후 자치운동세력의 농민기관 조직 활동을 살펴봄으로써 민족주의 우파의 결속과 민족주의 좌파의 분립 배경을 파악하고, 이를 통해 신간회의 결성 배경을 이해하려 한다.

2. 민족주의세력의 자치론 확산과 민족적 중심세력의 형성 (1920~ 1924)

자치운동을 추진하였던 대표적 인물인 동아일보의 김성수, 송진우와 천도교의 최린 가운데 최린은 이미 3·1운동 추진 시에도 자치 청원에 대한 생각이 있었다. 그는 1918년 12월 초순경 권동진과 오세창을 만나 민족 자결의 원칙을 실천하기 위하여 자치운동을 하려다가 해외의 독립운동가들이 독립운동을 하고 있다는 소식을 듣고 생각을 바꾼 바 있었다.[12]

3·1운동 후 조선인의 독립에 대한 열기를 잠재우기 위해 일본인들이 자치론을 모색하고 있었지만, 노골적인 친일파가 아니라면 자치를 주장하는 것이 쉽지 않았다. 宋秉俊은 1919년 7, 8월 경 일본 유학생들이 독립운동을 도우라고 하니, "독립을 말하면 나는 여기서 당장 축출당할 뿐이니 할 수 없고 자치에 관한 일을 끝까지 운동하여 돕겠노라." 하였다. 그리고 그는 육군대장과 내각총리대신을 역임하였고 당시 貴族院 議員이던 야마가타 아리토모(山縣有朋, 1838~1922), 전 내각총리대신이며 현 귀족원 의원 오쿠마 시게노부(大隈重信(1838~1922), 입헌정우회 소속으로 19대 내각(1918.9.29.~1921.11.4.)의 총리대신이던 하라 다카시(原敬,

---

12) 국사편찬위원회, 『한민족독립운동사자료집』 11권, 1990, 「권동진신문조서」. 최린은 기소되어 2년의 옥고를 치르고 1921년 12월 출옥하였고, 송진우는 기소되어 1920년 8월 무죄로 출옥하기까지 1년간의 옥고를 치렀다.

1856~1921), 초대 조선총독이며 18대 내각(1916. 10.9.~1918. 9.29.) 총리대신 테라우치 마사다케(寺內正毅, 1852~1919) 등을 주야로 찾아다니며 自治만 주면 조선민족의 마음을 무마할 수가 있다고 장담하였다. 당시 송병준의 변호사인 이모, 최모도 송병준의 자치운동을 돕고 있었다고 한다.[13]

그런데 문화통치의 실시로 제한적이나 언론·출판·집회·결사의 자유가 주어지자, 천도교와 동아일보사는 발간하던 잡지와 신문을 통하여 원론적인 수준에서 자치에 관한 문제를 언급하였다. 『동아일보』는 1920년부터 1921년까지 아이랜드 자치 문제[14], 대만의 자치제[15], 아라비아 자치[16], 필리핀 자치[17], 지방자치[18], 폴란드 자치[19], 몽고 자치[20], 인도 자치[21], 호남 자치, 중국의 연성자치[22], 경성부 자치제[23] 등의 내용을 소개하면서 자치 문제를 다루었다.

3·1운동의 주역들이 출옥한 1922년에는 보다 확실하게 자치에 대한 견해를 밝히는 글들이 소개되었다. 『동아일보』 1922월 1월 22일자, 「現代政治 *** 의 要義(十四) 五.地方分權과 中央集權)이란 기사에는 다음과 같이 쓰여 있다.

원래 개인은 개인이 스스로 治할 것이오. 지방은 지방이 스스로 治할 것

---

13) 『신한민보』 1919.9.23., 3면 1단, 「반적 송병준의 자치운동설, 동경유학생들은 다시 활동코자」.
14) 『동아일보』 1920.4.3., 4.6, 4.11, 5.11, 5.17, 5. 25, 5.31, 6. 8, 6.19, 6.20, 6.23, 6.28, 8.18, 1921.2.25., 2.27, 7.10, 8.22.
15) 『동아일보』 1920.7.5., 7.20, 8.2, 1921.4.22.
16) 『동아일보』 1920.8.31., 9.6.
17) 『동아일보』 1920.9.2., 1921.4.18., 1923.12.1.
18) 『동아일보』 1920.5.11.~6.16(19회), 7.31, 8.1, 8.2, 8.6.
19) 『동아일보』 1920.9.10., 1821.4.18.
20) 『동아일보』 1920.9.21., 9.22, 9.23, 1921.2.21., 3.12, 8.22.
21) 『동아일보』 1922.2.19.
22) 『동아일보』 1921.4.23., 1921.6.16.
23) 『동아일보』 1921.12.25.

이며 민족은 민족이 스스로 治할 것이오. 국가는 국가가 스스로 治할 것이
라. 스스로 治하여도 오히려 利益과 幸福을 圓滿히 圖치 못하거든 하물며
他의 治에 任하야 得할 바이리오. 개인에게 자유가 유하며 지방에 又는 民族
에 自存이 有한가. 此는 天賦이며 自然이다. 자유가 無한 인간이 존재가 無
함과 如히 자존이 無한 민족 又는 지방이 또 어찌 存在가 유하랴. … 인생에
게서 자유를 奪하는 것은 暴이오 地方 又는 民族에게서 自存을 奪하는 것은
亂이라. 그 暴에 犧牲이 되어 木石이 되며 亂에 奴隷가 되어 死物이 됨은
生理的 有機體의 天然을 根本的으로 破滅하는 것이라.

自治制度가 無한 地方의 實況을 觀하라. 文化가 有하며 富力이 有한가.
富力은 都市로 提供하고 文化는 都市로 集中하여 一都市의 번영으로 많은
지방의 富力과 文化가 蹂躪되지 아니하는가.[24]

위의 내용과 같이, 이 기자는 개인, 지방, 민족, 국가가 自治하는 것은 하늘이
준 자연적 권리라고 보고, 그것이 유기체의 문화 발전과 富力 신장의 요체라고
주장하였다. 이는 자유, 자주, 자립, 자율, 자기해방 등의 가치를 강조하면서도
사회진화론보다 사회유기체론에 입각하여 조화와 협동에 의한 유기체·공동
체의 발전을 주장한 신자유주의적 문화운동론에 바탕을 둔 주장이었다.

또 천도교인 李鍾麟은 1922년 11월 『개벽』에 발표한 「조선인과 정치적 생
활」이란 글에서, 未開政治의 경우에 정치는 단지 통치자의 소유물이고 피치자
는 기계적 노예상태에 있을 뿐이지만, 開化政治의 경우에 정치의 의사가 한
개인에 있지 않고 인민 전체의 여론으로 방침을 정하고 처리한다고 하였다.
또 文化主義 政治는 국민 모두가 정치에 참여하는 '國民皆政'의 민주정치이고,
國民皆政의 민주정치를 하기 위해서는 일반 민중이 정치적 식견을 갖고 정치
를 토의하고 비판하고, 나아가 전 민족의 살림살이를 자기의 손으로 처판하려

---

[24] 『동아일보』 1922. 1. 22, 1면, 「現代政治의 要義(十四) 五.地方分權과 中央集權」.

는 의지와 그 능력을 가지라고 당부하였다. 그는 민중과 조선인에게 참정권을
주라고 주장하였다.[25]

이 무렵 閔元植의 국민협회는 하라 타카시(原敬) 내각의 여당인 정우회의
지원을 받아 참정권 부여와 조선의회 설립을 요청하였다.[26] 그리고 1922년 3월
우찌다 료헤이(內田亮平)의 동광회(同光會)는 그 조선지부를 '내정독립기성회'
로 하고, 조선총독부에 '조선내정독립청원서'를 제출하였다.[27]

이러한 친일적 동화형 자치주의자가 활보하자, 천도교의 이종린은 조선의
자치를 위해 에이레의 신페인당, 러시아의 볼세비키당, 유태인의 시온당과 같
은 政黨을 결성하라고 하였다.[28] 또 필자 미상의 한 인물은 천도교의 기관지인
『개벽』 1923년 4월자의 「곳 해야 할 민족적 중심세력의 형성」이란 글에서는
인도의 국민회의, 아일랜드의 신페인당, 유대민족의 시온당과 같은 중심세력
을 형성하라고 하였다. 그리고 그는 중심세력을 이루기 위해서는 구성원이 일
심으로 그 주의를 추구하고, 금전과 시간을 투자할 필요가 있다고 하였다.[29]

그런데 이광수는 이 민족적 중심세력이 식자계급, 유산계급이 라고 보았다.
그리고 그것은 미국과 영국과 일본도 동일하다고 하였다.[30] 여기에서 이광수
는 자신이 지향하는 사회체제가 미국, 영국, 일본과 같은 자유주의체제임을
넌지시 드러내었다.

1923년 중반 문화운동을 전개한 민족주의세력, 혹은 자유주의세력이 사회주의

25) 滄海居士(이종린), 「朝鮮人의 政治的 生活」『개벽』 29호, 1922. 11, 4~8쪽.
26) 박찬승, 「1920년대 초반~1930년대 초 자치운동과 자치운동론」『한국근대정치사상사
   연구-민족주의 우파의 실력양성론-』(역사비평사, 1992), 316~317쪽.
27) 윤덕영, 「1920년대 전반 동아일보 계열의 정치구상 운동과 '민족적 중심세력'론」『역
   사문제연구』 24, 2010, 35~36쪽. 이는 사이토총독으로부터 받아들여지지 않았다.
28) 滄海居士(이종린), 「朝鮮人의 政治的 生活」『개벽』 29호, 1922. 11, 4~8쪽.
29) 미상, 「곳 해야 할 민족적 중심세력의 작성」『개벽』 34, 1923. 4, 5~13쪽.
30) 이광수, 「중추계급과 사회」『개벽』 25, 1922. 7.

세력에 의하여 비판을 받으면서 퇴조하고[31] 마침 1923년 초 상해에서 열린 국민대표회의가 개조파와 창조파의 대립으로 큰 성과를 거두지 못하자, 그 해 9월 민족주의자들은 민족적 중심세력으로 연정회의 조직에 착수하였다. 송진우의 말에 따르면, "평시에 있어서는 조선 여론의 중심이 되고, 경우에 따라서는 비상한 일까지 주력이 되기에 족할 만한 어떤 기관을 하나 만들고자 하였다고 한다.[32]

1923년 12월 하순 김성수는 자신을 비롯한 송진우, 신석우, 안재홍, 천도교의 최린, 이종린, 기독교의 이승훈, 법조계의 박승빈, 평양의 조만식, 대구의 서상일 등 16~17명이 모여 연정회의 결성을 위한 협의를 하였다. 자금으로 김성수가 낸 2만원과 그 외 사람들로부터 갹출한 8만원을 합하여 총 10만원이 마련되었다.[33]

1924년 1월 1일 송진우는 윤치호를 찾아가 "조선인의 여론을 조성하고 지도할 조직체가 필요하다"고 말하고 그의 동참을 호소하였다.[34] 그리하여 앞서 살핀 사람 외에 허헌, 백관수, 장두현, 김동원 등도 참여하여 연정회의 결성에 참여한 인물이 최대 25명 정도로 증가하였다.[35]

연정회에 참여한 인물들은 어떠한 성격의 사람들이었을까? 다음의 〈표 1〉을 통하여 궁금증을 풀어보도록 하자.

---

31) 박찬승, 「1920년대 초반~1930년대 초 자치운동과 자치운동론」『한국근대정치사상사연구-민족주의 우파의 실력양성론-』(역사비평사, 1992), 314쪽.
32) 「甲子一年總觀」『개벽』54, 1924.12,13쪽. 1923년 말에서 1924년 초, 송진우가 중심이 되고 최린과 이승훈의 도움을 받아 몇 번 회의를 하였고, 단체의 명을 民政社로 하자는 의견도 있었으나 연정회로 정하였다.
33) 인촌기념회 편,『인촌 김성수전』(인촌기념회, 1976), 260~268쪽. 「獨立運動終熄後におけるの民族運動の梗槪」(1927.1),『齋藤實文書』10(국회도서관, 2003), 233쪽.『조선일보』1924.4.22., 3면 1단, 「노농총동맹임시대회」. 참여자와 모인 일자는 일제 정보문서와 노농총동맹 임시대회시의 김종범의 진술과『인촌 김성수전』의 내용이 약간 다르다. 그래서『인촌 김성수전』의 내용을 중심으로 하고, 다른 문헌의 내용을 참고하여 기술하였다.
34)『국역 윤치호 영문 일기』7, 1924.2.5., 「화요일, 화창하고 포근함」.
35) 송진우, 「최근 십년간 필화 사건」『삼천리』14, 1931.4, 17쪽.

〈표 1〉 연정회 결성 참여자(1923~1924)

이름	생년	출신	소속	학력	경력	전거
김성수	1891	전북 고창	동아일보사	와세다대	중앙학교 이사장, 교장 동아일보 사장(20) 민립대학운동(22) 물산장려운동(22) 경성방직	김성수전
송진우	1887	전남 담양	동아일보사	와세다대 메이지대	중앙학교 교감(16) 3·1운동 옥고 1년 반 동아일보 사장(21) 민립대학운동(22) 물산장려운동(22)	김성수전
崔元淳	1896	전남 광주	동아일보사	와세다대	동아일보 정치부장	김성수전 판결문(26)
이광수	1892	평북 정주	동아일보사 흥사단 국내 임시정부	와세다대 고등예과	오산학교 교사 2·8독립운동 대한민국임시정부 수양동맹회(22) 동아일보사 기자 천도교 종학원 교사(22)	일제하민족 언론사론
신석우	1895	서울	임시정부	와세다대 전문부	고려교민친목회(19.3) 임정교통총장(19) 임시의정원 의원(19) 조선일보 부사장(24)	김성수전
안재홍	1891	경기 평택	임시정부	와세다대	동제사(16) 청년외교단 3년 옥고 시대일보(23) 조선일보 주필(24)	김성수전
최린	1878	함남 함흥	천도교	메이지대 법대	보성중교장(11) 민족대표 3년 옥고	김성수전
이종린	1883	충남 서산	천도교 조선물산장 려회	한학 성균관박사	독립신문 발간 징역 3년 천도교회월보사 사장(22) 조선물산장려회 이사(23)	김성수전, 개벽
이승훈	1864	평북 정주	장로교 장로	서당 평양신학교	유기공장 신민회	김성수전, 개벽

조만식	1883	평남 강서	장로교 장로	한학 正則英語 學校 메이지대 법학부	오산학교 교장 민족대표 징역 3년 물산장려, 민립대학 이사 조선교육협회 오산중학 교장(15) 3·1운동 징역 1년 평양기독교청년회 총무(21) 물산장려운동(22)	김성수전
서상일	1887	대구		보성전문	대동청년당(1909) 풍기광복단(13) 조선국권회복단(15) 대구에서 3·1운동(19) 무기반입하다 옥고	김성수전
허헌	1885	함북 명천		보성전문 메이지대 법과	변호사	삼천리
백관수	1889	전북 고창	흥사단 국내	경성법전 메이지대 법학과	2·8독립운동 징역 1년 조선일보사 상무취체(24)	삼천리
장두현	1875	서울			숙릉 참봉(06) 조선물산장려회 조선척후단 조선총연맹 발기회 총무(24) 조선일보 고문(24)	삼천리
김동원	1882	평남 대동	동우구락부	평양일어 학교 메이지대 법과 전문부	숭실, 대성학교 교사 김동인의 형 동우구락부(22) 수양동우회(25)	삼천리
윤치호	1866	충남 아산	감리교	同人社 중서서원 미국밴더 필드대학	독립협회 회장(1898) 천안군수(03) 대성학교 교장 YMCA 총무·회장 교풍회(1920) 흥업구락부 회장(25)	윤치호일기

위의 표에 따르면, 연정회에 참여한 사람들은 다음과 같은 특성을 지니고 있었다. 첫째 연정회에 참여한 인물들을 계열별로 나누어보면, 동아일보계(김성수 송진우 이광수 최원순), 조선일보계(신석우 안재홍 백관수 장두현), 천도교계(최린(신파) 이종린(구파), 장로교계(이승훈 조만식), 감리교계(윤치호), 안창호계(이광수 백관수 조만식 김동원), 이승만계(윤치호) 등으로 구성되어 있었다. 둘째 출신 지역은 전국적이지만 이광수(평북 정주), 이승훈(평북 정주), 조만식(평남 강서), 김동원(평남 대동)의 예와 같이 평안도 출신, 그리고 김성수(전북 고창), 송진우(전남 담양), 최원순(전남 광주), 백관수(전북 고창)이 가장 많았다. 셋째 종교는 기독교 출신(안재홍, 이승훈, 조만식, 김동원, 윤치호)과 천도교 출신(최린, 이종린)이 다수였다. 넷째 교육은 국내보다 일본 유학생 출신이 압도적으로 많았다. 김성수, 송진우, 최원순, 이광수, 신석우가 와세다 출신이었고, 송진우, 최린, 허헌, 백관수, 김동원이 메이지대 출신이었다. 다섯째 교육기관의 운영자와 교사 출신이 많았다. 김성수가 중앙학교 이사장 겸 교장, 송진우가 중앙학교 교감, 이광수가 오산학교 교사, 최린이 보성중학교 교장, 이승훈이 오산학교 교장, 조만식이 오산학교 교장, 김동원이 숭실·대성학교 교사로 활동하였다. 여섯째 언론계 종사자가 많았다. 김성수, 송진우, 이광수, 최원순 등이 동아일보와 관계가 있었고, 신석우, 안재홍, 백관수, 장두현은 조선일보와 관련된 인물이었다. 일곱째 계급적으로 보면 지식인 계급과 자본가 계급이 다수였다. 『개벽』에서도 연정회에 참여한 인사들을 종래의 지사와 자유주의 소부르쥬아 청년들이라고 규정하였다.[36] 여덟째 3·1운동 등 민족운동에 참여하여 옥고를 치른 사람들이 다수였다.

이러한 특성으로 미루어보면, 연정회에 참여한 사람들은 민족운동에 종사해온 언론계와 종교계의 인사로 대체로 자유주의체제를 선호한 사람들이었다.

36) 『국역 윤치호 영문 일기』 7, 1924.2.5., 「화요일, 화창하고 포근함」.

즉 이들은 공동체와 사회의 이익보다 개인의 자유를 보다 중시하고 있었다. 개화기 이후 평안도 출신들은 대체로 자유주의에 근거한 자본주의사회를 지향하였다. 그리고 평안도 출신들이 교권을 장악한 개신교와 천도교도 일제강점기 대체로 자유주의체제를 옹호하였다. 또 일본에서 유학하였다고 다 자유주의자가 되는 것은 아니지만, 일본 유학의 경험에서 자유주의사상을 갖게 되었다고 보는 것이 훨씬 더 자연스럽게 다가온다.

다음으로 연정회의 구성원들은 대체로 문화주의적 사회변혁관을 갖고 있었다. 즉, 정치체제와 사회구조를 바꿈으로써 사회를 변혁하려는 '사회주의적 사회변혁관'이 아니라, 인간의 정신과 가치와 문화를 바꿈으로써 사회를 변혁할 수 있다는 가치를 갖고 있었다. 도산 안창호의 흥사단에 참여하였고 수양동맹회회를 이끌던 이광수, 동우구락부를 이끌던 김동원이 대표적 인물이라고 여겨진다. 또 종교는 기본적으로 인간을 敎化시킴으로써 사회를 변혁하는 것이고, 언론도 결코 다르지 않다.

요컨대 연정회의 구성원들이 조선의 자치를 주장하거나, 일본이 제시한 자치를 받아들였던 것은 자유주의체제로의 편입을 의미하는 것이었다. 일본처럼 자유주의체제를 지향하였고, 굳이 투쟁과 혁명으로 큰 희생을 치르지 않아도 되었으므로, 연정회의 구성원들은 일본의 自治 제의를 받아들일 수 있었던 것이다. 연정회가 자치를 받아들인다는 것은, 거시적으로 보면, 식민지 조선이 영국-미국-일본 등으로 구성된 자유주의체제에 편입되고, 러시아와 중국과 같은 대륙세력이 아니라 해양세력의 편에 서는 것을 의미하는 것이었다.

민족적 중심세력으로 연정회가 결성되는 것과 보조를 맞추어, 천도교인들은 천도교 내에 민족적 중심세력으로 천도교청년당을 조직하였다. 즉, 천도교는 연정회가 결성되기 시작하던 바로 1923년 9월에 문화주의와 문화운동론의 선전단체인 천도교청년회를 천도교청년당으로 탈바꿈시켰다. 천도교청년당은

"黨의 一切決議에 絕對服從할 것"을 '약속'으로 정할 정도로[37], 정치적 결사체의 성격을 지니고 있었다.

그리고 장로교를 중심으로 한 기독교에서는 안창호와 이광수 등이 주도하여 수양동맹회와 동우구락부의 성격을 변화시키고 두 단체의 합동을 추진하였다. 수양동맹회는 1922년 2월 김종덕, 박현환, 이광수 등이 발기하여 조직된 단체로 '조선 신문화의 건설'을 목적으로 하였다. 그리고 1922년 7월 평양에서 조직된 동우구락부는 연정회에 참여한 金東元 외에 金性業, 金炳淵, 趙明埴 등 안창호가 세운 대성학교 관련자와 조만식과 함께 물산장려회를 이끈 사람들이 중심을 이루고 있었고, 친목도모와 상호부조적인 성격을 지니고 있었다.[38] 그런데 안창호는 1923년 3월 이광수를 불러들여 수양동맹회와 동우구락부를 "우리 민족 전도대업의 기초를 준비"하려는 흥사단과 같은 주의로 합동시키라고 하였다.[39] 사회주의자들은 이것을 안창호가 이광수와 협의 하에 서울에서 研政會를 조직하고 자치운동을 추진하려던 것으로 보고 있었다.[40] 이러한 배경 하에 동우구락부는 1924년 미국서 흥사단 관련자들이 귀국한 후 "실력양성주의 아래 친목을 도모하고 공고한 단결을 이룩한다."고 규약을 변경하였다.[41]

한편 북경에서 활동하던 박용만도 1923년 말 비밀리에 국내에 들어와 조선총독을 만나 '조선의 자치'에 관하여 협의하였다. 주지하다시피 미국과 하와이에서 소년병학교와 대조선국민군단을 설립한 무장투쟁론자 박용만은 1921년

---

37) 金秉濬, 「天道敎靑年黨의 出現」『천도교회월보』 157호, 1923. 10, 10~11쪽.
38) 김상태, 「1920~30년대 동우회·흥업구락부 연구」『한국사론』 28, 서울대학교, 1992, 215~216쪽.
39) 이현주, 「일제하 (수양)동우회의 민족운동론과 신간회」『정신문화연구』 92, 2003, 188쪽.
40) 「안창호성토문 역문송부의 건」(1926. 10. 8.), 『불령단관계잡건-조선인의 부-상해가정부 6』.
41) 이현주, 「일제하 (수양)동우회의 민족운동론과 신간회」『한국사론』 28, 서울대학교, 1992, 215~216쪽.

4월 북경군사통일회의를 조직하고 무장투쟁단체의 통일과 군사령부의 조직을 추진하였다. 그러나 참여단체의 부족과 자금 문제로 뜻을 이루지 못하였다. 그러자 박용만은 1923년 1월 상해에서 대한민국임시정부의 변혁을 위해 열린 국민대표회의에서 창조파로서 활동하였다. 그리고 창조파가 북경에서 조직한 조선공화국의 국민위원회의 의장에 선임되었다. 그런데 그는 1924년 초 블라디보스톡에서 열린 국민위원회의 참석에 앞서 돌연 국내에 들어와 조선총독을 만났다.[42] 항일적 무장투쟁을 하려던 그가 노선을 바꾸어 갑자기 그 배경이 자못 궁금하였는데, '韓國再生同盟會'의 안창호에 대한 성토문에 의하면, 이는 자치운동과 관련이 있던 것이었다.[43]

그런데 연정회와 그 참가 집단의 민족적 중심세력의 형성은 이광수가『동아일보』1924년 1월 3일자에 실은「민족적 경륜(二)」의 기사 때문에 제대로 진행되지 못하였다. 이 기사에는 "조선 내에서 許하는 범위 내에서 일대 정치적 결사를 조직하여야 한다.", "이러한 조직을 결성하는 것은 당면의 민족적 권리와 이익을 옹호하기 위하여 조선인을 정치적으로 훈련하여 민족의 정치적 중심세력을 作하여 장래 久遠한 정치운동의 기초를 이루기 위한 것"이라는 내용이 있었다.[44] 여기에서 '허하는 범위 내에서의 활동'과 '당면이익'이라는 '타협성'이 문제가 되었던 것이다.

사회주의세력이 주도하는 조선노농총동맹은 1924년 4월 20일 회의에서 연정회가 총독부 경무국장 마루야마 츠루키치 등의 협조 하에 조직되었고, 연정회를 선전하기 위해「민족적 경륜」이『동아일보』에 게재될 수 있었다고 주장하

42) 조규태,「북경군사통일회의의 조직과 활동」『한국독립운동사연구』, 15, 2000.
43)「안창호성토문 역문송부의 건」(1926.10.8.),『불령단관계잡건-조선인의 부-상해가정부 6』.
44) 윤덕영,「1920년대 전반 동아일보 계열의 정치운동 구상과 '민족적 중심세력론'」『역사문제연구』24, 2010, 29쪽.

였다. 그리고『동아일보』는 친일단체인 국민협회가 발간하는『시사신문』과 다를 바 없으니 불매동맹을 조직하자고 주장하였다.[45] 1924년 5월 조선노농총동맹 맹원들은 송진우와 김성수를 불러다가 때리고 차고, 위협하였다. 그리고『동아일보』에 대해 성토하고 소위 연정회를 매장하고자 하였다.[46]

「민족적 경륜」의 기사 이후, 연정회는 민족 프레임에 갇히어 거의 활동을 진행할 수 없었다. 천도교청년당 지부의 설립도 제대로 이루어지지 못하였다. 천도교청년당의 지부는 1924년에 6곳, 1925년에 5곳이 설치되었는데, 천도교청년회의 숫자가 70~80여개에 이르렀던 점에서 보면, 그 숫자는 보잘것없었다.[47] 그리고 안창호의 합동 명령을 받은 이광수가 수양동맹회와 동우구락부의 합동을 추진하였음에도 불구하고 1924년까지는 그 합동이 이루어지지 못하였다.[48]

3. 농민기관의 조직과 '민족주의 우파'의 결속(1925~1927)

연정회가 다시 자치운동을 전개한 것은 1925년 3월 보통선거법이 통과되고, 한국의 자치에 호의적인 태도를 보인 일본의 憲政會가 1925년 8월 단독 내각을 구성한 무렵부터였다. 1925년 5월 5일 공포된 보통선거법에 따라, 일본에서는 납세요건과 재산요건으로 제한하지 않고 25세 이상의 남성들이 선거권을 갖게 되어, 유권자수가 3,300,000명에서 12,400,000명으로 증가되었다.[49] 또 조선의

---

45) 윤덕영, 「1920년대 전반 동아일보 계열의 정치운동 구상과 '민족적 중심세력론'」『역사문제연구』 24, 2010, 33~34쪽.
46) 「서울에 나타난 세가지 일을 드러 시골 게신 長尾宅 형님에게」『개벽』 47, 1924.5.1., 14쪽.
47) 조규태, 『천도교의 문화운동론과 문화운동』(국학자료원, 2006), 119~120쪽.
48) 이현주, 「일제하 (수양)동우회의 민족운동론과 신간회」『정신문화연구』 92, 2003, 189쪽.
49) 송석윤, 「1925년 일본 보통선거법의 성립과 한국 분단체제에의 유입」『서울대학교

자치를 주장하였던 헌정회가 1925년 8월 2일 단독내각을 수립하였다. 비록 이것이 당장 조선에 자치가 실현되는 것을 의미하지는 않았지만, 연정회에 참여한 인사들은 이에 대해 상당한 기대를 하였다.[50] 1925년 7월 제1차 태평양회의에 참석하였던 송진우가 아시아헤럴드 주간인 즈모토 모토사다(頭本元貞)로부터 한국에 대한 자치 부여 가능성을 듣고 귀국하였을 때, 김성수와 최남선, 천도교의 최린과 이종린은 그와 자치운동의 전개 문제를 협의하였다.[51]

연정회 회원들은 조선에 자치와 함께 보통선거가 실시되었을 때, 정권을 잡을 수 있는 방안을 탐색하였다. 그들이 이끌어낸 결론은 향후 자치운동을 추진할 정치 지향의 단체를 조직하는 것과 농민의 장악이었음에 틀림없다. 당시 조선은 인구 2,000만 명 중 80% 이상이 농민이었기에[52], 정권 획득의 요체는 농민의 장악이었다.

천도교는 1925년 8월 17일 천도교청년당이 중심이 되어 농민단체의 조직을 결의하였다. 이후 천도교청년당의 黨頭인 김기전은 안재홍·홍명희 같은 민족주의계 인사뿐만 아니라 이순탁·한위건 같은 사회주의계 인사들을 결집하여 그 해 10월 조선농민사를 조직하였다.[53] 이는 자치제의 실현 시 한 개의 정당으로서 의정단상의 세력을 장악하기 위한 준비였다.[54]

....
법학』 46권4호, 2005, 37쪽.

[50] 윤덕영, 「1920년대 중반 일본 정계 변화와 조선총독부 자치정책의 한계」『한국독립운동사연구』 37, 2010, 170쪽.

[51] 고정휴, 「태평양문제연구회 조선지회와 조선사정연구회」『역사와 현실』 6호, 역사비평사, 1991, 294쪽.

[52] 「불온신문『火焰』에 관한 건」(1926.7.31.), 국사편찬위원회, 『언문신문역』(경성지방법원 검사국 문서).

[53] 조규태, 「천도교 신파의 자치운동과 조선농민사의 크레스틴테른 가입 활동」『천도교의 문화운동론과 문화운동』(국학자료원, 2016), 238~247쪽.

[54] 김준엽·김창순 편, 『한국공산주의운동사』 자료편 2(고려대 아세아문제연구소, 1980), 120쪽, 「피의자(강달영) 신문조서」(1926).

그런데 조선농민사의 창립에 천도교의 통일기성회(후일 구파로 분립)측 인사는 한 명도 포함되지 않았다.[55] 2기 자치운동에도 참여한 천도교 구파의 이종린은 조선농민사의 설립을 위해 주금을 모집하는 등의 활동을 하였지만 철저히 배제되었던 것이다.[56] 그 이유는 먼저 자치의 구현 방법과 관련하여 이종린이 연정회의 주도인물인 송진우와 김성수, 최린 등과 다른 견해를 가졌던 것이 한 요인이었다. 이종린은 조선의 자치는 합법적인 방법으로는 획득할 수 없고, 일대시위를 통해서만이 가능하다고 보았다.[57] 그러나 이것만이 이유는 아니었던 것 같다. 필자가 보기에는 성균관 박사인 이종린의 이상적 체제와 사회에 대한 가치와 이념, 외교적 견해의 차이, 일본 측 정치적 인맥의 결여 등도 그가 연정회에서 이탈한 한 배경이었다고 판단된다.

안창호의 흥사단은 수양동맹회와 동우구락부의 합동을 추진하였다. 1925년 9월 이광수는 평양에 가 김동원을 만나 양파의 합동을 추진하여 다음 달에 성사시켰다. 규약은 수양동맹회의 규약을 채택하고 동우구락부의 회원은 수양동맹회의 회원으로 받아들인 후 동년 11월 단체의 명칭을 수양동우회로 변경하였다. 수양동우회는 본부를 서울에 두고 평양에는 지부를 두었다.[58]

한편 YMCA의 실력자 신흥우는 1925년 3월 이승만의 동지회의 국내지부적 성격을 갖는 興業俱樂部를 조직하였다. 흥업구락부의 창립회원은 이상재, 신흥우, 구자옥, 유억겸, 이갑성, 안재홍, 윤치호, 유성준, 박동완, 오준영, 홍종숙,

---

55) 조규태, 「천도교 신파의 자치운동과 조선농민사의 크레스틴테른 가입 활동」 『천도교의 문화운동론과 문화운동』(국학자료원, 2016), 238~247쪽.

56) 경성종로경찰서장, 「民族主義運動勃興ニ關スル件」(1925.12.23.), 『검찰사무에 관한 기록1』(경성지방법원 검사국 문서). 이는 천도교 구파가 분립하는 한 요인이 되었다.

57) 경성종로경찰서장, 「民族主義運動勃興ニ關スル件」(1926. 1.29.), 『검찰사무에 관한 기록1』(경성지방법원 검사국 문서).

58) 이현주, 「일제하 (수양)동우회의 민족운동론과 신간회」 『한국사론』 28, 서울대학교, 1992, 189쪽.

장두현이었다. 임원은 부장 이상재, 회계 윤치호 장두현, 간사 이갑성 구자옥이었다. 홍업구락부는 이 해 12월 민족관념을 보급하고 조선독립을 도모할 일, 단체행동을 실행할 경우에는 단체의 지도자에 복종토록 할 것, 조직의 목적을 설명, 상대방을 선도 혹은 설복시켜 동지로 확보할 것 등을 운동방침으로 정하였다.[59] 감리교에서 이 시기에 홍업구락부를 조직하고 체제를 정비한 것은 천도교와 안창호를 필두로 한 장로교가 자치의 실현에 대비하여 활동하는 것에 보조를 맞춘 것이었다고 판단된다.

또 신흥우는 1925년 11월 YMCA연합회의 조직을 농촌부와 도시부로 개편하였다. 이후 YMCA는 농촌사업을 확대하였다.[60] 1925~1926년부터 장로교와 감리교의 강습소와 글방이 전국의 농촌에 대폭 설립되고, 농촌담화회가 개최되고,『농촌지남』(1926),『농촌요람』(1926) 등의 단행본이 발간된 것[61]도 자치가 실현되고 보통선거가 실시될 때 농민을 장악하는 것과 무관하지 않았다고 생각된다.

경성일보의 소에지마 미찌사사(副島道正), 일본 중의원 의원 이노우에 준노스케(井上準之助) 등을 중개로 조선총독부와 접촉하여 조선 자치의 실현 가능성을 파악[62]한 김성수, 송진우, 최린은 1925년 12월 연정회의 각 지역별 책임자를 임명하였다. 평안도는 최린과 이광수였고, 전라도는 김성수와 송진우, 경기도・강원도는 朴勝彬이었다. 그런데 실제는 金麗植이 이광수를 대행하여 평안

---

59) 김상태,「1920~30년대 동우회・홍업구락부 연구」『한국사론』28, 서울대학교, 1992, 221쪽. 김권정,「1920~30년대 신흥우의 기독교 민족운동」『한국민족운동사연구』21, 1999, 153쪽.

60) 김상태,「1920~30년대 동우회・홍업구락부 연구」『한국사론』28, 서울대학교, 1992, 223~225쪽.

61) 한규무,『일제하 한국 기독교 농촌운동 1925~1927』(한국기독교역사연구소, 1997), 115~138쪽.

62) 박찬승,「1920년대 초반~1930년대 초 자치운동과 자치운동론」『한국근대정치사상사연구』(역사비평사, 1992), 336쪽.

도 책임자로 활동하고 있었고, 白寬洙와 재미중인 張德秀가 김성수와 송진우의 대행자로 지정되었다.[63]

이 인물 중에서 김성수, 송진우, 백관수는 동아일보계 인물이었고[64], 최린은 천도교 신파였다. 그리고 이광수와 김려식은 안창호계 인물이었다. 1889년 평북 용천에서 출생한 김려식은 1909년부터 1910년까지 경성에서 법률학을, 1910년부터 1911년까지 중국에서 漢語를 공부하였고, 1913년부터 1916년까지 버지니아 왓스탁의 맛산누턴중학교에서 수학하였고, 1916년부터 1919년까지 아이오와주립대학에서 정치학을 공부하여 학사의 학위를 받았다. 그는 이후 1919년 8월 31일 샌프란시스코에 와서『신한민보』주필로 활동하였다. 그러면서 그는 백일규와 같은 대한인국민회 북미지방총회의 안창호계의 인사들과 교류하였다. 1923년 9월 4일 흥사단에 입단하였다.[65] 장덕수는 이승만계 인물이었다. 장덕수는 1894년 황해도 재령 출신으로 일본 와세다대학을 졸업하고, 1920년대 전반『동아일보』의 부사장 및 주필로 활동하였다. 그는 1910년대 후반 일본에서 新亞同盟黨, 1918년 경 상해의 신한청년당, 1919~20년 국내의 사회혁명당, 1921~1922년 경 고려공산당 국내지부에서 활동하였다. 그런데 그는 1923년 미국에 유학하여 1924년 뉴욕 콜롬비아대학교 대학원 정치경제학과에서 수학하며 북미유학생총회의 이사부 의장으로 활동하면서 동지회,『삼일신보』, 大光 등에서 활동하면서 이승만을 지지하였다.[66]

[63] 경성종로경찰서장,「民族主義運動勃興二關スル件」(1925.12.23.),『검찰사무에 관한 기록1』(경성지방법원 검사국 문서).

[64] 백관수는 흥사단원이기도 하였지만, 전북 고창 출신으로 동아일보사 사장으로 활동하는 등 김성수와 각별한 관계를 맺고 있었다.

[65] 독립기념관,『안창호문서』,「김려식」. 독립기념관,『미주흥사단자료』,「흥사단입단이력서(김려식)」.『신한민보』1913.11.7., 3면 1단,「김씨의 학업」; 1919.5.20., 3면 1단,「김여식씨 정치과 필업」; 1919.9.2., 3면 4단,「김여식선생의 안착, 신한민보 주필로」; 1920.10.7., 1면 1단,「김여식씨는 학사학위를 접수」.

[66] 최선웅,「미국유학시기 장덕수의 비밀결사 활동-대광과 대한인동지회의 갈등과 봉합」

　박승빈은 1880년 강원도 철원 출신으로 1907년 일본 中央大學 법과를 졸업
한 후 1908년 평양지방법원 검사, 1909년 이후 변호사로 활동하였다. 그는 1918
년 1월 민대식, 최남선 등과 친목단체인 한양구락부를 만들고 평의장으로 활동
하다가 1921년 이를 계몽구락부로 변경하고 문화운동을 전개하였다. 그런데
그는 3·1운동 후 자치론을 주장하고 자치의 구현을 위하여 활동하였다. 즉,
그는 1919년 8월 1일 일본 수상 하라 다카시(原敬)를 만나 조선의 자치를 주장
하였고, 1921년 12월 동화형 자치운동세력과 함께 維民會를 결성하고 평의원으
로 활동하였다.[67] 동화형 자치파인 박승빈이 1925년 12월 연정회의 임원에 선
임되었던 것은 그가 1925년 9월 천도교에서 운영하던 보성전문학교 교장에 취
임한 것[68]도 관련이 있을 듯하다. 요컨대 천도교의 간부인 최린의 요청 혹은
그와의 관계가 배경이 되어 박승빈이 연정회에 참여하였던 것 같다.

　1925년 12월 경 간부진의 구성에서 드러나는 연정회의 특징은 다음과 같다.
첫째 참여세력은 김성수·송진우·백관수의 동아일보계, 최린의 천도교 신파,
이광수·김려식의 안창호계, 장덕수의 이승만계, 박승빈의 維民會系 인물로
구성되어 있었다. 둘째 이승훈, 조만식, 서상일, 이종린과 같이 3·1운동 시 민
족대표로 활동하거나 민족운동을 하였다가 옥고를 치른 인물들이 탈퇴하였던
것으로 보인다. 셋째 신석우(부사장), 안재홍(주필)와 같이 조선일보사 주역들
의 활동이 드러나지 않는다. 넷째 이종린과 같은 천도교 구파가 탈퇴하였다.
다섯째 적극적 항일운동세력과 조선일보사와 천도교 구파에 속하는 인물이 탈
퇴한 대신에 박승빈과 같은 유민회계 인물이 새롭게 연정회에 참여하였다. 요

『한국인물사연구』 10, 2013, 479, 485~490쪽.
[67] 시정곤, 「생애와 활동」 『훈민정음을 사랑한 변호사 박승빈』(박이정, 2015), 20~60쪽.
[68] 『조선인사흥신록』 417쪽, 국사편찬위원회 한국사데이터베이스. 한국학중앙연구원,
　　『한국민족문화대백과사전』, 「박승빈 항목」. 시정곤, 『박승빈-훈민정음을 사랑한 변
　　호사』(박이정, 2015), 77쪽.

컨대 천도교 신파, 동아일보계, 안창호계, 이승만계 등 민족주의 우파의 분화가 이루어지고 이들의 결속이 강화되었으며, 민족주의 우파는 민족주의 좌파와의 협력에서 벗어나 소위 동화형 자치파와의 협력을 모색하였다고 판단된다.

앞서 살폈듯이, 천도교 구파의 이종린은 철저히 배제되었다. 이는 천도교 구파가 신파와 결별하고 분립한 한 원인이 되었다. 이처럼 자치운동을 둘러싸고 민족주의세력 내의 급격한 분화가 이루어졌던 것이다. 즉, 한편은 자치의 실현에 대비하여 세력을 결집하고, 여기에서 소외되었거나 견해를 달리하는 다른 집단은 사회주의세력과 제휴하여 민족운동의 주도권을 장악하기 위한 방법을 모색하였던 것이다. 예를 들어 천도교 구파는 화요파와 제휴하여 6·10만세운동을 전개함으로써 민족운동의 주도권을 장악하려고 하였다.[69]

천도교 신파는 조선농민사의 국제적색농민조합인 크레스틴테른 가입을 시도함으로써 사회주의사상에 경도되려던 농민을 잡아두고, 다른 한편 천도교청년들을 견인하려 하였다. 이 과정에서 천도교 신파의 청년단체인 천도교청년당은, 화요파 조선공산당과 제휴한 천도교 구파와 달리, 상해파 고려공산당계 인물과의 제휴를 추진하였다. 한 예로 천도교청년당은 박진순의 도움을 받아 1926~27년 모스크바에 사람을 보내 조선농민사의 크레스틴테른(국제적색농민조합) 가입을 추진함으로써 전국의 농민을 견인하여 조선농민사의 조직을 확대하려 하였다.[70] 이러한 시도는 크레스틴테른이 천도교 신파와 천도교청년당의 실체를 파악하고 조선농민사의 크레스틴테른 가입을 불허하였기에 소기의 성과를 거둘 수 없었지만 조선농민사의 조직 확장에 도움이 되었다.[71]

---

[69] 천도교 구파의 경우, 민족운동의 주도권을 장악하기 위하여 1926년 6월 화요파 주도의 조선공산당과 연계하여 6·10만세운동을 전개하였고, 1927년 이후 신간회를 결성하고 전국에 그 지회를 설립하기 위한 활동을 하였다.

[70] 조규태, 「천도교 신파의 자치운동과 조선농민사의 크레스틴테른 가입 활동」『천도교의 문화운동론과 문화운동』(국학자료원, 2016), 238~247쪽.

[71] 조선농민사는 1928년 2월 경 158개의 지부와 16,570명의 사우를 가질 정도로 확대되었다.

그리고 천도교 신파는 자치의 실현에 대비하여 전위단체로 천도교청년당의 조직을 확대하였다. 다음의 〈표 2〉와 같이, 천도교청년당은 1926년에 지방당부를 16곳이나 신설하였다. 이러한 천도교청년당 지방당부의 확장으로 볼 때, 천도교의 청년들이 자치운동에 기대감이 증가되고 있었다고 판단된다.

〈표 2〉 천도교청년당의 설립현황[72]

연도 / 지역	1924	1925	1926	1927	1928	1929	1930	1931	1932	1933	1934	합계
평남	2	2	3	5	5	1	1		1			20
평북	1	2	5	10	1	1						20
함남	2		4	9	3							18
함북				1	2	1	1		1	2		8
황해	1				1		1		1			4
경남		1	2	1	1	1	1		1	1		10
경북					1	1						2
전북				1								1
경성			1									1
강원						1						1
충남				1								1
만주				2	4	1	1			3		11
일본			1			1		1				3
연해주						1						1
하와이									1			1
합계	6	5	16	29	19	7	8		6	6		102

한편 수양동우회는 1926년 1월 의사부 회의에서 잡지를 발행하기로 결정한 후 東光社를 설립하고, 동년 5월부터 월간 잡지 『東光』을 발간하였다. 수양동우회는 당시가 사회주의혁명의 시대가 아니라 민족주의혁명의 시대라고 하고, 앞으로 신문화의 수립을 통해 자본주의사회의 건설을 지향하였다.[73]

---

72) 조규태, 「천도교 문화운동의 주도세력」 『천도교의 문화운동론과 문화운동』(국학자료원, 2006), 120쪽.

73) 이현주, 「일제하 (수양)동우회의 민족운동론과 신간회」 『한국사론』 28, 서울대학교, 1992, 190~191쪽.

1926년 경 중국에서 활동하던 안창호는 흥사단을 결속하고, 박용만과도 협의하고 있었다. 이는 다음의 '韓國再生同盟會'의 안창호에 대한 성토문을 통하여 알 수 있다.

지금에 安(안창호)이 朴(朴容萬)과 동반하여 비밀리에 구수협의한 것이 있다면 그것은 同惡相濟의 음모를 포장한 것이 명백하다. 白狗의 꼬리가 삼년이 지나도 黃毛로 되지 않는다. 그 음모의 정체가 폭로되면 반드시 수년 전 안창호, 이광수의 비밀회의의 결과와 동일하게 될 것임은 우리들이 예언함을 꺼려하지 않는 바이다.[74]

1926년 9월 김성수, 송진우, 최린은 최남선, 이종린 등과 자치운동단체의 조직에 대해 대략 합의하였다. 그리고 김성수, 송진우, 최린은 10월에 자치운동단체의 조직 준비에 착수하여 박희도, 김준연, 조병옥, 김려식, 최원순, 韓偉健, 沈友燮, 최남선, 이광수, 卞榮魯, 金鑽永, 洪命憙, 朴勝喆, 白寬洙, 閔泰瑗, 洪秉璇, 金弼秀 등과 동대문 등지에서 모여 협의하였다. 이 때 조선일보의 안재홍과 김준연이 이 사실을 민흥회의 회원들에게 알려주었고, 민흥회의 명제세 등이 최린을 찾아가 절대반대의 뜻을 표하고, 극력히 반항·방해할 것이라고 하였다. 그러자 10월 13일 명월관에서 '시사간담회'의 이름 하에 준비위원회를 개최하고 발기계획을 발표하려던 것을 중지하였다.[75]

이와 비슷한 시기인 1926년 9월, 안창호는 중국에서 활동하던 '韓國再生同盟會'로부터 엄중한 비판을 받았다. 한국재생동맹회는 안창호를 "正面으로 선 강

---

[74] 「안창호성토문 역문송부의 건」(1926.10.8.), 『불령단관계잡건-조선인의 부-상해가정부 6』.

[75] 「獨立運動終熄後におけるの民族運動の梗槪」(1927.1), 『齋藤實文書』 10, 237~239쪽. 이 내용은 박찬승이 이미 검토한 바 있다(『한국근대정치사상사연구』, 338쪽).

렬한 혁명가로도 있지 않고, 또 反面에 선 비대한 매국적으로도 있지 않고, 오직 중간에 선 비열한 타협주의자로서 교회한 수단으로써 밖으로는 애국의 이름을 훔치고, 안으로는 이기의 실리를 취한다."고 비판하였던 것이다.[76]

　이 이후 안창호는 자치운동에서 한발 거리를 두었다. 그는 1926년 10월 북경에서 창조파들과 함께 '대독립당조직북경촉성회'를 조직하고, 중국에서 민족유일당운동을 전개하였다.[77] 안창호는 자치운동은 李光洙와 李希侁이 전담하도록 하였다.[78] 안창호의 이러한 태도는 자치운동세력에 대한 독립운동계의 비판적 여론이 큰 이유겠지만, 자치 실현 후의 집권 가능성을 의심한 것도 한 요인이라고 생각된다. 즉, 안창호세력이 일본의 각계 인물과 친밀한 관계를 맺고 있던 동아일보계와 천도교 신파를 제치고 정권을 장악할 수는 없을 것이라고 판단하였을 것이다.

　이승만계 인물은 1925~27년 추진된 연정회의 자치운동에 적극적으로 참여하지 않았다. 이승만은 1927년 최린과『중외일보』기자 李廷燮이 하와이에 찾아왔을 때 이정섭이 자치운동에 대해서 묻자 "그것이라도 하는 것이 좋다"고 하였다고 하지만[79], 이는 의례적인 말이었을 수 있다. 이승만은 1919년 委任統治를 주장하였다가 엄청난 곤욕을 치렀으므로 자치운동에 적극적으로 동참하기가 쉽지 않았다. 연정회의 간부로 내정된 이승만계의 장덕수는 미국에 유학 중이어서 국내의 자치운동에 참여하기 곤란하였다. 게다가 동지회의 국내지부

76)「안창호성토문 역문송부의 건」(1926.10.8.),『불령단관계잡건-조선인의 부-상해가정부 6』. 심지어 안창호가 평안도와 한성, 송도에서 여자교제에 전념하였다고 매도하였다.

77) 조규태,「1920년대 중반 재북경 창조파의 민족유일당운동」『한국민족운동사연구』37, 2003, 265~270쪽.

78)「안창호성토문 역문송부의 건」(1926.10.8.),『불령단관계잡건-조선인의 부-상해가정부 6』.

79)「김구가 이승만에게 보낸 서한」(1928.11.20.), 국사편찬위원회,『대한민국임시정부자료집』42, 2011.

격인 흥업구락부에서 활동하던 안재홍, 이상재, 박동완은 1926년 3월 경 조선 공산당과 연계하여 연정회의 부활 계획을 저지할 정도로 자치운동에 비판적이 었다.[80] 1928년에도 상해에 있던 김구가 이승만에게 서신을 보내 소문으로 떠 도는 이승만의 자치운동에 지지설이 "弟는 사실이 아니라고 생각하오나"라고 하며 완곡히 비판하였고, 자치운동에 참여하였던 박용만이 李海明에게 살해된 사실을 언급하며 이 일의 파장을 경고하였다.[81] 이런 여러 인물의 반대와 자치 실현 후의 집권 가능성에 대한 회의 등으로 인해 이승만계 인물들은 적극적으 로 자치운동에 참여하지 않았다.

이처럼 안재홍·김준연 등의 조선일보계 인물, 이종린 등의 천도교 구파, 안창호계와 이승만계 인물의 소극적 참여 등으로 인해 자치운동단체의 조직은 이루어지지 못하였다. 그렇지만 최린은 자치의 실현에 대해 미련을 버리지 못 하였다. 최린은 1926년 말 도쿄에 가서 아베를 만나 자치의 실현과 조선의회 설립의 필요성을 역설하고 협조해줄 것을 요청하였다. 그럼에도 불구하고 일 제가 조선의 자치를 허용하지 않자, 최린은 1927년 6월 조선을 떠나 구미를 시찰하고 1928년 4월에 귀국하였다. 그런데 여행 중에도 그는 자치의 실현에 대해 미련을 버리지 못하였다. 그는 『중외일보』 기자 李廷燮과 중 하와이에 들러 이승만을 만나고, 미국에서 서재필을 만나 자치운동의 추진에 대하여 의 견을 구하였다. 그리하여 이승만과 서재필로부터 소극적인 지지를 얻었다. 이 승만은 "그것이라도 하는 것이 좋다"고 하였고, 서재필은 "그것이라도 해야 하 겠다면 반대하지 않겠다."고 하였다고 한다.[82]

---

80) 김상태, 「1920~30년대 동우회·흥업구락부 연구」 『한국사론』 28, 서울대학교, 1992,
225쪽.

81) 「김구가 이승만에게 보낸 서한」(1928.11.20.), 국사편찬위원회, 『대한민국임시정부자
료집』 42, 2011.

82) 「김구가 이승만에게 보낸 서한」(1928.11.20.), 국사편찬위원회, 『대한민국임시정부자
료집』 42, 2011.

한편 동아일보의 김성수·송진우, 천도교의 최린이 자치운동에 주력하던 1926년 중반 일본의 도쿄에서는 錢鎭漢이 협동조합운동사를 조직하고 조선의 자치 실현에 대비하였다. 전진한은 김성수와 송진우의 도움을 받아 기미육영회의 장학생에 선발되어 와세다 대학에서 유학하고 있었는데, 그는 1926년 5월 와세다대학의 스코트홀에서 咸尙勳, 金容采, 孫奉祚, 權五翼, 李瑄根, 李時穆, 金源碩, 林泰虎 등과 협동조합운동사를 발기하였다.[83] 전진한은 협동조합운동사 발기의 동기를 "대자본에 겸병되고, 고리대금업자에 희생되어 향촌을 떠나 途上에 방황하는 등 파멸된 농촌의 현실을 개선하기 위한 것이라고 하였다.[84]

그렇지만 전진한이 자신의 자서전에서 일월회의 신간회 활동을 다음과 같이 바라본 점으로 미루어보면 단지 농민의 구원만을 위해서 협동조합운동사를 결성한 것은 아닌 듯싶다.

> 일본의 공산주의자 및 사회주의자들이 경제투쟁에서 정치투쟁 의회투쟁으로 방향을 전환하여 노농당, 사회대중당등 합법적인 대중정당조직에 착수했을 때, 일본 사회주의운동에 항상 추종해오던 ML당계의 우리나라 사회주의자들은 이것을 모방하여 우리나라에서도 합법적 정치투쟁을 벌이려 했다.
>
> 그때 우리나라에는 議會라는 것이 없었으므로 그들은 우선 소위 의회 쟁취투쟁을 벌이기 시작했는데 이것이 <u>우리나라의 自治運動의 효시가 된 것</u>이다. 그들은 국내의 유능하고 유력한 몇몇 명사들과도 협의하여 소위 조선 자치운동을 추진하기로 하고 최초로 동경에서 그 봉화를 올렸던 것이다. <u>여기에 대항하여 협동조합운동사는 필사적인 저지 투쟁을 시작했다.</u>[85]

---

[83] 함상훈, 「조선협동조합운동의 과거와 현재」『동광』제23호, 1931.7, 20쪽.
[84] 전진한,『협동조합운동의 실제』(동성사인쇄소, 1927). 전창원 편,『이렇게 싸웠다』(무역연구원, 1996), 제1부 협동조합운동, 30쪽.
[85]『救國鬪爭의 그의 一代記-牛村(錢鎭漢) 立志傳』(삼이사, 1967), 32~33쪽.

요컨대 전진한은 일월회가 경제투쟁에서 정치투쟁으로 전화한 것을 자치운동이라고 평하였는데, 이 사실은 전진한도 자치의 실현을 염두에 두고 있었음을 의미한다고 하겠다. 즉 전진한은 혹시라도 자치가 실현되었을 때 사회주의 세력으로부터 민족운동의 주도권을 지키기 위해서 협동조합운동사를 조직하였던 것이다.

이 이후 전진한은 동경에서 신간회 동경지회에 참여하여 서울파 공산주의자와 함께 일월회계 공산주의자의 동경지회 장악을 저지하기 위한 활동을 하였다. 그리고 그는 1928년 3월 일본으로부터 귀국하여 전국에 협동조합을 설립하고 농민을 장악하기 위한 활동을 전개하였다. 그리하여 1929년 6월 말 현재 경북의 함창, 상주, 중모, 청성, 풍산, 예안, 김천, 효령 등지에 협동조합이 설립되었고, 그 회원수는 2,100여명에 이르렀다.[86] 그렇지만 전진한은 1928년 7월 서울파 공산주의자의 신조선공산당 사건에 체포되어 1929년 4월 면소로 나오기까지 옥고를 치렀고[87], 이 이후 적극적인 활동을 전개하지 못하여 협동조합의 설립은 확대되지 못하였다.

4. 맺음말

3·1운동 후 일본의 정치인들은 조선인의 저항을 줄이면서 조선에 대한 지배력을 계속 유지하기 위하여 소위 '문화통치'와 함께 조선에 대한 자치를 제의하고 검토하였다. 즉 외교권과 군사권은 일본이 가지면서도, 행정자치권을 조

[86] 경상북도경찰부,『고등경찰요사』, 1929, 69~70쪽.
[87] 한동민, 「1920년대 후반 서울계 사회주의자들의 운동론 - '신조선공산당'과 「조선운동」 그룹을 중심으로」, 중앙대학교 대학원 사학과 석사학위논문, 1996, 28~32, 45쪽.『동아일보』 1929. 6. 4, 1면 2단, 「제4차조선공산당 예심결정서전문」.

선인에게 주고, 조선의회를 설립하여 중요사항을 조선인이 결정하도록 하는 체제를 수립하려 하였다. 그러자 이에 대해 관심을 갖는 민족주의계 인사들은 『동아일보』 등에 자치의 필요성, 해외에서의 자치운동 등에 대한 기사를 심심치 않게 게재하였다.

그런데 1923년 중후반 사회주의세력이 부상하고, 문화운동이 한계에 부딪히며, 임시정부를 변혁하기 위한 국민대표회의가 큰 성과를 거두지 못하자, 민족주의세력은 민족운동의 새로운 돌파구로서 일본 정부로부터 행정 자치권을 얻기 위한 자치운동을 추진하였다. 이들은 1923년 9월 자치운동의 추진체로서 연정회를 설립하여다.

연정회에 참여한 세력은 동아일보와 조선일보의 언론계, 천도교계·감리교계(이승만세력)·장로교계(안창호세력)의 종교계였다. 이들의 특징을 간략히 말하면, 첫째 출신 지역은 전국적이지만 평안도가 다수였고, 둘째 종교는 기독교와 천도교, 셋째 교육은 국내보다 일본 유학생, 넷째 직업은 교육기관의 운영자와 교사, 다섯째 언론사는 동아일보와 조선일보 관계자, 여섯째 출신 계급은 자본가 계급이 다수였다. 요컨대 연정회에 참여한 사람들은 대체로 자유주의 체제를 선호하고, 공동체와 사회의 이익보다 개인의 자유를 보다 중시하였다.

다음으로 연정회 구성원의 사회변혁관은 대체로 문화주의였다. 즉, 이들은 이상 사회의 건설은 정치체제와 사회구조를 바꿈으로써 이루어지는 것이 아니라 인간의 정신과 가치와 문화를 바꾸어야 가능하다는 문화주의적 사회변혁관을 갖고 있었다. 그래서 이들은 수양동우회에 참여하였고, 인간을 교화시키는 데 주력하였던 종교단체, 인간을 계몽하는 데 주력하였던 언론단체에서 활동하였다.

이런 점에서 연정회의 구성원들이 조선의 자치를 주장하거나, 일본이 제시한 자치를 받아들였던 것은 '일본에 대한 타협 여부'가 고려의 주된 요소가 아니라 그들이 지향하는 사회체제를 구현할 수 있는가 아닌가 하는 점이 중요한 판단의 준거였다. 요컨대 그들이 지향하는 자유주의체제가 구현될 수만 있다면 그들은 굳이 투쟁과 혁명으로 큰 희생을 치르지 않는 길을 택하고 싶었다. 그것이 바로 소위 자치운동이었다. 그런데 자치파들이 일본의 自治 제의를 받아들인 것은, 거시적으로 보면, 식민지 조선이 영국-미국-일본 등으로 구성된 자유주의체제에 편입되고, 러시아와 중국과 같은 대륙세력이 아니라 해양세력의 편에 서는 것을 의미하는 것이었다.

한편 연정회에 참여한 집단 중 천도교는 자치의 실현에 대비하여 1923년 천도교청년회를 천도교청년당으로 변경하였다. 그리고 장로교에서는 1923~24년 수양동맹회와 동우구락부의 합동을 추진하였다.

그런데 이러한 민족주의세력의 연정회의 조직과 자치의 실현에 대비한 유사 정치 단체의 조직에 대하여 사회주의세력은 체제 프레임이 아닌 민족 프레임으로 공격하였다. 즉, 1924년 조선노농총동맹은 연정회가 조선총독부와의 협의 하에 진행된 타협적 민족운동이라고 비판하였고, 연정회 참여자 이광수가 『동아일보』에 연재한 「민족적 경륜」을 문제삼아 『동아일보』 불매운동을 벌이기까지 하였다. 이러한 상황에서 1924년 연정회의 조직은 제대로 이루어지지 못하였다.

그런데 1925년 일본에서 보통선거법이 통과된 직후, 일본과 조선총독부의 관료와 정치인들의 조선 자치에 대한 주장과 언급이 증가하자 조선의 자치 가능성이 증가한 것처럼 보였다. 연정회에 참여한 각 그룹의 지도자들은 민족주의세력의 연합적 자치운동단체를 조직하려고 하면서도 그룹별로 자치의 구현에 대비한 그룹별 유사 정치조직을 정비하거나 강화하였다. 또 보통선거가 실시된다면, 인구의 80% 이상인 농민을 장악해야 한다고 판단하여 조선농민사·농촌부·협동조합운동사와 같은 농민기관과 농민부서를 조직하였다.

이 과정에서 계열 내에서의 경쟁과 분화가 발생하였다. 언론계에서는 조선 일보계 인사들이 이탈하였고, 천도교에서는 구파가 이탈하여 신·구파의 분화 가 발생하였다. 조선일보계 인사들과 천도교 구파의 인사들은 사회주의자 특 히 제2차 조선공산당의 주축인 화요파 인사들과 제휴하였다.

사회주의자들과 천도교 구파의 교인 및 조선일보사의 기자들은 민족운동의 주도권을 장악하기 위하여 6·10만세운동을 전개하였다. 그리고 이들은 타협 성 혹은 비민족성을 문제 삼아 자치운동세력을 공격함으로써 민족주의계 자치 운동세력의 분열과 약화를 유도하였다.

그 결과 안창호세력은 국내에서는 이광수를 중심으로 제한적으로 자치운동 에 참여하도록 하고 중국에서는 대독립당조직북경촉성회를 조직하고 민족유 일당운동을 전개하였다. 그리고 감리교의 이승만세력도 제한적으로 참여하였 다. "자치가 실현되더라도 친미세력인 자신들에게 권력이 돌아오지 않을 것"이 라는 판단이 이들의 결정에 영향을 미쳤을 것이다.

일본에서 유학하여 일본인과의 정치적 인맥이 두터웠던 동아일보의 김성수 와 송진우, 천도교의 최린은 미련을 버리지 못하고 조선총독부 및 일본 정계의 인사들과 접촉하여 일본이 조선에 자치를 주도록 요청하였다. 그러나 이것은 헛된 꿈에 불과하였다. 일본은 끝내 조선에 대한 자치권을 부여하지 않았다.

민족주의계의 자치운동세력은 그들이 뜻하던 목적을 이룰 수 없었다. 그럼 에도 불구하고 1920년대 이 자치파들의 역량은 결코 작지 않았다. 동화형 자치 파들은 많은 토지와 기업과 학교를 소유하였으므로 선거가 치러진다면 그들과 관계를 맺고 있던 소작인, 노동자, 학생들의 태도를 가늠할 수 없었다. 분리형 자치파라고 불리는 천도교와 기독교도 결코 무시할 수 없는 세력을 갖고 있었 다. 이들 뒤에는 믿음으로 맺어진 수십만에서 수백만의 교인들이 있었기 때문 이었다. 사회주의세력들이 민족주의계의 자치운동세력(분리형 자치운동세력)

을 강하게 비판하고 공격하고, 또한 민족주의 좌파와 연계하여 신간회를 결성
하였던 것은 바로 이러한 배경 때문이었다.

일본이 '자치'라는 달콤하면서도 썩은 내 나는 미끼를 던졌을 때, 자치파들은
큰 희생 없이 자신이 희구하는 체제를 구현할 수 있다는 희망 하에, 한편으로
주저하면서도, 다가섰다. 특히 일본에서 유학하였고, 일본의 정치인들과 긴밀
한 관계를 맺고 있던 동아일보와 천도교 신파의 인사들이 이를 주도하였다.
이들의 행보에 놀라고 한편으로 두려워했던 사회주의자들과 소위 비타협 민족
주의자들은 세력을 합하여 신간회를 조직하고 이들을 공격하였다. 그리고 그
목표를 달성할 수 있었다.

신간회의 결성과 자치운동세력의 좌절은 비타협적·투쟁적 민족운동이란
측면에서 본다면 거둔 성과가 컸다. 그렇지만 우리 민족의 분열이란 측면에서
본다면 미친 영향은 작지 않았다. 자치운동을 추진한 민족주의세력의 다수파
인 민족주의 우파는 사회주의자들로부터 일본과 타협한 민족개량주의자로 비
판받았다. 이에 민족주의 우파는 사회주의자들을 계급주의자로 공격하였다.
우리 민족의 대표적인 한 세력은 반민족주의자, 또 다른 세력은 비민족주의자
가 된 것이다.

이러한 구도는 용어를 달리하지만 해방 직후에도 지속되었고, 지금까지도
잔존하고 있다. 이러한 적대적 인식의 구도를 탈피하거나 수정하는 것이 진정
한 민족통합의 출발점이 아닌가 생각된다.

국문초록

핵심어:

자치운동, 민족주의세력, 민족주의 우파, 연정회, 조선농민사, 농촌부, 협동조합운동사, 신간회, 김성수, 송진우, 최린, 안창호, 이승만, 박용만, 신간회

이 글은 1920년대 민족주의세력의 자치운동의 전개 양상에 대하여 살펴본 글이다. 먼저 민족주의세력의 자치론 확산과 민족적 중심세력의 형성에 대하여 살펴보았다. 여기에서는 연정회에 참여한 인물들의 특징을 살펴봄으로써 연정회의 결성 배경을 추론해보았다. 다음으로는 1925년 보통선거법의 통과 이후 자치운동세력의 농민기관 조직 활동을 살펴봄으로써 민족주의 우파의 결속과 민족주의 좌파의 분립 배경을 파악하고, 이를 통해 신간회의 결성 배경을 알아보려 하였다.

3·1운동 후 일본이 조선에 대한 지배정책의 하나로 조선의 자치에 대한 방안을 검토하자 조선의 민족주의계 인사 중에서도 이에 대해 관심을 갖는 인사들이 생겨났다. 이들은『동아일보』등에 자치의 필요성, 해외에서의 자치운동 등에 대한 기사를 심심치 않게 게재하였다.

그런데 1923년 중후반 사회주의세력이 부상하고, 문화운동이 한계에 부딪히며, 임시정부를 변혁하기 위한 국민대표회의가 큰 성과를 거두지 못하자, 민족주의세력은 민족운동의 새로운 돌파구로서 일본 정부로부터 행정 자치권을 얻기 위한 자치운동을 추진하였다. 민족주의세력은 1923년 9월 자치운동의 추진체로서 연정회의 조직에 착수하였다. 처음 이에 참여한 세력은 동아일보와 조선일보의 언론계, 천도교계·감리교계(이승만세력)·장로교계(안창호세력)의 종교계였다. 기독교와 천도교, 일본 유학생, 교육기관의 운영자와 교사, 동아일

보와 조선일보 관계자, 자본가 계급이 다수인 연정회의 참여자들은 대체로 자유주의사상과 문화주의적 사회변혁관을 가졌다.

이런 점에서 연정회의 구성원들이 조선의 자치를 주장하거나, 일본이 제시한 자치를 받아들였던 것은 '일본에 대한 타협 여부'가 고려의 주된 요소가 아니라 그들이 지향하는 사회체제를 구현할 수 있는가 아닌가 하는 점이 중요한 판단의 준거였다. 요컨대 그들이 지향하는 자유주의체제가 구현될 수만 있다면 그들은 굳이 투쟁과 혁명으로 큰 희생을 치르지 않는 길을 택하고 싶었다. 그것이 바로 소위 자치운동이었다. 그런데 자치파들이 일본의 自治 제의를 받아들인 것은, 거시적으로 보면, 식민지 조선이 영국-미국-일본 등으로 구성된 자유주의체제에 편입되고, 러시아와 중국과 같은 대륙세력이 아니라 해양세력의 편에 서는 것을 의미하는 것이었다.

한편 연정회에 참여한 집단 중 천도교는 자치의 실현에 대비하여 1923년 천도교청년회를 천도교청년당으로 변경하였다. 그리고 장로교에서는 1923~24년 수양동맹회와 동우구락부의 합동을 추진하였다.

그런데 이러한 민족주의세력의 연정회 조직에 대하여 사회주의세력은 체제 프레임이 아닌 민족 프레임으로 공격하였다. 즉, 1924년 조선노농총동맹은 연정회가 조선총독부와의 협의 하에 진행된 타협적 민족운동이라고 비판하였고, 연정회 참여자 이광수가 『동아일보』에 연재한 「민족적 경륜」을 문제삼아 『동아일보』 불매운동을 벌이기까지 하였다. 이러한 상황에서 1924년 연정회의 조직은 제대로 이루어지지 못하였다.

그런데 1925년 일본에서 보통선거법이 통과된 직후 일본에서 조선에 자치권을 부여한다는 소문이 돌자, 민족주의자들은 자치가 주어지고, 보통선거에 의해 자치정부가 만들어질 것이라 예상하였다. 그러자 자치운동에 참여한 각 그룹의 민족주의자들은 민족주의세력의 연합적 자치운동단체를 조직하려고 하면서도 그룹별로 자치의 구현에 대비한 그룹별 유사 정치조직을 정비하거나 강화하였다. 또 보통선거가 실시된다면, 인구의 80% 이상인 농민을 장악해야 한다고 판단하여, 조선농민사·농촌부·협동조합운동사와 같은 농민기관과 농민부서를 조직하였다.

이 과정에서 계열 내에서의 경쟁과 분화가 발생하였다. 언론계에서는 조선일보계 인사들이 이탈하였고, 천도교에서는 구파가 이탈하여 신·구파의 분화가 발생하였다. 또 동화형 자치운동세력인 유민회의 인사들이 참여하기도 하였다.

사회주의자들과 천도교 구파의 교인 및 조선일보사의 기자들은 민족운동의 주도권을 장악하기 위하여 6·10만세운동을 전개하였다. 그리고 이들은 타협성 혹은 비민족성을 문제 삼아 자치운동세력을 공격함으로써 민족주의계 자치운동세력의 분열과 약화를 유도하였다.

안창호세력은 이광수를 중심으로 제한적으로 자치운동을 추진하도록 하고 중국에서 대독립당조직북경촉성회를 조직하고 민족유일당운동을 전개하였다. 그리고 감리교의 이승만세력도 제한적으로 참여하였다. "자치가 실현되더라도 친미세력인 자신들에게 권력이 돌아오지 않을 것"이라는 판단이 이들의 결정에 영향을 미쳤을 것이다.

일본에서 유학하여 일본인과의 정치적 인맥이 두터웠던 동아일보의 김성수와 송진우, 천도교의 최린은 미련을 버리지 못하고 조선총독부 및 일본 정계의 인사들과 접촉하여 일본이 조선에 자치를 주도록 요청하였다. 그러나 이것은 헛된 꿈에 불과하였다. 일본은 끝내 조선에 대한 자치권을 부여하지 않았다.

민족주의계의 자치운동세력은 그들이 뜻하던 목적을 이룰 수 없었다. 그럼에도 불구하고 1920년대 이 자치파들의 역량은 결코 작지 않았다. 이들 뒤에는 사제관계로 맺어진 수만명의 학생과 믿음으로 맺어진 수십만에서 수백만의 교인들이 있었기 때문이었다. 사회주의세력들이 민족주의계의 자치운동세력(분리형 자치운동세력)을 강하게 비판하여 공격하고, 또한 민족주의 좌파와 연계하여 신간회를 결성하였던 것은 바로 이러한 배경 때문이었다.

참고문헌

『동아일보』, 『신한민보』, 『조선일보』

이광수, 「중추계급과 사회」 『개벽』 25, 1922. 7.
滄海居士(이종린), 「朝鮮人의 政治的 生活」 『개벽』 29호, 1922. 11.
미상, 「곳 해야 할 민족적 중심세력의 작성」 『개벽』 34, 1923. 4.
서울 네눈이, 「서울에 낫타난 세 가지 일을 드러 시골 게신 長尾宅 형님에게」 『개벽』
　　47, 1924.5.
미상, 「甲子─年總觀」 『개벽』 54, 1924.12.
송진우, 「최근 십년간 필화 사건」 『삼천리』 14, 1931.4.
金秉濬, 「天道敎靑年黨의 出現」 『천도교회월보』 157호, 1923. 10.
국사편찬위원회, 『한민족독립운동사자료집』 11권, 1990, 「권동진신문조서」(1919). 『국
　　역 윤치호 영문 일기』 7, 1924.2.5, 「화요일, 화창하고 포근함」.
경성종로경찰서장, 「民族主義運動勃興ニ關スル件」(1925.12.23.), 『검찰사무에 관한 기
　　록1』(경성지방법원 검사국 문서).
「불온신문 『火焰』에 관한 건」(1926.7.31.), 국사편찬위원회, 『언문신문역』(경성지방법
　　원 검사국 문서).
「안창호성토문 역문송부의 건」(1926.10.8.), 『불령단관계잡건─조선인의 부─상해가정
　　부 6』.
김준엽 · 김창순 편, 『한국공산주의운동사』 자료편 2(고려대 아세아문제연구소, 1980),
　　「피의자신문조서(강달영)」(1926).
「獨立運動終熄後におけるの民族運動の梗槪」(1927.1), 『齋藤實文書』 10(국회도서관, 2003).
「김구가 이승만에게 보낸 서한」(1928.11.20.), 국사편찬위원회, 『대한민국임시정부자료
　　집』 42, 2011.

전진한, 『협동조합운동의 실제』(동성사인쇄소, 1927).
경상북도경찰부, 『고등경찰요사』, 1929.
전창원 편, 『이렇게 싸웠다』(무역연구원, 1996).

『안창호문서』, 「김려식」.

『조선인사흥신록』, 「박승빈 항목」.

강동진, 「계층분단정책과 분할통치」 『일제의 한국침략정책사』(한길사, 1980).

강명숙, 「1920년대 초반 동아일보에 나타난 자치에 관한 인식」 『역사와 현실』 41, 2001.

고정휴, 「태평양문제연구회 조선지회와 조선사정연구회」 『역사와 현실』 6호, 역사비평사, 1991.

김동명, 「일제하 '동화형협력' 운동의 논리와 전개–최린의 자치운동의 모색과 좌절–」 『한일관계사연구』 21, 2004.

김상태, 「1920~30년대 동우회·흥업구락부 연구」 『한국사론』 28, 서울대학교, 1992.

김정인, 「천도교 신파와 조선농민사」 『천도교 근대 민족운동 연구』(한울, 2009).

박찬승, 「일제하의 자치운동과 그 성격」 『역사와 현실』 2, 1989.

_____, 「1920년대 초반~1930년대 초 자치운동과 자치운동론」 『한국근대정치사상사연구』(역사비평사, 1992).

송석윤, 「1925년 일본 보통선거법의 성립과 한국 분단체제에의 유입」 『서울대학교 법학』 46권4호, 2005.

시정곤, 「생애와 활동」 『훈민정음을 사랑한 변호사 박승빈』(박이정, 2015).

신주백, 「총론: '자치'에 대한 관점과 접근방법」 『역사와 현실』 39, 2001.

심재욱, 「1920~30년대초 고하 송진우의 사상과 활동」 『한국민족운동사연구』 22, 1999.

윤덕영, 「1920년대 전반 동아일보 계열의 정치구상 운동과 '민족적 중심세력'론」 『역사문제연구』 24, 2010.

_____, 「1920년대 전반 동아일보 계열의 정치운동 구상과 '민족적 중심세력론'」 『역사문제연구』 24, 2010.

_____, 「1920년대 중반 일본 정계변화와 조선총독부 자치정책의 한계」 『한국독립운동사연구』 37, 2010.

_____, 「1926년 민족주의세력의 정세 인식과 '민족적 중심단체' 결성 모색–'연정회 부활' 계획에 대한 재해석」 『동방학지』 152, 2010.

_____, 「1926년 민족주의세력의 정세 인식과 '민족적 중심단체' 결성 모색」 『동방학지』 152, 2010.

이나미, 「일제시기 조선 자치운동의 논리–독립운동론, 참정권론과의 관계를 중심으로–」 『민족문화연구』 44, 2006.

이태훈, 「1920년대초 자치청원운동과 유민회(維民會)의 자치 구상」 『역사와 현실』 39,

2001.

이현주, 「일제하 (수양)동우회의 민족운동론과 신간회」『정신문화연구』92, 2003, 188쪽.

＿＿＿, 「일제하 (수양)동우회의 민족운동론과 신간회」『한국사론』28, 서울대학교, 1992.

정용서, 「일제하 천도교청년당의 운동노선과 정치사상」『한국사연구』105, 1999.

＿＿＿, 「1920년대 천도교 신파의 "민족 자치" 구상」『동방학지』157, 2012.

조규태, 「북경군사통일회의의 조직과 활동」『한국독립운동사연구』, 15, 2000.

＿＿＿, 「천도교 구파의 신간회」『한국근현대사연구』7, 1997.

＿＿＿, 「천도교 신파의 자치운동과 조선농민사의 크레스틴테른 가입 활동」『한국민족운동사연구』48, 2006.

최선웅, 「미국유학시기 장덕수의 비밀결사 활동－대광과 대한인동지회의 갈등과 봉합」『한국인물사연구』10, 2013.

한규무, 『일제하 한국 기독교 농촌운동 1925~1927』(한국기독교역사연구소, 1997).

【Abstract】

Self-Governing Movement of Korean Nationalist Groups in the 1920s

Cho Kyutae

Key Words:

Self-Governing Movement, the Nationalist, the Right of Nationalist, the Left of Nationalist, Research Association of Politics(Yeon-chung-hoe), Chosun Nongmin Sa, Kim Seongsu, Song Jinwoo, Choi Rin, Ahn Changho, Lee Seungman, Park Yong-man, Singanhoe.

This article explores the development of the self-governing movement of Korean nationalist groups in the 1920s. First, I made a close study about the spread of self-governing theory by nationalists and the formation of nationalists inner circle, from 1920 to 1924. In this chapter, I examined the backgrounds of the formation of Research Association of Politics(Yeon-chung-hoe) and the characteristics of that members. Second, I looked at the self-governing movement of Korean nationalist groups from 1925 to 1927, when the realization of self-governing and choosing government through general election were anticipated.

With the slump of national cultural movement and the float of social movement of socialists, and the rupture of the council of the representatives in Sanghai, nationalist erected Research Association of Politics(Yeon-chung-hoe) to carry for-

ward the self-governing movement. The members of the association were com-
posed of media group of the Donga Ilbo and the Chosun Ilbo, religious of
Christianity, Cheondogyo, education group, and ect. And they are liberalist and
culturalist, spiritualists, and those who have studied in Japan. They wanted Chosun
liberated to be incorporated into the liberal system nations and maritime forces
consisting of British, American, and Japan rather than the social system nations
and continental forces such as Russia and China.

Kim Sungsoo and Song Jinwoo of Donga Ilbo, Choe Rin of Cheondogyo carried
forward the self-governing movement with not only domestic nationalists, but also
external nationalist. Ahn Changho, Lee Seungman, and Park Yongman engaged
themselves in this movement.

The socialists attacked as national frame the leaders of Research Association of
Politics. Especially they attacked Kim Sungsoo of Dong-A Ilbo and Lee Kwangsoo
of Heungsadan led by Ahn Changho. They criticized Lee Kwangsoo's articles which
were appeared in Dong-A Ilbo and asserted legal activities. And they did boycott
campaign of Dong-A Ilbo. As a result, the members of Research Association of
Politics did not develop self-governing movement.

By the way, in 1925, the possibility of self-governing got higher. Officials of
Japan government or Japanese general government, and Politicians of Japan said
to often leaders of Research Association of Politics it. So they were convinced that
self-governing came true soon, and that the government was built through general
election.

Each group of Research Association of Politics made an effort to form self- governing
association together and form or intensify each organization similar to political party

individually. And each group made farmer organization to come to power by supporting of peasants in general election. In this process, competition and differentiation occurred within the association. In the newspaper, the Chosun Ilbo broke out, and in Cheondogyo the division broke out to the New and the Old. The members of the Chosun Ilbo and the Cheondogyo Old had an affiliation with socialist, especially the Tuesday group.

The socialist and the left of nationalists developed the 10th June Mansei Movement to get the hegemony of national movement. And they attacked the right of nationalists on the ground of anti-nationalism. In consequence, members of Ahn Changho group and Lee Seungman group took a few step back.

As a result, socialists and the left of nationalists frustrated the self-governing movement of the right of nationalist. But if the Japan gave Korea the autonomous right, the right of nationalists could get the self-government. To the right of nationalists, there were a lot of believers and supporters of close-knit by beliefs and ect. This was an important background of the foundation of Singanhoe.

창립기 신간회의 성격 재검토*

김인식 (중앙대 다빈치교양대학 교수)

1. 머리말

3·1민족운동 이후 민족운동[1]은 민족주의운동과 사회(공산)주의운동으로 분리되었고, 1923년부터 민족주의운동도 타협주의와 非타협주의로 갈리기 시작하면서, 1926년 들어 이 계선은 더욱 명확하게 드러났다. 거대한 일본제국주의에 맞서야 하는 식민지조선의 민족운동에서, 전민족의 '단결'과 '총역량 집결'은 항시 요청되었으나, 운동의 이념과 방법론의 차이로 인하여 통일을 시도하는 과정에서 번번이 좌절되었다. 이러한 분열상을 극복해야 한다는 시대의식

---

* 이 논문은 신간회기념사업회·조선일보사·한국민족운동사학회 주최, 『제90주년 新幹會 기념학술대회 : 신간회와 신간회 운동의 재조명』(2017. 6. 29, 서울YMCA회관 대강당)에서 발표한 논문을 수정·보완하였음.

[1] 논지를 전개하는 과정에서 혼돈을 피하기 위하여, 먼저 민족운동이라는 용어부터 규정하고자 한다. 본문을 서술할 때 '민족운동'은 일제에 항거하는 모든 투쟁을 포함하는 넓은 의미로 사용하였고, 민족주의와 사회(공산)주의로 크게 양분되는 운동을 포괄하였다. 반면 본론에서 일차 자료를 인용할 때 등장하는 민족운동은 좁은 의미를 지녔다. 1920·1930년대 발행된 한글 신문이나 잡지, 운동 주체들이 남긴 문건, 일제 관헌 자료 등에 나타나는 용례에 따르면, 전체 항일독립운동을 이분화하면서 민족운동은 민족주의운동을, 사회운동은 사회(공산)주의운동을 지칭함이 통례였다.

이 높아가는 가운데, 국내에서 非妥協 민족주의운동과 사회(공산)주의운동이
접목한 지점이 신간회운동이었다.

8·15해방 후 민족분단의 현실이 지속되는 동안, 역사 속에서 교훈을 찾고자
하는 실사구시의 연구자에게 신간회는 매우 적절한 연구 소재였다. 신간회(운
동) 연구는 한민족 분단의 원인을 민족 안에서 찾으려는 데에서 출발하여,[2]
신간회운동에서 민족통합의 시사점을 찾으려는 방향으로 이어졌다. 신간회운
동이 지니는 현재성은 3·1민족운동, 대한민국임시정부의 항일 운동과 병렬되
는 비중으로 주목되었고,[3] 연구자들의 목적의식은 식민지시기 민족운동 가운
데에서도 이곳으로 강하게 표출되었다. 이러한 연구 성과에 힘입어, 지회 연구
에서는 진척될 분야가 아직도 많이 남았지만, 일본 제국주의 지배 아래에서
가장 규모가 컸던 국내의 항일민족운동단체이자 민족협동전선운동의 전형으
로서 신간회는, 창립(1927년 2월)에서 해체(1931년 5월)에 이르는 모든 과정이
상당한 수준으로 규명되었다고 평가받는다.[4]

---

[2] 신간회 연구의 단초를 제공한 연구자는 김용덕이었다. 그는 신간회를 주제로 한 小論
에서, 신간회운동의 성격을 '抗日統一民族戰線'으로 규정하면서, "解放後의 혼란과 左
右對立은 思想 및 人的關係로 보거나 또는 新幹會時代의 인연으로 보거나 당시의
經緯를 아는 사람이면 충분히 예견할 수 있는 역사적 현실"이었음을 지적하였다. 金
龍德, 「新幹會에 대하여」『師大學報』三卷 一號(1957. 9)(金龍德, 『韓國史의 探求』,
啓蒙社, 1967, 73~80쪽). 김용덕의 소론은, 신간회운동에 참가한 인사들이 8·15해방
후 남긴 회고담보다도 앞서서 신간회의 전체상을 개괄함으로써 신간회 연구를 선도
하였다.

[3] 1980년대 출간된 한국사연구 입문서는 3·1민족운동, 대한민국임시정부와 함께 신간
회운동을 독립된 주제로 선정하여 다루었다. 姜萬吉, 「民族解放運動의 발전Ⅲ - 新幹
會運動」, 韓國史研究會 編, 『韓國史研究入門』, 知識産業社, 1981, 508~614쪽 ; 姜萬吉,
「新幹會運動」, 한국사연구회 편, 『(제2판) 한국사연구입문』, 지식산업사, 1987, 543~
549쪽.

[4] 다 아는 바와 같이, 신간회운동을 가장 체계 있고 치밀하게 논구한 연구자는 이균영이
었다. 신간회운동의 전모를 밝히려는 의욕이 배인 『신간회연구』, 역사비평사, 1993은
693쪽에 이르는 방대한 저서이다. 이를 서평한 글은, 미즈노 나오끼(水野直樹), 「(논문

김용덕이 소론을 발표한 이후, 올해로 70여 년을 지나는 신간회(운동) 연구사
에서, 의문의 여지도 없이 자명한 전제는 신간회가 민족협동선전체(=민족단일
당)으로 출발하였다는 통설이었다. 이러한 역사인식은 일찍부터 보편화되어,
신간회를 심층 연구한 저서를 비롯하여[5] 모든 연구논문들에서 정설화하였다.

그러나 비타협 민족주의자와 사회(공산)주의자 두 민족운동 세력이 신간회
에서 결합하게 되는 배경과 동기에는, '민족협동전선'이라는 한 단어로 일원화
하기 어려운 각각의 출발점과 목표가 존재하였다. 비타협 민족주의자(=左翼民
族主義者)[6]들이 신간회를 창립하는 목적의식과, 사회(공산)주의자들이 신간회
에 참여하는 운동론 사이에는 視差가 있었고, 이는 이후 신간회의 성격이 변화
하는 時差로 나타났다. 신간회의 중앙조직이 좌익민족주의의 조직체로 발기·
창립되었으나, 사회(공산)주의자들이 참여한 뒤 민족협동전선체로 발전하는
時差였다.

필자는 신간회가 민족협동전선체=민족단일당으로 창립되었다는 기존의 통
설에 의문을 갖고, 신간회와 관계 있는 개별 연구들을 진행하면서 다음과 같은
결론에 이르렀다. 1926년 말 이후 좌익민족주의자들은 자치운동 단체가 출현

서평)민족협동전선 연구의 신기원-이균영, "신간회연구", 역사비평사, 1993」『역사비평』
계간24호, 역사문제연구소, 1994 : 朴贊勝, 「서평 이균영, "新幹會硏究"」『爭點 한국近現
代史』제4호, 한국近代史硏究所, 1994; 임경석, 「식민지시대 민족통일전선운동사 연구
의 궤적-이균영의『신간회 연구』(역사비평사, 1993)에 대한 비평」『한국사연구』149,
韓國史硏究會, 2010이 있다.

5) 이균영은 그의 저서 서론에서 "비타협적 민족주의자들과 사회주의자들이 민족협동
전선으로 창립한 것이 신간회였다."고 서술하면서, 이러한 시각으로 동저를 일관하였
다. 이균영,『앞의 책』, 17쪽. 신용하는 비타협 민족주의자들이 주도하여 신간회를
창립하였음을 다른 연구자들보다 더욱 강하게 주장하면서도, 신간회의 창립을 민족
협동전선으로 성격규정하였다. 신용하,『신간회의 민족운동』, 독립기념관 한국독립
운동사연구소, 2007, 32~33쪽.

6) 좌익민족주의(자)의 개념은 김인식, 「植民地時期 安在鴻의 左翼民族主義運動論」『白
山學報』第43號, 白山學會, 1994, 163~164, 181~184쪽.

할 가능성에 대비·대응하는 과정에서, 좌익민족주의 진영을 결집할 목적으로 좌익민족(주의)전선으로서 신간회를 발기·창립하였다. 이러한 목적의식성은 신간회의 강령과 규약에 그대로 반영되었다. 좌익민족전선으로서 신간회는 사회주의자들의 反帝민족협동전선론과는 전혀 무관하게 별개로 진행된 조직체였다.[7] 이후 사회(공산)주의자들이 부르주아 민주주의 혁명론의 전략 아래[8] 민족단일정당론의 전술을 내세워 신간회에 가담하면서,[9] 신간회는 민족협동전선체=민족단일당으로 발전하였다.

필자는 이상의 논점을, 기왕의 논문들에서 논지를 펼치는 데 필요한 만큼 小節로 제시하는 데 그쳤고, '창립기 신간회의 성격'은 차후의 과제로 남겨두었으므로, 이 논문에서 좌익민족주의자들이 민족주의좌익전선으로 신간회를 창립하였다는 지론을 논증하려 한다. 여기서 '창립기'라는 시간상의 범위는 두 가지 의미를 담고 있다. 첫째, 신간회의 중앙조직(본부)이 완성되는 동안을 가리킨다. 이 시기는 좌익민족주의자들이 신간회의 강령과 규약 등을 작성하여 단체의 목표·정신·지향점 등을 정립하는 한편, 발기인을 구성하여 발기대회를 가진 뒤, 창립대회를 거쳐 중앙 부서를 편성하고 인선하여 조직을 완성하는 과정을 포괄한다. 둘째, 신간회 규약은 중앙의 본부 이외에는 '창립'이라는 용

---

[7] 김인식, 「앞의 논문」, 1994 ; 김인식, 「신간회의 창립과 민족단일당의 이론」『白山學報』第78號, 2007, 223~238쪽 ; 김인식, 「이승복과 신간회 창립기의 조직화 과정」『한국민족운동사연구』58, 한국민족운동사학회, 2009, 255~275쪽 ; 김인식, 「이승복과 신간회 강령의 이념·노선」『한국민족운동사연구』62, 2010. 韓相龜, 「1926~28년 민족주의 세력의 운동론과 新幹會」『韓國史研究』86, 韓國史研究會, 1994도 필자와 비슷한 논지를 펼쳤다.

[8] 김인식, 「신간회운동기 ML계의 부르조아 민주주의 혁명론」『中央史論』第七輯, 中央大史學會, 1991 ; 김인식, 「신간회운동기 ML계의 민족협동전선론과 신간회 성격규정의 변화」『白山學報』第68號, 2004, 391~399쪽.

[9] 김인식, 「앞의 논문」, 2007 ; 김인식, 「앞의 논문」, 2004, 391~400쪽. 韓相龜, 「1926~28년 사회주의 세력의 운동론과 新幹會」『韓國史論』32, 서울大學校 國史學科. 1994, 217~229, 242~249쪽에서도 필자와 비슷한 논지를 펼쳤다.

어를 금지시켰으므로, 지회들은 '설립'이라는 말을 사용하였다. '창립기'는 이에
의거하여 설정한 용어이므로, 지회가 본격 설립되기 이전을 지칭한다. 날짜로
구체화시키면, 신간회 창립이 논의되는 1926년 12월 무렵부터, 사회(공산)주의
자들이 對신간회 방책을 확정하여 지회 설립에 적극 참여하기 시작하는 1927
년 5월 이전을 포함한다.

  본문에서 일관되게 강조하겠지만, 신간회를 발기·창립한 주도 세력은 좌익
민족주의자들이었다. 따라서 창립기 신간회의 성격을 파악하는 데에서 가장
중요한 실마리는, 이들이 신간회를 창립하는 동기·의도를 비롯하여, 신간회
로써 지향한 목표 등을 밝히는 데에서 풀어야 의당하다. 이 논문의 주안점은,
신간회가 민족단일당이 아니라 민족주의좌익전선으로 발기·출발하였음을 규
명하는 데 있으므로, 좌익민족주의자들이 신간회를 창립하는 동기와 목적에
주제를 專一하였다. 신간회 창립의 배경이라 할, 좌익민족주의자들이 국내외
정세를 어떻게 인식하였으며, 이것이 이들의 反자치운동(론)·민족협동전선론
과 어떠한 관계가 있는지 등을 해명함은 다시 차후의 과제로 남겨둔다.

2. 신간회 발기, 민족주의좌익전선을 천명

  이미 강조하였듯이, 창립기 신간회의 성격을 파악할 때 가장 중요한 바는,
신간회를 창립한 주체들이 신간회의 목표를 어떻게 내세웠는가 하는 점이다.
신간회가 민족협동전선체=민족단일당으로 출발하였다는 訛說이 定說이 되어
버린 영향 때문이었는지, 기존의 연구들은 이러한 상식선의 문제에 집중하지
않았고, 때로는 자료상에서 자명한 문구를 誤讀하기도 하였다.

  그럼 신간회를 발기·창립하는 주도자들은 신간회로써 어떠한 임무를 자임

하였으며, 신간회를 어떻게 성격규정하였는가. 당시 3개의 국내 신문들은 1927
년 1월 20일자로, 신간회가 하루 전에 발기되었음을 일제히 보도하였다. 먼저
『동아일보』를 본다.

> (자료 A)
>
> 조선민족의 정치뎍의식이 발달됨을 싸라민족뎍 중심단결을요구하는시
> 긔를 타서순 민족주의를표방한신간회(新幹會)발긔인 이십팔씨 련명으로작
> 일 좌긔와가튼삼개조의 강령을 발표하엿는데 책임자의말을듯건댄신간회의
> <u>목표는모든우경뎍(右傾的)사상을배척하고 민족 주의중좌익전선(左翼戰線)</u>
> <u>을형성하랴는것이라하며</u>…10) (밑줄과 줄임표는 인용자)11)

이 기사는 제목부터 '민족주의로 발기'라 하여 신간회의 성격을 분명히 규정
하면서, 부제로써 기회주의를 부인함도 명기하였다. 본문에서도 신간회가 '순
민족주의를 표방'하였음을 강조하면서, 책임자의 말을 인용하여 신간회의 목
표를 전하였다. 조지훈 이후 신간회(운동) 연구자들은 (자료 A)의 기사를 확인
하였으면서도, '순'자를 빼고 신간회가 '민족주의를 표방'하여 창립되었다고 서
술하였다.12) 그러나 '純'자는 단순한 접두사에 그치지 않고 매우 중요한 의미를

---

10) 「民族主義로發起된 新幹會綱領發表 / ◇창립총회는이월십오일◇ / 機會主義를一切
로否認」『東亞日報』(1927.1.20).

11) 이하 원문 그대로임을 따로 밝히지 않는 한, 밑줄과 줄임표는 인용자가 표시하였음.

12) 조지훈은 신간회 발기·창립을 보도한 당시 신문 기사를 자료로 활용하지 않았지만,
신간회가 "민족주의를 표방하고"라고 서술하였다. 趙芝勳,「韓國民族運動史」, 高麗大
學校民族文化硏究所 編,『韓國文化史大系(民族·國家史)』Ⅰ, 高大民族文化硏究所 出
版部, 1964, 774쪽. 조지훈 이후의 연구에서는 (자료 A)의『동아일보』기사를 확인하
고 전거로 제시하였으면서도, 무슨 까닭인지 '純'이라는 글자를 무시하고 신간회의
성격을 규정하였다. 이를테면 "이는 民族主義를 標榜하였으나 民族 社會 兩系統의
合作的인 提携로 이루어졌는 바"라는 서술이 한 예이다. 國史編纂委員會 편저,『韓國
獨立運動史』四, 정음문화사, 1968, 17쪽. 또 宋建鎬,「新幹會運動」, 尹炳奭·愼鏞廈·

지녔으므로, 이를 놓쳐 보았음은 명백한 오독이었다. 다음은『朝鮮日報』의 보도를 보자.

(자료 B)

조선민족의 정치덕의식(政治的意識)이각성됨을쌀하 무슨파가암암리에 활동하느니 혹은 무슨파가 단테덕으로 결속하느니하야 사회각방면에여러 가지 풍설이류행하는것은일반이아는바어니와 이제순민족주의(純民族主義)단테로 신간회(新幹會)가발긔되어 목하 창립준비중이라는데 그회의목표는 우경덕사상(右傾的思想)을배척하고민족주의중의 좌익전선(左翼戰線)을 형성하랴는것이라는데…13)

.....

安秉直 編著,『韓國近代史論』Ⅱ, 知識産業社, 1977, 443쪽에서는 (자료 B)의『조선일보』기사까지 확인하였으면서도 조지훈이 서술한 바를 거의 그대로 인용하였다. 이러한 오류는 신간회 연구를 선도한 국내 연구자들에게 보이는 공통된 현상이었다.
13)「劃時期的會合이될 新幹會創立準備 / 민족덕각성촉진과우경사상배척 / 純民族主義團體로創立總會는二月十五日」『朝鮮日報』(1927. 1. 20).『조선일보』는 신간회가 발긔되었음을 보도하는 날짜에 맞추어, 신간회 창립이 지니는 의의를 천명하는 사설도 게재하였다.「新幹會의創立準備 / 眞摯한努力을要함」(기사 부제에서 밑줄은 본래 방점임 : 인용자)이란 제하의 이 사설은 안재홍이 집필하였다. 사설에서 인용한 강령은 총독부의 허가를 받기 전후의 강령이 섞여 있었다. 이는 신간회를 발의·발기·창립하는데 안재홍·조선일보사가 깊숙이 관여·주도하였음을 보이는 반증이라 하겠다. 유심한 독자라면, 사설의 집필자가 신간회에 깊게 관여하는 인물임을 충분히 느낄 수 있는 논조였다. 안재홍은 사설의 서두에서 신간회의 3개 강령을 간단히 나열한 뒤, (자료 B)와 동일한 문구로 신간회의 목표를 밝혔다. 이로써 신간회가 민족운동 단체로 발기되었음을 사실로 확인한 뒤 '민족운동의 견지'에서 다시 신간회를 논평하였다. 그는 이 사설에서 신간회 명칭의 유래와 3개 강령을 하나씩 해설하는 데에서 더 나아가, 신간회의 운동노선을 제안하기도 하였다. 이를테면 제3항의 강령이 "機會主義를 一切否認하는것"과 관련하여 "무릇漸進的이오 쏘階段的이란口實로써 其實은墮落한機會主義로 기울어지기쉬운것은 自然生長性에放任되는 大衆의趨向으로서 쌔지기쉬운危險이오 더구나 不純한政治的功利主義者들의 엿보아서 틈타기쉬운바이니 機會主義의否認은 民族主義의左翼戰線을 形成하려하는者들로서는쏘업서서아니될 條件일 것이다"고 설명하였다. 이렇게『조선일보』는 신간회를 강력하게 대변하면서, 민족주의좌익전선이 기회주의에 대항하는 데 1차 목표가 있음을 분명하게 지적하였다.

위의 『조선일보』 기사는 제목에서 신간회의 임무를 두 가지로 소개하고, "純民族主義團體로創立"된다고 분명하게 밝혔다. 나아가 본문에서도 신간회가 발기되는 당시 사회의 분위기를 배경으로 설명하면서 다시 '순민족주의 단체'임을 강조하였다. 신간회의 목표를 보도하는 내용은, 위의 『동아일보』 기사와 한두 글자가 다를 뿐 문장 자체가 거의 동일하였다. 무엇보다도 중요한 점은, 두 신문이 모두 민족주의 앞에 '純'자를 붙인 데 있었다. 일제의 한 경찰 자료는 (자료 B)로 인용한 『조선일보』의 기사를 그대로 인용하여 신간회가 발기하는 현황과 성격을 파악하였다.[14] 다음은 『중외일보』를 본다.

> (자료 C)
> 근래 정치운동을목덕하는 무슨파가생겨나느니 무슨파가 암중비약을하느니하는 풍설이잇든*t*테 평소에 민족주의덕사상을가젓다고 지목되든 각 방면의 인사들이모여서 신간회라는 단톄를조직코자 준비 중이라는바 강령과 발긔인은 다음과가트며 <u>발긔인들의설명에의하면 이회는민족주의좌익(民族主義左翼)전선을형성함으로 써목표를삼는다더라</u>[15]

(자료 C)는 『동아일보』·『조선일보』에 비하여 기사의 내용이 다소 소략하고 보도하는 형식도 달랐지만, 기사 제목에서 신간회의 성격을 명시하였고, 본문에서도 신간회의 목표를 여타 신문들과 동일하게 보도하였다. 상기 『중외일보』에

---

14) 일제의 경찰 자료는 (자료 B)의 『조선일보』 기사를 출처로 밝혔다. 이에 따르면, 신간회 강령이 몇 차례 변경된 끝에 現綱領이 "同年一月二十日附朝鮮日報紙上"에 게재되었고, "「劃時的會合ㅏナルヘキ新幹會創立準備民族的覺醒ㅏ右傾思想排斥」"이라고 題하여, 조선민족의 정치적 의식이 각성함에 따라 순민족주의단체로서 신간회가 발기되어 목하 창립 준비중인데 그의 목적은 우경적 사상을 배척하고 민족주의 중 좌익전선을 형성하려는 것"이라고 보고하였다. 朝鮮總督府警務局 編, 『朝鮮の治安狀況』, 1927年版(不二出版, 1984 復刻版), '鮮內 一. 民心ノ傾向'의 (3)民族主義運動'의 9~10쪽.
15) 「民族主義團體 新幹會의出現 / 목하창립을준비중」 『中外日報』(1927. 1. 20).

'순민족주의'라는 용어는 빠졌지만, 민족주의사상을 가진 인사들이 모여서 민족주의단체로서 신간회를 조직한다고 전하면서, 발기인의 설명을 인용하여 신간회의 목표를 제시하였다.

그럼 '純民族主義'는 어떠한 의미를 지녔을까. '純'은 단순하게 한 가지 뜻을 첨가하는 접두사나 관형어가 아니라, 민족주의의 본질속성(essential property)을 나타내는 매우 중요한 개념이었다. 순민족주의는 민족주의를 전제하여 더욱 강조하였으므로, 당연히 異質의 사회(공산)주의와 분리되었다. 나아가 '純'은 '不純'과 대립하여 純粹·純正의 뜻을 지녔으므로, 민족주의라는 면에서 혹 동질성을 지녔다 하더라도 不純한 민족주의는 배격하였다. 요즈음과 전혀 다른 용례였지만, 이때 純은 左翼과도 같은 의미를 지녔다. 이는 자치운동과 같은 타협주의로 타락해버린, 不純한 성향의 정치세력과 분리시키려는 대립의식을 표출한 강조어였다. 左翼이 純과 등치되었다는 점에서, 이 시기에 좌익 자체도 부정 뉘앙스를 지니지 않았다. 순민족주의와 좌익민족주의는 동의어였다.

연유는 알 수 없지만, 일본의 한 신문이 국내 신문에 앞서 신간회가 조직되고 있음을 먼저 보도하였다. 국내외의 언론을 통틀어서, 「大阪朝日新聞附錄朝鮮朝日」(1927. 1. 14)는 「민족운동의 유력자 신간회를 조직하고 강령을 정해 全鮮에 新運動을 시도하다」는 제목으로 신간회가 발기되는 소식을 처음 보도하였다. 이 신문은 3개 항의 강령도 소개하였는데, 이에 따르면 '신간회'라는 단체명이 결정되었고, 발기인은 27명이었다.[16] 신간회가 발기하기 이전, 이렇게 일본 언

---

16) 「民族運動の有力者 新幹會を組織して 綱領を定め全鮮に 新運動を試圖みる」『大阪朝日新聞附錄朝鮮朝日』(1927. 1. 14)(水野直樹, 「新幹會の創立をぬぐて」, 飯沼二郎·姜在彦 編, 『近代朝鮮の社會と思想』, 未來社, 1981, 294·315쪽에서 재인용). 水野直樹는 위의 신문을 소개하고, (자료 A)의 기사 제목을 인용하였으면서도, "민족운동의 유력자 신간회를 조직", "민족주의로 발기된 신간회" 등의 구절을 눈여겨보지 않았다. 본문에서 서술하기 위하여 신간회 강령 문제를 잠깐 언급해 두기로 한다. 일제에게 허가받은 최종 강령에 앞서, 신간회 발기자들이 총독부와 교섭하는 과정에서 여러

론도 신간회가 민족주의 단체로 조직됨을 국내 신문에 앞서 보도하였다.

1927년 2월 15일 신간회가 창립되자, 이를 보도하는『조선일보』는 신간회가 순민족주의단체로 조직되었다고 다시 강조하였다. 이 기사는 "순민족주의단례인 조선민흥회(朝鮮民興會)와신간회(新幹會)가 주의와 운동을위하야 합동(合同)한후 편의상신간회라는 일흠으로개최한 신간회창립대회(新幹會創立大會)"를 가졌으며, "이야말로조선에잇서서 민족주의단례로 획시기덕(劃時期的)큰모임"이라고 평가하였다. 당시 세간에는 조선민흥회와 신간회가 동일한 성격의 단체이며, 이것이 두 단체가 합동한 이유라는 인식이 일반론이었다. 이 기사도 조선민흥회와 신간회가 순수민족주의단체로서 합동하였고, 이로써 신간회는 민족주의단체로서 '큰 모임'이 되었으므로 '획시기적'이라는 의의를 부여하였다.

『동아일보』가 별다른 평가 없이 신간회 창립 사실을 기사화한 반면,『中外日報』는 논설란에서 신간회 창립의 의의를 논하였다. 이 논설은 "發起中에잇든 民族主義團體新幹會는 今月十五日로써創立總會를擧行하야 새陣容을가추는同時에"로 말문을 연 뒤, "同會는 純民族主義를標榜하는政治的結社로 新記錄을지은者"로 평가하였다. 이렇게 신간회가 순민족주의를 표방한 민족주의단체임을 전제한 뒤, "新幹會가 表面運動을目的하는團體"라는 데 초점을 두어 신간회의 강령을 검토하면서 신간회의 정신과 목적을 논평하였다.[17]

이상에서 보았듯이, 신간회가 발기·창립될 무렵 당시 신문들은 신간회가 순민족주의 단체로 출발하였으며, 신간회의 목표가 "우경적 사상을 배척하고 민족주의 중 좌익전선을 형성"하는 데 있다고 일매지게 보도하였다. 일제 관헌

차례 강령을 변경하였는데, 최초 형태를 복원하면 "一. 朝鮮民族으로서 政治 經濟의 究竟的 解決을 圖謀함. 二. 民族的 團結을 鞏固히 함. 三. 妥協主義를 否認함"이었다. 자세한 점은 김인식, 「앞의 논문」, 2009, 263~264쪽. 최종 강령 3항의 기회주의는 최초의 형태에서는 타협주의였으며, 이는 자치론·자치운동을 가리켰다.

[17] 「新幹會의創立을보고」『中外日報』(1927. 2. 17 論說).

도『조선일보』기사에 의거하여 신간회가 발기되는 정황을 보고하였다. 이로
써 신간회가 천명한 민족주의좌익전선이 순민족주의 정치 結社를 의도하였음
을 확인하게 된다.

3. 민족주의좌익전선, 용어의 형성 과정

1) 조선민흥회 · 민족단일전선과 차별화

신간회 발기를 보도한 신문들이 신간회 관계자의 말을 인용하여, 신간회의
목표로 전언한 "右傾的 思想을 排斥하고 民族主義의 左翼戰線을 形成"함은 무
슨 뜻인가. '우경적 사상'은 신간회 강령 제 3항이 지적한 기회주의=타협주의가
분명한데, 이와 대립하는 '민족주의좌익전선'은 무엇을 가리키는가. '우경적' ·
'민족주의' · '좌익전선' 등이 신간회의 목표와 성격을 나타내는 핵심어들인데,
이를 알기 위해서는 의당 신간회 창립을 주도한 이데올로그가 우익(우경) · 좌
익(좌경)을 어떠한 의미로 사용하였는지를 확인하여야 한다.

그런데 이에 앞서, 신간회 주도자들은 하필 우경 · 좌익이라는 용어로써 非
我와 我를 구별하려 하였고, 좌익을 선택하여서 좌익전선을 자처하였는가 하
는 의문이 든다. 대중들을 상대로 논리를 펴는 이데올로그의 처지에서 이들
용어를 선택하여 목적의식을 표현한 이유를 추정해 보면, '우경' · '좌익'에 담긴
含意에 시대의식이 공유하는 공감대가 이미 형성된 터이므로, 자신들의 목적
성을 천명하기에 유용한 측면이 있었기 때문이다. 이러한 객관성에 기대어,
이들 용어로써 기존의 민족운동 노선 · 성향과 신간회의 목적성을 선명하게 차
별화하려는 의도도 작용하였으리라 생각한다.

당시에는 좌익 · 좌경이라는 용어를 긍정가치로 사용하는 공통된 시대의식

이 존재하였으므로, 신간회 주도자들은 좌익을 자처함으로써 신간회의 목표에 시대 적합성을 부여하는 한편, 신간회의 목적의식성이 여타 민족운동과도 차별성이 뚜렷함을 드러내고자 하였다. 결론부터 말하면, 신간회 주도자들은 당시의 시대의식이 좌익=비타협으로 용례화한 사회 분위기를 객관성으로 삼아, 조선민흥회를 '민족적 단일전선'으로 인식하는 세평을 의식하여, 신간회를 조선민흥회와 차별화하려는 의도에서 민족주의좌익전선·민족좌익전선이란 용어를 造語하였다.

다 아는 바와 같이, 조선민흥회는 1926년 7월 8일 朝鮮物産獎勵會 계열의 민족주의자와 서울청년회 계열의 사회주의자들[18] 10여 명이 결합하여 발기한 협동전선체였다. (자료 D-ⓔ)에서 보듯이, 조선민흥회는 발기하면서 '朝鮮民族의共同利益'을 앞세워 '朝鮮民族의中心勢力이될唯一한組織體'를 표방하였으나, 당시 언론은 조선민흥회를 조선민족단일전선으로 성격규정하였다.

(자료 D)

ⓐ 조선민족은 정치적으로 경제적으로나모든고초를당하야 … 민족적조

[18] 1926년 2월 서울파의 前衛組織인 高麗共産同盟과 이의 합법 사상단체인 前進會 중앙집행위원회는 "무산계급전운동의 경제적 결합과 정치적 투쟁의 통일기관과 동시에 조선민중의 전혁명력을 집중 통일시켜 일본제국주의에 반대할 민족유일전선의 형성"이 절대 필요함을 주장하면서 朝鮮社會團體中央協議會를 발의하였다. 이어 동년 4월 전진회 계열이 중심이 되어 동 단체를 발기하였다. 서울파는 이에서 더 나아가, 1926년 7월 8일 조선물산장려회 계열의 일부 민족주의들과 결합하여, 세간에 알려진 바와 같은 목적을 지닌 조선민흥회를 발기하였다. 이는 조선민흥회를 조선사회단체중앙협의회에 가입시켜 "이 중앙협의회로 하여금 민족유일전선의 표현기관"으로 내세우려는 계획에 따른 행동이었다. 전명혁, 「조선사회단체중앙협의회 성격 연구」『한국민족운동사연구』23, 1999, 408~411쪽. 위에서 큰 따옴표로 인용한 구절은 崔昌益·李廷允, 「高麗共産同盟(ソウル青年會內部に組織された秘密クルプの)事業報告」, 130·134쪽(전명혁, 「위의 논문」, 408·409쪽에서 다시 인용). 이를 보면, 서울청년회가 조선민흥회를 결성함은 민족유일전선을 형성하는 하나의 과정이었다.

직력이업슴으로써바야흐로 민족적공동한리익을위한단일긔관의설립을 요
구하는이쌔를 마추어서 경향의각계급의유지 명제세김종협(明濟世金鐘協)
량씨외 십수인이지난팔일정오에 … 전조선각계급을망라한조선민족의단일
전선을 조직하는동시에 조선민족적 유일긔관(朝鮮民族的唯一機關)으로조
선민흥회(朝鮮民興會)를발긔하기로하고 … 취지와선거 위원은 다음과갓다
고 …19)

　ⓑ 정치,경제,산업등으로 조선 민족의 공동한리익을 목덕하고경향각계급
의 유지 십수인이 재작팔일에 … 각계급을 망라한 조선민족의 단일전선을
조직하는 동시에 조선민족덕유일긔관으로 조선민흥회(朝鮮民興會)를 발긔
하기로하고 …20)

　ⓒ 조선사회운동자와 밋 민족운동자들은 근래에 이르러서도뎨휴(提携)
하여공동전선(共同戰線)을 유지하려는 노력이보이는데 최근수일전에는 민
족적 단일전선(民族的單一戰線)을목표로하고 조선민흥회(朝鮮民興會)라는
단톄가 발긔되엿는바… 조선민족 유일전선의 긔관이될『조선민흥회』를발긔
한것으로 …21)

　ⓓ 朝鮮民興會 發起準備委員會가 成立되었다. 朝鮮民興會의 發起準備委
員會가 成立된 것은 朝鮮民族의 共同利益을 위해 奮鬪努力하자는 것으로서
朝鮮民族의 單一戰線機關을 形成하기 위한 것이다. 즉 失業-宗敎-女子-靑年-
衡平-學生-思想 等 各界를 網羅하여 民族的 大同團結을 이룩하자는 것이다.22)

19) 「各階級을網羅하야 朝鮮民族單一戰線을」『時代日報』(1926. 7. 11).
20) 「民族統一團體組織準備」『東亞日報』(1926. 7. 10).
21) 「單一戰線機關으로 朝鮮民興會發起」『朝鮮日報』(1926. 7. 10).
22) 『朝鮮日報』(1926. 7. 11 社說, 압수됨) (朝鮮日報出版局,『朝鮮日報名社說五百選』, 朝

ⓔ◇ 趣旨

朝鮮民族의共同利益을爲하야奮鬪努力함에는반다시全民族的인各階級의
力量을集中한組織力의活動으로서야可能할것임으로써朝鮮民族의中心勢力
이될唯一한組織體를完成하기爲하야朝鮮民興會發起準備會를組織함

◇ 決議

一. 失業教育勞働, 農民言論宗敎女子,靑年衡平,學生思想運動等各系를總
網羅하야朝鮮民興會를　組織하기로하고準備委員을選定하야各階級에交涉
하야發起會를組織하기로함… 23)

ⓕ◇綱領

一.　我等은朝鮮民族의最大利益을爲하야鬪爭함을根本的使命으로함

一.　我等은朝鮮民族의總力量을結合하야組織的活動을期함

一.　我等은朝鮮民族의當面利益을爲하야現下實情에適當한政策의樹立及
實行을圖함24)

위에서 인용한 (자료 D-ⓐ) · (자료 D-ⓑ) · (자료 D-ⓒ)는 조선민흥회 발기를
보도한 신문 기사이고, (자료 D-ⓓ)는 조선민흥회 발기를 주제로 한 신문 사설
이며, (자료 D-ⓔ)는 상기 신문들이 보도한 조선민흥회의 취지와 결의였다.25)
(자료 D-ⓕ)는 1926년 7월 15일『조선일보』에 보도된 조선민흥회의 강령이다.

鮮日報社, 1972, 182~183쪽 ; 朝鮮總督府警務局圖書課,『諺文新聞差押記事輯錄』, 朝
鮮總督府警務局, 1932, 306~308쪽).

23)「民族統一團體組織準備」『東亞日報』(1927. 7. 10). 취지와 결의는 앞서 인용한 각 신
문에 모두 보도되었는데, 띄어쓰기와 한두 글자에서 차이점이 보일 뿐, 전체 문구는
(자료 D-ⓔ)로 인용한『동아일보』기사와 완전히 동일하다.

24)「民興會 發起準備會」『朝鮮日報』(1926. 7. 16). 조선민흥회 발기준비회는 1926년 7월
15일 상기 3개의 강령을 통과시켰고, 이는 다음날『조선일보』에 보도되었다.

25) 결의는 모두 4개 항이었는데, 제1항이 중요하므로 이것만 인용하였다.

먼저 지적할 바는, (자료 D-ⓔ) · (자료 D-ⓕ)에서 보듯이, 조선민흥회가 세상에 공개한 취지와 강령에는 '全民族的인 各階級의 力量' · '朝鮮民族의 中心勢力' · '唯一한 組織體' · '朝鮮民族의 總力量' 등의 용어는 보이지만, '민족적 중심기관' · '단일기관' · '조선민족의 단일전선' · '조선민족적 유일기관' 등 '민족단일전선'을 뜻하는 표현은 전혀 사용하지 않았다. 그런데도 당시 신문들은 조선민흥회가 발기한 사실에 부여하는 의미는 다소 달랐더라도, 조선민흥회를 일매지게 조선민족단일전선으로 규정하였다. 여기서 당시 시대의식이 반영된 '민족단일전선'이 조선민흥회와 관련하여 이미 사용되기 시작하였음에 주의해야 한다.

조선민흥회의 취지와 결의가 '민족단일전선'을 사용하지는 않았지만, 당시 世評은 조선민흥회가 전 조선민족의 각 계급과 각 부분(各系 · 各界라고 표현한) 운동의 모든 역량을 결집한 조선민족의 중심세력으로서 유일한 조직체를 목표로 삼았다고 인식하였다. 『시대일보』(자료 D-ⓐ) · 『동아일보』(자료 D-ⓑ)는 이러한 취지 · 결의에 의거하여 민족단일전선을 해석하였다.

그런데 「조선일보」(자료 D-ⓒ)는 민족단일전선에 더 큰 의미를 부여하였다. 이에 따르면, 조선민흥회는 사회운동자(=사회주의운동자)와 민족운동자(민족주의운동자)가 제휴한 공동전선(협동전선)으로서 민족적 단일전선을 목표로 하는 민족유일전선이었다. 이는 『시대일보』 · 『동아일보』가 조선민흥회를 가리켜 각 계급을 망라한 조선민족단일전선으로 규정하는 시각과는 달랐다. 『조선일보』의 사설은 조선민흥회를 민족단일전선이라고 규정하면서, 취지와 강령에 나오지 않는 '민족적 대동단결'이라는 용어로써 조선민흥회의 목표를 설명하였다.

(자료 D-ⓐ)~(자료 D-ⓕ)에서 보았듯이, 조선민흥회는 조선민족단일전선으로서 세간의 관심을 끌면서 출발하였다. 조직화의 속도는 기대만큼 빠르지 않았으며, 끝내는 신간회에 합류하고 말았지만, 조선민흥회는 이 순간까지도 조

선총독부의 허가를 받아 창립대회를 개최하려는 노력을 포기하지 않았다. 조선민흥회가 발기한 후 꾸준히 창립을 시도하는 상황에서, 신간회가 출현한 정당성과 선도성을 부각시키려면, 조선민흥회와 선명하게 차별화시켜서 신간회의 성격을 표방할 필요가 있었다. 이러한 점에서 신간회가 민족주의좌익전선·민족좌익전선을 천명함은, 조선민흥회를 통하여 세간에 주지되었던 민족단일전선을 의식한 자기정립이었다. 그것은 민족주의자와 사회주의 운동자들의 협동전선을 뜻하는 민족단일전선이 결코 아니었으며, 또한 민족주의자 모두의 조직체가 아니라, 민주주의 가운데 좌익으로 구성되는 좌익전선이었다.

2) 「정우회선언」을 계기로 한 좌익·우익의 분류화

그럼 좌익이 비타협의 뜻으로 용례화하는 과정을 살펴본다. 1926년 11월 15일 이른바 「正友會宣言」이 세상에 발표되자, 찬반의 태도를 표하는 사상단체들의 태도가 언론에 보도되는 가운데, 정우회와 노선이 다른 서울청년회-前進會 계열도 급박하게 움직였다. 이들은 자신들의 태도를 정리한 「전진회검토문」을 내놓기 전에 벌써 「정우회선언」을 '우경'이라고 비판하는 논리를 확산시켜 나갔다. 이에 사회주의운동에서도 '우경' 논쟁이 일어났고, 1926년 12월 중순경 사회주의운동이 분화되는 조짐이 생겨나면서, 언론에는 이를 좌익(좌경)·우익(우경)의 개념으로 설명하려는 보도가 등장하였다.

뒤에 보겠지만, 안재홍이 1926년 12월 들어 조선의 금후 정세를 논하는 바로 그 무렵, 당시 신문은 「정우회선언」에 대응한 서울청년회와 前進會의 대응을 둘러싸고 사회주의운동의 분화 가능성을 기사화하였다. 『동아일보』는 「정우회선언」에 朝鮮勞動總同盟 등에서 찬동의 뜻을 표하였으나, 전진회·京城無産靑年會와 서울청년회(일부)에서는 "반대의 긔세를높히어 일시 소강(小康)의상

태를디속하여오던조선사회운동선상에 쏘다시 큰파문이이러날듯한 형세"라고
보도하면서, 동년 12월 12일 경성무산청년회 집행위원회에서 결의한 요지를
다음과 같이 보도하였다.

(자료 E)
정우회의 선언은 타협덕우경(右傾)에 갓갑다하야 절대비타협주의를 력
설하엿스며 그비타협의 의식고취는 반드시비타협덕 민족운동과 뎨후하게
된다.[26]

이처럼 경성무산청년회는 상위 단체의 결정문인 「전진회검토문」이 나오기
도 전에 태도를 공개해서 표명하였다. 상기 결의는 비록 요지의 형태였지만,
전체 민족운동 노선을 '타협적'과 '비타협적'으로 2분하고, 「정우회선언」을 '타
협적 우경', 자신들을 '절대비타협주의'로 규정하면서 반드시 비타협적 민족(주
의)운동과 제휴하여 비타협적 의식을 고취하겠다고 다짐하였다. (자료 E)에서
우경은 '타협적'의 의미로 사용되었다.
노동·사상 운동단체가 「정우회선언」을 둘러싸고 표명하는 贊反의 동향이
연일 신문 지상에 보도되는 가운데, 「정우회선언」이 발표된 지 꼬박 한 달만인
1926년 12월 15일 전진회는 집행위원회를 열어 결의문과 검토문을 발표하였다.
여기서 이 내용을 분석함은 논지에서 벗어나므로, 본론에 필요한 부분만 언급
하고자 한다. 우선 결의문은 「정우회선언」을 가리켜 "그主義上으로보아確實히
改良主義的右傾化하려는것임을알앗스며同時에政策上으로보와서도朝鮮民衆
運動現實에빗최여 그不可한것을안다"고 지적하였다. 이어 「검토문」은 「정우
회선언」이 "대중의개량덕리익을위하야서로종래소극덕태도를버리고…"라고 운

---

[26] 「前進會의 反對決議 / 경성무산청년회도 正友會宣言에對해」『東亞日報』(1926. 12. 16).

운한 대목을 가리켜, "『쌀조아』세력을두려워한자일쑨 아니라타협운동의대변
자쏘는 찬미자"라고 비판하였다.[27]

「정우회선언」이 발표된 후「전진회검토문」이 나오기까지 과정을 보도한『동
아일보』는, 「전진회검토문」이 발표되는 날「朝鮮社會主義運動 左右翼으로分
裂?」이라는 제목으로 다음과 같은 기사를 내보냈다.

> (자료 F)
> 정우회(正友會)의 선언에대하야 … 전진회(前進會)와 경성무산청년회
> 와『서울』청년회(일부)등에서는 정우회의 그선언이 개량주의덕우경(右傾)
> 이라고 반대의결의를하야 이로써 조선의 사회운동도 다른나라의 발버오
> 는 사회운동과가치 확실히 좌우익(左右翼)량파로 갈리는형세에 이른모양
> 이다.[28]

상기 기사는 전진회 계열의 움직임을 가리켜서, 사회주의운동이 좌익과
우익으로 '분열'되었다고 표현하였다. 이 기사는 좌익을 무엇이라고 규정하지
않았지만, 우경에는 개량주의를 선행시켜 이와 동일시하였다. 당일 날짜로
同紙가 전진회 결의문과 검토문을 보도한 내용을 참작한 반영이라 생각한다.
(자료 F)로 인용한『동아일보』의 기사는 사회주의운동 내의 논쟁을 지켜보면
서, 우경(=우익)을 개량운동(=타협운동)이라고 규정한 전진회의 주장을 빌려
사회주의운동을 분류하였고, 기사의 부제에서는 '조선사회운동선이갈릴듯?'
이라는 예측을 내놓기도 하였다. 이는 같은 날짜의『동아일보』「橫說竪說」欄

---

27) 이상에서 전진회의 결의문과 검토문은「主義政策은反對 協同戰線은保守 ∥우의단례관
계를독실히하려고 이러한 검토문으로 결의 했다는 ∥ 檢討文發表한前進會決議」『東亞
日報』(1926. 12. 17).

28)「朝鮮社會主義運動 左右翼으로分裂? ∥ 정우회의선언을젼진회측에서검토 이로써조
선사회운동선이갈릴듯? ∥ 正友會宣言과前進會態度」『東亞日報』(1926. 12. 17).

에서, "朝鮮社會運動은, 左右翼으로갈리는모양이다, 兩翼은, 相助도하고, 相搏도하는것이니,大鵬의兩翼이되면, 幸甚."이라는 寸評으로 반복되어 나타났다.[29]

이후 1926년 12월 중하순에도 「정우회선언」과 「전진회검토문」을 둘러싸고 사회주의운동자들 사이에 치열한 논쟁이 벌어졌다. 해가 바뀌어 1927년 들어서도 사회주의 표면운동 단체들 사이에는 양자 가운데 하나를 지지하는 성명 등을 발표하면서, 사회주의운동 내부의 '좌우익 분열'이 더욱 촉진되는 양상이었다. 이러한 분위기에서 신간회가 발기되었고, 바로 직후인 1927년 1월 22일 「정우회선언」을 비판한 전진회는 집행위원회를 열어 현하 정세를 토의한 뒤, 다음과 같은 세 가지 결의 사항과 세 가지 표어를 발표하였다.

(자료 G)

…

첫재자치 운동과공직자 운동은 타락뎍 행동인것을 일반이 료해하도록 로력할 것.

둘재좌익뎍(左翼的)민족주의운동 단톄를 원조할것.

셋재일본의 좌익뎍 무산정당에대하야 식민지 문뎨에잇서서의털뎌하기를종용(慫慂)하자 …

◇ 標語

一. 從來의모든黨派를쌔트리자

二. 自治公職運動의支持者는右翼旗幟下에가거라

三. 非妥協的民族運動의支持者는맑시슴左翼旗幟下에오너라.[30]

---

[29] 「橫說竪說」『東亞日報』(1926. 12. 17).
[30] 「決議, 標語 / 현하의정세에대하야 ◇前進會에서◇」『東亞日報』(1927. 1. 26).

(자료 G)에서 보듯이, 전진회는 당시 운동 세력을 좌익·우익의 용어로 분류하였는데, 의미하는 바가 매우 선명하였다. 여기서 '좌익적 민족주의운동 단체'는 이미 발기한 신간회를 가리켰으며, 이에 대응하는 태도는 '원조'였다. 이때 '좌익적'은 '비타협적'과 동의어인데, 비타협적 민족운동을 지지하는 자에게 '맑시슴左翼旗幟로 오라고 촉구하기도 하였다. 右翼은 자치운동과 공직자운동을 가리키면서 이를 '타락적 행동'으로 규정하였다. 사회주의 운동의 양대 계열의 하나인 전진회가, 신간회가 발기됨을 계기로 좌익과 우익의 기치를 선명하게 분류하였음에 주목하게 된다.

전진회가 좌익과 우익의 '기치'를 선명하게 나누기 전, 이러한 시도가 이미 『조선일보』에서 나타났다. 「전진회 검토문」이 발표된 바로 다음 날, 『동아일보』 기사가 조선사회주의운동에서 '좌우익 분열'의 조짐을 예측하던 바로 그 시점에, 『조선일보』의 사설은 좌경과 우경의 범주를 사회주의운동의 테두리를 넘어 전 민족운동으로 확대한 뒤 '금후의 정치적 정세'를 전망하였다.

1926년 말, 더 정확하게는 앞서 지적한 논쟁이 일어나고 있었던 1926년 12월 중순에, 『조선일보』는 4일 간에 걸친 장문의 사설에서 변동되는 조선의 정치상황을 반영하여 「조선 금후의 정치적 정세」[31]를 논하면서, 조선인의 '정치적 분야'를 좌경과 우경으로 갈래지었다. 첫 날 사설의 첫머리는 '朝鮮 今後의 政治的 趨勢'를 첫 단어로 삼아 말문을 연 뒤, "근자 朝鮮에 問題되는 問題가 있으니, 그는 民族的 運動이 어떻게 趨進될는지, 또는 社會的 運動이 어떻게 發展될는지 하는 그것이다. 만일 統治群들의 政策이, 그 左翼의 운동에 대하여 금일과 같거나 또는 금일 이상의 抑壓으로써 하고, 右傾的 계통에 대하여 직접 혹

---

[31] 「朝鮮 今後의 政治的 政勢」(1926. 12. 16~19 『朝鮮日報』 社說), 安在鴻選集刊行委員會 編, 『民世安在鴻選集』 1, 知識産業社, 1981, 187~196쪽. 이 사설의 집필자는 안재홍이었다.

간접의 助長을 아끼지 않는다 하면, 大衆의 進退도 저절로 變動됨을 면치 못할 것이요, 그의 政治的 分野는 따라서 推移할 것이 명백하다."고 문제를 제기하였다. 그리고 곧 "금후 朝鮮人의 政治的 生活은 결국 左傾이냐 右傾이냐 하는 岐路에서 그 하나를 찾아 나아가게 될 것"이라고 단언하였다.

동 사설이 이렇게 '조선의 정치적 추세'와 연관시켜 '조선인의 정치적 분야'를 논하는 이유는, "己未運動 당시로부터 발생하였다 할 수 있는 民族的 妥協運動 즉 소위 自治運動이란 자가, 早晚에 어떠한 형식으로든지 出現될 것"을 확신하였기 때문이다. 여기서 보듯이, 민족적 타협운동은 바로 자치운동을 가리켰는데, 자치운동을 '관제적(또는 官造的·欽定的) 타협운동'으로 규정하면서 강하게 비판하였다. 이 사설의 전체 논점은, 앞으로 2~3년 안에 우경적=타협파=타협운동이 대두하리라 예상하면서 타협운동과, 이에 대항하는 좌경적=비타협파=비타협운동의 장래를 논하는 데 중점을 두었으며, 사설의 끝부분에서는 "妥協運動의 消長은 곧 非妥協運動의 그것을 反比例로 표현하게 될 것이다."고 결론지었다.

「조선 금후의 정치적 정세」는 향후 조선의 정세를 좌경=비타협이냐 우경=타협이냐 하는 양분구도가 필연의 과정이라 예견하였다. 동 사설은 '타협운동의 출현'으로 "民族的 및 社會的 解放戰線 위에 상응한 混亂과 및 分裂이 생길 것"을 우려하였으나, 궁극에서 '철저한 해방'으로 나아가는 "朝鮮人의 左傾的 速度를 더욱 빨리 하게 할 것"이라고 전망하였다. 이렇게 비타협=절대독립을 뜻하는 '좌익'='좌경'의 개념은, 이후 자치운동에 대항하는 신간회의 성격과 노선을 '민족주의 중 좌익전선'·'민족적 좌익전선'·'민족좌익전선'으로 규정하면서, 좌익을 자처하는 선도성과 선명성으로 발전하였다.

4. 민족주의좌익전선의 의미

1927년 새해 초부터 『조선일보』는 사설을 통하여 자치운동의 출현을 경계하면서, '좌익각파'에게 '좌익적 임무'를 촉구하였다.

> (자료 H)
>
> … 더욱히이에對한左翼各派로서의任務는 다만公利的傍觀의態度로서 그
> 의漸進的收益을 商量함으로써足한 것이아니다 더욱더욱그階級的立場에서
> 出發한 左翼的任務를다하야 統治階級의사람들에게 쉴새업는衝擊을 줄쑌아
> 니라 大衆들의墮落또는腐敗를防止하고 因하야 그의反撥的前進을持續하도
> 록하여야할것이다 …32)

위 인용문에서 '좌익적 임무'가 신간회의 임무·사명과 동일함을 볼 때, 이 사설에는 신간회가 출현함을 예고하려는 의도가 담겨 있었다.33) 그런데 여기서 '좌익적 임무' 앞에 "階級的立場에서出發한"이라는 전제가 붙었으므로, '좌익각파'는 비단 민족주의운동뿐 아니라 비타협 노선을 견지하는 사회주의운동 세력까지 포괄하였다. 이 사설은 당시 사회주의운동 내에서도 우경 계통이 등장한다는 세간의 우려를 반영하면서, 계급운동=사회(공산)주의운동도 신간회와 마찬가지로 비타협 운동 즉 '좌익적 임무'에 복무하라고 촉구하였다.

---

32) 「轉換期의朝鮮」 『朝鮮日報』(1927. 1. 5 社說).

33) 이 사설에서는 妥協의運動(妥協運動)을 3회, '妥協의밋右傾的'을 병렬하여 같은 뜻으로 1회, '左翼各派로서의任務'와 '左翼的任務'를 각각 1회 사용하였다. 이때 '좌익적 임무' 는 사설의 冒頭에서 제기한 '朝鮮人의民族的解放의要求'를 실천하기 위하여, "大衆을 墮落에 쓸어너흘危險性"을 향하여 '先驅者의鬪爭'을 행함을 가리켰다. 동 사설은 "무엇보담도必要한것은 組織的인一定한運動이大衆으로 하야금 항상目標意識에依하야 움즉이고또訓練될수잇도록하는것이다 이로써轉換期의朝鮮은 비롯오意味가잇는 것이다"고 끝맺으면서, '좌익적 임무'를 실행할 조직체의 필요성과 출현을 예고하였다.

신간회가 발기인 대회를 열어 '민족주의 중 좌익전선'을 천명하기 3일 전, 『조선일보』는 時評欄에서 비타협 민족주의자의 총단결이 필요하다고 역설하는 형식을 빌려 머지않아 신간회가 출현함을 다시 예고하는 한편, 계급운동자들에게도 '좌익전선'에 서서 '좌익적 임무'를 수행하라고 재차 촉구하였다. 신간회가 출현하여 민족주의좌익전선을 표명하기 앞서, 이렇게 『조선일보』는 사회(공산)주의자들에게 '좌익전선'과 '좌익적 임무'를 먼저 제기하였다.

이 시평은 "實際運動은卽政治運動을意味하는것이이즈음의일이다 政治運動이란것은 한편으로民族主義的妥協運動과 밋非妥協의兩種의運動을預想하고서의일인것도 쏘分明하다"고 전제한 뒤, 곧바로 "妥協運動이 어써한形式으로나 오리라는것"을 예견하면서 타협운동(=자치운동)에 경계심을 나타내었다. 이어 비타협 민족주의자들의 단체가 조만간 출현하리라고 예고하는 형식으로 이의 사명을 천명하면서, 사회(공산)주의운동에도 이에 상응하는 태도를 다음과 같이 촉구하였다.

(자료 I)

朝鮮現下에잇서서 非妥協的民族主義者의 總團結이퍽必要한것은 識者밋 先驅者들의共通하는바이다 非妥協的民族主義의運動이 當面한妥協的民族主義運動을監視하고同時에 그에對한大衆의無反省的趨參을防止하며 그리 하야 그들을墮落밋屈從의危機로부터究竟的인前進에나아가야할것을 니저 버리지안케하는것은 그의代表的인任務인까닭이다. 이것이나마찬가지로 解 放運動의最左翼을形成한 各運動團體의去就도勿論愼重쏘賢明한 考慮에서 나와야할 것이다 …

쌀허서階級的의運動에서 立脚한 新興勢力으로서의任務와 밋左翼戰線으로 서의 政治的任務도最後까지把持하고서나아가지아니할 수업는것이다 … 그 러나그것이만일左翼的任務를保留或은中止하고 우선目前의要求에만 適應

코저하는것이된다하면 吾人은그를 首肯할수업는바이다[34]

위의 자료는 정치운동을 '민족주의적 타협운동'과 '비타협'으로 양분하면서도, '타협운동' 앞에 '민족주의적'이라는 이념정향을 덧붙인 반면, '비타협'에는 이러한 갈래(민족주의 또는 계급주의 등)를 나타내는 말을 수반하지 않았음에 유의해야 한다. '비타협' 정치운동은 해방운동을 가리켰는데, 여기에도 '비타협적 민족주의 운동'과 '계급적 운동'의 두 갈래가 있었다. 물론 이 시평은 '비타협적 계급운동'이라는 표현을 사용하지 않았지만, 계급적 운동에 '新興勢力으로서의 任務'와 '左翼戰線으로서의 政治的 任務'인 '좌익적 임무'를 동시에 요구하였다.

(자료 I)의 요점은 계급운동은 사회(주의)운동으로서 독자성을 견지함과 동시에, 민족적 타협운동(자치운동)이 등장하는 현실에 경계심을 갖고 이에 대항하는 임무를 최후까지 수행하라고 촉구하는 데 있었다. 그리고 후자를 위해서는 비타협 민족주의운동과 계급운동이 '좌익적 임무'에서 연대해야 한다는 주장을 폈다. 이러한 논지는 민족주의좌익전선으로서 신간회가 출현하기 전, '민족적'·'민족'이란 말을 생략한 채 사회(공산)주의자들에게 '좌익전선'의 의미를 설득하는 선행 논리였다. 이때 '민족적'·'민족'을 생략한 '좌익전선'은, '민족주의 중 좌익전선'(민족주의좌익전선)·'민족적 좌익전선'·'민족좌익전선'의 줄임말이 아니라, '비타협적 전선'으로서 자치운동에 대항하는 해방운동의 전선을 가리켰다.[35] 따라서 좌익전선은 해방운동의 전선(=해방전선)과 동의어로서 민족주의좌익전선보다 넓은 범주였으며, 이 전선 가운데 민족주의 세력으로

---

34) 「實際運動問題」『朝鮮日報』(1927. 1. 16 時評).
35) 필자는 기존에 발표한 논문에서 이 시평을 인용하여 서술하면서, "여기서 좌익전선은 '비타협적 민족주의운동'을 가리키며…"라고 서술하였는데(김인식, 「앞의 논문」, 2007, 236쪽), 이는 자료를 오독한 오류였다. (자료 I)에서 '좌익전선'은 이보다 넓은 범주로, 자치운동을 배격하는 비타협 성향의 모든 민족운동을 포괄하는 전선이었다.

구성된 전선이 바로 '민족주의 중 좌익전선'이었다.

위의 시평이 '우익전선'이라는 표현은 사용하지 않았지만, 좌익전선은 바로 이 타협운동에 대립·대항하는 전선을 가리켰다. 『조선일보』는 신간회가 '민족주의 좌익전선'을 천명하기 전, '좌익전선'과 '좌익적 임무'를 먼저 사용되었는데, 이는 사회(공산)주의자들에게 해방운동·해방전선의 공통 목표를 제시하려는 용어였다. 이러한 논리 아래 민족주의좌익전선으로서 신간회를 선포할 수 있었다.

『조선일보』는 이 시평에서 '비타협적'과 '타협적'을 대립시켰는데, '타협적'은 '타락과 굴종'을, '비타협적'은 '구경적인 전진에 나아가야 할 것'으로 표현하였다. 여기서 '구경적인 전진'이 민족독립·민족해방을 가리킨 반면, '타락'과 '굴종'은 민족독립 노선을 포기하였음을 뜻하였다. 이로써 비타협 민족주의운동은 독립노선에서 이탈한 타협적 민족주의운동을 비판·감시하는 한편, 대중들이 無反省한 형태로 이를 추종하지 않도록 방지하는 데 '대표적인 임무'가 있음을 명시하였다. 이는 앞으로 출현할 신간회의 목표이자 임무로서, 계급운동자인 사회(공산)주의운동도 이를 실천하라는 요구였다.

(자료 J)에서 보는, '非妥協的인社會運動戰線'은 비타협 사회주의운동 세력들을 지칭하였는데, 안재홍의 표현을 빌려 표현하면, 비타협 성향을 공유하는 민족주의와 사회(공산)주의 세력은 '해방전선의 양대진영'[36]이었다. 이를 고려하면, '좌익전선'은 일제에 저항하는 민족해방운동의 모든 영역에서 '좌익'(좌경)의 성향, 즉 비타협성(투쟁성)을 견지하는 모든 진영을 의미하므로 매우 넓은 범주였다. 근본이념이 다른 두 민족운동세력이 좌익이라는 성향에서 일치

---

36) 안재홍은 일찍부터 "순수한 民族運動으로부터 社會運動으로 방향을 轉換하여 吾人 解放戰線에 兩大陣營의 並立을 보게 된 것은, 필연 또 당연한 형세"라고 하여, 민족주의운동과 사회주의운동을 해방전선의 양대진영으로 인식하였다. 「朝鮮人의 政治的 分野·旗幟를 鮮明히 하라」(1925. 1. 21 『朝鮮日報』 社說), 『民世安在鴻選集』 1, 95쪽. 또 「朝鮮 今後의 政治的 政勢」라는 사설에서도, '民族的 및 社會的의 解放戰線'이라는 표현을 사용하였다.

한다면 연대할 가능성이 있었으므로, 좌익전선은 연대가 가능한 세력들을 가리켰지만, 이 말 자체가 곧바로 협동전선을 의미하지는 않았다. 이는 '해방전선' 자체가 협동전선을 뜻하지 않음과 마찬가지였다. 후술하겠지만, 이 점은 매우 중요하다.

또 한 가지 지적할 점은, '민족주의 중 좌익전선'을 천명한 신간회가 발기하면서 좌익전선은 민족주의라는 근본이념과 결합되었다. 여기서 민족주의는 오해할 여지도 없이, 민족운동의 근본 이념(목표와 지향성)을 나타내는 용어로서, 민족주의와 사회(공산)주의로 양분되는 민족운동의 한 種이었다. 민족좌익전선=좌익민족주의는 민족주의 내의 亞種으로서, 變種된 우익민족운동과 구별되는 純種을 가리켰다. 달리 말하면, 민족주의는 민족운동의 기본 이념을 나타내는 上位 범주였으며, 좌익(좌경)·우익(우경)은 일제에 대응하는 정치 태도·자세·성향으로 운동세력을 구분하는 次位 범주였다. 이는 비타협과 타협으로 양분되며, 각각 좌익(좌경)·우익(우경)으로 표현되었다.

신간회 강령을 예로 들어 설명하면, 신간회 3개 강령의 최초 형태에서 1항의 '政治 經濟의 究竟的 解決', 3항의 '妥協主義'가 최종 형태에서 '각성'과 '기회주의'로 바뀌었는데, 구경적 해결과 타협주의(=기회주의)가 각각 좌경과 우경의 성향을 나타내는 말들이었다. 구경적 해결은 민족문제의 완전한 해결인 완전독립(=절대독립)을 뜻하였고, 타협주의(=기회주의)는 이를 포기한 노선으로, 이른바 '단계적 독립론'을 내세우는 자치운동을 가리켰다.

신간회 발기·창립을 주도하는 세력들이 민족주의좌익전선을 표방하였지만, 이 시기에는 이들 용어들도 신간회의 조직을 정비함과 마찬가지로 새롭게 개념정립해야 할 신조어였다. 이 때문인지 『조선일보』는 신간회 발기·창립을 전후하여 여러 차례 민족좌익전선을 강조하면서, 두 차례에 걸쳐서 '민족좌익전선'을 주제화하여 선명한 논지로써 개념·의도·목표를 설명하였다.

　신간회가 발기한 지 4일 후,『조선일보』는 시평란을 통하여 처음으로 민족좌익전선을 범주화하였다.

　　(자료 J)
　　民族主義的左翼戰線은 現下의朝鮮에잇서서 퍽必要한것이다 어느意味로는 이것이곳現下朝鮮의 時代的使命을 代表하는機關이되는것이오 또는그리되도록힘써야할것이다 朝鮮에잇서서 解放戰線의分野를보건대 社會運動者의左翼에나선者들이 …盟友의策動을할것이오…
　　그리고非妥協的인社會運動戰線의士女들로더브러完全한協同戰線을形成하여 敵으로하야금틈을탈機會를주지안는것이 매우必要할것이다 …37)

　이 시평은 冒頭에서, 며칠 전 발기한 신간회의 사명을 강조한 뒤 해방전선을 상위 범주로 삼아, 이를 '민족좌익전선'과 '비타협적인 사회운동전선'으로 양분하였는데, '비타협적인 사회운동전선'은 '社會運動者의左翼에나선者들'로서 비타협 사회(공산)주의운동자들을 가리켰다. 동 시평은 민족좌익전선이 비타협적 사회운동전선과 '좌익'이라는 성향에서 일치하므로 향후 "完全한協同戰線을形成"하자고 주장하였으나, 구체 형태는 제시하지 않았다. 여기서 눈에 띄는 바는, '좌익전선'을 '민족주의'·'민족'과 결합시켰으며, 사회주의운동자는 해방전선의 일부로 인정하였으나 좌익전선에서는 분리시켰다. 이러한 논지는 (자료 K)에도 반복되었다.
　신간회를 창립하기 6일 전,『조선일보』는「民族左翼戰線의意義밋使命」이란 題下에 "民族主義의左翼戰線을形成하야 變動되려는時局에策應함이必要한것은 現下朝鮮의確實한時代意識이되어잇다"로 시작하는 사설을 실었다. 다음은

----

37)「民族左翼戰線」『朝鮮日報』(1927. 1. 23 時評).

이렇게 이어진다.

　　(자료 K)

　　墮落을意味하는機會主義와 右傾的인妥協運動이 大衆의目的意識을麻痺
　케하고 그의鬪力을消磨케하며 짜라서統治者들의準備하는엇더한術策이 감
　쪽가티들어맛게할걱정이잇는故로 非妥協的인 民族主義左翼戰線을形成하
　야 먼저大衆의鞏固한團結을맨들어가며 그의政治的訓練을鬪爭과아울러나
　아가게함이 퍽必要한것인까닭이다

　여기서도 사회주의운동자는 좌익전선에 포함시키지 않고 사회운동전선[38]으
로 분리시켰다. 따라서 이때 좌익전선도 협동전선의 개념이라기보다는 민족·
민족주의와 결합하여 해방전선의 한 분야를 가리키는 용어였다. "左翼民族戰線
은 當然히最左翼인 社會運動戰線과 聯結하게될것이다."[39]라고 말한 데에서도,
좌익민족전선을 사회주의운동 노선과 분리시켰음을 다시 확인하게 된다.

　(자료 K)에서 보듯이, 민족좌익전선이 경계하는 바는 타락한 기회주의와 右
傾的인 妥協運動이었다. 여기서는 이 두 가지가 병렬되었지만, 신간회 강령
3항을 보더라도 이는 한 가지였다. 동 사설에서 "오늘날에잇서서 民族的妥協運
動世間의 自治運動이란者는 風說로써宣傳되는지오래고 最近에와서는 그럴상
하게報道되는바조차잇다"고 한 바를 보면, 기회주의·타협운동은 바로 자치운
동을 가리켰다. 나아가 사설은 이를 추진하려는 세력들이 아직 조직화하여 출
현하지는 않았지만, 곧 右翼民族團體[40]로 가시화할 수 있음을 경계하면서, 이

---

38) 이 사설에는 '最左翼인 社會運動戰線'을 1회 포함하여 '社會運動戰線'이 모두 3회 나온다.
39) 그러나 사설은 '연결'하는 방식을 구체화시켜 언급하지는 않았다.
40) 이 사설에는 이와 관련하여 '民族右翼의集團'·'民族右翼團體'·'右翼民族團體' 등의
　　용어가 모두 4회 나왔다.

들을 '右傾的인政敵·妥協派라는政敵' 등의 용어를 사용하여 政敵으로 규정하
였다.41)

　사설은 끝 부분에서 "오늘날의朝鮮에잇서서 秘密結社가아니고는 民族左翼
戰線의任務를다할수업다"는 일부의 시각에 대응하여, "吾人은民族左翼戰線으
로써自任하려는新幹會의將來를만히祝福하고도鞭韃하려는것이다"라는　마지
막 구절로써 합법운동 단체인 신간회가 출범함에 기대를 표현하였다.『조선일
보』는 이 사설로써 민족좌익전선의 개념과 목표를 나름 선명하게 제시하면
서,42) 민족좌익전선으로 출발하는 합법단체 신간회를 명확하게 지지하였다.

　「신간회 창립선언문」의 원문은 日警에게 압수당하였으므로 직접 확인할 수
는 없지만, 이곳에도 '민족좌익전선'란 용어가 사용되었던 듯하다. 이와 관련하
여 李仁은 다음과 같이 주목할 만한 증언을 남겼다. "신간회 創立宣言文에 보이
는 左翼戰線 운운이란 말은 요즘 우리가 생각하는 그것과는 아주 判異해요. 日
帝와 타협하여 實力을 양성하자는 일부 自治運動派에 대한 반발의 의미가 컸고,
말하자면 鮮明하고도 적극적인 抗日을 하자는 흐름이었소. 내 막역지우의 한
사람이었던 民世 安在鴻 같은 사람은 다소 進取性向의 民族主義者였다고 할까,
정작 共産主義 진용한테는 늘 공격의 대상이 되었거든…" (줄임표는 원문임)43)

────────

41) 이 사설은 자치운동을 추진하는 세력을 가리켜 '假想的主義敵'·'그主義敵'·'右傾的
　인政敵'·'차라리主義敵'·'妥協派라는政敵'·'政敵의出現與否' 등 '政敵'과 '主義敵'을
　합쳐 같은 의미의 표현이 모두 6차례 사용되었다. 政敵이라는 표현은 새삼스러운
　용어는 아니었지만, 정치상의 노선이 다르다는 의미를 내포한 반면, '主義敵'이라는
　낯선 용어로써 추구하는 이념과 지향점이 상이함을 드러내려고 하였다.
42) 「民族左翼戰線의意義밋使命」『朝鮮日報』(1927. 2. 9 社說). 이 사설에는 민족좌익전
　선이 7회로 가장 많으며, 민족주의좌익전선 4회, 좌익민족전선이 3회 나왔다. 이를
　합하면 민족좌익전선과 관련된 용어가 무려 14회나 사용되었다.
43) 平洲 李昇馥先生 望九頌壽紀念會,『三千百日紅·平洲 李昇馥先生八旬記』, 人物研究
　所, 1974, 173~174쪽. 李仁은 다른 곳에서도 "당시 新幹會 本營인 朝鮮日報는「民族主
　義 左翼戰線」으로 신간회의 性格을 밝히고 있었는데 여기에서의 왼편길은 요즘의
　左傾路線이 결코 아니다. 당시 左翼戰線은 社會主義를 결부해서 쓰는 것이 아니라

이 증언은 민족좌익전선을 파악하는 데 매우 중요한 단서를 제공한다.

이인이 좌익전선을 설명하면서 자치운동과 대립시키는 한편, 안재홍을 가리켜 공산주의 진용한테 늘 공격받았던 '진취성향의 민족주의자'라고 규정한 데에서, 당시 사용되었던 '좌익전선'이 '反제국주의'·'非安協'과 함께 '진보성'의 의미도 함축하였음을 보여준다. 8·15해방 후 '진보적 민족주의'를 표방하는 정치세력들이 이때 형성되기 시작하였음을 나타내는 단면이면서, 신간회가 출발한 동기와 지향성도 분명하게 재확인할 수 있다.

이상에서 설명한 바를 바탕으로, 신간회가 목표한 민족주의좌익전선의 개념을 명확하게 해 본다. 민족주의좌익전선은 민족주의 중 좌익전선을 가리키며, '민족적 좌익전선'·'민족좌익전선'은 이의 준말이자 동의어였다. 민족주의(=민족적=민족)·좌익·전선이 결합된 이 합성어에서, 근본어는 민족주의·민족적·민족이었다. 민족주의(민족적)은 민족운동의 근본 이념·노선을 지칭하는 용어로 민족주의 이념을 가리킴은 재론할 필요가 없다. 종래에는 신간회가 협동전선체로 출발하였다는 통설에 갇혀서, 대다수의 연구자들이 너무도 자명한 이 '민족주의'라는 말을 해석하지 않았거나, 때로는 엉뚱하게 오독하였다.[44]

....

그 당시 國內의 형편이 즉시 完全獨立을 주장하는 세력이 지배적이었는데 日本統治下 自治를 주장했던 崔麟 一派와 구분해서 그렇게 불렸다. 그러니까, 어디까지나 民族主義內部에서 左傾, 右傾의 구별이 있었다."고 증언하였다. 李文遠, 「李仁과 會見」(1974. 5. 31) (李文源, 「新幹會의 社會敎化」『韓國學』26輯, 中央大學校 韓國學硏究所, 1982 여름, 20쪽에서 다시 인용).

[44] 이미 송건호가 『朝鮮日報』(1927. 1. 16 時評), 『朝鮮日報』(1927. 2. 9 社說)을 자료로 활용하여, "당시 민족운동에 있어서는 「民族左翼戰線」이라는 말이 유행했다. 이 말의 뜻은 사회주의를 뜻하기보다는 洪命熹가 말한 것처럼 右派民族陣營, 즉 自治論者들에 대한 비타협적 민족운동을 뜻한 것이었다."고 간단하나마 지적한 바 있었다. 宋建鎬, 「앞의 논문」, 448쪽. 송건호는 민족좌익전선이 요즈음 민족주의우파로 지칭되는 자치론자들에 대립하여 사용된 용어임을 정확하게 짚었다. 그러나 송건호가 지적한 바는 주목 받지 못한 채, 이후 '민족주의좌익전선'·'민족좌익전선'은 전혀 엉뚱하게 해석되어, 협동전선을 뜻하는 개념으로 오인되었다. 이지원은, 안재홍이 체제(일제)

'민족'은 민족공동체로서 nation을 의미하기도 하겠지만, 신간회는 민족구성원을 비타협 민족주의라는 사상과 노선으로써 결속시켜 일제에 대항하려 하였으므로, 이때의 '민족'도 민족주의와 별개로 생각할 수는 없었다. 이를 고려하지 않으면, 민족좌익전선을 또다시 엉뚱하게 민족협동전선으로 해석하게 된다.

신간회 발기를 보도하는 신문들은, 신간회가 '민족주의 중 좌익전선'을 목표로 '純민족주의 단체'로 조직되었음을 알렸다. 이를 고려하면, 민족주의좌익전선은 일제에게서 해방을 목표로 삼는 해방전선의 한 갈래로서, 민족주의 이념·노선에 입각하여 일제에 저항하는 비타협 성향의 세력·진영을 가리켰으며, 민족문제의 '구경적 해결'인 완전독립을 지향·도모하는 비타협 민족주의 세력을 뜻하였다. 이들은 일제를 타도할 敵으로 설정하는 反제국주의 노선에서서, 사회주의 이념을 일정하게 수용하였고, 자치운동과 같은 타협주의 성향을 主義敵·政敵으로 규정하여 배격하면서, 이러한 목적의식 아래 사회(공산)주의자들과도 연대하려고 하였다. 이러한 이념을 견지한 민족운동세력들은 당시 좌익민족주의를 자칭하였는데, 이는 사회(공산)주의와는 근본 이념에서 차별성을 지녔으나 일제에 대항하기 위하여 연대할 상대로 인식하였고, 자치운동과 같은 타협주의로 경사한 우익민족주의를 主義敵으로 규정하여 배격하였

에 타협하는 세력을 우익, 체제에 타협하지 않은 세력은 좌익이라고 파악하였다고 전제하고, "따라서 민족주의좌익전선이란 일제에 저항적이고 비타협적인 세력들의 협동전선으로서, 여기에는 민족주의자·사회주의자 모두가 포함되었다."고 서술하였다. 이지원, 「일제하 안재홍의 현실인식과 민족해방운동론」『역사와 현실』제6호, 역사비평사, 1991, 48쪽. 그러나 '민족주의좌익전선'은 말 그대로 "민족주의 가운데 좌익으로 구성되는 전선"을 뜻하였으며, 줄여서 민족좌익전선으로도 표현하면서 비타협 민족주의운동노선을 가리켰다. 김인식, 「앞의 논문」, 1994, 178쪽. 이때 '비타협적 민족주의'에 사회주의자들까지 포함된다고 해석함은 무리이다. 당시 사회주의자들도 좌익민족주의자들과 협동전선 문제를 논의하였지만, '사회주의'와 '민족주의'라는 용어는 서로 다른 지향을 지닌 각각의 운동노선을 가리켰다. '비타협적 민족주의'를 협동전선의 개념으로 볼 수 없듯이, 민족주의좌익전선·민족좌익전선을 협동전선체로 볼 수는 없다.

다. 민족좌익전선은 바로 이들 좌익민족주의자들이 주도하는 해방운동의 전선
을 가리켰다.

5. 신간회 창립 후, 단일민족진영을 지향

민족좌익전선의 의미와 지향점은 신간회가 창립된 후『조선일보』가 單一民
族陣營을 강조하는 데에서도 선명하게 드러났다. 신간회가 창립된 지 9일이
지난 뒤,『조선일보』는 한 날에 두 개의 時評을 실었는데, 이들의 제목은 달랐
지만 강조하는 바는 한 가지로 '단일민족진영'이었다. 신간회가 창립된 후『조
선일보』가 신간회의 지향점을 단일민족진영으로 표방하는 이유를 알기 위해
서는, 신간회가 창립되기 전후 국내의 민족운동 단체들이 이에 반응하는 양상
을 먼저 파악할 필요가 있다.

우선 조선민흥회가 신간회에 합류하여 1927년 2월 15일 신간회 창립대회를
합동 개최하였다. 신간회를 발기·창립하는 주역들에게 양자의 합동은 조선민
흥회가 좌익민족전선이라는 신간회의 가치와 이념에 동조하여 합류한 단일화
였다.[45] 이러한 추세가 지속된다면, 우익민족주의단체가 출현하지 못하도록
압박 작용을 할 터이고, 크고 작은 민족주의운동 단체가 계속하여 신간회에
합류한다면 신간회는 명실공히 단일민족진영으로 성장한다는 기대감도 높아
갔다.『조선일보』는 신간회가 좌익민족전선으로서 모든 민족주의운동을 지도
하는 '통일적인 민족주의 진영'이 되기를 기대·지향하였다.

각처의 민족운동 단체들이 신간회가 출현함에 반응하는 태도도,『조선일보』
가 이와 같은 기대감을 갖게 된 또 하나의 배경이었다. 아래에서 살펴보겠지만,

---

45) (자료 P)를 참조.

일부 운동단체에서는 신간회를 '민족적단일전선'으로 규정하는 시각도 나타났
는데, 이는 조선민흥회가 발기할 무렵에 등장하였던 '민족단일전선'이라는 표
현이 재현한 바였다. 조선민흥회와 신간회의 주요 관계자들이 모여 급박하게
합동을 논의하는 2월 11일 벌써 民族單一戰線이라는 구호가 등장하였다. 이에
『조선일보』는 신간회의 성격을 다시 명확하게 규정할 필요가 있었다.

1927년 2월 11일 咸北靑年總聯盟 定期大會가 열렸는데, 여기에는 동아일
보·조선일보·매일신보·경성일보·北鮮日報 등의 신문기자도 列席하였다.
이 대회에서는 조직문제에 이어 當面政策을 토의하였는데, 2·3인의 대의원들
이 "在來의派爭分子를蕩盡하야우리의運動線을統一하여야할것과從來에局限
되엿든社會主義者의獨占門戶를解放하야政治的不平要素를總網羅하는全民族
的單一戰線을促成하는政治運動으로轉換하여야하겠다는意味의論說"을　제창
하였다.[46)]

咸北靑年總聯盟은 이보다 앞서 1927년 1월 17일 "現下朝鮮運動의轉換期에
在하야그聯盟自體의態度를鮮明히하고民衆의向路를바로잡기爲"할 목적으로 5
대표어를 결정하였는데 다음과 같다.

(자료 L)
一. 朝鮮의社會運動을左翼旗幟下에信中[47)]하자.
二. 非妥協的民族運動과協同戰線을組成하자.
三. 自治運動者를撲滅하자.
四. 朝鮮의모든運動을政容的[48)]인테리켄차의手中에서쌔앗자.

46) 「嚴重한警戒裡에 咸北靑年大會」『東亞日報』(1927. 2. 21) : 「嚴重한警戒裡에 咸北靑
　聯大會」『朝鮮日報』(1927. 2. 22).
47) 集中의 잘못인 듯.
48) 政客的의 잘못인 듯.

五. 朝鮮運動線에在한派黨을깨트리자.[49]

위의 5가지 표어는「정우회선언」에 대응하는 태도였고, 아직 신간회가 발기되기 전이었으므로 신간회와 관계 설정은 시도하지 않았다. 제5항이 파벌청산이라는 당시 사회주의운동의 당면과제를 가리켰다면, 1·3·4항은 자치운동을 박멸하자는 3항을 중심으로 연관성을 맺고 있었다. 1항의 '좌익기치'도 자치운동과 대립하는 개념으로 비타협을 뜻하였으며, 4항의 '정객적 인테리겐차'도 자치운동 세력을 지칭하였다고 보인다. 2항은「정우회선언」의 취지이기도 하였지만, 전진회 계열도 이미 좌익민족주의 단체와 협동전선을 추구하려는 노선에서는 이의가 없었으며, 오히려 더욱 적극성을 보인 측면도 강하였다.

2월 11일 咸北青年總聯盟 定期大會에서 제기된 주장 가운데 "從來에局限되엿든社會主義者의獨占門戶를解放" 운운한 대목에서, 이들이 全民族的單一戰線을 표면단체의 형태로 촉성하려 하였고, 이는 신간회와 관련되었음을 확인할 수 있다. 여기서 政治運動의 뜻이 구체화하였는데, 그것은 바로 전민족적단일전선을 결성함이었다.『조선일보』는 이 날 대회를 보도하면서, 두 번째 토의와 관련하여, "(第二)當面政策에잇서서는在來의派黨을깨트리고우리의運動線을統一하여야할것과非安協的民族運動者와提携하야全民族的單一戰線을組成하야써政治的○○[50]을具體的으로展開하여야 되겟다는意味의論議가…"라고 기사화하였다.[51] 이 기사는『東亞日報』보도 기사와 전체 문맥에서는 비슷하였지만, 全民族的單一戰線을 조성하는 방법으로 비타협 민족운동자와 제휴한다는 방법론을 명시하였다는 점에서 차이가 있었다.

이 날 全民族的單一戰線과 관련한 주장은, 같은 날 오후 같은 장소에서 열린

---

49) 「標語決定」『東亞日報』(1927. 2. 21).

50) ○○는 鬪爭의 伏字인 듯.

51) 「嚴重한警戒裡에 咸北青聯大會」『朝鮮日報』(1927. 2. 22).

咸北大衆運動者同盟 제3회 중앙집행위원회에서도 그대로 반복되었다. 이 모임에서는 「정우회선언」에 동조하는 취지에서 5가지를 결의하였다. 이 가운데 1항과 2항이 매우 중요한데 다음과 같다.

(자료 M)

◇決議事項

一. 우리는 運動線을 統一하기爲하야在來의모든派爭分子를運動線에서驅逐하고쌕긋한分離作用을行한後眞正한結合을하자

二. 觀念的, 部分的領域에서未脫한우리의運動을現實的, 階級的인政治的形態로飛躍展開케하되政治的不平要素를總網羅하는全民族的單一戰線을促成토록하자 …52)

(자료 L)과 (자료 M)에서 보듯이, 「정우회선언」이 발표된 후 사회(공산)주의자들은 이른바 파벌청산을 뜻하는 運動線의 統一이라는 과제와 함께, 정치투쟁과 관련하여 민족주의자들과 협동하는 문제도 주요하게 제기하였는데, 후자가 바로 민족단일전선과 연관이 있었다. 함북대중운동자동맹이 제창한 '전민족적 단일전선'53)은 함북청년총동맹이 내세운 바와 마찬가지로 '정치적 불평요소를 총망라'하는 광범위한 구도 즉 민족협동전선의 범주였다. 이는 민족주의 계열도 포함하여 단일전선을 구축하자는 주장이었는데, 전민족단일전선을 촉성하는 방법을 제시하지는 않았다.

이때는 신간회가 이미 발기한 뒤 창립을 목전에 두었음을 다 아는 터였으므

---

52) 「思想團體解體 / 咸北大衆運動者同盟決議 / 民族單一戰線을促成」『東亞日報』(1927. 2. 21). 咸北靑年總聯盟定期大會와 咸北大衆運動者同盟 제3회 중앙집행위원회는 둘다 鏡城靑年會舘內에서 전자는 오전 10시, 후자는 오후 6시부터 열렸다.

53) 기사의 부제에서는 '민족단일전선'으로 표현하였다.

로, (자료 M)의 2항이 신간회와 제휴하여 민족단일전선을 촉성하자는 결의였음은 쉽게 짐작할 수 있다. 이 시기 정우회 계열은 좌익민족주의자와 사회주의자들의 협동으로 표면 단체·조직을 구성하자는 이론을 주장하였으므로, 민족단일전선은 신간회 조직을 그렇게 발전시키려는 논리였다. 우연의 일치였는지, 조선민흥회와 신간회가 합동을 분주하게 논의하던 그 시점에서 '전민족적 단일전선'이라는 구호가 벌써 나왔는데, 이는 뒤에 보게 될 단일민족진영과는 전혀 다른 구도였다.

신간회가 창립된 지 3일 후인 2월 18일, 지방의 민족운동 단체들도 신간회가 창립되었음을 이미 다 알고 있는 상황에서, 咸南社會運動者同盟 執行委員會가 3개 항의 결의를 하였는데 1·2항은 다음과 같다.

(자료 N)
一. 우리의 運動을 統一키 爲하야 從來의 派閥을 打破하고 眞正한 結合을 할것
二. 우리의 運動을 觀念的 部分的 境地로부터 現實의 階級的으로의 具體的 形
態로 展開키 爲하야 左翼的 民族的 單一戰線과 提[54]할것

(자료 N)은 (자료 M)과 전체 문맥에서 비슷한데, '左翼的 民族的 單一戰線'이 눈에 띈다. 앞에서 본 자료들은 '전민족적 단일전선'을 '촉성'·'조성'한다고 하였는데, 여기서는 "左翼的 民族的 單一戰線과 提携할것"이라고 하는 차이가 있었다. (자료 N)에서 문맥을 따져 보면, 좌익적민족적단일전선은 이미 조직되어 있는 단체였으므로 신간회를 가리켰음이 분명하다. 咸南社會運動者同盟은 이렇게 신간회를 좌익적민족적단일전선으로 성격규정하고서 제휴하려 하였는데, 이때 '提携'는 신간회에 가입함을 뜻하였다.

---

[54] 提携에서 携의 탈자인 듯.

『조선일보』가 신간회를 '단일민족진영'으로 성격규정한 이후에도, 지방의 운동 단체에서는 (자료 M)·(자료 N)과 같은 결의를 계속하였다. 이를테면 말단 행정구역의 한 단체에 불과한 소규모 단체에서도 이러한 양상이 보였다. 『조선일보』가 이미 단일민족진영을 천명하였는데도, 1927년 3월 6일 咸北 鏡城郡 朱乙溫面靑年聯盟 定期大會는 3개 항의 결의를 하였는데, 제2항이 "二.當面政策에關하야는在來로私的感情或은派閥主義로써朝鮮社會運動이二派로分裂되야運動線上에莫大한損害를준派爭分子를蕩盡하야우리의運動線을統一하는同時에新幹會와在東京朝鮮人團體協議會를後援할것과政治的不平要素를總網羅하는全民族的單一戰線을促成하는政治運動으로轉換할것等"이었다.[55] 말단 행정 구역의 소규모 단체가 내건 주장에서도, 앞서 본 바 道 단위의 운동 단체와 마찬가지로, "정치적 불평요소를 총망라하여 전민족적 단일전선을 촉성"함을 정치운동으로 이해하였다. 여기서도 신간회를 후원함과 "全民族的單一戰線을 促成"함이 어떠한 관계가 있는지를 명확하게 밝히지 않았지만, 이렇게 정치운동의 방향으로서 '전민족적 단일전선'이란 구호가 신간회와 관련되어 지속해서 확산되어 나갔다.

지방의 단체들이 주장하는 슬로건이 正友會와 같은 중앙의 중심단체들이 결정한 운동 방침을 되풀이하는 측면이 있었음을 고려한다면, '전민족 단일전선'의 표어는 사회(공산)주의 계열들이 신간회에 대응하는 정치운동 방침이었다. 이에 신간회 중앙본부도 이러한 추세에 대응하여 자기성격을 명확하게 천명할 필요를 느꼈고, 『조선일보』는 신간회가 창립될 무렵 제창하였던 純민족주의를 단일민족진영으로 발전시켜 표현하였다. 1927년 5월 들어 『조선일보』가 신간회를 민족단일당으로 규정하기까지,[56] 신간회는 창립 후 석 달 동안

55) 「派爭分子는撲滅 / 單一運動을促成 / 朱乙溫靑聯大會決議」『東亞日報』(1927. 3. 14).
56) 「民族單一黨」『朝鮮日報』(1927. 5. 12 社說).

여전히 순민족주의단체로서 좌익민족전선=단일민족진영을 지향하였다는 점에서, 표현에서는 차이가 있었더라도 일관성을 유지하였다.

단일민족진영은 전민족적단일전선이라는 말이 등장함에 따라, 이에 대응하는 논리였다. 앞서도 언급하였듯이, 『조선일보』는 1927년 2월 24일 두 개의 시평을 실었다.

> (자료 O)
> 單一民族陣營을 要求하는소리가한참놉흐다 그리고非妥協的인 民族主義運動의出現과밋그의後援或은協同을主張하는것은 坐現下朝鮮의時代意識으로되어잇다 單一民族陣營이란그것은卽無用한 派爭的分裂을許치안는 統一的인 民族主義의陣營을要求하는 現下民衆의要約된坐代表的인 意思이니 理想으로서民族的總力量을集合하야 닥처올變動되는時局에 對應케하자함이 그根本目的이다 …
>
> 單一民族陣營은 現下의時代意識이 朝鮮人大衆에게내리는 確乎한至上命令인感이 잇게한다그리하고 單一民族陣營그것은 結局非妥協的民族主義를 把持하는 左翼民族戰線으로서의 存在를 그의最後的인 理想으로하고서의일인것은 … 吾人은아즉 所謂右傾的 妥協的인 民族主義團體의出現의準備를 是認할事實을 捕捉치못하엿고 …[57]

(자료 O)의 첫 문단은 단일민족진영과 비타협적 민족주의운동을 병렬시킴으로써 양자를 구별하는 듯하였으나, 결국은 단일민족진영·비타협적 민족주의·좌익민족전선을 하나로 범주화하였다. 그것은 우경적 타협적 민족주의와는 구별되는 의미에서 '統一的인 民族主義의陣營'이었다. 첫 문장은 앞서 본바 '민족단일전선'의 요구와 구호를 교정하여 '단일민족진영'으로 표현하였음이

---

[57] 「單一民族陣營」『朝鮮日報』(1927. 2. 24 時評).

눈에 띈다. 바로 이 점이『조선일보』가 신간회를 통하여 지향하려는 목표를 단적으로 나타내었다 할 만하다.

위의 시평에서『조선일보』는 신간회의 성격과 지향점을 분명하게 제시하였는데, 이는 한 마디로 단일민족진영이었다. 이 말을 그대로 풀면, 단일한 민족주의진영이라는 뜻이었다. 만약 우경적 타협적 민족주의단체가 출현한다면 비타협적 민족주의운동과 대립하게 되고, 이는 민족주의운동 내에서 '派爭的分裂'이 전개되는 양상이 될 터이므로, 이때 '단일'은 우경적 타협적 민족운동이 출현하지 말아야 한다는 논지에서 이를 배격한 '統一的인 民族主義의陣營'을 가리켰다.

『조선일보』는 시평을 통하여, 자치운동자들에게 민족주의운동을 분열시키지 않도록 그들의 운동노선을 포기하라고 촉구하는 한편, 모든 민족주의운동은 신간회로 집결하여 민족좌익전선을 강화하여 통일된 민족주의진용을 갖추자고 호소하였다. (자료 O)는 단일민족진영을 '統一的인 民族主義의陣營'으로 규정하면서 '민족주의'를 분명히 명시하였듯이, 단일민족진영은 '우경적 타협운동'을 배격하는 '非妥協的民族主義를 把持하는 左翼民族戰線'을 가리켰다. 이는 단일한 민족협전선체라는 뜻이 결코 아니었으며,[58] 따라서 민족주의와 사회(공산)주의를 모두 포함하여 민족 전체를 대표하는 單一黨인 민족단일당과는 성격을 전혀 달리 하였다.『조선일보』는 신간회가 민족단일전선이 아니

---

[58] 필자부터 선행 논문에서 (자료 O)를 크게 오독하여 "좌익민족주의는, 좌익민족전선을 중심으로 하여 민족단일진영을 완성시켜야 한다고 주장하였는데, 이때의 '민족단일진영'이란 협동전선을 전제로 사용한 용어이다."고 전혀 잘못 서술하였다. 김인식, 「앞의 논문」, 1994, 180쪽. 우선 가장 중요한 단어인 '단일민족진영'을 '민족단일진영'으로 오독한 데에서 비롯하여 엉뚱한 결론을 내렸다. (자료 O)로 인용한 사설의 요점은, 좌익민족전선을 중심으로 하여 '단일민족진영'을 완성시켜야 한다고 주장하였으므로, 이때 단일민족진영은 좌익민족주의를 기치로 내거는 단일한 민족주의진영을 뜻하였고, 협동전선의 개념이 결코 아니었다.

라 단일민족진영으로 발전하기를 기대하였다. 다시 강조하면, (자료 O)에서는
단일민족진영=비타협적 민족주의=좌익민족전선이라는 말이 같은 범주였고,
이의 대립개념은 '우경적 타협적인 민족주의'였다. 또 '최후적 이상'이라는 말로
써, 완전독립 이후 사회주의사회를 지향하는 노선과도 차별성을 두려는 의도
를 확인할 수 있다. 『조선일보』는 이와 취지를 같은 날 다른 제목의 시평에서
또 다시 강조하였다.

(자료 P)

新幹會의創立은 終了되엇다 … 新幹會가 그의發起의途程에잇서서 民興
會 發起人되엇든人士들과合하야 말과가튼單一民族陣營을 完成하게된 것은
첫재時代意識의 식히는바에 因함이라할지라도 爲하야欣賀함을 애끼지아니
할일이다 …

新幹會의 重視되는理由는 그것이單一民族陣營으로서存在하게됨에因함
일것이오單一民族陣營은非妥協的인民族主義를 그의最後的인目標로함에
究竟의意義밋價値가잇는것이다 그러타하면바야흐로 創立을終了한新幹會
는 그時代的使命이 자못重大하다할것이오…[59]

(자료 P)에서도 핵심 단어는 단일민족진영이었다.[60] 이 시평에서도 단일민
족진영을 시대의식이라 표현하면서, 조선민흥회와 신간회가 합동한 예를 들어
단일민족진영이 완성되는 과정으로 높게 평가하였는데, 여기서 신간회가 지향
하는 바를 분명하게 알 수 있다. 이어 신간회가 바로 단일민족진영임을 규정하
면서, "非妥協的인民族主義를 그의最後的인目標로함"을 다시 못박아 강조하였

---

[59] 「新幹會創立終」『朝鮮日報』(1927. 2. 24 時評).
[60] 앞의 「單一民族陣營」에서는 시평의 제목까지 포함하여 '단일민족진영'이 5회 나왔는
데, 이 시평에서도 '단일민족진영'을 3회나 사용하여 강조하였다.

다. 이 시평은 「單一民族陣營」과는 달리 우경적 타협운동을 언급하지 않았지만, '최후적인 목표'·'구경의 의의'라는 말로써 우경적·타협적 운동은 물론, 사회(공산)주의운동과도 여전히 차별화를 시도하였다. 단일민족진영이 비타협 민족주의 세력과 사회(공산)주의 세력 사이의 협동전선체가 아니었음을 재삼 확인하게 된다.

6. 맺음말

1927년 1월 19일 신간회가 발기할 당시, 『조선일보』·『동아일보』·『중외일보』등 3대 국내 신문은 신간회가 '純민족주의 단체'로서 발기하였음을 강조하였다. 이들 신문은 신간회의 책임자 또는 발기인의 말을 인용하여, 신간회의 목표가 "우경적 사상을 배척하고 민족주의 중 좌익전선을 형성"하는 데 있다고 일매지게 보도하였다.

純민족주의에서 '순'은 단순하게 한 가지 뜻을 첨가하는 접두사나 관형어가 아니라, 민족주의의 본질속성을 나타내는 매우 중요한 개념이었다. 순민족주의는 민족주의를 전제하여 더욱 강조하였으므로, 당연히 異質의 사회(공산)주의와 분리되었다. 나아가 '純'은 '不純'과 대립시켜서 純粹·純正의 의미를 지녔으므로, 순민족주의는 민족주의라는 면에서 동질성을 지녔다고 세간에서 인식하는 不純한 민족주의를 배격하려는 의도를 지녔다. 요즈음과 전혀 다른 용례였지만, 이때 純은 左翼과도 같은 의미를 지녔다. 純과 左翼은 자치운동처럼 타협주의로 타락해버린, 不純한 성향의 정치세력과 스스로를 분리하려는 대립의식이 반영된 강조어였다. 左翼이 純과 등치되었다는 점에서, 이 시기에 좌익 자체도 부정 뉘앙스를 전혀 지니지 않았다. 순민족주의와 좌익민족주의는 동의어였다.

신간회가 배척한, 타락하고 不純한 '우경적 사상'은, 신간회 강령의 세 번째
가 지적한 기회주의=타협주의였다. 신간회는 이를 政敵·主義敵으로 설정하
였다. 민족주의좌익전선·민족좌익전선으로서 신간회가 발기할 무렵에는, 조
선민흥회가 1926년 7월 발기하여 창립대회를 준비하던 중이었는데, 당시 사회
의식이 조선민흥회를 '민족적 단일전선'으로 성격규정하였으므로 신간회 주도
자들은 신간회의 목적의식을 이와 달리 천명할 필요가 있었다.

당시 世評은 조선민흥회가 전 조선민족의 각 계급과 각 부분 운동의 모든
역량을 결집한 조선민족의 중심세력으로서 유일한 조직체를 목표로 삼았다고
인식하였다. 신간회가 민족주의좌익전선·민족좌익전선을 천명함은 조선민흥
회를 통하여 세간에 주지되었던 민족단일전선을 의식한 자기정립이었다. 그것
은 민족주의자와 사회(주의)주의 운동자들의 협동전선을 뜻하는 민족단일전선
이 결코 아니었으며, 또한 민족주의자 모두의 조직체가 아니라, 민족주의 가운
데 좌익으로 구성되는 좌익전선이었다.

1926년 11월 15일 「정우회선언」이 공개된 뒤, 사회(공산)주의 내부에서 이를
둘러싼 논쟁이 진행되는 과정에서, 자치운동 등 타협주의는 우경, 절대독립을
추구하는 비타협주의는 좌경으로 규정하는 공감대가 형성되는 분위기에서, 신
간회 주도자들은 '좌익전선'을 자처하였다. 이때 좌익전선은 해방운동의 전선
(=해방전선)과 동의어로서 민족주의좌익전선보다 넓은 범주였으며, 이 전선
가운데 민족주의 세력으로 구성된 전선이 바로 '민족주의 중 좌익전선'이었다.
'민족주의좌익전선'·'민족적 좌익전선'·'민족좌익전선'은 이의 준말이자 동의
어였다. 민족주의(=민족적=민족)·좌익·전선이 결합된 합성어에서, 근본어는
민족주의·민족적·민족이었다. '민족주의'(민족적)은 민족운동의 근본 이념·노
선을 지칭하는 용어였다.

민족주의좌익전선은 일제에게서 해방을 목표로 삼는 해방전선의 한 갈래로서, 민족주의 이념·노선에 입각하여 일제에 저항하는 비타협 성향의 세력·진영을 가리켰으며, 민족문제의 '구경적 해결'인 완전독립을 지향·도모하는 비타협 민족주의세력을 뜻하였다. 이들은 일제를 타도할 敵으로 설정하는 反제국주의 노선에 서서, 사회주의 이념을 일정하게 수용하였고, 자치운동과 같은 타협주의 성향을 主義敵·政敵으로 규정하여 배격하면서, 이러한 목적의식 아래 사회(공산)주의자들과도 연대하려고 하였다.

신간회가 창립된 후, 사회주의계열의 일부 민족운동 단체에서는 신간회를 민족협동전선체인 단일민족전선으로 설정하려는 움직임이 일어났는데, 이는 조선민흥회를 규정하던 세간의 인식이 재현한 바였다. 이에 『조선일보』는 신간회를 좌익민족전선으로 규정하는 취지를 유지하면서, 순민족주의를 단일민족진영으로 발전시켜 표현하였다. 단일한 민족주의진영을 뜻하는 단일민족진영은, '우경적 타협운동'을 배격하는 '비타협적 민족주의를 파지하는 좌익민족전선'으로서 '통일적인 민족주의의 진영'을 가리켰다. 이는 단일한 민족협전선체라는 뜻이 결코 아니었으며, 따라서 민족주의와 사회(공산)주의를 모두 포함하여 민족 전체를 대표하는 單一黨인 민족단일당과는 전혀 성격을 달리 하였다.

1927년 5월 들어 『조선일보』가 신간회를 민족단일당으로 규정하기까지, 신간회는 발기 후 넉 달여 동안 여전히 순민족주의단체로서 민족좌익전선-단일민족진영을 지향하였다. 표현 방식에서는 다소 차이가 있었더라도, 창립기 신간회는 비타협(좌익) 민족주의를 근본 이념으로 삼아 일관되게 절대독립을 추구하면서 자치운동 노선을 배격하였다.

주제어 : 동아일보, 민족단일당, 민족협동전선, 비타협 민족주의자, 신간회, 자치운동, 조선일보, 좌익민족주의자, 좌익민족(주의)전선

국문초록

창립기 신간회의 성격 재검토

1927년 1월 19일 신간회가 발기하자,『조선일보』·『동아일보』·『중외일보』 등 국내 신문은 신간회가 '순(純)민족주의 단체'로서 발기하였음을 강조하였다. 이들 신문은 신간회의 책임자의 말을 인용하여, 신간회의 목표가 "우경적 사상 을 배척하고 민족주의 중 좌익전선을 형성"하는 데 있다고 보도하였다.

純민족주의에서 '순'은 한 가지 뜻을 첨가하는 관형사가 아니라, 민족주의의 본질속성(essential property)을 나타내는 매우 중요한 개념이었다. 순민족주의 는 민족주의를 더욱 강조하였으므로, 이질(異質)의 사회주의·공산주의와 분 리되었다. 나아가 '純'은 '불순'(不純)과 대립하므로, 순민족주의는 不純한 민족 주의를 배격하였다. 요즈음과 전혀 다른 용례였지만, 이때 純은 左翼과도 같은 의미를 지녔다. 純과 左翼은 자치운동처럼 타협주의로 타락해버린, 不純한 성 향의 정치세력과 스스로를 구별하려는 강조어였다. 左翼이 純과 같은 의미를 지녔으므로, 순민족주의와 좌익민족주의는 동의어였다.

신간회가 배척한, 타락하고 不純한 '우경적 사상'은, 신간회 강령의 세 번째 가 지적한 기회주의=타협주의였다. 민족주의 좌익전선은 민족주의자와 사회 주의자들의 협동전선이 아니었다. 또한 민족주의자를 모두 포괄하지도 않으 며, 민족주의 가운데 좌익으로 구성되는 조직체였다. 민족주의 좌익전선은 민 족주의 이념에 입각하여 일제에 저항하고 완전독립을 지향하는 비타협 민족주 의 진영을 가리켰다. 이들은 일제를 타도할 적(敵)으로 설정하였고, 사회주의 이념을 일정하게 수용하였고, 자치운동과 같은 타협주의를 배격하였다.

민족주의좌익전선·민족좌익전선으로서 신간회가 발기할 무렵에는, 조선민흥회가 1926년 7월 발기하여 창립대회를 준비하던 중이었는데, 당시 사회의식이 조선민흥회를 '민족적 단일전선'으로 성격규정하였으므로 신간회 주도자들은 신간회의 목적의식을 이와 달리 천명할 필요가 있었다. 1927년 5월 들어 『조선일보』가 신간회를 민족단일당으로 규정하기까지, 신간회는 일관되게 순민족주의를 표방하였다.

참고문헌

安在鴻選集刊行委員會 編, 『民世安在鴻選集』 1, 知識産業社, 1981.

朝鮮日報出版局, 『朝鮮日報名社說五百選』, 朝鮮日報社, 1972.

朝鮮總督府警務局 編, 『朝鮮の治安狀況』, 1927年版(不二出版, 1984 復刻版).

朝鮮總督府警務局圖書課, 『諺文新聞差押記事輯錄』, 朝鮮總督府警務局, 1932.

姜萬吉, 「民族解放運動의 발전Ⅲ-新幹會運動」, 韓國史硏究會 編, 『韓國史硏究入門』, 知識産業社, 1981.

_____, 「新幹會運動」, 한국사연구회 편, 『(제2판) 한국사연구입문』, 지식산업사, 1987.

金龍德, 「新幹會에 대하여」 『師大學報』 三卷 一號(1957. 9) (金龍德, 『韓國史의 探求』, 啓蒙社, 1967).

김인식, 「植民地時期 安在鴻의 左翼民族主義運動論」 『白山學報』 第43號, 白山學會, 1994.

_____, 「신간회의 창립과 민족단일당의 이론」 『白山學報』 第78號, 2007.

_____, 「이승복과 신간회 창립기의 조직화 과정」 『한국민족운동사연구』 58, 한국민족운동사학회, 2009.

_____, 「이승복과 신간회 강령의 이념·노선」 『한국민족운동사연구』 62, 2010.

宋建鎬, 「新幹會運動」, 尹炳奭·愼鏞廈·安秉直 編著, 『韓國近代史論』 Ⅱ, 知識産業社, 1977.

李文源, 「新幹會의 社會敎化」 『韓國學』 26輯, 中央大學校 韓國學硏究所, 1982 여름.

임경석, 「식민지시대 민족통일전선운동사 연구의 궤적-이균영의 『신간회 연구』(역사비평사, 1993)에 대한 비평」 『한국사연구』 149, 韓國史硏究會, 2010.

전명혁, 「조선사회단체중앙협의회 성격 연구」 『한국민족운동사연구』 23, 1999.

趙芝勳, 「韓國民族運動史」, 高麗大學校民族文化硏究所 編, 『韓國文化史大系(民族·國家史)』 Ⅰ, 高大民族文化硏究所 出版部, 1964.

韓相龜, 「1926~28년 민족주의 세력의 운동론과 新幹會」 『韓國史硏究』 86, 韓國史硏究會, 1994.

_____, 「1926~28년 사회주의 세력의 운동론과 新幹會」 『韓國史論』 32, 서울大學校 國史學科, 1994.

水野直樹, 「新幹會の創立をぬぐて」, 飯沼二郎·姜在彦 編, 『近代朝鮮の社會と思想』, 未來社, 1981.

國史編纂委員會 편저, 『韓國獨立運動史』四, 정음문화사, 1968.
신용하, 『신간회의 민족운동』, 독립기념관 한국독립운동사연구소, 2007.
이균영, 『신간회연구』, 역사비평사, 1993.
平洲 李昇馥先生 望九頌壽紀念會, 『三千百日紅 – 平洲 李昇馥先生八旬記』, 人物研究所,
        1974.

【Abstract】

The Review of Singanhoe's Characteristics in time of its Foundation

Kim In Sik

Key word :

The Dong-A Ilbo, unified one national party, national cooperative front, non-negotiationist nationalists, Singanhoe, autonomy movement, The Chosun Ilbo, leftwing nationalists, leftwing-national(ism) front.

When Singanhoe was initiated January 19th in 1927, 『The Chosun Ilbo』 · 『DongA Ilbo』 · 『The Chungoi Ilbo』 and so on made an emphasis on the promotion that Singanhoe was a pure nationalist party. These newspapers cited the goal of Singanhoe from a representative who took a responsibility to report that Singanhoe would like to form the leftwing front in the middle of nationalism to exclude the rightwing idea.

The 'pure' in pure nationalism was not just a pre-noun to add a meaning but an important notion to show the essential property of nationalism. The more the pure nationalism put stress on the nationalism, the better it was separated from socialism and communism. In addition, the word pureis contradictory to the 'impure' so that pure nationalism disapproved nationalism that was not pure. Of course, it could not be the same usage in these days but this time the pure had a little bit of meaning like leftwing. Like autonomy movement between pure and leftwing that became corrupt to negotiationism, these two words were the languages to distinguish themselves from the political powers that were impure. Because the leftwing meant pure, here pure nationalism and leftwing nationalism had the synonymity.

The rightwing idea that was exclusive and impure from which Singanhoe rejected was opportunism which was the same to the negotiationism as the third principle of Singanhoe pointed out. The leftwing-national(ism) front was not the cooperative front from the nationalists and socialists. Also we know that it was the organizer that no nationalists were included just forming its name as leftwing in the middle of nationalism. Leftwing front in nationalism resisted Japanese pressure based on the idea of nationalism which was the camp as an intransigent nationalist that intended to have perfect independence. They established the Japanese as enemy to break and accepted the social idea and denounced negotiationism like the autonomy movement. When 『The Chosun Ilbo』 prescribed Singanhoe as unified one national party in May, 1927, it was true that Singanhoe claimed to be pure nationalism consistently.

신간회 초기 민족 언론 세력의 정세인식 변화와 '민족적 총역량 집중'론의 성격*

윤덕영 (국사편찬위원회 편사연구관)

1. 머리말

1927년 2월 창립된 신간회는 민족주의 세력과 사회주의 세력이 연합하여 결성한 일제하 최대 민족운동 단체이자 민족협동전선체였다. 신간회는 좌·우 대립과 남북 분단 체제를 넘어 통일을 지향하는 현재적 관심에 맞물려 그동안 많은 조명을 받아왔다.[1]

조지훈, 송건호, 가지무라 히데키(梶村秀樹)의 연구 이래 상당수 연구에서는 민족주의세력을 타협과 비타협, 또는 좌파와 우파로 나누고, 타협적 민족주의

---

* 이 글은 필자의 「신간회 초기 민족주의세력의 정세인식과 '민족적 총역량 집중'론의 제기」,『한국근현대사연구』56, 2011에 수록된 내용을 대폭 수정 보완한 것이다.
[1] 신간회에 대한 연구성과 및 과제와 전망은 다음을 참조. 역사문제연구소 민족해방운동사 연구반,『쟁점과 과제 민족해방운동사』, 역사비평사, 1990; 이균영,『신간회연구』, 역사비평사, 1993. 이현주,「신간회운동 연구의 성과와 과제」『한국근현대사연구』2, 1995; 임경석,「식민지시대 민족통일전선운동사 연구의 궤적」『한국사연구』149, 2010; 윤효정,「신간회 운동 연구」, 고려대 한국사학과 박사학위논문, 2017.

우파세력의 자치운동 추진에 대항하여, 비타협적 민족주의 좌파세력이 사회주의 세력과 협동하여 신간회를 창립하였다고 주장하였다. 이렇게 자치운동 추진과 신간회 참여를 기준으로 민족주의 세력을 타협과 비타협, 좌·우파로 나누는 것은 박찬승, 김명구 등에 의해 부르주아민족주의 좌·우파 론으로 보다 정교화되어, 계급적 기반과 정치행동, 이념적 성향을 관통하는 정합적 분류체계로 발전하였다.[2] 그렇지만 타협적 민족주의 우파는 자치운동을 추진하였고 비타협적 민족주의 좌파는 신간회 운동을 전개하였다는 주장은 곧 실증적인 한계에 부딪쳤다. 기독교와 천도교계열, 동아일보 계열에 대한 일련의 연구를 통해 민족주의 우파세력으로 지목된 세력들도 신간회에 상당히 적극적으로 참여하고 있음이 밝혀졌다.[3] 심지어는 자치운동의 주체로 지목받았던 천도교 신파의 인물들까지 신간회에 상당수가 참여하고 있었다.

신간회를 제대로 이해하기 위해서는 당시 민족운동 세력에 대한 이해가 선행되어야 한다. 1920년대 후반 민족운동 세력은 크게 민족주의 계열과 사회주의 계열로 나누어진다. 3·1운동을 계기로 상당수 좌우 민족운동 세력을 망라하여 대한민국임시정부가 수립되었지만, 국민대표회의의 실패로 그 세력이 크게 약화되었고 국내에의 영향은 제한적이었다. 국내 민족주의 계열의 대표적 정치세력으로는 종교계와 언론계 세력을 들 수 있다. 기독교계는 기호지역 세력과 서북지역 세력이 있었는데, 이승만의 동지회·흥업구락부 계열과 안창호

---

2) 박찬승,『한국근대정치사상사연구』, 역사비평사, 1992 ; 박찬승,「1920년대 중반~1930년대초 민족주의 좌파의 신간회운동론」『한국사연구』80, 1993 ; 김명구,「1920년대 부르주아 민족운동 좌파계열의 민족운동론」『한국사학보』12, 2002 ; 박찬승,『민족주의의 시대』, 경인문화사, 2007. 이러한 부르주아민족주의 좌·우파론에 대해서 전면적으로 재검토한 연구로는 방기중,「일제하 물산장려운동과 민족주의 경제사상」『근대한국의 민족주의 경제사상』, 연세대학교 출판부, 2010 참조.

3) 윤덕영,「신간회 창립 주도세력과 민족주의 세력의 정치 지형」『한국민족운동사연구』68, 2011a, 80~81쪽.

의 홍사단·수양동우회 계열이 각 세력의 대표적 그룹이었다. 천도교는 천도
교청우당과 조선농민사로 대변되는 다수파인 천도교 신파와 천도교청년동맹
으로 대변되는 천도교 구파가 있었다. 언론계에서는 다양한 세력들의 연합체
인 조선일보 계열이 있었고, 송진우를 중심으로 호남지역 정치세력과 연결된
동아일보 계열이 있었다. 그 외 다양한 군소세력이 존재하였다.[4]

이렇게 종교계열과 언론계열이 민족운동에서 큰 비중을 차지했던 것은 일제
강점기 전시기를 통틀어 식민지 조선에서 정치적 자유나 합법적 정당결성을
허용한 적이 전혀 없었기 때문에 종교나 언론세력 외의 정치세력이 발전하기
힘들었기 때문이었다. 1920년대 소위 '문화정치'의 시기에도 일제 본국의 지배
권력 세력은 조선에서 자치는 물론 참정권 실시를 사실상 고려하지 않고 있었
기 때문에 국내에서 정당을 통한 정치활동은 불가능하였다.[5] 당시 민족주의
세력은 민족운동의 노선과 입장에서보다는 종교와 지역, 지도자를 중심으로
정치세력이 형성되었다. 물론 일제가 지배하지 않은 중국과 만주에서 정당세
력과 무장 세력이 여럿 활동하였지만, 국내에의 영향은 한정적이었다.

사회주의 계열은 공산주의 세력이 주류를 이루었는데, 화요파, 서울파, 그리
고 엠엘파 그룹 등으로 나누어 서로 대립하였다. 그렇지만 1920년대 후반에
이르면 직접 공산주의 조직 운동에는 관련하지 않으면서도 사회주의 성향을
가지면서 민족운동에 참여하는 사람들도 다수 나타났다.

본고의 주제와 관련하여 신간회 활동시기 민족 언론 세력을 좀 더 살펴보자.
신간회 창립에 주도적 역할을 담당하였던 조선일보 계열은 단일한 세력이 아

---

4) 윤덕영, 앞 논문, 2011a, 81~82쪽.

5) 당시 일본 정계 동향과 조선 자치정책의 내용과 성격에 대해서는 다음을 참조. 윤덕
영, 「1920년대 중반 일본 정계변화와 조선총독부 자치정책의 한계」『한국독립운동사
연구』37, 2010a, 168~195쪽 ; 「1930년 전후 조선총독부 자치정책의 한계와 동아일보
계열의 비판」『대동문화연구』73, 2011b, 354~376쪽.

니며, 서로 계열을 달리하는 몇 개의 세력이 연합하여 이루어진 것이었다.[6] 신석우와 최선익 등의 경영진, 이상재 등 흥업구락부와 기호 정치세력 일부, 이에 연결되어 있지만 독자적 행보를 하는 안재홍세력, 당시 홍명희계로 일컬어지던 홍명희를 중심으로 활동하던 (구)시대일보 세력, 김준연을 비롯한 사회주의세력, 기타 세력 등으로 구성되어 있었다. 당시 사주로서 실질적으로 조선일보를 이끌었던 부사장 신석우는 1924년 9월 8만 5천원의 거금을 들여 조선일보를 인수한 후, 동아일보 초기 시기 주역들인 이상협을 편집고문, 민태원을 편집국장으로 영입하여 지면을 쇄신하고 조석간제를 실시하는 등 의욕적으로 신문을 경영했다.[7] 한편 홍명희 계열이 형성되는 계기는 1924년 5월 홍명희가 동아일보의 주필 겸 편집국장으로 선임되면서 부터였다. 한기악, 이관용, 이승복, 홍성희, 구연흠, 안석주 등은 홍명희가 동아일보를 퇴사해 시대일보로 옮기면서 같이 행동하였고, 이후 1927년 신간회 창립을 전후로 홍명희를 제외한 대부분의 구성원들이 조선일보로 옮겨 조선일보 계열로 편입되었다.[8] 물론 홍명희 계열은 이념적으로 정형화된 세력이 아니라, 홍명희 개인을 중심으로 모였던 세력이기 때문에 개개인의 편차는 컸고, 유동적이었다. 사회주의 계열에 보다 더 가까운 인물들도 있었고, 민족주의 세력으로 명백히 돌아선 이들도 있었다. 이승복은 조선일보에 몸담으면서부터는 안재홍과 더 가까워졌고, 이

------

6) 조선일보 계열에 대한 자세한 것은 윤덕영, 앞 논문, 2011a, 107~117쪽.

7) 조선일보의 경영권은 고질적인 경영난으로 신석우에서 이후 안재홍·이승복으로, 그리고 1932년에는 경영권이 조만식으로 대표되는 서북지역 기독교세력과 수양동우회세력으로 옮겨갔다. 그러나 역시 경영난을 이기지 못하고 결국에는 서북 지역 광산 부호인 방응모가 인수하게 된다. 경제인임에도 정치적 감각이 뛰어났던 방응모는 조선일보에 대한 여타 정치세력의 간섭을 배제하여 조선일보를 혁신하고, 안정적 경영체제를 확립하게 된다.

8) 시대일보에서의 홍명희 계열의 활동 및 신문 운영상황에 대해서는 박용규, 「1920년대 중반(1924-27)의 신문과 민족운동-민족주의좌파의 활동을 중심으로-」『언론과학연구』 9-4, 2009, 291~296쪽 참조.

는 해방 후까지 연결되었다.[9]

1925년 4월 송진우가 주필로 복귀하면서 동아일보는 그의 주도하에 운영되게 된다. 김성수가 동아일보의 사주로서 동아일보 경영에 일정하게 관여했지만, 동아일보는 기본적으로 송진우의 권한 하에 있었다는 것이 당시의 일반적 인식이었다.[10] 동아일보 계열은 호남지역 출신의 민족운동가 및 엘리트들과 상당한 연계를 가지고 있었다.

조선의 민족주의 운동세력은 1922년 초부터 언론·출판·집회·결사의 자유를 비롯한 제반 민주주의적 권리에 대한 정치투쟁과 정치운동을 적극적으로 제기하기 시작했고, 조직적 방침으로 '민족적 중심세력 형성'론을 주장하였다. 그리고 이는 1920년대 중반 '민족적 중심단체' 건설 주장으로 보다 구체화되었다. 그들은 이를 통해 합법적 대중정치론을 발전시키고 있었다. 주로 동아일보를 중심으로 논의가 진행되었지만, 이는 민족주의 세력 전반의 기류 및 정서와 관련된 것이었다.[11] 민족주의 세력은 일본과 중국의 정세 변동을 살펴보면서 이를 배경으로 구체적 운동 형태를 지속적으로 기획하고 추진하였다.[12] 그 결

9) 이승복에 대해서는 다음 참조. 이문원, 「평주 이승복과 신간회운동」『애산학보』33, 2007 ; 김인식, 「이승복과 신간회 창립기의 조직화 과정」『한국민족운동사연구』58, 2009 ;「이승복과 신간회 강령의 이념 노선」『한국민족운동사연구』62, 2010. 이승복은 지모가 뛰어나고 막후 교섭을 벌이는데 탁월한 능력을 보였다. 조선일보 입사 이후 점차 자신의 영향을 넓혀나가 1931년 신석우에서 안재홍으로 조선일보 사장이 바뀔 쯤에는 조선일보의 실세는 사장인 안재홍이 아니라 이승복 이라는 말이 공공연히 논해졌다.「그가 新聞社長이 되기까지」『별건곤』, 52, 1932-6.

10) 이광수, 「인물월단, 김성수론」『동광』25, 1931-9 ; 창랑객, 「배경과 지반해부」『삼천리』5-9, 1933-9.

11) 1920년대 전반 동아일보 계열의 정치운동의 제기와 민족적 중심세력론의 내용과 성격에 대해서는 윤덕영, 「1920년대 전반 동아일보 계열의 정치운동 구상과 '민족적 중심세력론'」『역사문제연구』24, 2010b, 15~42쪽 참조. 1925년 전후 민족주의 세력의 국내외 정세인식과 민족적 중심단체 결성 주장, 그리고 지배세력과의 관련 문제에 대해서는 윤덕영, 「1920년대 중반 민족주의 세력의 정세인식과 합법적 정치운동의 전망」『한국근현대사연구』53, 2010c, 82~108쪽 참조.

과 합법적 정치운동론은 1926년에 이르러서는 민족주의 세력에게 일반화되기에 이르며 신간회 창립으로 구체화되었다.

신간회 창립은 최린과 천도교 신파의 자치운동 움직임이 직접적 계기가 되었지만, 내용상으로는 사회주의 세력과 민족주의 세력 내에서 1920년대 전반 이래의 민족문제와 민족통일전선에 대한 인식, 그리고 이를 위한 합법적 정치운동에 대한 인식이 발전하면서 만난 접점이었다. 일본에서의 보통선거의 실시와 무산정당운동의 발전에 대한 낙관적 전망, 그리고 무엇보다도 1926년 중반 이후 중국 국민당군의 성공적인 북벌이라는 긍정적인 국제정세의 변화가 직접적 배경이었다. 이에 고무된 조선의 민족주의 세력과 사회주의 세력은 광범한 대중을 망라한 민족통일전선, 민족적 중심단체를 결성하려고 하였고, 이것이 신간회 창립으로 나타났다. 곧 신간회는 1920년대 전반 이래 각기 발전시켜 오던 사회주의 세력과 민족주의 세력에서의 민족통일전선과 합법적 정치조직으로서 민족적 중심단체, 민족혁명당 건설에 대한 운동 노선과 방침이 주객관적인 정세변동 속에서 일정한 합의를 이루어 만들어낸 것이었다.[13]

신간회 발기인회와 초기 간부 구성에서는 조선일보(시대일보) 계열이 두드러졌으며, 흥업구락부·기호지역 기독교 계열이 다음을 이루었다. 이에 반해 민족주의 세력의 유력한 다른 두 세력, 즉 흥사단·수양동우회·서북지방 기독교 계열과 동아일보 계열은 신간회 창립에 소극적이었고, 또한 소외되기도 했다. 그렇지만 이들 간의 민족운동 방략과 노선상의 차이는 크게 없었다. 민족통일전선과 합법적 정치운동에 대한 지향도 다소간에 약간의 편차가 있기는

----

12) 일본의 정계변화와 중국 국민당의 북벌로 초래된 국제정세의 변동과 관련하여 신간회 창립의 전사를 이루는 민족주의 세력의 민족적 중심단체 건설 움직임에 대해서는 윤덕영, 「1926년 민족주의 세력의 정세 인식과 '민족적 중심단체' 결성 모색 - '연정회 부활' 계획에 대한 재해석」『동방학지』152, 2010d 참조.

13) 윤덕영, 「신간회 창립과 합법적 정치운동론」『한국민족운동사연구』65, 2010e.

하지만 신간회 창립전후에 이르러서는 거의 유사해졌다.[14]

　신간회를 둘러싼 민족주의 세력과 사회주의 세력의 관계, 또한 각 세력 내부 유파들의 협력과 대립의 길항관계는 타협과 비타협, 변혁과 개량식으로 쉽게 나누고 재단할 수 있는 것이 아니었다. 동북아 정세변동을 직접적 배경으로 하면서 세계 사회민주주의와 공산주의 정치동향을 일정하게 반영하고 있었다. 또한 민족주의 세력내의 조직적 대립관계가 사회주의 세력내의 노선과 조직적 대립관계와 중첩되어 각 정치세력의 유파에 따라 협력과 대립 관계가 복잡하게 얽혀 나타나고 있었다.

　이렇게 민족적 중심단체, 정치단체를 결성하려는 민족주의 세력들의 노력은 신간회 창립으로 결실을 이루었지만 정작 그러한 논의를 주도해왔던 민족주의 세력 내의 유력한 두 정치세력, 즉 안창호와 조만식을 중심으로 한 흥사단·수양동우회 및 서북지역 정치세력, 그리고 송진우를 중심으로 한 동아일보 계열 및 호남지역 정치 세력은 신간회 창립에 부분적으로 관여하였을 뿐 본격적으로 참여하지 않고 있었다. 그들의 신간회 참여가 이루어지는 것은 주지하다시피 1927년 말 민족주의 세력 내에서 '민족적 총역량 집중'론이 제기되면서였다.

　이들 세력의 신간회 입회에 대해 관헌사료는 동아일보 계열의 신간회 장악을 위한 침투공작으로 파악하였다.[15] 그리고 초기의 신간회에 대한 연구들은 관헌사료의 주장을 무비판적으로 따랐다. 그렇지만 이런 입회는 신간회 주도 세력의 동의가 없으면 이루어질 수 없는 것이라는 점에서 그 사실 파악에 근본적 문제가 제기되는 것이었다.

　이에 대해 박찬승은 1927년 12월에 지회수가 100개를 넘어 신간회 세력이 자치운동 세력을 압도하게 되면서, 신간회의 비타협적인 좌파 부르주아민족주

14) 윤덕영, 앞 논문, 2011a, 84~106쪽.
15) 경기도 경찰부,『치안개황』1928. 5,『한국공산주의운동사』3권, 고려대학교 아세아문제연구소, 1973, 52~53쪽에서 재인용.

의자들이 이러한 지부와 회원의 급격한 증가에 대한 자신감을 가지고, 자치운동 세력까지 비타협적 정치투쟁을 목표로 하는 신간회에 포괄함으로써 자치운동의 근거를 없애버릴 수 있다는 느슨한 생각에서 타협적 부르주아민족주의 우파세력을 받아들인 것이라고 주장하였다.[16] 그렇지만 그의 연구는 당시 객관적 정세에 대한 역사적 파악이 사실상 사상되어 있는 한계를 갖고 있었다. 또한 아무런 담보 없이 서로 이념과 노선을 달리하는 대립하는 세력을 신간회에 무조건 받아들이는 것이 정치현실상 가능한 것인가 하는 문제도 제기될 수 있다. 이는 '신지식층'임을[17] 자부하면서 이전 세대와 단절을 주장하고, 정치세력 간의 치열한 대립과 경쟁이 존재하는 민족운동의 정치 현실을 살아가는 1920년대 민족주의 정치 세력들이 이렇게도 어수룩할 수 있는가 하는 근본적 의문과도 연결되는 것이라 하겠다.

한편 한상구는 박찬승의 견해를 비판하면서 신간회의 민족주의자들이 당시의 정세를 결코 낙관하고 있지 않았다고 하면서, 그들이 소위 타협적 세력의 신간회 합류를 요구한 것은 1927년 12월 들어 중국과 일본에서 도래한 반동적 정세 때문이었다고 주장하였다. 중국 국민혁명의 좌절과 반동화, 그리고 무엇보다도 1927년 12월 10일, 육군대신 출신인 야마나시 한조(山梨半造)가 사이토 마고토(齋藤實) 후임으로 총독으로 부임하면서 반동의 정세가 노골화되었기 때문이라는 것이다. 또한 합법적 정치운동의 진출을 노린 제3차 조선공산당이 11월 이후 경성지회대회를 이용하여 신간회를 직접 장악하려 했기 때문에 이에 대응하는 측면도 있었다고 주장하였다.[18] 한상구가 국내외 정세 변동과 관

---

16) 박찬승,앞의 책, 1992, 341~342쪽; 박찬승, 앞의 책, 2007, 165~166쪽.
17) 신지식층에 대해서는 다음을 참조. 류시현, 「1910~20년대 일본 유학출신 지식인의 국제정세 및 일본인식」『한국사학보』 7, 1999, 284~292쪽; 임경석, 「20세기 초 국제질서의 재편과 한국 신지식층의 대응－사회주의 지식인의 형성 과정을 중심으로」『대동문화연구』 43, 2003, 3~7쪽; 윤덕영, 「일제하·해방 직후 동아일보 계열의 민족운동과 국가건설노선」, 연세대학교 사학과 박사학위논문, 2010, 2~6쪽.

련하여 민족주의 세력의 동향을 파악한 것은 연구사적으로 중요한 것이라 할
수 있다. 또한 합법적 정치운동 차원에서 신간회를 고찰한 것이나, 사회주의
세력에 대한 민족주의 세력의 대응 관계를 파악하려고 했던 것도 중요하다.
1927년 말 민족주의 세력 내에서 '민족적 총역량 집중'론의 제기와 민족주의
세력의 신간회 집결은 그의 주장대로 객관적 정세 변동과 밀접히 연관되어 있
었다. 그러나 문제는 그가 파악하는 일본과 중국 정세 등의 동북아 정세와 이
에 대한 조선 민족주의 세력의 인식이 역사적 사실과 일정하게 차이가 있다는
점이다. 또한 그가 파악하는 민족주의 세력의 공산주의 세력에 대한 인식도
역사적 사실과 간극이 있다.

　본고는 이상의 문제 제기를 해명하기 위해 신간회 창립 초기 민족 언론 세력
이 일본과 중국의 정세 변동을 무엇을 중심으로 어떻게 파악하고 있었으며,
이를 통해 '민족적 총역량 집중'론으로 표현되는 운동 방침을 어떻게 세우게
되었는가를 살펴보고자 한다. 동시에 신간회를 둘러싸고 민족주의 세력과 사
회주의 세력이 어떠한 길항관계를 이루고 있었으며, 신간회 주도세력은 어떠
한 변화를 거치는가를 규명하고자 한다.

2. 일본 내각 및 조선 총독 교체와 민족 언론 세력의 정세인식

1) 다나카 내각의 수립과 조선 총독의 교체

1927년 3월, 일본에서 쇼와(昭和)금융공황이 터졌다.[19] 그리고 이에 책임을

---

18) 한상구, 「1926~28년 민족주의 세력의 운동론과 신간회」『한국사연구』 86, 1994a,
　　177~180쪽.
19) 쇼와 금융공황에 대해서는 中村隆英, 『昭和恐慌と經濟政策』, 講談社, 1994; 차명수,

지고 헌정회의 와카스키 레이지로(若槻禮次郎) 내각이 물러나면서 4월 20일, 입헌정우회(이하 정우회) 총재 다나카 기이치(田中義一)가 조각을 했다. 다나카는 정계를 은퇴했던 전 내각 총리대신이자 금융전문가인 다카하시 고레키요(高橋是清)[20]를 대장대신으로 임명하였고, 다카하시는 일본 전국에 지급유예령(모라토리엄)과 함께 제반 조치를 실시해 금융공황을 극복하였다.

그런 가운데 최초의 보통선거로 치러지는 일본 중의원 선거를 둘러싼 제 정치 세력의 발걸음도 빨라졌다. 1927년 6월, 야당인 헌정회는 정우회에 대항하기 위해, 정우본당과 합당해 입헌민정당(이하 민정당)을 결성하였다. 그런데 정우본당은 헌정회가 1924년 제2차 호헌운동에서 특권세력이라 격렬하게 비판하면서 대립하였던 세력이었다. 곧 제2차 호헌운동 당시에는 협력관계였던 정우회와 대항하기 위해, 당시 대립하였던 특권세력인 정우본당과 합당한 것이다. 이는 일본 자유주의적 성격을 가졌던 정치세력이 특권적 성격이 강했던 세력과 연합함으로써 자신의 정체성을 사실상 부정한 것이라 할 수 있다. 양당

「1927년 쇼와 금융공황의 원인」『경제사학』30, 2001, 163~188쪽.

[20] 다카하시 고레키요(高橋是清)는 1854년 9월 19일에 태어났다. 미국에 유학을 다녀온 뒤, 문부성과 농상무성의 관료로 일했고, 특허국장을 거쳐 1892년 일본은행에 들어가 일본은행 부총재와 일본은행 총재 등을 맡았다. 1913년 제1차 야마모토 곤노효예(山本權兵衛) 내각에서 대장대신으로 취임하였고, 입헌정우회에 입당하였다. 하라 내각에서도 대장대신이 되었고, 하라 다카시가 암살된 직후에는 정우회의 총재로서 제20대 내각총리대신에 올랐다. 호헌3파 가토 내각에서는 농상무상을 지냈다. 그 후 정우회 총재를 다나카 기이치에게 양보해 일본 정계를 은퇴했지만, 1927년 쇼와 금융 공황이 발생하자 다나카 기이치의 청으로 대장대신을 다시 맡았다. 그는 폭넓은 인맥과 적절한 수완을 발휘하여 쇼와금융공황을 극복하였다. 재정문제에 탁월한 실력을 발휘했던 그는 1931년 이누카이 쓰요시(大養毅)가 내각을 조각할 때도 이누카이의 청으로 대장대신을 맡았다. 그리고 1932년 '5·15사건'으로 이누카이가 암살됐을 때에는 총리대신을 임시 겸임하였다. 뒤이은 사이토 마고토(齋藤實) 내각과 1934년 오카다 게이스케(岡田啓介) 내각에서도 대장대신으로 계속 일했다. 그렇지만 인플레이션을 억제하기 위해 군비를 축소했던 것이 일본 군부와의 충돌을 불렀고, 1936년 '2·26사건'으로 친한 친구였던 사이토 전 수상과 함께 군부에 암살당했다.

의 합당은 일본 정계에서 자유주의적 성향이 크게 약화되었으며, 보수적 성격
이 강화되었다는 지표였다.

　한편 1926년 7월부터 시작된 중국 국민정부의 북벌전쟁은 1927년 3월 들어
남경과 상해를 점령하기에 이르렀다. 그렇지만 5월에 국민혁명군이 쉬저우(徐
州)를 향해 북상하자, 일본군은 일본 거류민을 보호한다는 명목으로 산동성 칭
다오(靑島)와 지난(濟南)에 2,000여 명의 군대를 파견했다. 이른바 일본군의 제1
차 '산동출병'이라 불린 이러한 일본군의 행보는 국민혁명군의 북상 중지와 국
제적 비난으로 8월에 철병이 이루어지기 했다. 그렇지만 이를 계기로 일본의
대외정책은 이전 시대하라 기주로(幣原喜重郎) 외상의 열강 협조외교에서 강경
외교노선으로 전환하게 된다.[21] 다나카 내각은 중국 국민혁명의 파급에 대항하
기 위해 만주와 몽고를 일본 세력 아래 두고 치안 유지를 일본이 맡을 것을
주장하는 '만몽특수권익노선'을 확립하였다. 그리고 이를 위해 각 성에 분산되
어 있던 식민지 업무를 일원적으로 관리하는 척식성 설치를 적극 추진하였다.[22]

---

[21] 佐伯有一・野村浩一 외 저, 오상훈 역, 『중국현대사』, 한길사, 1980, 331~347쪽; 姬田
光義 외, 『중국근현대사』, 일월서각, 1985, 230~240쪽; 한상일, 『일본의 국가주의』, 까
치, 1988, 92~94쪽.

[22] 기존의 연구들에서 척식성 설치와 관련하여 정우회나 민정당의 정당정치세력이 식민
지 조선을 정당정치의 영역으로 편입시키기 위해, 척식성을 설치하고 조선 총독의
권한을 제한하며, 내각에 예속시키려 했다는 점을 주로 다루고 있다(김동명, 『지배와
저항, 그리고 협력－식민지 조선에서의 일본제국주의와 조선인의 정치운동』, 경인문
화사, 2006, 428~431쪽; 岡本眞紀子, 『植民地官僚の政治史』, 三元社, 2008, 90~92쪽.
한편 척식성 설치와 이를 둘러싼 각종 논란에 대해서는 이태훈, 「일제하 친일정치운
동연구」, 연세대 사학과 박사학위논문, 2010, 218~231쪽 참조). 그렇지만 일본 정치에
서 메이지시대 이래의 육군과 해군의 오랜 갈등, 육군의 식민지 조선에 대한 영향력
을 둘러싼 대립과 관련하여 볼 때는 이런 주장은 일면적인 것이라 보여 진다. 그와
더불어 만몽경영, 대륙침략정책의 원활한 추진과 그를 통해 육군의 영향력을 강화하
려 하는 측면, 그리고 이에 대한 정당세력의 견제라는 측면도 깊게 고려되어야 할
것이다. 1929년 척식성이 설치된 이후에도 결코 조선 총독의 권한은 약화되지 않았
고, 여전히 거물급 군부 요인만이 총독으로 임명되었다. 조선 총독은 내각 수상으로
의 지름길이었고 막강한 권한을 휘둘렀다.

국내외 정세가 변화하는 가운데 다나카 수상은 조선 총독의 교체를 추진하게 된다. 다나카는 1925년 정우회 총재로 정당 정치세력에 합류했지만, 그 자신이 본래 조슈(長州)번벌 출신으로 과거 야마가타 아리토모(山縣有朋) 번벌 세력의 실력자였고, 오랫동안 앞장서서 육군의 입장을 대변하던 인물이었다.[23] 때문에 해군 출신의 사이토 마고토가 조선 총독으로 오랫동안 재임하면서 육군의 식민지조선에 대한 권리와 영향력을 약화시키는 것을 계속 묵과할 수 없었다. 육군 출신이 정당 내각을 장악한 이상 총독의 교체는 필연이었다. 당시 사이토 총독은 일본 해군 측의 간청으로 1927년 6월 20일에서 8월 4일까지 개최된 제네바 군축회의에 참석하고 있었다. 이 때문에 4월 이후에는 총독 자리를 비웠고, 육군대신 우가키 카즈시게(宇垣一成)가 4월 17일 임시 총독으로 임명되어 업무를 수행했다.[24]

1927년 12월 10일, 후임 총독으로 다나카의 측근이자 육군대신 출신인 야마나시 한조가 정식으로 임명되었고, 12월 23일에는 이케가미 시로(池上四郎)가 정무총감으로 임명되었다. 야마나시 총독이 부임하면서 총독부의 정책

---

[23] 다나카 기이치(田中義一)는 1864년 6월 22일, 혼슈(本州) 나가토노쿠니(현재 야마구치 현 서부)의 하기에서 하급 무사의 삼남으로 태어났다. 일본 육군사관학교와 일본 육군대학교를 졸업하였다. 청일전쟁에 종군하였고, 러일전쟁에서는 만주국 참모로서 활약했다. 그 후 육군참모 차장을 거쳐 1918년 하라 다카시 내각에서 육군대신으로 임명되었고, 이때 남작 작위를 받고 육군 대장으로 진급하였다. 당시 그는 야마가타 벌의 주요한 실력자이면서도, 육군의 엘리트코스이자 새로운 군부 세력의 형성 거점이었던 육사와 육군대학을 거쳤기 때문에 좀 다르게 인식되어 정당정치 세력과도 교분이 있었다. 1923년 제2차 야마모토 곤노효에 내각에서 육군 대신을 지냈다. 1925년 4월 정우회 총재로 정치에 뛰어들었다. 1928년 관동군의 장쮜린(張作霖) 폭살사건 처리문제와 관련하여 1929년 7월 내각에서 사직한 후 3개월만인 1929년 9월 29일 급성 협심증으로 죽었다.

[24] 사이토 총독의 사임과 후임 총독의 선임과정에 대해서는 다음을 참조. 加藤聖文,「政黨內閣確立期における植民地支配體制の摸索-拓務省設置問題の考察-」『東アジア近代史』, 創刊號, 1998; 駄場裕司,「齋藤實朝鮮總督更迭をめぐる對立圖式－田中義一內閣倒閣論再考」『日本歷史』690, 2005.

은 변화하기 시작했다. 야마나시 총독과 이케가미 정무총감은 종래 부분적으로 검토되었던 자치론을 일체 부정하고 내지연장주의에 따른 동화주의정책의 강화를 기본 통치 방침으로 삼았다.[25] 야마나시 총독과 이케가미 정무총감이 부임하면서 총독부 주변에서 자치제를 추진하려는 움직임은 포착되지 않게 된다.[26]

2) 일본 정세 변동에 대한 민족 언론 세력의 인식

당시 한국 민족 언론 세력들은 일본 정세의 변화를 주의 깊게 보고 있었다. 1927년 4월 20일 정우회 다나카 내각 수립이 결정되자, 동아일보는 그날 즉시 이에 관련한 사설을 내보내며 민감하게 반응했다. 사설에서는 다나카 내각의 문제는 첫째, 보통선거의 실시이고, 둘째, 헌정회 시대라 외상의 대중국 불간섭외교정책을 지속할 것이냐의 여부라면서 이에 대한 분석과 전망을 하였다. 보통선거 문제는 내각을 구성한 정우회가 야당인 민정당에 비해 소수 정당인 관계로, 이를 만회하기 위해 정우회가 정권이 잡은 이점을 이용해서 조만간 의회를 해산하고 정우회 내각으로 선거를 실시할 것으로 전망하였다. 그리고 대중국정책에 대해서는 와카스키 내각이 물러난 것도 추밀원을 둘러싼 세력과 헌정회 내각 사이의 대중국 정책상의 의견차이가 금융공황 문제로 폭발한 것이기 때문에 강경기조로 바뀔 것 같다면서, 이것이 극동정세에 주는 영향을 주목하여야 한다고 주장했다.[27]

곧 이어서 대중국정책만을 별도로 다루는 사설을 게재하여, 다나카가 재야

---

25) 이형식, 「야마나시총독(山梨半造)시대의 조선총독부」『동아시아 속의 한일관계사』 하, 2010, 294~310쪽.

26) 자세한 것은 윤덕영, 앞 논문, 2010a, 195~197쪽 참조.

27) 「田中內閣의 실현과 금후」『동아일보』1927. 4. 20.

시절부터 러시아의 중국 국민당 지원과 직접적 개입으로 중국의 '국가적 성질'
이 일본과 크게 달라지는 것에 분개하면서 일본의 중국문제 개입을 주장하였
고, 직접 외상까지 겸임하면서 중국에서 공산주의의 승리를 허락할 수 없다는
것을 표시했다고 분석하면서 일본의 대중국정책의 변화를 전망했다. 그리고
이런 다나카의 의도는 '혁명군'의 좌·우파 분쟁을 잘 조정하면 어느 정도 일시
적으로 가능하겠지만, 소비에트러시아가 중국에 주력하는 이상 다나카의 강경
정책은 성공하지 못할 것이라고 전망하였다.[28] 이 같은 동아일보의 전망은 다
나카 내각 출현에 따른 일본 정계와 국제적 정세 변동을 비교적 잘 파악한 것이
라 할 수 있다.

　조선일보도 사설을 통해 일본 내각의 교체는 표면적으로는 금융공황 문제이
지만, 내면적으로는 와카쓰키 내각의 대중국 정책이 군벌 및 관료일파에게 호
감을 받지 못한 것이 중요한 요인으로 작용하였다고 파악했다. 추밀원을 통해
시데하라 외상의 대중 정책에 대한 공격이 공공연히 진행되었기 때문에 이런
점이 정권 교체의 국제적 요인으로 작용했다고 보았다. 다나카 수상에 대해서
는 일본의 시베리아 출병 당시 책임자이자 간도 훈춘사건의 책임자로서 대중
국 강경정책을 취하여 반동의 기세를 조장할 우려가 있다고 보면서 일본의 대
중 정책의 변화를 전망했다. 일본 사회민중당의 경고를 인용하여 다나카 내각
이 일본 내에서는 무산계급의 신흥세력에 대해 압박을 가할 것이고, 그 결과가
조선에도 영향을 미칠 것이라 하면서, 다나카 내각의 출현이 조선과 일본, 중국
의 해방을 구하는 민중들에게 특별히 경계할 현상이며, 엄중한 주의를 요한다
고 경고하였다.[29]

　조선의 민족 언론 세력들은 다나카 내각의 출현에 대해서 경계하면서도, 헌

---

28) 「田中內閣의 대중책」『동아일보』1927. 4. 26.
29) 「張作霖의 狂喜와 민중당의 경고」『조선일보』1927. 4. 22.

정회 재집권에 대한 기대는 거의 하지 않았다. 1920년대 전반기와 달리 이 시기에 오면 그들은 헌정회가 재집권하여도 조선정책에 변화가 있을 것이라는 기대를 사실상 버리고 있었다. 그것은 헌정회를 비롯하여 민본주의를 비롯한 다이쇼데모크라시의 이념적 기치 하에 체제 변화를 꾀했던 일본 자유주의자들의 보수화가 노골화되었기 때문이었다. 그 상징적 모습이 앞서도 언급했듯이 1924년 제2차 호헌운동의 투쟁 대상이었고, 가장 보수적인 정우본당과[30] 헌정회가 합당을 추진한 것이었다.

민족 언론 세력들은 헌정회와 정우본당과의 합동의 추이를 1927년 초부터 주목하고 있었다. 와카스키 내각의 사직이 전망되는 가운데, 후속 내각은 정우본당과의 협력 여하에 따라 결정된 것이 정계의 일반적 관측이었다. 조선일보는 연초부터 헌정회 측에서는 정우본당과 일시적 제휴하기 보다는 합동하는 것이 가장 편리한 방법으로 고려하고 있으며, 정우본당도 다나카 체제의 정우회로 편입되는 정우회 복귀보다는 권력을 분점할 수 있는 헌정회와의 합동을 고려할 것으로 전망하고 있었다.[31] 다나카 내각이 수립된 이후에는 정계변화가 없으면 정우본당의 당원 다수가 자연히 정우회로 합류할 우려가 있기 때문에, 정우본당의 총재 도고나미 다케지로(床次竹二郎)를 중심으로 적극적으로 신당 수립이 모색될 것이며, 헌정회도 정우본당에 비해 배 이상의 세력을 가지고 있기 때문에 이를 적극 수용할 것으로 전망하였다.[32] 헌정회가 정우본당과 합동하여 민정당을 결성하자, 민정당이 의원 2백여 명을 넘어서는 중의원 최대

---

30) 동아일보는 정우본당에 대해서는 그 사상적 체계로 보면 '봉건사상'을 가진 보수적 당파로 보고 있었다(「일본정계의 장래와 조선문제-보선이 실시되면」『동아일보』 1925. 1. 11). 동아일보가 이 정도로 평가할 정도이면 이는 거의 1910년대 번벌 특권 세력과 비슷하게 보는 것인데, 이들은 대개 '일선융화'의 명분하에 조선에서의 강압통치를 용인하고 있었다.

31) 「일본 정계의 추이」『조선일보』 1927. 2. 5.

32) 「삼파의 신당수립 계획」『조선일보』 1927. 4. 26.

정당이 된 것은 확실하지만, 보통선거를 앞두고 정우본당의 인물과 함께 일대 발전을 기하기는 곤란할 것이라면서, 양측 간의 정치 지반 관계가 복잡하기 때문에 양측 인물들 간의 알력이 클 것으로 전망했다[33] 민정당 결성을 계기로 일본의 자유주의 부르주아정치세력은 완전히 일본 절대주의 천황제 체제에 포섭되었다. 이들도 과거 특권 세력과의 타협도 마다하지 않는 명백히 권력지향 정치집단으로 전락했다고 파악했다. 일본 사회의 민주주의적 변화는 이제 부르주아정치 세력에게는 기대할 수 없는 것이 되었다.

신간회 발기회에 동아일보 계열을 대표해서 참석하였던 최원순은 일본 입헌정우회에 대해 대자본과 재벌, 지주를 대표한 정당으로 반동적 제국주의 입장을 가지고 있다고 평가했다. 민정당에 대해서는 도시상공계급을 대표하는 경향은 있으나 지주당의 색채도 농후하다고 하면서 정우회에 비해 오십보백보로 대동소이하다고 혹평하였다.[34] 이런 최원순의 견해는 대체로 당시 조선 민족 언론 계열의 일반적 정서를 반영하는 것이라 할 수 있다. 그들은 일본 무산정당운동의 성공으로 일본 정계가 근본적으로 변하지 않는 한 식민지 조선정책은 변화하지 않을 것이라는 것을 알고 있었다. 이는 동아일보 계열뿐만 아니라 조선의 민족운동세력 전반에 공통된 것으로 그들은 일본 부르주아정치 세력보다는 일본 무산정당의 진출에 따른 일본 정계의 근본적 변화에 기대를 걸고 있었던 것이다.

한편 조선의 민족 언론 세력은 1927년 12월 초의 사이토 총독 사임과 야마나시 총독의 임명에 대해서는 크게 동요하지 않았다. 이미 4월부터 야마나시 이상으로 강경하고 정치적인 육군대신 우가키가 임시 총독으로 총독 업무를 수행하고 있었으며, 헌정회 내각이 물러나고 정우회 다나카 내각이 들어섰기 때

---

33) 「입헌민정당 창립」『조선일보』1927. 6. 3.
34) 최원순, 「일본정국의 추세−보선후의 전개여하?」(7), 『동아일보』1928. 1. 8.

문이었다. 또한 5월부터는 제1차 산동출병으로 상징되는 대중국 강경정책이 이미 시작된 지 오래였기 때문에 일본에서의 반동정세는 이미 노골화되어 있었다. 더구나 그들은 사이토 총독이 8여 년의 긴 재임 기간 중 식민지 조선의 정치적 자유를 위해, 아무것도 하지 않았을 뿐 아니라 도리어 조선인의 민족운동을 심하게 억압하였다고 인식하였다.[35] 때문에 그들 입장에서는 사이토는 신임 야마나시 총독과 크게 다를 바 없는 군인 정치가였다. 도리어 야마나시 총독이 부임 시 "시대에 진운에 적응한 시설을 할 필요"가 있다는 언명을 한 것에 대해, 동아일보는 약간의 기대감 내지 의견 제시 차원에서 사설을 게재하기도 했다.[36] 반면에 조선일보는 사이토 총독의 문화정치를 "현대적 과학적 그리고 조직적으로 조선의 장악, 침투 및 지배를 보다 견고케 함을 의미"하는 것으로 규정하면서도, 야마나시 총독이 다나카 총리대신과 거의 이신동체의 사람으로 반동적 경향을 강화할 것을 우려하였다.[37]

3. 중국 정세 변화에 대한 민족 언론 세력의 인식과 공산주의 세력에 대한 경계심

1) 중국 국민혁명군의 북벌과 장제스의 4·12 쿠데타

1926년 중반이후 일본 정계의 변동보다 국내 민족운동 세력에게 더 큰 영향

---

[35] 민족주의 세력의 사이토 총독하 조선총독부에 대한 비판은 이미 1922년 초부터 전개되고 있었다. (윤덕영, 앞 논문, 2010b, 15~24쪽, 32~39쪽 참조). 한편 1920년대 중반 송진우와 동아일보 계열은 합법적 정치운동을 모색하고 있었고, 이는 일제 지배 세력과의 일정한 긴장관계를 형성하고 있었다. 윤덕영, 앞 논문, 2010c, 97~104쪽 참조.

[36] 「山梨總督의 성명에 대하야」『동아일보』1927년 12. 21.

[37] 「조선 총독 경질 -조선인은 무엇을 구하는가-」『조선일보』1927. 12. 9.

을 미치고 있는 것은 주지하다시피 중국 국민혁명의 정세였다. 중국 국민당 주도의 국민정부는 국공합작과 소련의 군사적 재정적 지원을 기반으로 군대를 양성하고 정부의 체계를 마련하고 있었다. 국민당은 장제스(蔣介石)의 북벌 주장을 받아들여 6월 국민당은 북벌을 결의하고, 장세스를 국민당 중앙상무위원회 주석 겸 국민혁명군 총사령에 임명하였다.[38]

1926년 7월, 8군으로 편성된 중국 국민혁명군이 세 방향으로 북벌을 단행했다. 북벌군은 각지 노동자 · 농민 · 청년 · 학생 등의 전폭적인 지지와 지원 속에 파죽지세로 진격하였다. 중국 국민혁명군은 11월에는 난창(南昌)을 점령하여 양자강 중부 유역까지 도달하였고, 12월에는 푸젠성 푸저우(福州)를 점령하였다. 이후 저장성과 장쑤성과 안후이성 방면으로 진격하였다. 북벌군의 빠른 진격은 국민혁명군을 '우리 군'으로 부르던 민중의 지지 없이는 불가능한 것이었다.[39] 각지의 농민들과 노동자들은 북벌군을 적극 지원하였으며, 지주와 토호에 맞서 격렬히 투쟁을 전개하였다. 북벌이 성공적으로 전개되면서 광저우 국민정부도 우한으로 이전하여 1927년 1월 1일 우한 국민정부 수립이 공포되었다. 이제 국민정부는 화남에서 화중까지를 장악한 중국의 중심적 정치세력이 되었다. 그동안 중국을 분할하여 통치해왔던 군벌정부의 몰락은 시대의 대세였다. 국민혁명군은 1927년 1월에 이르러서는 모두 30군에 40여만 명으로 대폭 증가하였다.

조선의 민족운동 세력은 중국 국민혁명군의 세력이 불원한 장래에 중국 전역을 통일하면 제국주의 타파 정책을 시행할 것이고, 이는 만주와 몽고에 대한

---

38) 배경한, 『장개석연구-국민혁명시기의 군사 정치적 대두과정-』, 일조각, 1995, 66~107쪽 ; 楊天石, 「'中山艦事件'之謎」, 楊天石, 『找尋眞實的蔣介石-蔣介石日記解讀』, 三聯書店, 2008, 131~154쪽 ; 楊奎松, 「蔣介石走向'三二0'之路」, 楊天石, 『國民黨的聯共與反共』, 社會科學文獻出版社, 2008, 97~126쪽.

39) 이시카와 요시히로(石川禎浩) 저, 손승희역, 『중국근현대사』 3, 삼천리, 2013, 42쪽.

일본의 이권을 근본적으로 동요시켜 일본은 현재의 제국주의정책을 크게 변경할 수밖에 없게 될 것이며, 일본 국내의 보통선거 실시는 이런 형세를 피할 수 없게 할 것이라고 보았다. 이에 따라 일본 내 군국주의와 특권 세력의 영향력은 크게 약화될 것이고, 이는 식민지 조선에 대한 정책도 크게 변화를 가져오게 할 것으로 전망했다. 그들은 이렇게 극동의 정세가 크게 변화하는 것에 대응해서 구체적 준비를 해야 한다고 판단했다.[40]

중국 국민혁명군은 2월 18일에는 항조우를 점령했다. 이후 상하이 방면으로 진격했는데, 이에 맞추어 3월 21일에는 상하이에서 총동맹 파업과 민중봉기가 일어났다. 이들은 상하이를 지배하던 쑨촨팡 군벌군을 물리치고 22일 민중들의 자치적 조직으로 '상하이 특별시정부'를 조직하였다. 북벌군은 3월 24일에는 난징을 점령했다.

이렇게 국민혁명군이 확대되고 북벌이 성공적으로 수행되면서 국민혁명군 사령관으로서 장제스의 권위와 영향력도 급속하게 증대하였다. 물론 증가된 군의 상당수가 기존 군벌들의 군대들을 흡수하여 확장한 것이기 때문에 내부에 다양한 성향을 갖고 있었고, 장제스의 직접적 통제와 영향력은 제한적이었다. 그러나 북벌 이전과 비교해 볼 때 전체적으로 장제스의 군에 대한 통제와 국민당에 대한 영향력은 크게 증대하였다.

때문에 우한 국민정부를 주도하고 있던 국민당 좌파와 공산당은 장제스의 권력을 제한하고, 국민혁명의 주도권을 장악하기 위해 여러 대책을 간구하였다. 국민당 좌파 및 공산당은 장제스 및 국민당 우파들과 국민정부의 광저우에서 우한으로 이전문제,[41] 외유중인 왕징웨이의 귀국문제,[42] 국민혁명군의 군

---

40) 「극동의 대세와 민족적 각오」『동아일보』 1927년 1. 1. 이런 전망은 동아일보 논설위원 최원순이 1927년 1월 1일부터 12일에 9회에 걸쳐 연재한 장문의 논설에서 보다 구체화된다. 崔元淳, 「極東政局의 將來」(1)~(9), 『동아일보』 1927. 1. 1.~12.

41) 황동연, 「무한 국민정부 성립기 '천도논쟁'」『학림』 12·13합집, 1991, 205~261쪽 ; 楊

비 조달문제[43] 등을 둘러싸고 대립하였다. 1927년 1월 장제스 우한 방문 이후 양 진영의 대립은 더욱 심해졌다. 이런 가운데 우한의 국민당은 3월 제2屆 3中 全會를 열어 장제스가 맡고 있던 상무위원회 주석직을 폐지하고, 국민혁명군 총사령관의 권한을 제한하는 일련의 조치를 취했다.

한편 북벌과 함께 각 지역에서는 노동운동과 농민운동이 급속히 일어나기 시작했다. 이들 민중운동은 북벌이 성공적으로 전개되는데 큰 배경이 되었지 만, 이를 지도하고 조장한 공산당의 통제를 넘을 정도로 급진적으로 전개되는 경우도 많았다. 이런 민중운동의 급격한 고양은 자산가들과 지주들의 공포와 반발을 불러왔다. 이에 따라 이들에 기반한 국민당 우파의 반공적 경향이 강화 되었으며, 국민당에서 공산당원을 제거하려는 움직임이 확산되었다. 장제스는 우한 정부와의 대립, 국민정부 소련 고문단과의 갈등, '난징사건'에서 보여진 국민혁명에 대한 열강 개입에 대한 우려, 상하이 특별시정부에 대한 부정적 인식 등으로 국민당 우파의 편에 서서 자신의 권력 기반을 확고히 하고자 했다.

이런 가운데 1927년 4월 12일, 장제스는 상하이쿠데타를 일으켜 상하이 특별 시정부를 무력으로 무너트리고 공산당 세력을 소탕하기 시작했다. 이런 장제 스의 쿠데타에 반발해서 4월 17일 우한 국민정부가 장제스를 모든 직무에서 해임한데 이어, 국민당에서도 제명했다. 그러나 장제스는 우한 국민정부에 대 항해서 4월 18일, 후한민(胡漢民)을 주석으로 하는 독자적인 난징 국민정부를 수립하였다.[44] 이렇게 국민당 내 좌우 대립과 분열이 폭발하면서, 군벌정부에 대항하여 국공 합작 하에 각계각층의 전폭적 지원과 성원 속에서 성공적으로

天石, 「北伐時期的遷都之爭興宋子文」『國民黨人與前期中華民國』, 中國人民大學出 版社, 2007, 489~491쪽.

[42] 배경한, 『왕징웨이 연구』, 일조각, 2012, 92~101쪽.

[43] 배경한, 앞의 책, 1995, 162~168쪽.

[44] 배경한, 앞의 책, 1995, 168~189쪽 ; 이시카와 요시히로(石川禎浩) 저, 손승희역, 앞의 책, 54~56쪽.

북벌을 단행 중이던 중국 국민정부와 국민혁명은 최대의 위기를 맡게 되었다.

당시 소련은 중국 우한 국민정부를 지지하고 있었는데, 1927년 5월말 개최된 코민테른 집행위원회 제8차 전체회의를 계기로 정책의 변화가 급격히 이루지게 된다. 회의에서는 중국의 민족부르주아지가 혁명에서 이탈했으며, 토지몰수와 국유화를 포함한 급진적 토지혁명을 추진할 것을 결의하였다.[45] 그리고 6월 1일, 코민테른으로부터 중국 주재 코민테른 대표인 로이에게 긴급훈령이 전달되는데, 그 지령에는 우한정부의 개조와 공산당 지도력 강화, 중국 공산당이 독자적 무력을 갖출 것, 국민당 군대내 반동적 장교들을 제거하고 공산당원 또는 국민당 좌파로 교체할 것, 즉각적으로 토지혁명을 감행하여 지주와 호신의 재산을 몰수할 것 등을 지시하고 있었다.[46] 코민테른의 결정과 훈령의 내용은 한편에서는 국민당과의 국공합작을 유지하라고 하고 있었다. 그러나 다른 한편으로는 민족부르주지의 혁명 이탈과 즉각적 토지혁명에 따른 지주와 호신 재산 몰수, 국민당 장교 타도를 주장하고 있었다. 때문에 이러한 코민테른의 지시는 장제스 및 국민당 우파의 쿠데타와 공산당 탄압으로 국민당 및 민족부르주아지, 지주들에 대한 적개심을 높이고 있던 공산당원 및 농민층에게 사실상 불을 지르는 것이었다.

또한 이러한 코민테른의 방침은 우한의 국민당 좌파들도 도저히 수용하기 어려운 것이었다. 국민당 좌파 역시 자산가들과 국민당 장교들에 정치적 기반을 두고 있기 때문이었다. 국민당 좌파의 지도자 왕징웨이는 중국 주재 코민테른 대표인 로이를 통해 코민테른의 방침을 전해 들었다. 그리고 중국 공산당과 갈라 설 결심을 하고, 7월 15일 국민당 중앙회의에서 코민테른의 방침을 폭로하였다. 국민당은 그 즉시 당·정·군에서 공산당원의 직무를 정지하고, 공산당을

45) 김원규, 「초기 중국공산당과 코민테른 - 농민·토지문제를 중심으로」 『역사와 세계』 22, 1998, 510~513쪽.
46) 村田陽一編譯, 『コミンテン資料集』, 大月書店, 1981, 207~208쪽.

비난하는 성명을 발표하면서 용공정책은 파괴되었다고 공식적으로 선언했다.[47] 동시에 국민당 좌우파가 합동하여 공산당에 대한 탄압을 전개하였다. 그리고 우한 국민정부는 난징의 국민정부와 통합 협상을 벌여, 우여곡절을 겪기는 하지만 9월에는 난징의 국민정부로 다시 통합하였다. 이렇게 되자 중국공산당은 무장봉기 노선으로 전환하였다. 1927년 8월 1일 남창에서 봉기를 일으켰고, 9월에는 후난과 후베이성에서 잇달아 추수봉기를 일으켰다.

2) 중국 장제스 쿠데타에 대한 이해와 공산주의 세력에 대한 경계심

중국 정세를 계기로 부쩍 늘어난 공산주의 세력에 대한 경계심이 조선의 민족주의 세력 일반에 확산되기 시작했다. 신간회 결성을 주도하였던 민족주의 세력들을 대변하는 조선일보와 안재홍은 신간회 창립 전후의 시기에는 '민족좌익전선'을 주장하며 타협운동의 배격을 가장 주된 목표로 삼고 있었다. 조선일보 사설은 기회주의와 우경적인 타협운동을 배격하기 위해 '민족주의 좌익전선'을 형성하는 것이 '시국에 책응'하는 현하 조선의 확실한 시대의식이라고 주장하면서 '민족좌익전선'은 "究竟的 목적이 좌익적 민족주의 운동으로써 정치적 투쟁을 지속함에 있는 것"이고, 그를 위해 '민족좌익전선'은 당연히 "최 좌익인 사회운동 전선과 연결"하여야 한다고 주장하였다.[48] 그들이 주장한 '민족좌익전선'은 현재 각파유지연맹 같이 대중적으로 별 의미 없는 민족우익의 집단보다는 앞으로 출현이 예상되는 타협적 자치운동과 자치단체에 대비하는 대항조직으로서의 성격을 가진 것이었다. 타협운동에 대한 투쟁이 가장 주된 목표였기 때문에 사회주의 세력과의 협력은 당연한 것이었다. 그리고 비타

---

[47] 이시카와 요시히로(石川禎浩) 저, 손승희역, 앞의 책, 60~61쪽.

[48] 「민족좌익전선」『조선일보』 1927. 1. 23 ; 「민족좌익전선의 의의 및 사명」『조선일보』 1927. 2. 9.

협적 성격을 명확하게 하기 위해 '좌익'이라는 표현을 사용하였다.

그렇지만 이런 안재홍과 조선일보 계열의 '민족좌익전선' 주장은 1927년 중반에 들어서 사라지고 '민족단일당'의 주장으로 바뀌게 된다.[49] 그리고 이를 조직적으로 뒷받침하기 위해 1927년 5월 18일, 신간회 내에 반합법 조직으로서 '신간그룹'이 결성되었다.

기존의 연구들에서 밝혀졌다시피 제3차 조선공산당은 5월 17일의 조선사회단체중앙협의회의 대회 전후로 민족단일당론을 사회주의 진영 전체에 확산시켰다.[50] 한상구는 자치운동이 출현하였을 때 신간회가 분열되고, 이를 계기로 신간회 내에 제3차 조선공산당 계열의 사회주의 세력이 크게 진출하는 것에 즉각 대응태세를 갖추고자, 신간회 내의 주도 세력이 신간그룹을 결성하였다고 주장하였다.[51] 김영진은 신간그룹은 권동진, 박래홍 등의 천도교 구파세력과 안재홍, 박동완, 신석우 등의 흥업구락부세력, 최익환, 송내호, 홍명희 등의 비주류 사회주의 세력으로 구성되었다고 하였다.[52]

그렇지만 신간회 초창기 민족좌익전선을 운운하면서 사회주의 세력과의 협력을 당연한 것으로 여기고, 나타나지도 않는 가상의 타협운동 세력과의 투쟁을 강조하던 신간회 주도 세력이 왜 민족좌익전선의 구호를 벗어던지고 '신간

....

[49] 신간회 창립전후 조선일보와 안재홍의 민족좌익전선 주장에 대해서는 한상구, 앞 논문, 1994a, 159~164쪽 참조. 한편 김인식은 한상구와 다른 각도에서 민족좌익전선을 분석하였다. 김인식, 「신간회의 창립과 민족단일당의 이론」『백산학보』78, 2007, 225~238쪽; 김인식, 「이승복과 신간회 강령의 이념 노선」『한국민족운동사연구』62, 2010, 200~211쪽.
[50] 사회주의 세력에서의 민족단일당론의 정립과정에 대해서는 다음을 참조. 한상구, 「1926~28년 사회주의 세력의 운동론과 신간회」『한국사론』32, 1994b, 226~235쪽 ; 김인식, 「신간회운동기 ML계의 민족협동전선론과 신간회 성격규정의 변화」『백산학보』68, 2003, 391~399쪽.
[51] 한상구, 앞 논문, 1994a, 169~170쪽.
[52] 김영진, 「신간회 경성지회 주도세력과 비타협」『향토 서울』78,182~189쪽.

그룹'이라는 민족주의 세력의 내부 단결을 강화하는 방향으로 나아갔는가는 좀 더 고려할 필요가 있다. 직접적 계기는 조선사회단체중앙협의회의 결과인 것은 분명하지만, 그전까지 사회운동 세력과의 협력을 당연시 여기던 그들이 아직 구체화되지도 않는 사회주의 세력의 신간회 진출에 대응해, 갑자기 반합법 형태의 조직까지 결성한다는 것은 기존 연구의 설명만으로는 부족하다. 그와 함께 이런 방향 전환의 저변에는 앞서 설명한 당시 중국 혁명의 전개과정에 대한 민족주의자들의 경각심이 자리 잡고 있었다.

신간회 결성을 주도하는 민족주의 세력들을 대변하는 조선일보는 중국 정세에 대한 일련의 기사와 사설을 통해 이를 분석하였다. 조선일보는 장제스 쿠데타 직후 사설을 통해 장제스가 한편으로는 자기세력의 실패를 염려하고, 다른 한편으로 중국혁명운동의 좌경이 혁명운동을 오히려 곤란하게 할 것이라는 생각에서 좌파에 대한 압박 기회를 노리다가, 국제형세가 점차 악화되는 것을 계기로 쿠데타를 일으켰다고 분석했다. 그들은 장제스의 쿠데타가 1917년 3월 러시아혁명 후 카렌스키의 태도와 유사하다면서 중국혁명에서 좌우의 항쟁이 표면화되었고, 중국 민중은 선택의 길에 서있다고 주장했다.[53]

조선일보는 장제스 쿠데타 초기부터 국민당내 좌우익의 갈등이 3월 11일 무한 국민당 당대회부터 선명하게 되었고, 좌파의 급격한 행동이 우파 제인들에게 도전적으로 인식됨에 따라 쿠데타가 단행되었으며, 대부분의 군사력을 장악한 우파에 의해 좌파가 급격히 꺾어질 것으로 파악했다.[54] 조선일보는 무한의 좌파가 급진적인 공산화를 추진하고, 대외적으로 열강들에 대해 일시에 적대하려는 것은 결코 득이 되는 정책이 아니라면서, 무한파 지위가 곤란해졌고, 이로 인해 중국혁명의 앞길을 내다보는 것이 어려워졌다고 전망했다.[55]

---

[53] 「장개석의 쿠데타」『조선일보』 1927. 4. 14.
[54] 「좌익파 頓挫의 형세」『조선일보』 1927. 4. 19.
[55] 「逆睹치 못할 중국혁명」『조선일보』 1927. 5. 3.

조선일보는 중국의 좌익이 '노농병사대표평의회'를 조직하고 운용하는 것은 냉정한 이성을 결여한 '기분적인 일'로, 이로 인하여 급속한 분열을 '촉성'시키는 것은 확실히 보충키 어려운 '일대 실책'이라고 하면서, "이로 인하여 '혁명의 적에게 이익을 주는 결과'가 될 것은 자명한" 일이라고 비판했다.[56) 또한 중국의 현재 정세에서는 좌익파가 급진주의적 정책을 취하지 않아야 하며, "국민주의적 또는 부르주아 민주주의적 제 세력과 합동하여 먼저 반식민적 상태에 있는 중국으로 하여금 국민적 피 예속의 관계를 타파하는 데에 대부분의 세력을 집중"해야 한다고 주장했다. 때문에 조급하게 돌진하거나 혹은 부르주아 민주주의적 우익파로 하여금 극단의 반동을 일으키게 하는 도전적 정책을 취하지 않는 것이 좋을 것이라면서 중국의 좌익을 비판했다. 그리고 만일 이를 예상하지 못했다면 '明을 缺'한 자이오, 그로써 민중의 각성을 촉진하는 참담한 고육책이 있다하면 이 또한 실책일 것이라고 비판하였다. 또한 제국주의자가 중국 국민당으로부터 좌익을 구축하려고 일어난 때에 있어, 좌익의 도전적 태도로써 국민당의 분열을 '촉성'하고, '국민당 우익분자의 승리'를 오게 하는 것은 제국주의자의 야망을 달성시키는 것이라고 주장하였다.[57) 이러한 맥락에서 당시 조선일보는 중국 국민당 우파의 우력인물인 중앙청년부장 간나이광(甘乃光)의 논설 「중국 국민당의 유래와 의의」를 연재하기도 했다.[58)

동아일보 주도 세력도 일련의 기사와 사설을 통해 중국 정세를 자세히 분석하였다. 그들은 장제스가 쿠데타를 일으킨 원인과 배경에 대해, 3월 10일 중국국민당 제3차 중앙위원회 회의에서 예상 밖으로 장제스에게 불리한 결정이 내려지고, 이후 '공산파'의 장제스에 대한 도전적 행동이 전개되면서, 장제스가 쿠데타를 일으킨 것으로 파악했다. 그들은 중국혁명이 러시아의 지원 속에 성공적

---

56) 「중국혁명의 특성」 『조선일보』 1927. 5. 13.
57) 「좌익파의 정치 투쟁-중국혁명의 특성(2)」 『조선일보』 1927. 5. 15.
58) 간나이광(甘乃光), 「중국 국민당의 유래와 의의」 『조선일보』 1927. 5.1.~5.7.

으로 수행되고 있고, 사회주의사상을 일정하게 수용한 삼민주의 하에서 진행되고 있는데, 비록 장제스가 문제가 있더라도 공산파가 그렇게 '焦急'하게 날뛸 이유가 무엇이냐고 비판하였다. 그들은 이 사건을 계기로 공산파와 비공산파 간의 알력이 격화되는 한편, 비공산파가 자기 세력 확장책으로 중국 북방 군벌과 타협할 가능성이 있다고 전망하고, 이는 혁명 상 손실과 일본의 이익을 줄 뿐이라고 주장하였다.[59] 동아일보는 혁명군의 분열로 중국 혁명이 중간에 좌초될 것과 일본과 연계된 북방 장쭤린(張作霖) 군벌의 재 발호를 우려했다.[60]

동아일보 주도세력은 장제스 쿠데타 분석에서 더 나아가 국민당의 좌우 분열이 단순히 장제스와 공산파의 개인적 사욕에서 나온 것이 아니라, '주의상 충돌'과 '정책상 차이'에 따른 것으로 판단했다. 그들은 공산당의 조종을 받는 '工會' 측의 급진적인 '공포정책'이 점진적 색채를 가진 국민당 우파들에게 혐오감을 주게 되어, 장제스의 탄압을 불러온 것으로 파악했다. 당분간 대내적 통일과 대외적 혁명에만 전력할 것을 주장하는 우파에 대해, 공산 측은 한 걸음을 더 나아가 '工人의 독재정치', 즉 노동소비에트 건설과 노동계급의 헤게모니를 추구했기 때문에 타협점을 찾지 못하고 분열하였다는 것이다. 때문에 동아일보는 중국 공산당이 혁명프로그램 실현에 너무 급한 것은 아닌지, 또한 중국 국민당이 공산당원과 협력한 것이 얼마나의 이득과 손실이 있었는지를 검토하여야 한다고 주장했다.[61] 동아일보는 현재 중국 혁명에 중국 국민의 민족적 의식 발달에서 더 나아가 사회제도를 근본적으로 파괴하려는 '신사상'의 지도가 있으며, 이는 중국을 적화시키려는 러시아의 '奮努'와 적극적 지원을 받고 있다고 파악했다. 때문에 이러한 '중국의 적화'를 방관하지 않는 제국주의 열강들이 이에 대항해서 중국 문제에 적극 개입할 것으로 전망했다.[62]

....

59) 「中國共産派의 失策」『동아일보』 1927. 4. 16.
60) 「中國革命의 前途」『동아일보』 1927. 4. 24.
61) 「國民黨의 分裂과 中國革命의 將來」『동아일보』 1927. 5. 8.

이런 동아일보의 전망은 1927년 5월 26일 영국하원에서 소련과의 단교안이 통과되고, 5월 27일 소련에 통보함으로써 국제정세가 다시 크게 변화하기 시작하면서 구체화되었다. 동아일보는 노영의 국교단절이 양국 간의 전쟁으로 비화되지는 않을 것이라면서, 그보다는 남경의 장제스 정부에 접근하여 중국에서 러시아의 남진을 막으려 할 것으로 전망하였다. 그들은 영국의 동향보다는 남만주의 이권을 지키려는 일본이 어떻게 나오느냐가 동아시아 정세에서 중요하다고 파악했다.[63]

그런데 그 바로 다음날인 5월 28일, 일본은 중국으로의 출병을 최종 결정하고, 제1차 '산동출병'이 단행되었다. 동아일보는 그 즉시 사설을 통해 일본이 자국민의 인명 보호와 자국의 해외 발전을 유지한다는 미명 하에 자신의 이권에 큰 관련이 없는 중부 중국에 진출한 것은 국민당군의 북벌 기세를 꺾고 전제 봉건 군벌을 보호하려는 것으로 파악했다.[64] 이에 따라 중국에 대한 일본의 종래 불간섭정책은 폐기되고, 다나카 내각은 중국 문제에 적극적으로 개입하는 정책으로 선회한 것으로 보았다.[65] 동아일보는 이런 일본의 개입 정책이 중국 민중의 반발만 초래하고 성공하지 못할 것이라고 주장하였다.[66]

중국 국민당 북벌군의 연이은 승리로 중국의 혁명 과정에 크게 고무되어 있던 조선의 민족주의 세력에게 장제스의 쿠데타와 뒤이은 국민당의 좌우 분열, 중국혁명의 혼미 및 열강의 개입은 커다란 충격이자 남의 일이 아니었다. 그것은 중국 국민혁명에 직접적으로 고무되어 이를 모델로 조선에서도 좌우

[62] 「中國風雲과 그 環境」『동아일보』 1927. 5. 15.
[63] 「英露斷交와 日本의 態度」『동아일보』 1927. 5. 28.
[64] 「日本의 中國出兵」『동아일보』 1927. 5. 29.
[65] 「日本의 對中策一變乎」『동아일보』 1927. 6. 7.
[66] 「中國南北戰의 倫理觀」『동아일보』 1927. 6. 2;「馮蔣의 接近, 中國의 新形勢」『동아일보』 1927. 6. 23;「中國의 南北과 日本의 冒險」『동아일보』 1927. 7. 8.

합작을 통해 1927년 2월 신간회를 창립해 둔 상태였기 때문이었다. 민족주의 세력에게 중국 국민당의 좌우 분열은 사회주의 세력과의 협력에 대해 다시 돌아보게 되는 계기였다. 조선의 사회주의 세력이 당면의 민족혁명과정에서 중국의 공산당처럼 조급하게 혁명프로그램을 진행시키려 하는 것은 아닌지 살펴보아야 할 필요성을 제기하였다. 또한 사회주의 세력과의 협력이 실제로 얼마나 이득을 주는 지도 따져보아야 할 것이었다.

앞서 살펴본바와 같이 1927년 5월말 개최된 코민테른 집행위원회 제8차 전체회의 결정과 6월 코민테른으로부터 중국 주재 코민테른 대표인 로이에게 전해진 긴급훈령 이후 중국 공산당의 정책이 급변하였다. 그리고 우한 국민정부가 공산당과 결별하고, 난징의 국민정부과 통합하여 공산당을 탄압하면서, 이에 반발한 공산당이 무장봉기를 일으켰고, 이는 한국 민족주의 세력의 우려를 현실화시키는 것이었다.

동아일보 주도 세력은 이런 상황을 주시하고 있었다. 장제스의 쿠데타 직후만 해도 그들은 중국 공산당의 조급함을 탓하기는 했지만, 그래도 장제스의 국민당 우파보다는 국공합작을 추진하는 무한의 국민당 좌파에 호의적이었다.[67] 그것은 중국의 현재 국민혁명 단계에서는 국공합작이 필요한 것으로 인식되기 때문이었다. 그들은 중국의 국민운동과 민족혁명에 국민당과 공산당이 협력하여 큰 성과를 거두었고, 국공합작은 삼민주의의 하나인 민생주의가 공산주의를 포괄한다는 쑨원의 뜻에 따라 이루어져, 중국의 국민운동을 세계의 '大의 尺度'로까지 진전시켜 왔다고 평가하였다. 동아일보는 한편에서는 계속해서 중국 혁명이 현재의 일시적 혼란을 극복하고 성공할 것으로 주장했다.[68]

---

[67] 「中國左右의 兩派 實力比較」『동아일보』1927. 4. 23.

[68] 「混沌한 中國時勢」『동아일보』1927. 8. 12;「中國革命의 前途如何 要컨대 時日問題」『동아일보』1927. 8. 18;「中國革命의 一面觀」『동아일보』1927. 9. 27;「中國革命의 將來, 目下現狀은 一時的 頓停」(1)~(3), 『동아일보』1927. 10. 22~24.

그것은 중국 혁명이 성공해야 일본의 대륙진출이 좌절되고 그에 따라 일본 군부 및 지배 세력도 크게 동요할 것이며, 그 결과로 조선에서도 큰 정세의 변동이 있을 수 있기 때문이었다.

그러나 이제 장제스의 국민당 우파뿐만 아니라 그동안 쑨원의 유지에 따라 국공합작을 유지시켜 왔던 국민당 좌파까지도 공산당과 결별하는 현실을 맞게 되었다. 이에 따라 동아일보 주도 세력은 무한 국민당정부가 공산당과의 분리를 결정한다고 한 것이 역사 진행의 '필연한 계단'인지를 자문하기 시작했다.[69] 물론 아직은 국민당은 '정치혁명'을 선결문제로 할 것이고, 공산당은 '사회혁명'을 병행하려 할 것은 필연적 사실이며, 이는 세계의 공통된 추세라는 것을 인정하였다. 그러면서도 국민당과 공산당의 분열이 제국주의 열강에게 '어부의 利'를 안겨줄 것이라고 우려하기 시작했다.[70] 세계 약소민족과 식민지제국에 대한 소련의 원조를 기대하면서, 또한 당면의 민족혁명, 민족운동 단계에서 사회주의자들과의 협력을 인정했던 그들로서는 1927년 중반 중국에서 진행되는 일련의 사태는 민족혁명과정에서 공산주의자들의 협력을 기대할 수 있을 것인가에 근본적 의문을 제기하는 것이었다. 그들에게 있어 공산주의자들이 민족혁명단계에서 조급하게 노동계급의 헤게모니하의 소비에트 혁명노선을 추진할지도 모른다는 우려가 필연적으로 생기는 것이었다.

이런 상황에서 민족 언론 세력의 활동은 조심스러울 수밖에 없었다. 민족단일당으로 신간회가 결성되었지만, 이는 그들이 이전부터 주장해온 민족적 중심단체, 정치조직과는 차이가 있는 것이었다. 민족운동 세력이 중심이 되어 중국의 삼민주의와 같이 사회주의를 아우르는 단일한 민족주의 이념 하에 조직 결성이 이루어져야 하는데,[71] 신간회는 조직적 측면에서나 이념적 측면에

---

69) 「共産黨과 國民黨」 『동아일보』 1927. 7. 28.

70) 「중국혁명과 국민당, 통일전선의 완성」 『동아일보』 1927. 8. 27.

71) 동아일보 계열은 중국 국민당의 북벌이 승리하고 중국 국민혁명이 성공할 수 있었던

서나 불투명하고 애매한 조직이었다. 조직의 주도세력이 부재하고 사회주의와 민족주의 세력이 수평적 연합에 그쳐 있는 것이 가장 큰 문제였다.

3) '프롤레타리아 헤게모니' 전취론과 민족주의 세력의 경각심

  민족주의 세력 전반에 퍼지고 있는 공산주의 세력에 대한 우려와 경각심에도 불구하고 조선에서도 공산주의 세력의 영향력과 민족운동의 주도권을 쟁취하려는 활동은 1927년 하반기부터 본격화하기 시작했다. 그리고 그의 이론으로 제창된 것이 조선공산당 내 ML파의 지도자 안광천의 '프롤레타리아 헤게모니 전취론'이었다. 이는 1927년 11월, 『조선지광』에 「신간회와 그에 대한 임무」란 제목으로 공개적으로 발표되었다. 안광천은 신간회가 아직 명확한 지도정신도 결정하고 있지 못하고, 통일된 행동도 전개하지 못하고 있다고 하면서, 신간회는 진정한 의미의 당도 아니고 협동전선으로서도 완성되지 않았다고 주장했다. 때문에 사회주의자들은 당시 사회주의 진영에 유포되어 있는 간접지도 사상을 배격하고, 신간회에서의 당면 임무를 프롤레타리아 헤게모니의 전취에 두어야 한다고 주장하였다.[72] 이러한 주장은 신간회 운동에 대한 주도권을 프롤레타리아 헤게모니 전취라는 말 그대로 공산주의자들의 수중에 직접

것은 쑨원의 삼민주의로 혁명이념을 통일할 수 있었기 때문이라면서 삼민주의에 대해 대단한 의미를 부여하고 있었다. 삼민주의에 대해 중국민족을 통일 부활하게 하는 사상으로 첫째, 구미의 민주주의사상을 섭취한 '민권의 자유', 둘째, 러시아혁명으로부터 시작된 '세계대세의 귀추'를 예상한 '民生의 共産', 셋째, 국제적으로 민족적 감정을 내다 본 '민족의 평등'이라고 하여, 중국의 사상계는 孫文의 삼민주의하에 조화 통일된 것으로 보았다. 동아일보는 孫文의 삼민주의가 혁명운동의 전선을 통일하고 세계대세의 추이를 명찰하며, 이상적 문화를 건설하는 점에서 위대하다고 하면서(「中國問題와 將來(七) 竟是國民黨天下」『동아일보』1926. 10. 25.) 또한 세계의 대세와 합한 것일 뿐 아니라 중국의 전통에 근거한 사상으로 평가하였다(「主義와 權力, 中國國民黨의 範」『동아일보』1926. 11. 16.).

[72] 노정환, 「신간회와 그의 임무」『조선지광』73, 1927. 노정환은 안광천의 필명이다.

장악하겠다는 의도를 명백하게 천명한 것이었다.[73)

안광천의 헤게모니 전취 주장이 제기되자, 이에 대해 서울계와 비주류 사회
주의자들이 대거 비판에 나섰다. 그리고 이를 다시 ML파가 반박하면서 소위
프롤레타리아 헤게모니 전취론과 청산론 논쟁이 전개되었다.[74) 소위 '청산론
자'들은 신간회운동에서 프롤레타리아 헤게모니를 주장하는 것은 전술상의 오
류이며, 오히려 소부르주아를 포함한 전 민족적인 단일전선의 형성과 모든 부
문운동의 지도를 신간회에 맡기자고 주장하였다.[75) 이때 주의해서 볼 것은 동
아일보가 서울계 사회주의자인 신일용에게 상당한 지면을 할애하여 안광천의
주장을 반박할 수 있도록 하고 있다는 점이다.[76)

이런 사회주의 세력 내부의 논쟁을 지켜보면서 사회주의 세력에 대한 신간
회 내 민족주의 세력의 경각심은 높아갔다. 중국혁명의 전개과정을 이미 지켜
본 바 있는 민족주의 세력에게 있어, 프롤레타리아 헤게모니 전취를 주장하는
ML파가 지회를 기반으로 신간회를 장악하려는 상황이 어떻게 비춰졌을까? 민
족주의 세력은 바로 전 해인 1926년 일본 최초의 무산정당인 일본 노동농민당
(이하 노농당)의 전철을 잘 알고 있었다.

1926년 3월에 결성된 노농당은 최초에는 사회주의 우파의 주도하에 공산주의

73) 한상구, 앞 논문, 1994b, 236쪽.
74) 그 경과에 내용에 대해서는 다음을 참조. 김승, 「신간회 위상을 둘러싼 '양당론' '청산
론' 논쟁연구」『부대사학』17, 1993, 540~560쪽; 김형국, 「1920년대 식민지 조선의 사
회주의운동론과 '청산론'」『청계사학』10, 1993; 한상구, 앞 논문, 1994b, 235~247쪽;
김형국, 「신간회창립 전후 사회주의자들의 민족협동전선론」『한국근현대사연구』7,
1997, 233~240쪽; 전명혁, 「서울파의 민족통일전선론 연구」『역사연구』6, 1998,
122~124쪽; 김형국, 「1920년대 한국 지식인의 사상분화와 민족문제 인식 연구」, 한국
정신문화연구원 한국학대학원 박사학위논문, 2003, 120~139쪽.
75) 김형국, 앞 논문, 235쪽.
76) 張日星, 「當面의 諸問題」『동아일보』1927. 11. 7.~30; 張日星, 「民族問題」전 9회,
『동아일보』1927. 12. 6.~26. 장일성은 해방 직후 결성된 초기 한국민주당에 가입하여
활동한다.

계열의 좌파를 배제한 채 결성되었다. 그렇지만 좌파는 노농당의 전국 각 지부를 조직하면서 우파 중앙지도부와 맞섰으며 '좌익진출론'을 이론적 근거로 삼아 중앙지도부를 압박하였다. 좌파의 공세 속에 당내 우파세력들은 11월 들어 노농당을 탈당하기 시작했다. 그리고 12월에 탈당세력들 중 우파는 사회민중당을, 중간파는 일본노농당을 각각 결성하였고, 여기에 최우파의 일본농민당을 합해 일본 무산정당은 4정당으로 분열되었다.[77] 조선에서 사회주의 세력의 신간회 진출은 신간회 지회를 통해 주로 이루어졌다.[78] 이는 일본의 최초 무산정당인 노농당을 일본 공산당계열의 좌파가 장악해간 방식과 비슷한 것이었다.

조선일보는 일본의 무산정당 운동이 3차례나 단일정당 조직에 실패했다면서, 그 원인은 우익의 일본노동총동맹과 좌익의 노동조합평의회의 태도가 근본적으로 상이한 데서 연유한 것이라고 파악하였다. 그리고 노동조합평의회가 노농당을, 총동맹이 사회민중당에 의거하여 정치운동을 전개하였다고 인식하였다. 그리고 중간의 일본노농당이 결성되면서 노동조합과 정당이 좌우중의 3파로 나누어지게 되었다고 파악했다.[79]

동아일보는 사회주의적 무산계급운동이 우경적 색채를 띠게 된 것이 세계적 경향이라고 주장했다. 이는 첫째, 러시아의 유혈적 경험을 피하고 입법적 수단에 의한 점진적 변화를 모색하고 있고, 둘째, 사회주의사상이 일반 민중에게 보급되어 과격한 혁명수단을 취하기보다는, 보통선거를 통해 의회를 장악함으로써 소기의 목적을 달성할 희망을 갖기 때문이라고 파악했다. 그렇지만 일본은 아직 사회주의의 역사가 짧기 때문에 "주의자의 대부분이 신진 기예한 청년

[77] 岡本宏, 『日本社會主義政黨論史序說』, 法律文化史, 1978, 168~223쪽.
[78] 신간회 지회의 결성은 1927년 3월에 함북 羅南 한 곳, 4월에는 전북 井邑 한 곳에서만 결성되는 등 적었지만, 조선사회단체중앙협의회 이후 5월에는 4개 지회, 6월부터 10월까지는 매월 10개소 이상씩 활발하게 결성되었다. 이균영, 앞의 책, 1993, 71쪽.
[79] 「일본 무산계급의 3정당」 『조선일보』 1926. 12. 8.

으로 순수이론에 따라가기 쉽고, 일종의 타협을 의미하는 실제 정치운동에 합심하기 어려운 점"이 있다고 파악했다. 이에 따라 일본의 노농당도 결국 분열되어 좌경과 우경으로 나뉘어, 중간을 걸어가기 어려울 것으로 전망했다. 때문에 보통선거가 실시되더라도 기성정당의 지반을 뚫고 노농당이 대 세력을 얻을 것은 무망하다고 보았다. 사설은 "이용할 수 있는 모든 기회를 이용하여 취득할 수 있는 모든 권리와 이익을 취득하자"는 무산정당의 신정책이 영국식 공리주의, 점진주의라면서 이런 정책이 조선 민족운동에 어떤 영향을 주게 될지 주목해야 한다고 주장하였다.[80]

조선의 민족주의 세력이 볼 때, 신간회 창립 첫해인 1927년 벌어지는 상황은 1926년 일본 무산정당운동에서 보여주었던 모습을 재현하는 것이었다. 더구나 1927년 하반기 중국 국공합작의 결렬에 따른 중국 국민혁명의 위기는 중국 국민혁명의 진전에 크게 연결되어 있는 조선 정세의 변화에도 악영향을 줄 뿐만 아니라, 조선의 공산주의자들이 중국 공산당 세력이 보인 모습을 재현할 가능성을 높이는 것이었다. 일제의 탄압을 뚫고 어렵게 만들어 놓은 민족적 중심단체, 정치단체로서 신간회가 프롤레타리아 헤게모니를 주장하는 세력들에게 장악되는 상황은 민족운동을 당면의 과제로 상정하고 있는 좌·우 모든 세력들에게 크게 우려할만한 것이었다.

이런 상황에서 신간회 내 민족주의 세력이 선택한 것은 모든 민족주의 세력을 신간회로 집중시켜 민족주의 세력의 신간회에 대한 주도권을 다시 강화시키면서 신간회의 역량을 강화하는 것이었다. 정세 인식에 공감대를 갖고 있던 신간회 밖의 민족주의 세력도 이에 호응하였다. 이에 따라 1927년 12월 들어 '민족적 총역량의 집중'을 표어로 신간회 내 민족주의자들과 신간회 밖의 민족주의 세력이 연대하면서 함께 움직이기 시작했다. 중국에서 국공 대립이, 일본

80) 「일본노농당－무산자운동의 정책」『동아일보』 1926. 11. 23.

에서는 무산정당의 분열이 전개되는 가운데, 한국에서도 민족주의와 공산주의의 대립이 점차 심화되고 있었다.

4. '민족적 총역량 집중'론의 제기와 민족주의 세력의 신간회 집결

1) 조선일보 계열과 신간그룹에서의 '민족적 총역량 집중'론의 제기

조선일보는 1927년 12월 8일자 사설을 통해 신간회로의 '민족적 총역량 집중'을 제기하였다. 우선 사설은 어떠한 '역사적 당면과정'까지는 조선에서 계급정당의 수립이 필요 없으며, 당면한 '역사적 순간'에 있어서 무산정당과의 병립이 필요 없다고 하면서, 무산계급의 사람들과 지도자들은 무산정당원으로서가 아니라, 다만 중요한 '동작'요소로서 단일민족정당의 전선에 참여하는 것이 총역량 집중의 제1요건이라고 주장했다.[81] 이런 주장은 사회주의 세력이 공산당의 당원으로서 프롤레타리아 헤게모니를 전취하러 민족단일정당에 들어와서는 안 되며, 다만 중요한 '동작' 요소로서만 참여해야 한다는 것이었다. 이는 사실상 ML파의 헤게모니 전취론에 반대하여 이에 강한 제동을 거는 것이었다.

그들은 민족적 총역량의 집중에 있어, 프롤레타리아 헤게모니 전취를 운운하면서 사회운동과 계급혁명을 우선시하는 공산주의 세력의 신간회 침투 저지를 가장 우선적인 요건으로 내세웠다. 사설에서 주장한 개인 가맹의 원칙은 개인이 속한 무산정당의 입장보다도 단일민족정당의 입장에서 행동하라는 것으로, 이전과 비교하여 가맹 원칙을 상당히 강화시켜야 한다는 의지를 표명한 것이었다. 이는 중국의 국공합작에서 중국 공산당원 신분을 유지한 채 중국

---

[81] 「총역량의 집중문제 – 원만무결한 합동을 촉함」『조선일보』 1927. 12. 8.

국민당으로 가입을 허용한 결과, 중국 공산당이 당면의 중국 국민운동과 민족
혁명에 복무하기 보다는, 사회운동과 계급혁명에 주력하였다는 역사적 경험을
지켜본 민족주의 세력의 인식이 반영된 결과이기도 했다.

이렇게 민족적 총역량 집중에 있어 헤게모니 전취를 내세우는 공산주의 세력
을 배제한 후에 그들은 총역량 집중의 또 한 가지 요건으로 "민족주의적인 각개
의 중요한 기성세력의 계통을 되도록 有漏없이 망라"할 것을 주장하였다. 사설
은 "주의정견이 근본적으로 합치될 수 없음이 아닌 이외에는 반드시 그 전통적
인 파벌적 할거의 형태를 배제하여 버리고, 성의로서 서로 결합하여 진정한 총
역량의 집중을 실현하고 써 전 민족적인 정치투쟁으로의 首途를 웅장하게 할
것이다. 이러한 견지에서 신간회가 그의 창립의 처음으로부터 아직 결합되지
아니한 일부의 기성역량을 餘存없이 집중시키기에 반드시 각별한 노력을 할
필요"가 있다고 주장하였다. 더 나아가 "오인은 未定數인 또 비 표현된 비타협
타협을 풍문적으로 운위하는 것보다 각 계통의 사람들이 합동하여서 당면한
제 문제를 포착하여 가지고 힘써서 응분의 투쟁"을 전개할 것을 주장했다.[82]

사설의 주장은 확정적이지도 않는 타협, 비타협의 문제로 민족주의 세력을
구분하고 나눌 것이 아니라, 주의와 정견이 근본적으로 틀린 것이 아닌 한은
서로 결합하고 합동하여 총역량의 집중을 이루자는 것이었다. 또한 그런 측면
에서 신간회 창립에 가입하지 않은 세력을 가입시키는 데 무엇보다 노력해야
한다는 것을 주장하였다. 이러한 주장은 민족좌익전선을 주장하며 타협·비타
협의 문제로 민족주의 세력을 구분하는 기존의 태도를 벗어버리겠다는 것을
공식적으로 선언하는 것이었다.

또한 안재홍은 "민족적 총역량을 집중하는 방법에는 … 신간회와 같이 모든
역량을 집중하기 위하여 창립된 기관을 중심으로 각층 각 방면의 기성세력을

---

82) 「총역량의 집중문제-원만무결한 합동을 촉함」 『조선일보』 1927. 12. 8.

대표하는 인사들이 허심탄회리 협정을 하여 가지고 의식적으로 합동을 하는 것"이 방책이라면서, "조선의 실제 현상에 있어서는 전적으로 보아 아직 명백한 주의와 이론의 대립을 보지 못하였"기 때문에 신간회와 같은 기관에 역량을 집중해야 한다고 주장했다.[83]

이런 주장은 신간그룹에 속하는 이관용 등에 의해서도 계속 되었다. 특히 이관용은 동아일보를 거론하면서 "총역량을 실제적으로 집중하는 데는 구체 문제를 가지고 격렬히 투쟁하는 것이 무엇보다 필요합니다. 그리고 우리의 가장 큰 무기인 언론기관으로 하여금 협동전선을 지을 것입니다. 언론계에 수위를 점하였다고 할 만한 동아일보가 이것을 솔선 운동할 것"[84]이라 하여 동아일보가 유력한 협동 대상임을 분명히 하였다.[85]

물론 한상구의 연구에서 지적한 바와 같이, 그들이 모든 세력과 협동하려고 했던 것은 아니었다. 천도교 신파나 최린에 대해서는 여전히 배타적이었다. '제국의 브로커' 아베 미쓰이에와 연결되어,[86] 일본 정계를 향해 '양해운동'을 전개하던 최린은 여전히 믿을 수 없는 존재였다.

2) 동아일보 계열에서의 '민족적 총역량 집중'론의 제기와 신간회 합류

조선일보 계열과 신간그룹의 요구에 대해 신간회 창립 시 직접 참여하지 않았던 민족주의 세력 내의 주요한 두 세력인 동아일보 · 호남지역 정치 세력

[83] 「민족적 총역량을 집중하는 실제방법 – 각 방면 인사의 주장은 如何」(1), 『동아일보』 1928. 1. 1.
[84] 「민족적 총역량을 집중하는 실제방법 – 각 방면 인사의 주장은 如何」(5), 『동아일보』 1928. 1. 5.
[85] 한상구, 앞 논문, 1994a, 154쪽.
[86] 아베 미쓰이에의 당시 행적에 대해서는 이형식, 「1920년대 중후반 아베 미쓰이에(阿部充家)의 조선에서의 정치행보」 『민족문화연구』 78, 2018. 참조.

과 흥사단·수양동우회·서북지역 정치 세력은 신간회에 가입함으로써 화답
하였다. 평양의 조만식과 서북지역 정치 세력이 1927년 12월 20일 신간회 평양
지회를 만들고 신간회에 가입했다. 이어서 1928년 1월 9일에 송진우가 신간회
경성지회에 입회했다.

　그러면 당시 신간회에 참가한 동아일보 계열의 정세 인식과 신간회에 참여
하는 과정을 좀 더 자세히 살펴보자. 동아일보는 여전히 중국 정세와 그로부터
파생할 일본 정계의 변화에 주목하고 있었다.

　당시 중국 공산당은 광조우봉기를 일으켜 12월 11일, 광동소비에트 정부를
수립하였다.[87] 광동소비에트 정부는 은행과 대상점, 兩替店의 몰수, 대가옥의
징수 등 5개조 포고를 공포하였다.[88] 그러자 중국 국민정부는 곧바로 진압에
나서는 한편, 1927년 12월 13일 공산당을 지원하는 소련과의 단교를 발표하였
다. 이후 공산군은 농촌과 산간지역으로 뿔뿔이 흩어지게 되었다.

　동아일보는 단교 선언의 원인이 중국 공산당의 '초급성'으로부터 유래한 것
인지, 아니면 '장제스 일파'의 배신적 행위에서 유래한 것인지 심사숙고해야
한다면서 '장제스 국민정부'에 대한 제국주의적 압력도 중대한 원인이었을 것
으로 보았다.[89] 동아일보는 중국에서의 혁명 세력의 분열과 국민혁명의 정체
가 대중 강경정책을 모토로 성립한 다나카 내각의 입지를 강화시켜줄 것으로
보았다. 다나카 내각은 "長州의 군벌이라는 배경과 정우회라는 지주적 세력

---

[87] 동아일보는 국공분열 후 중국공산당이 중국국민당의 탄압을 받자, 표면의 활동에서
　　이면의 잠행운동으로 바뀌었다고 하면서 국민당군이 국민혁명에 과정에서 사분오열
　　한 반면, 공산당은 더욱 맹렬히 활동하기 때문에 공산당의 봉기가 금후에 더 일어날
　　것으로 전망했다. 「광동의 공산당행동」 『동아일보』 1927. 12. 16.
[88] 『동아일보』 1927. 12월 15. 광동소비에트 정부의 수립은 조선의 민족주의자들에게
　　당면 민족혁명에 있어 공산주의자들이 소비에트노선으로 전환하였다는 것을 확실
　　하게 인식시켜주는 계기였다.
[89] 「중국국민정부의 對露단교」 『동아일보』 1927. 12. 22.

하에서 점차로 도리어 그 견고"하여 가고 있고, "각지의 총독을 경질하여 그 意中之人을 추천함으로써 그 세력범위를 더욱 확실히 하여 가려고 하는 바 있으니, 조선 총독의 경질은 그 중의 가장 중대한 것"이라 파악하였다. 그들은 현재의 정세 하에서는 "무산정당이 당면의 정치적 세력"으로 내년도의 보통선거에 참가할 때, 선전적 효과 외에 특별한 효과를 거두기 어려울 것으로 전망하면서 민정당도 우의를 점하지 못하고 정우회가 승리할 것으로 판단하였다.[90] 그들이 볼 때 일본과 중국의 현재 정세는 조선의 민족운동에 불리한 것으로 판단될 수 있었다.

이런 정세인식하에 동아일보도 조선일보와 같이 민족적 총역량의 집중을 주장했다. 그런데 조선일보가 1927년 12월 8일자 논설로 민족적 총역량 집중을 주장하기 이전에, 이미 동아일보는 민족적 총역량의 집중을 주장하며 이를 위해 움직이고 있었다. 동아일보는 1927년 11월 30일에 신문 지면을 통해 '조선현대인물투표모집'이라는 행사를 1927년 11월 말일부터 1928년 1월 말까지 시행한다고 광고하였다.[91] 이런 행사를 하는 이유는 '민족적 총역량의 집중'을 위해서 민중의 지도자가 될 만한 사람을 발견한다는 취지였다.

12월 1일자에는 「인물투표모집에 임하야 지도인물의 의의」 제하의 사설을 게재하여 이를 보다 분명히 설명하였다. 사설에서는 "오늘날 요구되는 민족적 총역량을 집중시키고 이와 같이 산만한 민중을 단합"시키기 위해서는 포용성 있는 지도자가 필요하다고 주장하였다. 사설은 "현대는 민중의 시대다"라는 전제 하에 "대다수 민중의 실제생활에서 체험한 사상의 판단과 요구가 시세를 움직이는"것이라면서 이를 '자기의 주관화'시키는 사람이 현대의 지도자가 될 수 있다고 했다. 그들은 민중의 시대인 현대의 지도자는 "민중의 의사와 요구

90) 「54의회를 당한 일본의 정계」『동아일보』 1927. 12. 14.
91) 『동아일보』 1927. 11. 30.

와 감정을 완전히 주관화시키고", 이것을 '시세에 적응'할 수 있도록 "자기의 주관내용에 통일"하는 식견이 있어야 하며, 민중에게 갈 길을 지시하고 민중으로 하여금 그 정견에 신뢰를 가질 수 있도록 해야 한다고 주장했다. 사설은 여기서 더 나아가 지도자의 덕목에 포용성을 별도의 덕목으로 독립시켜 보는 것이 조선의 현실에서는 필요하다고 주장한다. 각 개인을 대함에 포용력을 가지는 동시에 권력에 대해 희생을 각오하는 지도자이어야 한다고 주장하였다.[92]

이런 동아일보의 주장은 민족적 총역량의 결집이라는 막연한 주장에서 한 걸음 더 나아가 이를 실현시키기 위해서는 구체적으로 결집의 중심으로서 민족의 지도자가 필요하며, 민족의 지도자는 무엇보다도 포용력을 가지고 민족적 총역량의 결집을 추진해야 한다는 것을 주장하는 것이었다. 이런 판단은 지도자를 중심으로 모일 수밖에 없는 대중적 정치운동의 현실과 근대 민주주의의 대중정치 지도자에 대한 인식을 그들이 체득하고 있다는 것을 보여준다.

인물투표 행사가 '민족적 총역량의 집중'과 밀접하게 관련되어 있다는 것은 조선지광사가 1927년 12월 중에 실시하여 『조선지광』 1928년 신년호에 발표한 "당면문제에 대한 제 견해"라는 설문조사에 대한 송진우의 설명에서 더욱 확실히 확인된다. 설문에서 송진우는 당면의 긴박한 문제로 가장 먼저 '민족적 총역량의 집중' 문제를 들었다. 그는 신간회가 이러한 사명을 갖고 탄생하였고 많은 노력을 하고 있다고 긍정적으로 평가하였다. 그러면서도 신간회가 아직 그 사명을 완전히 달성하지 못하였다고 하며, 전조선 민족의 각 계급이 전 민족적 결성을 하기 위해서는 무엇보다 가장 충실한 지도자가 있어야 할 것과 지방에 있는 종래의 건실한 지도자들의 규합을 도모하는 것이 선행문제라고 주장했다. 또한 동아일보사에서 시행중인 '조선현대인물투표모집'도 이와 관련되어

---

[92] 「인물투표모집에 임하야—지도인물의 의의」 『동아일보』, 1927. 12. 1.

있다고 설명했다. 그는 "우리의 당면한 필요는 실로 충실한 지도자를 구함에"
있다고 강조하였다.[93]

송진우는 인물투표행사를 기획하면서 근현대 인물 중 그가 유일하게 존경하
고 숭배했던 중국의 쑨원을 생각했을 것이다.[94] 당시 쑨원의 활동은 항상 동아
일보에 자세히 보도되고 있었다. 쑨원이 1924년 말부터 병으로 위중하게 되자
동아일보는 생중계하듯이 그 상태를 수시로 보도하였다. 쑨원이 1925년 3월에
죽자, 동아일보는 즉각 「아? 孫文先生이여」라는 제하의 사설을 게재하여 쑨원
을 정치 부문에서 인류사에 가장 기여한 인물로 꼽으면서 쑨원의 죽음은 인류
사회의 막대한 손실이라고 추모하였다.[95] 이후에도 쑨원 관련 보도는 간간히
그러나 지속적으로 이루어지고 있었다. 특히 1929년 6월 1일에 쑨원 유골이
남경에 안치된 것을 기념하는 날인 '손문봉안제'를 전후해서 며칠에 걸쳐 특집
기사와 논설을 다수 게재하였다.[96] 그들은 쑨원 사후 중국 국민당과 공산당이
결국 분열하여 대립하면서 중국혁명이 좌초되고, 결국 일제에게 어부지리를
주는 현실을 바라보고 있었다. 때문에 삼민주의로 중국 혁명의 이념을 제시하
면서, 사회주의 세력까지 포괄한 쑨원 같은 최고의 지도자를 생각했을 것이다.

....

93) 「삼개의 당면한 급무」 『조선지광』 1928년 1월호.

94) 임병철, 「인물소묘—송진우」 『신천지』 1권 1호, 1946. 임병철의 인물평에 과장이 분명
있지만, 그럼에도 불구하고 송진우가 숭배하던 인물이 쑨원이란 것은 예사롭게 넘길
사항이 아니다. 그가 쑨원을 숭배하였다는 것은 쑨원의 사상과 활동에 대해서 누구보
다 더 잘 알고 있으며, 이를 자신의 활동에 큰 나침반으로 삼고 있다는 것을 의미하기
때문이다. 송진우는 자신의 이념과 생각을 체계적으로 정리해서 글로 남기지 못했기
때문에 그의 생각과 노선의 진면목이 잘 드러나지 않는다. 아마 남겼더라면 쑨원의
삼민주의는 그의 가장 중요한 근거가 되었을 것이다.

95) 「아? 孫文先生이여」 『동아일보』, 1925. 3. 14.

96) 보도 기사를 제외하고 논설만 나열하면 다음과 같다. 「손씨의 일생」, (1)~(4), 『동아일
보』 1929.5.28.~31 ; 「噫孫中山」 『동아일보』 1929.6.1 ; 「신흥 중국의 건설자 손씨의
이령제」 (1)~(2), 『동아일보』 1929.6.4.~5.

동아일보 계열은 이후에도 동아일보 사설을 통해 민족적 총역량의 결집을 위한 주장을 계속하였다. 그들은 주의주장이 다른 점이 있더라도 "대국의 이해 득실에서 관찰하여 서로 용인 또는 인내"할 것을 주장하였다.[97] 더 나아가 자기와 입장이 다르고 이해가 상반된다고 '推斷下'에 파쟁을 일으키는 것은 사회를 害하는 것이라면서 세상에 드러난 것을 가지고 논해야 하며, "그 정체가 드러나기 전에 파쟁적 대상을 삼는 것은 결국에 있어서 사회적 협동과 常規的 진로를 방해하는 것"이라면서 앞으로는 의견 대립이 있어도 이를 惡으로 보지 말고 "사회 公衆의 판단 하에서 相爭"할 것을 주장하였다.[98] 그리고 1928년 1월 1일부터 5일까지 5회에 걸쳐 민족적 총역량을 집중하기 위한 실제방법에 대한 각계 여론조사를 진행하였다.[99]

이렇게 동아일보 계열과 조선일보 계열을 비롯한 여타의 민족주의 세력들이 앞다투어 민족적 총역량 집중론을 주장하면서, 민족적 총역량 집중론은 민족주의 세력들에게 대세를 이루게 되었다. 이에 최린과 천도교 신파에 대한 태도를 놓고 분열되었던 민족주의 세력은 다시 협력하기 시작했다. 신간회 창립을 주도하였던 흥업구락부·기호지역 정치 세력과 대립관계에 있던 안창호와 조만식을 중심으로 한 수양동우회·서북지역 정치 세력이 대립을 유보한 채, 신간회에 가담하였다. 또한 신간회 창립의 또 다른 주역인 조선일보 계열과 일정한 대립관계에 있던 송진우를 중심으로 한 동아일보 계열과 호남지역 정치 세력도 신간회에 가담하게 된다.

[97] 「민족의 자립을 단합에서」『동아일보』1927. 12. 19;『日政下 東亞日報 押收社說集』, 동아일보사, 1978, 225쪽.
[98] 「반대파에 대하는 태도」『동아일보』1927. 1. 29. 동아일보 주도 세력은 이를 그들이 신간회에 참가하는 '주의 조건'으로 제시하였다.
[99] 「민족적 총역량을 집중하는 실제방법─각 방면 인사의 주장은 如何」(1)~(5),『동아일보』, 1928. 1. 1.~5.

3) 민족운동 세력의 신간회 결집과 조직적 기반 확대의 성격

조선의 민족주의 세력은 중국 국공합작의 결렬과 중국 국민혁명의 위기라는 중국 정세 변화에 민감하게 반응하기 시작했다. 중국 공산당의 소비에트 혁명 노선으로의 사실상 전화, 곧 이은 중국 국민당과 소련와의 단교는 공산주의 세력에 대한 경계심을 증폭시켰다. 조선의 공산주의세력도 프롤레타리아 헤게모니 전취를 내세우면서 지회를 중심으로 신간회에 조직적으로 가담하여 신간회의 주도권을 탈취하려고 했다. 이는 1926년 일본 무산정당인 노농당의 전철을 그대로 보이는 것이었다. 공산주의세력의 헤게모니 전취와 신간회 주도권 탈취라는 위기 속에서 민족주의 세력은 종래의 지역적, 분파적 대립을 유보하고 다시 단결하게 되었다.

이러한 신간회 밖 민족주의 세력의 합류는 우선 좌·우 세력을 망라한 민족 단일당으로서의 신간회를 강화시키면서 민족운동을 확대시키는 효과를 가져왔다. 원래 일제가 합법단체로서 신간회의 창립을 허가한 가장 큰 이유는 민족운동 세력을 분열시키기 위해서였다. 일제 관헌사료를 보면 당시 총독부는 조선일보계가 신간회 조직 계획을 동아일보계가 자치운동단체 계획을 세웠다고 하면서, 조선일보계가 동아일보계의 계획에 대항해서 신간회를 조직한 것으로 파악하고 있었다.[100] 때문에 그들은 신간회를 허락하면 가장 유력한 민족주의 세력인 동아일보와 조선일보를 비롯해서 민족운동 세력 내의 대립과 분열이 심해질 것으로 판단했다.[101]

---

[100] 「獨立運動終息後ニ於ケル民族運動ノ梗槪」, 240쪽; 慶尙北道警察部 編, 『高等警察要史』, 1934, 49쪽.

[101] 아베 미쓰이에는 1927년 말에 민족운동 진영의 "혁명운동이 정책운동으로 바뀌기 시작하면서 이러한 분해작용"이 일어나고 있다고 관찰한 후, 사이토 총독에게 "이 기회에 결박의 손을 늦추어서 분해작용을 방임하신다면 그들은 제각기 세력, 감정, 역사 등에 지배되어서 저희끼리 서로 견제하는 대로 두시면 당국은 힘들이지 않고

그렇지만 1927년 12월에 이르러 민족주의 세력의 분열은 극복되었다. 천도교 신파를 제외한 거의 모든 민족주의 세력들이 신간회로 집결하기 시작했다. 신간회 창립 시 소극적이었던 민족주의 세력 내의 주요한 두 세력, 즉 흥사단·수양동우회 세력 및 서북지역의 정치 세력, 그리고 동아일보 계열 및 호남지역 정치 세력이 신간회에 적극 가담함으로써 민족주의 세력의 입장에서는 신간회는 이제 모든 민족주의 세력을 망라하는 명실상부한 민족운동 중심기관으로 자리 잡게 되었다.

그런데 신간회 내에서 민족주의 세력의 강화는 사회주의 세력, 그중에서도 공산주의 세력에게는 또 다른 위기감으로 다가왔다. 이는 프롤레타리아 헤게모니 전취, 즉 신간회 내에서 공산주의 세력의 주도권 획득을 방해하는 세력이 강력하게 형성되었다는 것으로 받아들여지기 때문이다. 때문에 그들은 민족주의 세력의 타협성과 개량성을 지적하면서 신간회의 우경화를 본격적으로 제기하기 시작하였다.

물론 민족주의 세력과의 협력을 중시하는 사회주의자들, 그리고 민족적 공산주의자들은 다른 태도를 취하고 있었다. 그들은 당면 민족혁명 단계에서 민족주의자들의 주도권은 불가피한 것으로 받아들였기 때문에 신간회 내 민족주의 세력 강화는 전체적인 신간회 역량의 강화로 받아들여질 수 있었다. 당시 사회주의 세력 내에서 공개적으로 전개된 헤게모니 전취론과 청산론 논쟁은 사회주의자들 내부에서 전개되었지만, 그 배경에는 이러한 일본 무산정당의 분열, 중국 국민혁명에서의 국공합작 붕괴, 조선 민족주의 세력의 신간회 결집이라는 동북아에서의 정세변화가 자리 잡고 있었다.

이렇게 민족주의 세력과 사회주의 세력 간의 상호 견제와 대립은 점차 드러

재미있는 수확을 얻을 것이라 생각됩니다"라고 권하고 있었다. 강동진, 『일제의 한국 침략정책사』, 한길사, 1980, 417쪽.

나기 시작했지만, 그렇다고 아직 수면 위로 구체화된 것은 아니었다. 중국과 달리 식민지하 조선의 경우에는, 여전히 일제에 대한 투쟁이 최우선의 과제였고 그 운동의 주도권을 놓고 대립 갈등하는 것은 그 다음의 과제였다. 민족주의 세력과 사회주의 세력은 서로 견제하고 대립하면서도, 그들 모두는 당면의 민족혁명을 위해서는 당분간 협력관계를 유지하는 것은 불가피하다는 것을 잘 알고 있었다. 중국 혁명과정을 지켜보면서, 좌우 협력과 민족통일전선을 파기했다는 책임 추궁을 받지 않기 위해, 서로를 면밀히 주시하고 경계하면서도 협력의 틀은 놓지 않았다.

당시 민족주의 세력과 사회주의 세력은 협력을 유지하면서도 민족통일전선이자 가장 유력한 정치단체인 신간회의 주도권을 놓고 치열하게 경쟁하고 있었다. 그들 모두는 신간회를 활동의 주요한 중심으로 놓고 적극적으로 활동하기 시작했다. 민족통일전선으로서 신간회의 주도권을 놓고 민족주의 세력은 '민족적 총역량 집중'론을 제기하면서 신간회로 집결하고 있었고, 사회주의 세력은 일본 무산정당의 경험을 반영하여 신간회 지회를 적극적으로 장악해 들어갔다. 이러한 사회주의 세력의 활동은 이전과는 일정한 운동노선 변화를 보이는 것이었다.

신간회를 둘러싸고 민족주의 세력과 사회주의 세력이 모두 적극적으로 활동을 하게 되면서 신간회는 창립 초기의 조직적 한계를 극복하고 비약적으로 발전하기 시작했다. 좌·우의 거의 모든 정치 세력이 신간회로 집결하였으며, 지회의 확장을 통해 운동의 전국적이고 대중적 기반을 크게 확장했다. 이렇게 양 세력의 경쟁은 신간회의 영역 확대를 가져왔다. 창립 초기 신간회가 급속한 확대될 수 있었던 것은 이러한 양 세력의 경쟁이 있었기 때문이었지, 막연히 이루어진 것이 아니었다. 중국 국공 분열과정에서 보인 극단적 상호 배제정책을 취하지 않는 한, 좌우 세력의 경쟁은 불가피한 것이면서도 긍정적 측면도 있었다. 그 결과 신간회는 일제시기를 통틀어 그 어느 조직도 이루지 못한 광범한 조직적 기반을 갖게 되었다. 그렇지만 이런 사태는 일제가 가장 원하지 않는 것이었다. 거의 모든 민족주의 세력과 사회주의 세력을 망라한 1928년 초의 신간회는 일제에게 가장 경계되는 대상이자 또한 즉각 무력화시켜야 하는 대상이 되었다.

5. 맺음말

1920~1930년대 국내 신문 1면이 동북아 정세를 중심으로 한 국제관계 기사로 자주 채워지는 것에서 상징적으로 드러나듯이, 일제하 민족운동 세력들의 일본 정계의 동향과 중국 정세에 대한 이해는 상당한 수준에 있었다. 그들은 일본 천황제 지배체제의 속성상, 또한 보수화되고 있는 일본 정계의 상황에서 헌정회 계열의 자유주의적 정당정치 세력에게 기대를 할 수 없다는 것을 이미 잘 알고 있었다. 그들은 일제의 식민 조선정책의 변화는 보통선거제 실시에 따른 무산정당의 급속한 진출에 따라 일본 정계가 근본적으로 바뀌어져야 가능한 것으로 인식하고 있었다. 그들은 총독부와 함께 일본 정계를 동시에 연동시켜 보고 있었다.

1927년 4월 12일 장제스의 상하이쿠데타를 계기로 중국의 국공합작 분열이 시작되었고, 중국 국민혁명에 위기가 초래되었다. 이는 중국 국민혁명의 성공에 따라 조선 정세에 큰 변화가 초래될 것을 기대하면서 민족운동을 전개시켰던 조선의 민족주의 세력에게 커다란 충격이었다. 민족주의 세력은 장제스의 쿠데타의 원인을 '공산파'의 장개석에 대한 도전적 행동에서 찾았다. 그들은 국민당의 좌우 분열이 단순히 장제스와 공산파의 개인적 사욕에서 나온 것이 아니라, 공산파가 노동소비에트 건설과 노동계급의 헤게모니를 추구했기 때문에 좌·우가 타협점을 찾지 못하고 분열한 것으로 파악했다. 조선의 민족 언론 세력은 장제스의 쿠데타 직후만 해도 장제스의 남경 국민당 우파보다는 무한의 국민당 좌파에 호의적이었다. 그러나 그들은 중국 공산당이 토지혁명과 소비에트 혁명노선으로 사실상 전환하면서 국공합작을 유지하던 국민당 좌파와도 결별하게 되자, 국민혁명 단계의 중국에서 국공합작이 계속될 수 있을 것인가에 근본적 의문을 제기하기 시작했다.

그렇지만 이런 민족주의 세력의 우려와 경각심에도 불구하고 조선에서도 민족운동의 주도권을 쟁취하려는 공산주의 세력의 활동은 1927년 하반기부터 본격화하기 시작했다. ML파는 '프롤레타리아 헤게모니 전취론'을 주장하며, 지방 지회를 중심으로 신간회의 헤게모니를 장악하려 했다. 이러한 공산주의자들의 행동은 민족주의 세력에게 1926년 일본 최초의 무산정당운동인 노동농민당의 전철을 되새기게 하는 것이었다.

신간회 창립은 민족주의 세력 내에 주요세력인 흥업구락부·기호지역 정치 세력과 조선일보(시대일보) 세력이 주도권을 가지고 이루어졌다. 그렇지만 이들 신간회 주도 세력과 신간회 밖에 있었던 수양동우회·서북지역 정치 세력 및 동아일보·호남지역 정치 세력 간의 이념과 노선상의 차이는 거의 없었고, 합법적 정치운동에 대한 지향도 다소간의 편차가 있기는 하지만 신간회 창립 전후에 이르러 거의 유사하였다. 그럼에도 이들 두 세력은 신간회 창립에 부분적으로 관여했을 뿐 본격적으로 참여하지 않고 있었다. 이런 점에서 민족주의 세력의 입장에서 보면 창립 시 신간회는 민족운동 조직으로서 불완전한 것이었다. 그런데 국제적으로 일본과 중국 정세가 우려할 만한 상황으로 전개되고, 국내적으로는 ML파 계열의 신간회 주도권 탈취가 전개된다고 판단되면서, 신간회 내부와 외부의 민족주의 세력들은 거의 동시에 '민족적 총역량 집중'을 주장하면서 신간회로 집결하기 시작했다.

'민족적 총역량 집중'은 프롤레타리아 헤게모니 전취를 내세우는 공산주의 세력을 배제한 후에 민족운동의 각개 중요 세력을 모두 망라하자는 것으로, 실제 주요 대상은 동아일보 계열·호남지역 정치 세력과 수양동우회·서북지역 기독교 세력이었다. 이들이 신간회에 가담함으로써 신간회는 거의 모든 민족주의와 사회주의 세력을 망라한 명실상부한 민족운동 중심기관으로 자리 잡게 되었다.

민족주의 세력과 공산주의 세력 간의 상호 견제와 대립은 점차 드러나기 시작했지만, 그렇다고 아직 수면 위로 구체화된 것은 아니었다. 그들 모두는 당면의 민족혁명을 위해서는 당분간 협력관계를 유지하는 것은 불가피하다는 것을 잘 알고 있었다. 중국 혁명과정을 지켜보면서 좌우 협력과 민족통일전선을 파기했다는 책임 추궁을 받지 않기 위해, 서로를 면밀히 주시하고 경계하면서도 협력의 틀은 놓지 않았다. 그들은 신간회를 활동의 주요한 중심으로 놓고 적극적으로 활동하기 시작했다. 이런 양 세력의 경쟁은 신간회의 영역 확대를 가져왔다. 좌·우의 거의 모든 정치 세력이 신간회로 집결하였으며, 지회의 확장을 통해 운동의 전국적이고 대중적 기반을 크게 확장했다.

신간회를 둘러싼 민족주의 세력과 사회주의 세력 간에, 또한 각 세력 내부의 협력과 대립의 길항관계는 단순한 것이 아니었다. 본 연구에서 살펴본 것과 같이 민족 언론 세력들은 중국과 일본에서 전개되는 국제정세의 변동에 대해 면밀하게 검토하고 있었으며, 이를 목적의식적으로 자신들의 운동방침에 반영하고 있었다. 그들은 당대 민족의 최고 엘리트들이었고 그 이전세대와 단절을 선언한 '신지식층'으로 전 세계의 사조와 사상, 국제정세에 대해 깊은 수준은 아니지만 상당한 정도의 이해를 하고 있었다. 더 나아가 좌·우의 정치세력을 막론하고 20세기 전반 한국과 중국, 일본의 지식인들과 엘리트, 정치세력들은 분단체제하에서 사고와 인식에 큰 제약을 받고 있는 현재보다 폭넓은 사고와 행동을 하고 있었고, 지금보다 훨씬 더 국제적이었다. 물론 사상 이론적으로 많은 한계가 있었고, 지역적이고 분파적인 대립과 정치적 한계도 동시에 노정하고 있었다. 이러한 점들을 종합적으로 파악하지 않고 일부 관헌사료나 반대편 운동진영의 사료와 주장에 근거하는 것은 위험하다. 또한 분단체제하의 현재의 인식 틀에 근거해서 단선적으로 이해하고 재단하기 때문에 역사적 사실 해명에 문제가 발생하고 있다. 신간회를 둘러싼 일제하 민족운동에 대한 연구는 보다 폭넓은 인식구도 하에서 재해석될 필요가 있다.

언론에 나타난 신간회 해체 논쟁의 전개과정*

김기승 (순천향대 향설나눔대학 교수)

1. 머리말

1927년 2월부터 1931년 5월까지 국내에서 존속한 신간회는 150여개의 지회와 4만 명의 회원을 가졌던 가장 큰 민족운동 단체였다. 신간회는 또한 1920년대 중반 일제의 탄압과 자치운동의 등장에 맞서 비타협적인 좌익 민족주의 운동 세력과 사회주의 운동 세력이 연합하여 결성한 좌우합작적인 민족협동전선이었다. 따라서 신간회의 결성과 해체는 한국의 민족해방운동사에서 좌우익의 이념적 대립과 극복 문제를 이해하기 데 중요한 연구 과제가 되었다.

신간회에 대해서는 성립과정 및 활동 못지않게 해체 과정과 원인에 대해서도 많은 연구가 이루어졌다. 신간회 해체는 사회주의자들이 추진한 해소운동의 결과였기 때문에 해소운동 중심으로 연구되었다. 김명구는 코민테른의 정책 변화 속에서 신간회의 창립과 해소 문제를 다루었고,[1] 이현주는 ML당계의

* 이 논문은 2017년 6월 29일 신간회기념사업회 주최 제90주년 신간회 기념 학술대회에서 발표한 「신간회 해체론 재검토-언론 속의 신간회 '해소' 찬반 논쟁을 중심으로」를 「언론에 나타난 신간회 해체 논쟁의 전개과정」이라는 제목으로 수정 보완하여 『한국독립운동사연구』 63(2018. 8)에 발표한 것으로 신간회기념사업회 요청으로 여기에

대신간회 전략과 관련하여 신간회 해소 문제를 다루었다.[2] 이균영은 코민테른의 노선 변화와 함께 신간회 지회의 해소운동 과정을 구체적으로 밝혔다.[3] 최원영은 신간회 해소 문제를 독립적으로 다루어 해소 배경과 과정을 구체적으로 정리하였다.[4] 최규진은 공산주의자들의 대신간회 정책을 계파별로 분류하여 연구하였다.[5] 김인식은 ML계의 민족협동전선론의 변화 속에서 신간회 해체 문제를 다루었는데, 다른 논자들과는 달리 '해소'라는 용어 대신 '자기해체'라는 용어를 사용하였다.[6] 이에 비해 박찬승은 신간회의 창립과 해체 문제를 민족주의 좌파의 관점에서 다루었다.[7] 신용하는 신간회에 대한 포괄적 연구를 수행하면서 신간회 해체의 주요한 원인으로 일제의 탄압과 사회주의자들의 전략적 오류를 강조하였다.[8]

이처럼 기존의 연구에서는 신간회의 해체 문제를 주로 해소운동을 전개한 사회주의자들의 활동과 노선 변화 속에서 다루었다. 민족주의 좌파의 관점에서 해소 문제를 다룬 연구는 박찬승의 연구가 유일하다.

재수록한다.
[1] 김명구, 「코민테른의 대한정책과 신간회, 1927~1931」, 스칼라피노. 이정식 외, 『신간회연구』, 동녘, 1983, 242~286쪽.
[2] 이현주, 「신간회에 참여한 사회주의자들의 운동론-ML당계를 중심으로」 『한국민족운동사연구』 4, 한국민족운동사학회, 1989. 10, 75~116쪽.
[3] 이균영, 『신간회 연구』, 역사비평사, 1993 ; 「신간회의 분열과 해소운동」 『쟁점 한국근현대사』 4, 한국근대사연구소, 1994, 87~102쪽.
[4] 최원영, 「신간회 해소의 배경과 과정」 『충북사학』 6, 충북대학교 사학회, 1993. 12, 1~41쪽.
[5] 최규진, 「1920년대 말 30년대 초 조선 공산주의자들의 신간회 정책」 『대동문화연구』 32, 성균관대학교 대동문화연구원, 1997. 12, 259~299쪽.
[6] 김인식, 「신간회운동기 ML계의 민족협동전선론과 신간회 성격규정의 변화」 『백산학보』 68, 백산학회, 2004. 4, 387~415쪽.
[7] 박찬승, 「1920년대 중반~1930년대 초 민족주의 좌파의 신간회 운동론」 『한국사연구』 80, 한국사연구회, 1993. 3, 57~89쪽.
[8] 신용하, 『신간회의 민족운동』, 독립기념관 한국독립운동사연구소, 2007.

　본고는 신간회 해소운동이 전개되던 시기 신문과 잡지에서 전개된 신간회 해체 찬반논쟁을 다룬다. 신간회는 민족협동전선운동으로서 합법적 공간에서 활동한 조직이었다. 신간회에는 조선일보사와 잡지사 등 언론 활동을 하던 사람들이 참여하고 있었으며, 비밀 결사 조직원이라도 하더라도 언론이라는 합법적 공간 내에서 자신들의 생각을 발표하면서 여론 형성에 참여하였다. 신문과 잡지에 나타난 여론에 대한 연구는 신간회에 참여한 자들뿐만 아니라 비참여자와 구독자의 반응까지 살펴 볼 수 있는 장점이 있다. 따라서 본고는 신간회 해체를 둘러싼 찬반 논쟁을 찬반 어느 일방의 관점이 아니라 언론 상에 나타난 여론이라는 보다 넓은 시야에서 파악하고자 한다.

　여기서는 신간회 해소 문제가 제기된 1930년 말부터 1931년 5월 신간회 해소 직후까지 신문과 잡지에 발표된 해소 관련 논설과 여론 주도층에 대한 설문조사 결과를 부요 분석 대상으로 삼았다. 주요 해소 관련 논설 목록은 〈표 1〉과 같다. 이 논설은 신간회 해소에 관한 논쟁의 구체적 내용과 전개과정을 보여준다. 『삼천리』, 『별건곤』, 『혜성』 등에 발표된 설문조사 결과는 신간회 해소 문제에 대한 당시 여론 주도층의 다양한 입장을 일목요연하게 보여준다. 여기서는 이러한 자료에 대한 분석을 통해 신간회 해체를 둘러싸고 전개된 논쟁 과정과 그에 대한 여론의 추이를 시간 순서대로 정리해 보고자 한다.

<표 1> 신간회 해소 관련 논설 목록

저자명	논설 제목	게재지	일자	찬반	계열
안재홍	「해소론 냉안관」	『조선일보』	1930.12.26	반대	민족
홍양명	「계급연맹의 역사적 제한성의 문제」	『삼천리』	1931.1	반대	사회
박문희	「전국적 해소와 시기」	『삼천리』	1931.1	반대	사회
김동수	「해소론과 해소운동 비판(연재)」	『조선일보』	1931.1.9.	반대	사회
안재홍	「합법과 비합법」	『조선일보』	1931.1.14	반대	민족
안재홍	「비판적 논쟁」	『조선일보』	1931.1.20	반대	민족
김준모	「신간회는 어떻게 될까」	『별건곤』	1931.3	찬성	사회
신간회 이원지회	「아등의 운동과 신간회」	『삼천리』	1931.4	찬성	사회
김치옥	「신간회 해소의 민족협동전선은 어떻게 될까」	『별건곤』	1931.4	찬성	사회
안재홍	「해소 비해소, 신간회 문제 중심」	『조선일보』	1931.4.14	반대	민족
안재홍	「해소론과 오류」	『조선일보』	1931.4.17	반대	민족
김동수	「각사회단체해소론-그 발전방향의 재음미」	『혜성』	1931.5	반대	사회
정동호	「신간회 해소론」	『비판』	1931.5	찬성	사회
안재홍	「해소반대자의 처지에서」	『비판』	1931.5	반대	민족
안재홍	「기로에선 신간회-처음된 전체대회」	『조선일보』	1931.5.16	반대	민족
김기림	「해소 가결 전후의 신간회」	『삼천리』	1931.6	찬성	사회
---------	「권두언(편집인 송봉우)」	『비판』	1931.6	찬성	사회
박일형	「협동전선의 금후전망」	『비판』	1931.6	찬성	사회
박덕창	「반해소파의 두상에 일봉」	『비판』	1931.6	찬성	사회
박군식	「신간회 해소 후의 대중운동」	『별건곤』	1931.6	찬성	사회
정동호	「신간회해소론(속)」	『비판』	1931.6	찬성	사회
안재홍	「해소파에 여함」	『비판』	1931.7.8합	반대	민족

2. 1931년 1월의 신간회 '해소' 논쟁

1) 1931년 1월 전후 안재홍의 신간회 해소 반대론

1930년 중엽 사회주의자들 내부에서 제기되기 시작한 신간회 해소론은 1930년 12월 4일 신간회 이원지회와 12월 27일 평양지회에서 해소를 결의한[9] 이후부터 사회적 쟁점으로 부각되었다.

신간회 지회의 해소 결의에 대한 언론계의 최초 반응은 부정적이었다. 가장 앞장서서 신간회 해소 반대를 주장한 이는 조선일보사의 안재홍이었다. 그는 1930년 12월 26일 『조선일보』 사설 「해소론 냉안관」에서 신간회 해소론을 조선민족의 특수성과 자주성을 부정한 '직역적 국제연장주의'라고 비판하였다.

안재홍은 신간회 해소론을 소부르주아 조직인 신간회를 해소하고 대중적 계급투쟁을 전개하자는 주장이라고 하면서 일본 노농당 해소 운동과 중국의 국공합작 결렬에 영향을 받은 이론이라고 하였다. 그는 조선의 경우 일본이나 중국과 상황이 다르다는 점을 강조했다. 조선은 일본처럼 노동조합과 농민조합 등 합법적 노농당을 대신할 대중적 조직 기반이 확립되어 있지 않고, 중국의 국민당처럼 타도해야 할 부르주아적 정치세력이 확립되어 있지도 않다는 것이다. 조선에서는 전 조선의 각 인민 층이 하나의 정당 혹은 그것이 불가능할 경우 병립하면서 동지적 협동을 도모해야 한다는 것이다. 신간회가 있어야 일제의 식민지배라는 어려운 시기를 견디면서 성장할 수 있고, '비약의 미래'도 바라볼 수 있다는 것이다.[10]

안재홍은 1931년 1월 14일 「합법과 비합법」에서는 운동 방법의 차이도 신간

---

9) 이균영, 『신간회 연구』, 470쪽.
10) 안재홍, 「해소론 냉안관」『조선일보』 1930. 12. 26, 안재홍선집간행위원회, 『민세안재홍선집』 1, 지식산업사, 1981, 269~271쪽.

회 해소 이유가 될 수 없음을 지적했다. 합법과 비합법, 평화와 비평화는 전술이나 정책의 문제이지 어떤 조직의 선악을 판단하는 기준이 될 수 없다고 하였다. 대중적 정당은 합법과 비합법을 함께 수행하면서 발전하는 것이며, 합법단체와 비합법단체가 협동 제휴할 수도 있다는 것이다. 따라서 만일 '민족당과 계급당이 전연 단일적 결합을 할 수 없는' 경우에는 각자 '병립'하면서 일정한 시기까지 '동지적 협동'을 할 수 있을 뿐만 아니라 '정책적 협동'은 언제든지 할 수 있다고 하였다. 이 점에서 그는 해소운동을 '분리를 통한 재협동'으로서 민족협동전선의 강화 계기로 삼고자 하였다.[11]

이어서 그는 1931년 1월 20일 「비판적 논쟁」에서 "합동 집중 및 통일은 현하의 시대적 요구이다."라고 하였다. 그는 조선에서는 주의의 차이나 점진과 급진의 노선의 차이가 서로 타협할 수 없는 평행선이 아니라 시간의 선후 문제로 반드시 필요한 두 지점을 뜻하는 것이므로 '협동적 평행'이어야 한다고 했다. 그는 신간회 내부의 분쟁이 각 진영을 새롭게 정비하면서 새로운 협동 단계로 나아가야 한다고 촉구하였다.[12]

안재홍은 3차에 걸쳐 신간회의 해소론의 모순과 문제점을 비판했지만, 해소론을 주장하는 사회주의자들과의 협동 가능성을 항상 열어 놓고 논의를 전개했다. 그는 해소론을 계기로 민족주의자와 사회주의자들이 새롭게 진용을 정비하여 새로운 형태의 민족협동전선을 모색하여 발전되기를 바란다는 점을 강조하였다. 이는 민족적 대의를 위해 협동은 필수적이라는 인식에 토대를 둔 것이었다.

11) 안재홍, 「합법 비합법-신간회 분의 소감」 『조선일보』 1931. 1. 14, 『민세안재홍선집』 1, 382~384쪽.
12) 안재홍, 「비판적 논쟁으로 -진지 신협동에」 『조선일보』 1931. 1. 20, 『민세안재홍선집』 1, 379~381쪽.

2) 1931년 1월 사회주의자들의 신간회 해소론 비판

『삼천리』에서는 1931년 1월 신간회 관련 특집 기사를 게재하였다. 우선 김기림 명의로 1930년 9월에 개최된 신간회 전체대회 대행 중앙집행위원회 개최 관련 기사를 실어 신간회가 개편된 과정을 상세하게 보도하였다. 여기서는 김병로 위원장을 중심으로 집행부가 새로 구성되었으며, 박문희, 이항발 등의 사회주의자들에 의해 종래의 개인 가입제에서 단체 가입제로 바꿔 신간회를 새롭게 개혁하자는 논의가 있었음이 소개되었다.[13]

이어서 『삼천리』에서는 「신간회 해소문제 비판」이라는 제목으로 홍양명과 박문희의 논설을 게재하였다. 이 두 논설은 새롭게 출범한 신간회 중앙집행부의 운동 방향이 지회의 해소 논의를 억제하면서 신간회를 발전시키는 전략을 채택했음을 알리고자 기획한 것이다.

홍양명은 「계급연맹의 역사적 제한성의 문제」에서 신간회해소론을 비판하고 신간회는 과정적으로 존재 의의가 있다고 다음과 같이 주장하였다.[14]

먼저 그는 "1. 신간회는 소부르주아지의 집단이 되고 말았다는 것, 2. 현재의 신간회는 노농대중의 투쟁의욕을 억제하는 조직이 되고 있다"는 해소론자의 주장이 오류라고 하였다. 그는 신간회 회원의 절대 다수는 농민과 노동자와 무산 소시민층으로 구성되어 있다고 했다. 그리고 신간회 간부가 소부르주아지인 것은 사실이지만, 반동화하였다고 볼 수 없다고 했으며, 지회의 간부들은 대부분 계급운동자라는 점도 지적하였다. 따라서 신간회는 소부르주아 조직으로 볼 수 없다는 것이다. 그는 신간회가 계급연맹적 조직으로서 노농계급의 독자성을 훼손하지 않으므로 노농운동과 신간회의 병행 발전이 가능하다고 주장하였다. 따

---

13) 김기림, 「신간회 전체대회 대행 중앙집행위원회 광경」 『삼천리』, 1931. 1, 8~11쪽.
14) 홍양명, 「신간회 해소 문제 비판 ‒ 계급연맹의 역사적 제한성의 문제」 『삼천리』, 1931.1, 15~16쪽.

라서 그는 신간회가 "객관적으로 엄연히 민족대중을 영도하는 대중적 기관으로 되어 있었고, 일체의 기회주의적 반동세력에 대한 불가항적 대척적 존립으로서 상당한 역할을 했다."고 하였다. 요컨대 그는 신간회를 대체할만한 투쟁 조직이 없고, '타락한 정치 브로커 집단'이 공개적으로 출현할 것이 명백한 현 상황에서 이를 막기 위해 신간회가 필요하다고 평가하였던 것이다.

신간회 중앙집행위원인 박문희는 「전국적 해소와 시기」에서 해소론을 비판하고 신간회의 발전적 확대 방안을 제시하였다.[15] 그는 자치운동을 막기 위해 소부르주아 지식계급과 맑스주의자들이 결성한 협동전선 조직인 신간회가 구체적 투쟁 실적이 없으므로 현 상태의 신간회는 자연 해소될 것이라고 했다. 따라서 무산계급이 주도하는 보다 투쟁적이며 보다 큰 협동전선 조직체가 필요하다고 하였다. 이 점에서 그는 해소론자들의 주장과 동일하였다. 그러나 그는 "현 과정에 있어 민족적 협동전선은 무산계급 입장으로 보아 (전술상으로) 영원이 아닐지라도 어느 과정까지 일시이라도 민족의 당면 이익을 위하야 목표로 하고, 민족적 각 집단을 총망라하야 협동전선을 재조직(협의기관으로 유리하게 되면 더욱더 좋고)하는 것이 좋을 것 같다."고 하였다.[16] 그러나 그는 무산계급 주도의 새로운 민족협동전이 신간회 해체가 아니라 개조 또는 확대가 되어야 한다고 주장하였다. 왜냐하면 신간회 내부 구성분자는 대부분 '소시민층'이며, 지지하는 계층은 '일부 인테리겐챠와 무산 소시민층'이라는 것이다. 그는 신간회 내의 무산소시민층을 "계급적으로 분화시켜 재조직시키기 전에는 무산계급 입장으로 보아 전국적 해소는 불가"하다고 주장하였다. 말하자면 그

---

15) 박문희, 「전국적 해소와 시기」『삼천리』, 1931.1, 16~19, 23쪽.
16) 박문희는 '민족적 각 집단'의 예로 노총, 농총, 청총, 근우회, 신간회, 형평사, 천도교청 년당, 총동맹], 기독교청년회, 불교청년회, 시천교청년회, 상공협회, 수양동우회, 교육 자회, 기자단, 변호사협회, 협동조합, 농민사, 학생회, 기타 반동이 아닌 유력한 집단 을 제시했다.

는 여러 민족 단체를 총망라하는 방식으로 신간회 조직을 확대함으로써 무산
계급 중심의 협동전선운동으로 발전시켜야 한다는 관점에서 신간회 해소를 반
대했던 것이다.

사회주의자의 신간회 해소 반대론이『조선일보』에 게재되기도 하였다. 김동
수는 1931년 1월『조선일보』에「해소론과 해소운동 비판」을 발표하여 해소론
을 비판하였다. 김동수도 홍양명과 유사하게 현재의 신간회를 소부르주아 계
급이 주도하고 있다고 보았다. 그렇지만, 신간회 주도권을 프롤레타리아트가
장악하면 된다는 점, 그리고 소부르주아지와 노농계급의 공통적인 요구인 언
론, 출판, 집회, 결사의 자유를 획득하기 위해 신간회가 유용하다는 논리로 해
소론에 반대하였다. 그는 민족적 총역량의 결집을 추구하는 민족주의적 단체
로서의 신간회는 반대하지만, '시간적 협동'을 통해 노농계급이 주도권을 확보
해가는 신간회에 대해서는 존재 의의를 인정하였다.[17]

이처럼『조선일보』와『삼천리』에서는 신간회 해소에 대한 반대 여론 형성을
주도하였다.『조선일보』는 민족주의 좌파 안재홍의 입장을 대변하였다고 한다
면,『삼천리』는 사회주의자들의 신간회 해소 반대론을 대변하고 있었다고 하
겠다.

3) 1931년 2월『삼천리』의 설문조사 결과

1931년 1월『삼천리』에서는 각계의 인사들에게 신간회 해소에 대한 의견을
묻는 조사를 실시하여 그 결과를 2월호에 발표하였다. 첫째 설문은 신간회 해소
운동에 대한 찬반 입장 및 그 이유이고, 둘째 설문은 신간회의 운동 비판 및 장래
에 대한 의견이었다. 이 설문에 응한 23명의 답변을 정리하면 다음과 같다.[18]

17) 김동수,「해소론과 해소운동 비판」『조선일보』1931. 1. 9.

신간회를 이끌고 있었던 민족주의 인사들은 해소에 절대적으로 반대하였다.

신간회 중앙집행위원장 김병로는 신간회가 각파 각층이 연합한 조직이므로 특정 계급의 전유물이 되거나 방해물이 되지 않는다고 하였다. 이러한 본질적 의의를 부정하고 "계급투쟁의 이론에 편의하여 신간회 운동의 의의와 존재를 의심한다면, 이는 결성된 진영을 훼기하며 집중된 역량까지 궤산하는 행동밖에 없다."고 하였다. 그는 신간회 해소론을 계급 편향 노선에 따라 민족협동전선의 역량을 파괴하는 잘못된 것이라고 비판하였다.[19] 그는 같은 시기 『동광』에서는 신간회가 해소된 이후 투쟁력을 가진 조직으로 전화될 수 있다는 해소론자들의 주장에 의문을 제기하였다.[20]

신간회 평양지회장 조만식은 해소 절대 반대라고 하면서 신간회의 지난 4년을 계급적 관점에서 부정적으로 볼 것이 아니라 준비 기간으로 긍정적으로 보아야 한다고 주장하였다.[21] 천도교 지도자 권동진은 해소에 절대 반대한다고 하면서, 신간회의 장래는 힘쓰기 여하에 달려 있다고 했다.[22] 불교계의 한용운도 해소에 반대한다고 하면서 신간회에 불만족한 점이 있으면 개선하면 된다고 하였다.[23] 신간회 간부인 김용기는 해소운동이 전개되기 위해서는 신간회를 대체할 만한 새로운 투쟁단체가 재조직되어야 한다면서 시기상조라는 논리로 해소에 반대하였다.[24] 근우회 중앙집행위원장 조신성은 민족협동전선이 필

18) 「신간회운동은 협동호 대립호-신간회 '해소운동' 비판」『삼천리』, 1931. 2, 6~19쪽. 신석우, 윤치호, 양봉근, 정운영, 주요한, 이종린, 유진태, 정종명, 한국종, 이종호, 홍성하, 최린, 이돈화, 김기전, 박완, 백관수, 이관구, 강상희, 홍기문, 정칠성, 이적효, 김혁, 한병락, 송진우, 이여성, 신흥우, 이선근, 유억겸, 오긍선, 박희도, 홍증식, 길선주, 이항발 등 33인과 신간회 이원, 원산, 부산 및 각 지회는 설문에 답하지 않았다.

19) 김병로, 「집중된 역량의 궤산을 피하자」『삼천리』, 1931. 2, 7쪽.

20) 김병로, 「신간회의 해소론이 대두함에 제하야」『동광』 18, 1931. 2, 7쪽.

21) 조만식, 「어인에게 이를 줌은 대금물」『삼천리』, 1931. 2, 7~8쪽.

22) 권동진, 「해소에 반대하노라」『삼천리』, 1931. 2, 15쪽.

23) 한용운, 「시간적 협동은 필요」『삼천리』, 1931. 2, 15쪽.

요한 현 상황에서 신간회 해소에 반대한다고 하였다. 조건과 준비 없는 해소는 '분리'일 뿐이며, '분리는 약자의 제일 금물'이라고 하였다.[25] 전 신간회 경성지회 검사위원 권승열 변호사는 '정치적, 경제적 각성을 촉진하고자 하는 신간회 정신'은 없어서는 안 되므로 신간회 해소에 반대한다고 하였다.[26]

조선일보사 부사장 안재홍은 해소 반대 이유를 4가지로 요약하였다. 첫째, 신간회는 '민족주의적 정통사상을 대표하는 좌익진영'이 되는 것을 목표로 성장 발전 중인데, 중도에 해소하자는 것은 패배주의에 지나지 않는다. 둘째, 노농조합의 확대 강화라는 목표의 실현 가능성이 희박하다. 셋째, 중국의 국민당과 조선의 소부르주아적 민족주의자와는 성격이 근본적으로 다르다. 넷째, 조선의 좌익 민족주의자와 소부르주아 시민 층은 유약하고 무정견한 태도를 버리고 민족적 단결을 통해 협동전선에 적극 참여해야 한다.

변호사 이인은 해소의 구체적 조건이 없는 해소는 불가하다고 의견을 피력했고,[27] 의학박사 박창훈은 신간회 창립은 필요에 의한 것인데, 해소 이유는 박약하다고 비판했다.[28]

민족주의 계열로 신간회에 참여하지 않거나 처음부터 반대했던 인사들은 신간회 해소 문제에 대해 냉소적인 태도를 취했다. 동아일보사의 이광수와 함상훈은 신간회 해소운동은 의미가 없다고 했다.[29] 조선민흥회를 추진했던 조선물산장려회 간부 명제세는 신간회가 사명을 제대로 수행하지 못하고 민족내부의 분열만 일으키므로 해소운동에 찬성한다고 하였다.[30] 협성실업학교 교

24) 김용기, 「해소운동은 비시기」『삼천리』, 1931. 2, 16쪽.
25) 조신성, 「준비 업는 해소는 금물」『삼천리』, 1931. 2, 19쪽.
26) 권승렬, 「공죄비판은 시기상조」『삼천리』, 1931. 2, 19쪽.
27) 이인, 「역량을 확대강화가 필요」『삼천리』, 1931. 2, 14쪽.
28) 박창훈, 「해소이유가 박약」『삼천리』, 1931. 2, 14~15쪽.
29) 이광수, 「유위 활발하게 할뿐」『삼천리』, 1931. 2, 12쪽 ; 함상훈, 「해소해도 별무신통」『삼천리』, 1931. 2, 18쪽.

장인 철학박사 김려식은 신간회가 민족단일당으로서 신용 있고 힘 있는 기관이 되기를 바라지만, 그렇게 될 수 없다면 주의와 이념에 따라 별도로 뭉치는 것도 무방할 것이라고 하였다.[31] 기독교계 지도자로 이화여전 교수인 김창제는 신간회는 '진화의 법칙'에 따라 발전하든가 해소되는가 할 것이므로 해소운동은 '무용의 무용'이라고 하여 냉소적 반응을 나타냈다.[32]

민족주의 계열로 분류될 수 있는 인사 15명 중 12명은 해소 반대, 명제세와 김려식 은 해소 찬성, 무관심 1명이었다. 신간회 해소 반대론자들은 공통적으로 신간회를 민족단일당 혹은 민족협동전선으로 보면서, 이러한 단체 내에서는 특정 계급과 집단의 주도권 문제가 제기되어서는 안 된다고 생각하였다. 다만 안재홍은 기본적으로 신간회 유지를 전제하면서도 사회운동자의 노선 변화를 수용하는 방향에서 계속 협동할 수 있는 길을 모색하고 있다는 점에서 특징적이다. 김용기와 조신성은 새로운 민족협동전선이 마련되기 전까지는 해소에 반대한다는 점 또한 해소론에 대한 부분적 인정을 뜻하는 점에서 특기할 만하다.

사회주의 운동 계열의 인사들은 기본적으로 해소론의 원칙과 방향을 수용하는 입장을 피력했다. 다만 일부에서는 신간회 대안 조직이 마련될 때까지 기다려야 한다는 시기상조론을 펴거나 입장 표명을 유보하기도 하였다.

북풍회계 사회주의자 송봉우는 신간회가 소부르주아 조직으로 대중의 혁명의식을 거세했기 때문에 신간회 해소운동은 오히려 늦은 감이 있다고 하면서 해소운동에 찬성하였다.[33] 신간회 안주지회 간부인 안병주와 신간회 본부 간부 이주연도 신간회 해소론을 적극적으로 주장하였다. 안병주는 A와 B의

---

30) 명제세, 「무사업이면 해체도 무방」『삼천리』, 1931. 2, 17~18쪽.

31) 김려식, 「명칭만 가지는 것보다」『삼천리』, 1931. 2, 15~16쪽.

32) 김창제, 「회 자체가 익공고」『삼천리』, 1931. 2, 18쪽.

33) 송봉우, 「해소는 오히려 늦었다」『삼천리』, 1931. 2, 12쪽.

가상 토론 방식으로 신간회 해소운동의 논리를 설명하였다. 그는 민족협동전선 조직인 신간회는 소부르주아 계급이 지도하고 있으므로 이를 해소하고, 혁명적 노농조합의 결성을 통해 노농계급이 주도 아래 천도교, 기독교, 형평사, 기타 소부르주아 집단을 참가시킨 새로운 민족협동전선을 결성하는 프로그램을 제시했다.[34] 이주연은 노농계급의 주도 아래 소부르주아지를 참가시킨 통일전선을 결성해야 한다고 하면서 소부르주아지와의 '시간적 협동'은 불가능하다고 하였다. 따라서 신간회를 해소하여 그 속에 있던 노동자와 농민을 혁명적 노농조합에 편입시켜야 한다고 주장하였다.[35]

　화요파 사회주의자 임원근은 신간회가 소부르주아 집단으로 노농대중의 투쟁력을 약화시키므로 해소해야 한다는 이원지회의 주장을 반박했다. 그는 신간회는 '무산소시민과 노농층'이므로 소부르주아 집단이 아니라고 하였다. 또한 신간회는 노농계층의 대중적 투쟁 역량이 강화되면 해소될 운명에 있는 과도기적 조직이기 때문에, 신간회 외부에서 노농계급의 역량 강화를 통해 해소되는 수순을 밟게 될 것이라고 하였다. 따라서 내부에서의 해소운동은 불필요하다고 하였다.[36] 화요파 사회주의자인 김경재 역시 신간회가 역할을 하지 못하기 때문에 해소는 당연하다고 하였다. 그러나 해소의 시기 문제는 고려해야 한다고 하였다.[37] 사회운동가 이상훈은 신간회 해소는 당연하나 지금은 때가 아니라고 하였다.[38]

　청총 집행위원장 윤형식은 신간회 해소의 구체적 방법론이 아직 나오지 않았으므로 가부를 논할 수 없다고 입장을 유보하였다. 그러면서도 그는 신간회

---

[34] 안병주, 「절대로 해소하여야 된다-어떤 날, A.B의 대화」『삼천리』, 1931. 2, 9~12쪽.
[35] 이주연, 「해소론은 전체운동 재건동의」『삼천리』, 1931. 2, 12~14쪽.
[36] 임원근, 「해소운운은 인식 착오」『삼천리』, 1931. 2, 16~17쪽.
[37] 김경재, 「맛당이 있어야 할 해소」『삼천리』, 1931. 2, 15쪽.
[38] 이상훈, 「당연하나 시기는 재고를」『삼천리』, 1931. 2, 18쪽.

가 투쟁을 회피하는 소부르주아 조직이므로 노농대중이 해소를 요구하는 것은 필연적 현상이라고 하였다.[39] 청년총동맹 간부인 심치녕은 신간회가 '시간적 집단'인 이상 이미 해소의 과정을 밟고 있다고 전제하면서 찬반에 대한 입장을 다음 기회에 밝히겠다고 하였다.[40]

사회주의자 8명 중 3명은 해소 찬성, 3명은 반대, 2명은 입장 유보였다. 이를 보면 사회주의자들 사이에 신간회 해소 문제에 대해 의견이 아직 통일되지 못하고 있음을 알 수 있다.

『삼천리』의 설문 결과는 전체 23명 중 해소 반대 15명, 찬성 5명, 기타 3명으로 해소 반대가 절대 다수를 차지하였다.

4) 1931년 2월 『별건곤』의 설문조사 결과

『별건곤』에서도 1931년 2월호에는 신간회 해소 찬반에 대한 15명의 사회 지도자들의 의견을 게재하였다.

한용운, 이인, 안재홍, 김병로는 『삼천리』에 이어 여기에서도 의견을 피력했다. 앞서 구체적 조건이 있는 해소를 주장했던 이인은 여기서도 민족단일당으로서의 신간회의 해소는 필연적이나 해소론의 구체성이 없는 현 단계에서는 간부진 개선을 통한 신간회 개혁이 바람직하다고 했다.[41] 해소 반대 의견을 냈던 한용운은 단체의 명칭이 무엇이든 신간회와 같은 단체가 필요하다고 하면서 "조선의 모든 객관적 정세로 보아 신간회가 그리 쉽게 해소되리라고는 생각하지 않는다."고 하였다.[42]

---

39) 윤형식, 「노동자농민은 별무기대」 『삼천리』, 1931. 2, 14쪽.
40) 심치녕, 「신간회는 시간적 집단」 『삼천리』, 1931. 2, 16쪽.
41) 이인, 「해소는 필연적 운명」 『별건곤』, 1931. 2, 14~15쪽.
42) 한용운, 「용이치 안타」 『별건곤』, 1931. 2, 15쪽.

『삼천리』에서 4가지 이유로 신간회 해소를 반대했던 안재홍은『별건곤』에
서도 역시 '단연 불가'라고 반대하면서 그 이유를 6가지로 정리하였다. 첫째,
민족주의자들이 우경화하는 정세 속에서 신간회는 소부르주아적 정치운동의
집단이나 민족당으로 존재하여 투쟁할 필요가 있다. 둘째, 노농대중 단체와
신간회의 '일정한 시기까지의 동맹 혹은 순간적인 협동'으로 전 민족적 총역량
을 결집시키는 것도 좋다. 셋째, 소규모의 노농조합의 투쟁 용이성에 비해 대
규모 조직인 신간회가 투쟁의 문제가 있으므로 신간회가 '자체를 청산 정리'하
는 '분해 작용'은 불가피하다. 넷째, 조선의 소부르주아 민족주의 세력은 강력
했던 중국 국민당과는 달리 미약하여 우려할 대상이 아니다. 다섯째, 내부 대
립과 알력을 빚을 거라면 "신간회가 자체를 정리 청산하고 새로운 정략적 및
동지적 협동으로 기획적 병립을 하는 것이 오히려 나을" 수 있다고 본다. 여섯
째, 가장 상식적인 해소 반대 이유로서 '유(有)는 생장할 수 있고 또 비약의
미래도 기할 수 있지만은 무(無)는 무(無)'일 뿐이라는 점을 강조했다.[43] 안재
홍은 신간회 해소를 일관되게 반대하면서도, 한편으로는 '해소'를 신간회의 '자
체 청산과 정리' 과정으로 받아들이고, 그 후에 새로운 협동 체제를 구축할 가
능성까지 예비하고 있다.

『삼천리』에서 해소론의 논리적 모순을 지적했던 김병로는 신간회가 각층
각파가 연합한 협동전선 조직임을 재강조하면서 특정 계급운동 관점에서의 신
간회 해소 주장은 민족운동 역량을 감소시키는 것이라고 하였다.[44] 권상로는
신간회가 많은 한계가 있지만, "각 사회가 모두 지리멸렬하여가는 이 판에 그것
이나마 해소를 한다는 것은 퍽 섭섭한 일"이라고 하면서, 그 '이상의 좋은 운동'
이 일어나기 전에는 '간판만이라도 유지하는 것'이 좋겠다고 하였다.[45] 유억겸

43) 안재홍, 「해소론은 조선정세에 안맞는다」『별건곤』, 1931. 2, 17쪽.
44) 김병로, 「해소는 운동 역량을 감소」『별건곤』, 1931. 2, 18쪽.
45) 권상로, 「해소는 그래도 섭섭」『별건곤』, 1931. 2, 15쪽.

은 "우리 조선 사람은 먼저 힘을 합하여야 한다."는 대 명제 아래 신간회가 실력은 차치하고 다수 민중이 참여하고 있는 이상 "함부로 해소한다면 민중은 사분오열로 더 분산"이 될 것이라고 해소에 반대하였다.[46)

동아일보사의 송진우는 자신이 신간회 회원임을 밝히면서 신간회가 적극적 투쟁을 펼치지 못한 것은 '내재적 역량의 부족'보다는 '외압'이 심한 것이 원인이라고 진단하였다. 해소론자들이 추구하는 계급운동 또한 '외압'으로 곤란을 겪게 될 것이라고 하였다. 따라서 신간회를 해소하기보다는 '그대로 두고 지상(紙上)운동이나마 하다가 형편에 따라서 그 운동의 방향만을 적의하게 전환하여 나아가는 것'이 좋을 것이라고 하였다.[47) 말하자면 그는 신간회가 합법의 틀 내에서의 언론 운동에 중점을 두는 온건화 노선을 추구하고 있었다. 신흥우는 신간회를 "민족적 유일한 정치단체"라고 하면서 그 단체가 없어지면 '섭섭한 일'이라고 하였다. 그러나 내부의 사정을 잘 모르므로 신간회 존재나 해소의 가부에 대해서는 논하기 어렵다고 했다.[48)

이처럼 민족주의계열의 인사들 8명은 모두 신간회 존재 의미와 성격에 대해서는 차이가 있지만, 해소론의 논리와 해소 자체에 대해 반대한다는 데 대해서는 일치하였다. 다만 송진우는 신간회의 온건 노선을 지지했고, 신흥우는 해소론에 대한 의사 표시를 보류한 점이 특징적이다.

반면 사회주의 계열의 인사들 7명의 의견은 해소 찬성, 반대, 조건부 찬성 세 가지로 나뉘었다. 서정희 1명을 제외한 6명은 신간회가 필연적으로 해소될 수밖에 없는 한계가 있으며, 다른 단체와 방법으로 대체되어야 한다는 대해서는 의견이 일치하였다. 다만 그 시기와 방법에 있어서는 차이가 있었다.

이량은 인도와 아일랜드처럼 '무력으로 싸우는 실력'이 없고 '빈 입'으로만

---

46) 유억겸, 「해소는 불찬성」『별건곤』, 1931. 2, 15~16쪽.
47) 송진우, 「맹목적 해소는 문제」『별건곤』, 1931. 2, 13~14쪽.
48) 신흥우, 「섭섭한 일이다」『별건곤』, 1931. 2, 15쪽.

싸우고 '실지 투쟁'이 없는 신간회는 '있으나 없으나 일반'이라고 하여 신간회 무용론을 주장하면서 해소론을 지지하였다.[49] 김현준은 주객관적 요인으로 신간회가 제 역할을 하지 못하고 있다면서 만일 '신뢰할 만한 신운동단체'가 조직된다면 해소를 찬성한다고 하였다.[50] 어구선은 신간회는 창립 당초부터 유력한 단체와 인물을 망라하지 못했고, 그동안 실질적인 투쟁이 없었으므로 조속히 해체하고 노농운동과 각 부문운동 단체가 연합하여 새로운 협동전선을 결성해야 한다고 주장하였다.[51]

이인호는 "우물쭈물하지 말고 단연히 질서정연하게 해소에 착수할 것"이라고 하면서 4가지 이유를 제시했다. 첫째, 민족단일당의 매개형태로서의 신간회는 존립 불가능함. 둘째, 관념적이고 추상적인 협동전선은 투쟁적 효과를 발휘하기 불능함. 셋째, 프롤레타리아계급의 막연한 협동은 오히려 소부르주아지의 정치적 투기에 이용당함. 넷째, '연민성'에 포착되어 우물쭈물하는 것은 '단호한 처분'보다 큰 해독을 가져옴.[52] 이처럼 이인호는 가장 철저하게 신간회 즉각 해소를 주장했다.

북풍회 계열 사회주의자 서정희는 민족주의자와 사회주의자의 협동전선으로 탄생한 신간회는 노농운동을 말살시키지 않았음을 지적했다. 그리고 설사 해소된다고 한들 신간회보다 더 좋은 단체를 탄생시킬 수는 없다. 그러므로 자신은 "해소론을 부인하는 동시에 신간회를 노농운동을 토대로 삼아 신간운동의 신진로를 전개하고자" 한다고 했다.[53]

이와는 달리 이상훈은 해소는 필연적이고 당연한 것이지만, 시기와 방법의

49) 이량, 「잇서도 좃코 업서도 좃타」『별건곤』, 1931. 2, 13쪽.
50) 김현준, 「새 운동이 잇다면…」『별건곤』, 1931. 2, 13쪽.
51) 어구선, 「해소는 대세의 당연」『별건곤』, 1931. 2, 14쪽.
52) 이인호, 「당연히 해소할 것」『별건곤』, 1931. 2, 16쪽.
53) 서정희, 「해소론은 일종 오류」『별건곤』, 1931. 2, 12쪽.

적절성을 고려해야 한다고 주장하였다.[54] 정운영은 해소를 둘러싼 시비 논쟁에 휘말리지 않기 위해 '당분간 침묵'을 지키겠다고 하였다.[55]

사회주의자들의 의견은 해소론 찬성 3명, 반대 1명, 조건부 찬성 2명, 침묵 1명으로 나뉘었다.

『별건곤』의 설문은 전체 15명 중 해소 반대 11명, 찬성 3명, 유보 1명이었다.

1931년 1월 전후 언론계에서는 민족주의 또는 사회주의 계열을 불문하고 신간회 해소론 반대가 절대적인 다수였다. 조선일보사에서는 안재홍이,『삼천리』에서는 사회주의자들이 해소 반대 여론을 주도하였다. 다만 신간회 해소 반대론이라고 하더라도 안재홍은 신간회 고수에, 사회주의자들의 경우에는 신간회의 개편에 방점이 놓여 있다는 점에서 차이가 있다.

3. 1931년 3월~5월의 신간회 '해소' 논쟁

1) 신간회 지회의 해소 찬반론

신간회 지회들의 경우, 1931년 1월까지는 반대 의견이 우세하였는데, 2월에 접어들면서 해소를 결의하는 지회가 늘어나는 현상이 나타났다.

1930년 12월 14일과 27일 신간회 이원지회와 평양지회가 해소를 결의했다. 그러나 1월까지 해소 결의를 한 지회는 늘어나지 않았다. 반면 원산, 신의주, 마산, 함흥, 밀양 등 5개 지회가 해소에 반대하는 결의를 했으며, 안주, 고성, 당진, 안성, 창원, 강릉 등 6개 지회는 해소를 보류하거나 연구해 보자는 결의를

---

[54] 이상훈, 「해소와 시기」『별건곤』, 1931. 2, 16쪽.
[55] 정운영, 「당분간은 침묵」『별건곤』, 1931. 2, 16쪽.

하였다. 그런데 2월 이후에는 2일 길주를 시작으로 경서(京西), 인천, 단천, 홍
원, 성진, 부산, 경성, 나주, 통영 등 10개 지회가 해소를 결의하였다. 반면 해소
반대를 결의한 지회는 양산 1개소, 보류는 칠곡과 해주 2곳에 불과했다.[56]

　1931년 2월 이후 신간회 지회 사이에서는 해소 결의 분위기가 확산되었다.
이것은 ML당의 이론적 지도자 고경흠이 일본에서 서울로 와서 신간회 해소운
동을 직접 주도하였기 때문이었다.[57] 그렇다고 하더라도 1931년 4월까지 해소
를 결의한 지회는 12개였는데, 이는 전체 지회 중 10%에도 지나지 않는 숫자였
다. 해소 반대를 결의한 지회는 6개로 5%에도 지나지 않지만, 나머지 85%의
지회는 유보 혹은 미결 상태였다.

　신간회 지회 차원에서 언론계에 자신들의 해소론을 발표한 것은 1931년 4월
이었다. 신간회 이원지회는 1931년 4월 『삼천리』에 「아등의 운동과 신간회」라
는 문건을 발표하였다. 여기서 해소 반대론자 홍양명, 박문희, 김동수 등의 이
름을 직접 거론하면서 그들의 주장에 반박을 가하면서 신간회 해소의 필연성
과 방향을 제시하였다.[58] 신간회 이원지회의 해소론을 요약하면 다음과 같다.

　첫째, 신간회는 소부르주아 계급의 집단이다. 홍양명과 김동수처럼 신간회
구성분자가 무산대중이라는 점 혹은 프롤레타리아트의 역량 강화를 통해 신간
회의 영도권을 장악할 수 있다고 보는 것은 오류이다. 프롤레타리아트의 영도
권은 프롤레타리아트가 정권을 획득할 때 비로소 확립된다. 영도권이 소부르
주아 계급에게 있는 신간회는 해소되어야 한다.

　둘째, 현재의 신간회는 노농대중의 투쟁의식을 말살시키는 조직이다. 신간

56) 이균영, 『신간회 연구』, 470쪽.
57) 이현주, 「신간회에 참여한 사회주의자들의 운동론」 『한국민족운동사연구』 4, 112
　~113쪽.
58) 신간회 이원지회, 「아등의 운동과 신간회-금춘 전체대회와 해소론의 전망을 위하여」
　『삼천리』, 1931. 4, 8~13쪽.

회를 민족단일당의 매개형태, 민족협동전선의 매개형태로 성격을 달리 규정했지만, 이는 기본적으로 계급적 지도 정신을 부정하는 것이다. 김동수처럼 시간적 협동을 통해 자유권을 획득하는 것은 필요하다고 하더라도 "계급적 지도정신에 의하지 않은 협동 집단, 즉 신간회는 좌익 민족주의자를 우익민족주의화하지 않을 수 없다."

셋째, 신간회는 이미 창립된 후 4년이나 되었는데, 투쟁 역량과 성과를 보여주지 못했다. 따라서 신간회 해소를 시기상조라고 말할 수 없다.

넷째, 조선의 민족 부르주아지는 독립적으로 생존하지 못하고 제국주의 지배자에게 종속되었다. 부동하는 소부르주아지에 기초한 좌익민족주의자는 노농대중에 기초할 때 투쟁역량을 가질 수 있다. 그렇지 않을 경우 우경화하고 반역하게 된다. 따라서 계급분화를 명분으로 신간회를 좌익 민족주의자에게 맡기지 말고 해소해야 한다. 그들과의 "협동에서 얻는 이익보다 손실이 더 크다는 것을 알아야 한다." 소부르주아 계급에 의거한 좌익 민족주의 세력의 독립적 지위를 인정하여 그들과 협동을 하게 되면, 계급적 진영이 축소되고 우경화되고 말 것이다.

다섯째, 박문희와 김동수의 주장처럼 신간회를 '혁신' 또는 '개조'한다는 주장은 '해소'의 주장과 일면 부합하는 것 같지만 오류이다. 계급적 지도 정신의 확립과 노농계급의 혁명적 결집이 필연적 과제이므로 신간회는 해소되어야 한다.

신간회 통영지회의 해소 결의안은 1931년 4월 10일 가결되었다.[59] 이원지회가 해소 결의를 한 지 약 4개월 정도가 지난 후였다. 따라서 이 결의안은 기존의 사회주의 운동권 내에서 전개된 논쟁이 반영된 최종적 결과물이라고 할 수 있다. 따라서 김기림은 신간회 통영지회의 건의안이 '비교적 요약적으로 해소론의 진의를 포착'했다고 하면서, 이를 『삼천리』 1931년 6월호에 인용하여 소개

---

59) 이균영, 『신간회 연구』, 470쪽.

하였다. 건의안 내용을 요약하면 다음과 같다.[60]

신간회는 투쟁 역량이 없는 당적 조직으로 노농대중의 독자성을 말살시키는 반동적 존재이다. 따라서 신간회 해소는 주객관적 상황에서 필연적이다. 신간회 해소운동은 노농대중의 이익을 충실히 대표하면서 신간회의 무력함과 소수 기회주의자들의 본질을 폭로한다. 그리고 신간회 내의 노농대중을 노농조합으로 재편하며 민중의 일상 이익을 획득하기 위해 시간적 협동 투쟁 기관 창설을 지향한다.

통영지회 건의안의 신간회 해소 이유와 목적에 대해서는 4개월 전의 이원지회 문건과 동일하다. 다만 통영지회 결의안은 해소운동 과정이 보다 구체화되었다. 즉 신간회 내에 있는 노농계층과 미조직 노농계층을 신간회 외부의 노농조합에 조직화시키고, 이 노농조합이 중심이 된 '협동투쟁기관'을 새로 만든다는 것이다. 즉 신간회 해소 이후의 새로운 협동투쟁의 구체적 계획을 밝힌 것이다. 신간회 해소 이후의 구체적 계획과 이후의 대안이 무엇이냐는 반론에 대한 답변을 마련했던 것이다.

1931년 2월 이후 4월까지 신간회 해소를 결의하는 지회가 연속적으로 나타났다. 이와 함께 언론 상에서 신간회 해소론자들은 해소를 기정사실화하고 해소 이후 문제를 논의하는 방향으로 나아갔다. 이는 해소 반대론자들이 '해소'를 민족협동전선의 부정 혹은 신간회의 '해체'로 받아들이는데 대한 대응이었다. 그리하여 신간회 '해소'는 신간회의 '해체'와 민족협동전선의 부정이 아니라 민족협동전선의 발전적 과정임을 주장하는데 강조점이 두어졌다.

해소에 반대하는 결의를 하는 신간회 지회도 나타났다. 함흥지회는 1931년 1월 20일 정기대회에서 관념적 해소론 반대를 결의하였다.[61] 원산지회는 1931

---

[60] 김기림, 「해소 가결 전후의 신간회-5월 15일 어경성전체대회광경」『삼천리』, 1931. 6, 15쪽.
[61] 이균영, 『신간회 연구』, 514~517쪽.

년 1월 24일 해소 반대를 결의했다.[62] 원산지회에서는 신간회 해체나 해소 결의는 신간회 자체 혹은 지회 내에서 결정될 일이 아니라 신간회 밖에서의 대중적 협동전선에서 결정할 일이라고 했다. 따라서 '기계적 관념론적 해소론'에 반대함과 동시에 신간회의 비민주적 독선적 간부를 부인하고 반제국주의적 협동전선에 적극적으로 참여한다고 결의하였다.[63] 양산지회는 1931년 4월 16일 정기대회에서 다수결로 해소를 부결했다. 해소는 시기상조이며 조선의 현정세가 해소에 불리한 조건이라는 것이었다.[64] 해소반대를 결의한 6개 지회는 해소나 해체 자체를 반대하는 것이 아니라 그 방법과 내용이 '기계적이고 관념론적'이기 때문에 반대한다는 논리였다.

2) 사회주의자들 사이의 신간회 해소 찬반론

김준모는 『별건곤』 1931년 3월호에 「신간회는 어떻게 될까」에서 신간회는 소부르주아계층의 사교장으로 전락한 조직으로서 투쟁력을 상실하고 소멸하고 말 것이라고 주장하였다. 그는 해소 반대론자들이 신간회가 해소되면 자치운동이 대두하게 될 것이라는 주장한다고 하였다. 그러나 그것은 '운동에 직접 관계가 없는 소시민층'의 주장에 불과하다고 비판하였다. '지방의 대중'은 '다년간 실지 운동 체험에서 얻은 솔직한 주장'인 해소론을 지지할 것이라고 보았다.[65]

김치옥은 『별건곤』 1931년 4월호에 「신간회 해소 후의 민족적 협동전선을 어떨까」를 발표했다. 여기서 그는 신간회는 '자연 전락'하게 될 것이라는 김준

---

62) 이균영, 『신간회 연구』, 508쪽.

63) 이균영, 『신간회 연구』, 505쪽.

64) 이균영, 『신간회 연구』, 513~514쪽.

65) 김준모, 「신간회는 어떻게 될까」 『별건곤』, 1931. 3, 4~5쪽.

모의 예측을 이어받아 신간회 '전략'을 기정사실화하면서 신간회 해소 후를 전망하였다. 그는 "금후의 협동전선이란 농민이 토대가 되고 노동자가 그 중심이 되어 선두에 나서고 소시민층을 붙잡고 나가는 그런 조직"이 필요할 것이라고 하였다. 특히 그는 조선에서는 종교라는 커다란 대중조직이 있으므로 이를 일축할 것이 아니라 "협동전선의 대부대의 큰 역량과 큰 임무를 감당시키는" 것이 차후 민족협동전선이 당면한 중대임무임을 강조하였다. 그는 "신간회 해소가 곧 협동전선의 파멸이라고 보아서는 안 된다."고 결론을 내렸다.[66]

김동수는 1931년 5월 『혜성』에 발표된 「각사회단체 해소론-그 발전방향의 재음미」에서 신간회 해소를 반대하였다.[67]

먼저 그는 이원지회의 신간회 해소론이 자신의 주장에 대한 몰이해와 무지에 기초한 '공식주의적' 견해에 머물러 있다고 비판했다. 협동 여부는 그 조직이 소부르주아 집단이냐 아니냐가 아니라 조직의 방향성이 제국주의냐 반제국주의냐의 여부로 판단해야 한다고 했다. 따라서 그는 소부르주아 집단이라는 이유로 신간회 해소를 주장하는 것은 좌익 민족주의자와 협동하여 반제국주의적 '투쟁을 회피하는 기회주의적 반동적 이론'이며, 무원칙한 관념론에 불과하다고 비판했다.[68]

김동수는 사회주의 운동의 관점에서 신간회 해소론자들의 전략과 전술적 오류를 다음과 같이 지적하였다.[69]

첫째, "한 조직을 해소한다 하면 그 조직을 완전히 소화할 만한" 주관적 객관적 조건이 갖추어져야 한다. '구체적 조건의 제시'와 '실제 정세에 대한 정확한 비판이 없이' '기계적으로 해소만을 주장한다.'고 하면 이는 좌익 소아병에 불과하다.

---

66) 김치옥, 「신간회 해소 후의 민족적 협동전선은 어쩔까」 『별건곤』, 1931. 4, 4~5쪽.
67) 김동수, 「각사회단체해소론-그 발전방향의 재음미」 『혜성』, 1931. 5, 30~42쪽.
68) 김동수, 「각사회단체해소론-그 발전방향의 재음미」, 30~38쪽.
69) 김동수, 「각사회단체해소론-그 발전방향의 재음미」, 38~42쪽.

둘째, 신간회는 좌익 민족주의자와 사회주의자와의 자유연합적 조직으로서 투쟁적 역량도 없고 프롤레타리아트가 주도하지도 않는다. 따라서 신간회는 민족운동의 대표 조직도 아니며 노농대중의 요구도 충족시키지 못하고 있다. 이 때문에 신간회 해소론이 제기되는 것은 당연하다.

셋째, 신간회가 민족협동전선 조직인 이상, 민족주의자의 신간회 전략에 주목해야 한다. 『동아일보』 1월 1일자 「조직과 조선」이라는 제목의 사설을 보면, 민족주의자들이 신간회의 계급적 분화를 계기로 사회주의자들과 결별하고 '민족운동의 대동단결운동'을 일으킬 것이라고 전망했다. 이는 중국의 국민당이 공산당을 공격했듯이 우익 민족주의 세력이 민족주의 좌파를 끌어들여 계급운동을 공격할 가능성을 시사한다.

넷째, 이러한 상황에서는 계급적 문제보다 반제국주의적 세력인지의 여부가 협동전선의 판단 기준이 되어야 한다. 우익 세력의 공세에 대항할 '좌익 연맹' 형성 가능성을 무시한다면 좌익소아병적 오류를 범하게 된다는 것이다.

이러한 논리로 김동수는 과거 '전민족적 통일전선'인 신간회를 '노농대중의 통일전선'으로 진전시켜야 한다고 주장했다. 그러나 그 방법은 신간회 해소가 아니라 신간회 내에서 '우익 세력의 고립화와 노농민의 통일적 결집을 추구하는' 전략을 채택해야 한다는 것이다. 그는 신간회 내에서 노농대중의 조직화를 이루면서 우익적 경향을 폭로하고 좌익 연맹을 결성하는 것이 우익을 고립시키고 무력화하는 투쟁적 전술이라고 주장하였다.

요컨대 김동수는 반제국주의 투쟁을 전개하기 위해 신간회 내에서 우익 세력을 축출하고 대중적 혁명의 토대를 구축해야 할 때라고 주장하면서 신간회 해소론을 배격하였다.

신간회 해소론자 정동호는 1931년 5월 『비판』 창간호에서 안재홍, 홍양명, 김동수의 반해소론을 구체적으로 거론하면서 비판하였다.[70] 그는 해소 반대론이 무산계급의 이익에 반대되고, 해소론이 무산계급의 요구에 부응한다는 점을 밝히는 일이 글을 쓰는 목적이라고 하였다.

정동호는 먼저 『삼천리』 1931년 2월호에 해소 반대론을 제기한 안재홍을 비판하였다. 그는 안재홍이 '철두철미 소부르조아지의 계급적 입장'으로 '계급운동을 민족운동의 부분적 지엽적 운동으로 규정'했다고 비판하였다. 또한 안재홍의 주장을 '반무산계급적' 태도로서, '기회주의적이며 개량주의적'이라고 비판하였다.[71]

이어서 정동호는 『삼천리』 1931년 1월호에 실린 홍양명의 「계급연맹의 역사적 제한성의 문제」를 비판하였다. 정동호는 신간회를 민족단일당으로 규정한 점, 신간회를 소부르주아 집단이라는 사실을 부정한 점, 협동전선에서의 무산계급 영도권을 부정한 점 등을 근거로 홍양명의 주장을 '철두철미 반무산계급적 입장'이라고 비판하였다. 그는 '고급적 협동전선'도 '신간회를 통해야 한다.'는 홍양명의 신간회 확대 발전론을 '천박한 견해'라고 비판했다.[72]

세 번째로 정동호는 『조선일보』에 게재된 김동수의 「해소론과 해소운동 비판」을 비판하였다. 그는 김동수의 견해는 해소의 주객관적 상황과 당위성을 인정한 점에서는 옳지만 협동전선의 발전 방향을 제대로 잡지 못하여 '미로'에서 '혼돈'을 범하고 있다고 비판하였다. 즉 신간회 내부에서 대중을 혁명적으로 전화하고 비전투적 간부들을 탈락시키자는 김동수의 주장은 잘못이라고 하였다. 무산계급이 주도하는 반제국주의 반봉건 협동전선을 형성하기 위해서는 오히려 신간회 내의 노농대중을 외부의 노농조합으로 조직화하여 이탈시켜 소부르주아적 신간회를 해소해야 한다는 것이다. 이 경우 비로소 신간회가 노농계급 주도의 협동전선을 '보좌하는' 역할을 할 수 있다고 주장하였다.[73]

70) 정동호, 「신간회 해소론-과감히 해소시키면서 있다.」 『비판』 1, 1931. 5, 45~52쪽.
71) 정동호, 「신간회 해소론-과감히 해소시키면서 있다.」, 45~46쪽.
72) 정동호, 「신간회 해소론-과감히 해소시키면서 있다.」, 46~48쪽.

정동호는 「신간회 해소론」을 『비판』 1931년 6월호에도 계속 연재하였다. 그는 위에서와 같이 반해소론을 비판하면서 해소론은 노동자, 농민, 도시소부르주아지로 구성된 반제국주의 협동전선 결성을 지향하는 것이라고 하였다. 이를 위해 '노동조합과 농민조합의 확대 강화를 신간회 해소의 실제적 방법으로 제시'하였다.[74]

1931년 3월부터 5월 사이에 언론에 발표된 사회주의자들의 신간회 해소에 관한 논설은 총 5편인데, 해소론은 4편, 해소반대론은 1편이었다. 이들은 공통적으로 민족협동전선에서 소부르주아지에 기초한 민족주의 좌파로부터 노동계급이 주도권을 장악해야 한다고 주장했다. 다만, 김동수는 노동계급의 헤게모니를 신간회 내에서 확보해야 한다는 논리로 신간회 해소를 반대하였다.

3) 조선일보사 안재홍의 신간회 해소 반대론

안재홍은 1931년 4월 14일 개최된 경성지회 해소 결의대회에서 임시의장을 맡았다. 이 날 일본 경찰은 토의를 금지하였다. 이에 해소에 대한 찬반 토의도 없이 해소안에 대한 투표가 진행되어 찬성 94, 반대 36으로 가결되었다.[75] 따라서 안재홍은 대회에서 반대론을 개진하지 못하고 해소 결의 후 언론을 통해 해소 반대론을 발표할 수밖에 없었다.

안재홍은 1931년 4월 14일 「해소 비해소, 신간회 문제 중심」이라는 사설을 『조선일보』에 발표하였다. 여기서 그는 사회주의자들의 신간회론이 처음에는 '민족 계급 양당 병립'에서 '영도권 장악'으로, 지금은 '계급진영 본위의 해소론'으로 바뀌었다고 하였다. 그는 이러한 노선 변화는 있을 수 있음을 인정하였다.

---

73) 정동호, 「신간회 해소론-과감히 해소시키면서 있다.〉, 48~52쪽.

74) 정동호, 「신간회 해소론(속)」『비판』2, 1931. 6, 56~58쪽.

75) 측관생, 「신간회경성지회 임시대회 방청기」『혜성』, 1931. 5, 60~65쪽.

그러나 노선 변화가 '미래의 프로그램'이 아니라 '의결'을 통한 즉각적인 '해체'를 주장한 점에서 '의혹' 과 '과오'가 발생했다고 하였다.[76]

이어 그는 1931년 4월 17일 「해소론과 오류-신간회 경성지회 소관」을 발표하여 신간회 경성지회 해소 결의의 오류를 지적했다. 여기서 그는 해소 반대론자의 무정견과 무기력도 동시에 비판하였다. 그의 주장을 요약하면 다음과 같다.[77]

안재홍은 우선 회의 진행 방법의 오류를 지적했다. 신간회 해소 문제는 일회적 투표가 아니라 대중적 토의를 거쳐야 할 사안임을 지적했다. 다음으로 노농대중에 기초한 전투 역량 강화라는 해소의 목표는 정당하나 그것이 조선의 정세 하에서 현실성이 부족함을 지적했다. 신간회 해소 이후 '무소속의 소부르주아지와 무산시민들'에 대한 정책 대안이 없다고 했다. 따라서 해소론은 '일편(一片) 공식적인 관념론'에 지나지 않는다는 것이다. 그는 준비 없이 공식적이고 기계적으로 이루어진 신간회 해소는 부동하는 다수의 소부르주아 혹은 무의식한 무산시민을 우경화시키는 결과가 되고 말 것이라고 경고했다. 그에 의하면, 소부르주아 계급에 기초한 민족주의자는 배제의 대상이 아니라 제휴와 협동의 대상이라고 하였다. 그들을 배제하는 것은 '공식적 태도'를 취한 '계급투사'의 '소극적 자기만족'에 불과하다고 비판하였다.

안재홍은 『비판』 1931년 5월 창간호에 「해소 반대자의 처지에서」를 발표하여 신간회 해소 반대론을 거듭 천명하였다. 그는 신간회 해소가 계급운동 자체의 발전과정이라는 해소론자들의 논리에 따른다면, 자파의 운동 내에서 토의를 하면서 정리하면 될 문제라고 하였다. 말하자면 그는 민족협동전선 조직인

76) 안재홍, 「해소 비해소-신간회 문제 중심」 『조선일보』 1931. 4. 14. 『민세안재홍선집』 1, 394~396쪽.
77) 안재홍, 「해소론과 오류-신간회 경지 소관」 『조선일보』 1931. 4. 17., 『민세안재홍선집』 1, 397~399쪽.

신간회 내에서 특정 계급과 세력의 관점에서 사고하는 것이 잘못임을 지적한 것이다. 따라서 신간회가 민족적 총역량을 결집하는데 미흡하다고 하면, 잘못된 문제나 노선을 정리하거나 청산하고 새로운 형태와 방식의 협동을 모색하면 되므로 해소를 주장할 필요는 없다고 하였다. 영도권 문제 또한 신간회 해소와는 관련이 없다고 하였다.[78]

이 글에서 주목되는 것은 안재홍이 사회주의자들의 노선 변화에 발맞추어 민족주의자들의 변화 방향을 지적했다는 점이다. 그는 지금까지 신간회 내의 소부르주아 민족주의자들이 무기력하게 제 역할을 다하지 못했다고 하면서, 좌익 민족주의자들이 새로운 전환을 모색해야 함을 강조했다. 그는 '좌익 민족주의'를 새롭게 "계급화한 민중집단의 운동을 지도하는 일정한 의식경향"이라고 규정하였다. 말하자면 그는 계급적 혹은 민중적 성격이 가미된 민족 개념을 도입하여 '현실과 타협한 우경적인 부르주아층'에 토대를 둔 우익 민족주의와의 차별화 필요성을 주장하였다.[79]

안재홍은 신간회 해소가 기정사실화한 상태이므로 더 이상 해소 반대론을 말하지 않겠다고 하였지만, 조선의 현실을 '구체적으로 파악하지 못하고' 외국의 이론을 '추수하는 경향'에 대하여는 '애오라지 불복'한다는 민족적 입장을 분명하게 밝혔다.[80]

1931년 5월 안재홍은 사회주의와 민족주의 각 진영은 자체 역량을 정비한 후 새로운 협동 체제를 수립할 것을 촉구했다. 그러나 이는 신간회 해체 후 새로운 민족협동전선 조직을 결성하자는 주장이 아니었다. 그는 신간회 내에서의 새로운 형태의 정책적 협동 노선을 제시한 것이다. 그는 계급운동자들은 따로 노동자 농민 조합을 만들어서 기본역량으로 삼아 혁명적 역량을 강화하

---

[78] 안재홍, 「해소반대자의 처지에서」『비판』1, 1931. 5, 53~55쪽.

[79] 안재홍, 「해소반대자의 처지에서」, 56쪽.

[80] 안재홍, 「해소반대자의 처지에서」, 56~57쪽.

면서 '신간회의 영도권'을 장악하면 될 일이라고 하였다. 그는 사회주의운동가들이 추구했던 대중조직화를 통한 혁명적 역량 강화라는 목표 자체가 비현실적이라고 인식하고 있었다.[81]

요컨대 안재홍이 말하는 신협동은 신간회라는 조직의 틀을 깨뜨리지 않은 채, 좌익 민족주의와 사회주의의 진영의 각자의 새로운 전략과 전술을 용인하면서 공동 협력함으로써 일본제국주의와 타협파에 대한 합법과 비합법, 평화와 비평화의 투쟁을 계속하자는 주장이었다.

4. 1931년 5월~8월 신간회 해체 이후의 전망과 평가

1) 신간회의 해소 결의

1931년 5월 15일 경성중앙기독교청년회관에서 신간회 제2회 전체대회가 개최되었다. 창립대회 후 처음 열리는 전체대회였는데, 해소 결의 대회가 되었다. 신간회 전체 대회 개최를 불허했던 일제는 신간회를 해체시킬 기회로 판단하자 대회 개최를 허가하였다.[82]

신간회 간부진에서는 전체대회에서 신간회 해소론 저지가 가능하다고 예상했다. 대회 전까지 신간회 해소를 결의한 지회는 기껏해야 12개소에 불과했다. 게다가 해소파 대의원들은 정보 부족과 경비 문제 등으로 참가하기 어려울 것이라고 판단했다.[83] 그러나 해소파 대의원이 많이 참가했다. 본부에서는 참석한 80명의 대의원 중 56명의 자격만을 인정하고 해소파를 배제하고자 하였다.

---

81) 안재홍,「해소반대자의 처지에서」, 55쪽.
82) 경기도경찰부,『치안상황』(1931. 7), 146~147쪽.
83) 박한식,「신간회최후전선대회기」『혜성』, 1931. 7, 38쪽.

그러자 해소파는 대의원 자격 심사에 이의를 제기하여 대의원 자격을 재심사하였다. 그 결과 실격된 대의원들이 모두 복권되어 해소파가 대의원의 절대다수를 차지하게 되었다.[84] 대회 이튿날인 5월 16일 강기덕을 중앙집행위원장으로 하는 신임 집행부가 구성되었다.[85] 해소파 중심으로 구성된 집행부에서는 해소 반대론자의 조직적 대응이 없는 가운데 해소안을 제출하여 찬성 43, 반대 3, 기권 30으로 가결하였다.[86]

김기림은 『삼천리』 1931년 6월호에 발표한 「해소 가결 전후의 신간회」에서 해소 대회의 광경을 상세하게 기술하였다. 그는 회의에서 동경, 인천, 통영 각 지회의 해소안이 낭독되었는데, 그 중 통영지회 해소 건의안이 가장 잘 요약되었다고 하여 직접 인용하여 소개하였다. 신간회 해소 결의 이후, 사후 대책을 논의하고자 했으나 일제의 금지로 진척되지 못하여 '해체'되는 결과가 되었다고 했다. 그는 해소를 반대하는 민족주의자들의 신간회 사수 노력은 실패할 것이며, 그들은 결국 우경화할 것이라고 단언했다. 앞으로는 좌와 우 밖에 없으며, 중간은 없다고 했다.[87] 즉 김기림은 신간회 해소를 통해 중간파인 좌익 민족주의 세력이 쇠퇴할 것이라고 전망하였다.

2) 해소론자의 평가와 전망

신간회 해소 직후 『비판』은 1931년 6월호 「권두언」에서 신간회 해소는 "결단코 역사의 퇴보가 아니며 중(衆)의 분산도 아니다. 보담 확대에로이며 보담

---

84) 이균영, 『신간회 연구』, 528~529쪽.

85) 이균영, 『신간회 연구』, 529~530쪽.

86) 이균영, 『신간회 연구』, 531~532쪽 ; 『동아일보』 1931. 5. 18.

87) 김기림, 「해소 가결 전후의 신간회-5월 15일 어경성전체대회광경」 『삼천리』, 1931. 6, 13~16쪽.

강화에로이다."고 하여 해소가 운동의 발전임을 역설하였다.[88]

바로 뒤이어 실린 「협동전선의 금후 전망」에서 박일형은 해소의 정당성을 다음과 같이 주장하였다.[89]

박일형은 해소운동이 신간회 조직 내의 규정과 절차를 지킴은 물론 무산대중의 정당한 요구에 따라 발전했음을 강조했다. 신간회 해소론은 본래부터 협동전선의 부정이 아니라 보다 강력하고 대중화된 새로운 협동전선을 결성하기 위해 시작된 이론이라고 하였다. 따라서 '신간회 해소 투쟁의 임무'는 신간회 내의 대중을 실천적 투쟁을 통해 노농조합에 편입함으로써 '계급진영의 확대 강화를 도모하고 이 조합의 전국적 협의기관인 노농협의회와 및 그 최고 지도부를 영도세력으로 하여 강대한 협동전선을 결성함에 있을 것'이라고 하였다. 그는 이 새로운 협동전선은 "프롤레타리아트를 맹주로 하고 농민은 제일 동맹자, 도시소시민층을 제이 동맹자로 하는 반제반봉건 협동투쟁 조직'이라고 정의하였다.[90]

이어서 박일형은 이종린과 같은 민족주의자가 "다시는 계급운동자에게 이용되지 않겠다."고 한 상황에서 소부르주아 대중을 협동전선에 참가시키는 방법을 제시하였다. 그는 '약속'이 아니라 대중의 일상적인 당면 이익을 '전취 옹호하면서 그 저류에 잠재한 혁명성을 섭취'하면, '조선의 민족주의자들'이 "이용당함을 싫어함에도 불구하고 그들의 계급적 이익 획득을 위해서는 프롤레타리아 계급에 대한 종속적 동맹 체결을 자원하지 않을 수 없게 될 것"이라고 하였다.[91]

박일형은 1931년부터 개정된 부읍 의원제가 시행됨에 따라 민족주의 세력의 좌우 대립이 격화될 것이라고 전망했다. 타락한 사회주의자와 우익 민족주의

---

88) 「권두언, 해소 이후」『비판』2, 1931. 6, 1쪽.
89) 박일형, 「협동전선의 금후전망」『비판』2, 1931. 6, 2~9쪽. 이 글은 5월 27일 탈고되었다.
90) 박일형, 「협동전선의 금후전망」『비판』2, 1931. 6, 2~6쪽.
91) 박일형, 「협동전선의 금후전망」, 6~7쪽.

자가 결합하여 자치운동을 전개하면서 좌익 민족주의 세력은 자치운동이나 계급운동에 가담할 수밖에 없을 것으로 보았다. 소부르주아 계급을 대변하는 민족주의 좌파의 중간파는 소멸할 것이라고 주장하였다.[92]

박덕창은 『비판』 1931년 7, 8월 합집에 게재된 「반해소파의 두상에 일봉」이라는 글에서 신간회 해소가 민족운동의 올바른 방향임을 주장하였다. 그는 반해소파에는 동아일보계, 조선일보계, 완전한 소부르주아층 대변자 등이 있다고 했다. 이들 민족주의자들은 해소를 '해체'로 보고 일본 노농당의 해소론을 직수입한 것으로 비판하고 있다고 했다. 그러나 그는 "신간회 해소는 계급운동자가 민족운동을 부정하는 데에서 생긴 것이 아니다. 소부르조아지의 관념적 비과학적 민족운동을 배제하고 과학적 입장에서 민족운동을 계급운동자가 전적으로 부담하기 위한 적극적 활동에 기인한 바"라고 하였다. 그는 진정한 민족운동자는 민족부르조아지가 아니라 프롤레타리아트라고 결론을 내렸다.[93]

박군식은 『별건곤』 1931년 6월호에 발표한 「신간회 해소 후의 대중운동은 어떻게 될까」에서 신간회 해소를 '협동전선의 파멸'로 보아서는 안 된다고 하였다. 그리고 해소 후에는 노동운동과 농민운동이 힘을 모으게 될 것인 바, 노동총동맹과 농민총동맹이 개혁될 것이라고 전망하였다. 노동총동맹과 농민총동맹은 대중의 일상 이익을 위한 투쟁을 전개함에 따라 노동자와 농민이 직접 운동을 이끌어가게 될 것이라고 하였다.[94]

해소론자들은 공통적으로 해소를 협동전선운동의 정당한 발전과정으로 평가하고, 노농계급이 주도권을 장악한 운동으로의 발전을 전망하였다.

---

92) 박일형, 「협동전선의 금후전망」, 8쪽.
93) 박덕창, 「반해소파의 두상에 일봉」 『비판』 3.4, 1931. 7.8합, 24~28쪽.
94) 박군식, 「신간회 해소 후의 대중운동은 어떻게 될까」 『별건곤』, 1931. 6, 4~5쪽.

3) 해소 반대론자 안재홍의 평가와 전망

신간회가 '해소' 결의를 한 이후에도 해소 반대론을 적극적으로 제기한 이는 안재홍이 유일했다. 안재홍은 신간회가 해소 결의를 한 직후인 1931년 5월 16 일 「기로에 선 신간회 - 처음된 전체대회」라는 사설을 『조선일보』에 발표하였다.[95] 그의 주장을 요약하면 다음과 같다.

민족주의 좌파와 사회주의자의 민족협동전선체로 출범한 신간회는 헤게모니 문제가 대두되면서 해소되었다. 조선의 상황에서는 좌우익의 극단주의적 경향이 우세하고 중간의 소부르주아 계급에 기반을 둔 '비계급전선적인 독특한 좌익 민족주의'가 발전하기 어렵다. 이에 해소론 추종자가 다수를 차지하게 되었다. 그렇지만, '조선의 소부르층으로서의 독자적' 특성을 무시한 '단순한 공식적인 좌익 이론'에 의거한 '독단적 해소'는 '소아병적 과오'를 저지른 것이다.

안재홍에 의하면 당 시대는 이러한 상황을 타개할 '중간적 투사'를 요구하고 있다고 했다. 좌우익의 극단적 대립을 비판하고 중재하고 협동하게 하는 중간파 세력이 미약했기 때문에 신간회가 해체되었다고 보았다. 그는 조선의 소부르주아 계층은 타협적 우경화와 무산계급운동으로의 진출도 거부하는 독자성을 갖지만, 정치운동의 극심한 제약 때문에 제대로 성장하기 어렵다고 했다. 결국 그는 소부르주아 계층에 근거한 좌익 민족주의 세력의 미약성이 사회주의자들의 신간회 해소운동을 낳게 되었다고 보았던 것이다.

안재홍은 『비판』 1931년 7, 8월 합집에 발표한 「해소파에 여(與)함」에서도 신간해 해소의 오류를 지적했다. 그는 "단결은 힘이다. 약자의 힘은 단결이다. 모든 역량을 집중하여 단결을 공고히 하자"는 것은 조선인의 민족적인 시대적

---

95) 안재홍, 「기로에 선 신간회」 『조선일보』 1931. 5. 16. 안재홍선집간행위원회 편, 『민세 안재홍선집』 1, 1981, 405~407쪽.

요구라는 관점에서 신간회 해소 문제를 다루었다. 그는 "민족운동과 계급운동은 동지적 협동으로 병립 병진하여야 할 것"이라고 하면서 '영도권 다툼으로 역량이 분산되거나 자기 손모의 과오를 범해서는 안 된다.'고 하였다. 그는 근대 조선에서는 수 세기 동안 민족의식이 침체되었기 때문에, 민족의식에 의거한 '민족 소부르주아적 혹은 자본주의적 의식인 관념운동'조차도 역사적 의미가 있음을 강조하였다. 따라서 민족주의운동과 사회주의운동은 대립 배격할 것이 아니라 병렬 협동하는 것이 역사발전에 부합하는 것이라고 하였다. 게다가 조선의 '소부르주아지나 소시민층은 전연 반동화할 조건을 가지지 않았다.'고 하였다. 따라서 "계급 철폐의 민족단일당의 과오나 마찬가지로 계급단일의 민족진영 철폐도 중대한 과오이다."라고 하면서 해소론은 '관념적 소아병적인 유희'라고 비판하였다. 그는 신간회 '고수 및 재편성'을 강력하게 요청하는 것으로 결론을 맺었다.[96]

4) 1931년 7월 『혜성』의 설문조사 결과

『혜성』 1931년 7월호에는 「신간회 해소와 조선운동의 금후」라는 제목으로 신간회 해소 찬반과 향후 운동 전망에 대한 12명의 의견을 게재했다.

신간회 해소 문제에 대해서는 해소에 반대하여 신간회가 '해체'되었다고 보는 김원호, 이종린, 이인, 박희도, 안재홍 등 5인, 해소를 찬성하거나 당연시하는 정운영, P생, 김약천, 어구선 3인, 찬반 입장 표명을 거부한 송진우, XYZ, 신흥우 3인 등 3가지로 나뉘었다.

먼저 신간회 해소는 민족협동전선을 해체시킨 것에 불과하다고 비판적으로 보는 입장을 살펴보자.

---

[96] 안재홍, 「해소파에게 여함」 『비판』 3.4, 1931. 7.8합, 29~32쪽.

김원호는 신간회 지지자가 아니므로 해소는 당연한 과정이라고 하였다. 그렇지만 '준비와 조직이 없는 해소'이기 때문에 '해체나 다름없다.'고 비판하였다. 금후에는 '구체적 투쟁방침을 제시한 협동전선이 속히 출현'되기를 바란다고 하였다.[97]

이종린은 신간회가 형식적으로는 '해소'이지만, 실질적으로는 '해체'되었다고 평가했다. 그러나 그 해소 결의가 신간회 지회 회원들의 전체 의사가 아니라고 하면서 실제로는 '비해소'가 다수일 것이라고 하였다. 말하자면 신간회와 같은 민족협동전선에 대한 대중적 요구는 상존하고 있으므로, 신간회와는 '다른 형태로 민족적 단결이 또 생기게' 되는 것이 필연임을 강조하였다.[98]

이인은 신간회가 이미 썩은 고목과 같이 제 역할을 수행하지 못해 해소론이 대두되었던 것은 필연이라고 하였다. 다만 해소는 실제는 해체에 불과하다고 보았다. 그는 민족운동자와 계급운동자의 분립을 당연시하면서, 해소파와 해소반대파들을 싸잡아 비판했다. 신간회를 소부르주아정치운동이라고 비판하는 해소파 역시 소부르주아지에 불과하다고 하였다. 해소 반대파들이 제2의 신간회를 조직할 것이지만, 막연한 강령 아래에서 신간회와 같은 운명을 맞이하게 될 것이라고 했다. 요컨대 그는 '일반 민중의 실리 실익'을 도모하는 경제운동이 가장 필요하다고 주장했다.[99]

박희도는 '확고한 다른 조직체의 결성을 준비하였다가 해소'한다는 입장이었는데, 해소파의 준비 없는 '해소'로 신간회가 '해체'가 되었다고 했다. 그렇지만 우익 타협파의 발호를 억제하기 위해서는 좌익 민족주의자와 사회주의자 양측의 진정한 협동투쟁이 필요하다고 하였다.[100]

---

97) 김원호, 「신형태의 협동전선」『혜성』, 1931. 7, 4~5쪽.
98) 이종린, 「민족적 새단결」『혜성』, 1931. 7, 5~6쪽.
99) 이인, 「무엇보다 경제운동」『혜성』, 1931. 7, 6~7쪽.
100) 박희도, 「시기가 일렀다」『혜성』, 1931.7, 9쪽.

안재홍은 해소론자들의 기본적 논리를 수긍하면서도 '특수지 조선의 운동 정세가 벌써 무산계급의 단일독재적인 경지에 까지 변동된 것은 아니'라고 하였다. 따라서 신간회 해소는 '너무 단순한 비전술적 과오'라고 비판하였다. 그러면서 그는 비조직된 '소시민, 소부르주아층'을 조직화 필요성을 강조하면서 협동전선 결성을 위한 민족운동자 진영의 결집이 이루어질 것을 기대하였다.[101]

두 번째로 신간회 해소를 운동의 발전 과정으로 찬성하는 견해를 살펴보자.

정운영은 전체대회에서 해소론이 만장일치로 가결되었음을 강조하면서 본질적 임무를 다한 것이라고 평가했다. 이후에는 신간회 집회 금지는 아무 문제가 되지 않으며 오직 노농운동의 확대강화가 당면 임무라고 하였다.[102]

P생은 식민지 운동의 핵심은 반제국주의 요소라고 보았다. 신간회가 설사 소부르주아 조직이라고 하더라도 반제국주의 요소가 충분하다면 지지해야 했지만, 신간회가 그러한 역할을 제대로 하지 못했다고 판단했다. 따라서 신간회 해소는 모기를 잡기 위해 칼을 뽑은 격으로 평가했다. 앞으로 민족주의 우익은 자치운동으로 민족주의 좌익은 종래의 신간회와 같지만 좀 더 투쟁적으로, 사회주의세력은 혁명적으로 전개될 것으로 전망했다.[103]

김약천은 신간회 해소는 기정 사실임을 강조하면서 앞으로 노동운동과 농민운동이 일층 확대될 것으로 전망하면서, 노농운동을 기반으로 대중운동을 발전시키는 실천이 중요하다는 점을 강조하였다.[104]

어구선은 신간회 해소가 '협동전선의 파멸', '민족주의 대 사회주의의 분립', '계급분화'라고 보는 인식이 잘못되었음을 지적하였다. 그는 신간회 해소는 소부르자아계층의 지도에 의한 협동전선에서 노농계층의 주도에 의한 협동전선

---

101) 안재홍, 「민족운동자의 진영은 필요」『혜성』, 1931. 7, 11쪽.
102) 정운영, 「민중운동의 확대강화」『혜성』, 1931. 7, 5쪽.
103) P생, 「도로가 아닐까!」『혜성』, 1931.7, 9~10쪽.
104) 김약천, 「실천적 대중운동」『혜성』, 1931.7, 10쪽.

으로 협동전선의 조직과 방법이 바뀐 것에 불과하다고 주장했다.[105]

세 번째로 해소에 대한 찬반 입장을 표명하지 않는 견해를 살펴보자.

송진우는 신간회 해소에 대해 가부를 말하기 어렵다고 하면서 민족주의 단체인 신간회가 사회주의운동 논리에 의해 해소되는 것이 논리 모순임을 지적하였다. 새로운 형태의 새로운 기관이 출현하겠지만, 그 기관에 대해 구체적으로 말할 수는 없다고 하였다.[106]

신흥우는 신간회를 원래 민족주의 단체인데 중간에 사회주의자들이 들어와 점령한 조직으로 보았다. 그는 신간회 해소를 사회주의자들의 승리로 평가하였다. 따라서 민족주의자들은 신간회와 같은 협동전선체를 만들지 말아야 한다고 했다. 민족주의자와 사회주의자는 각기 별개의 결합체를 만들고 난 뒤에 공동전선으로 진출해야 한다고 주장하였다.[107]

XYZ는 신간회 해소 찬반 의견을 밝히지 않고, 장래의 운동에 대한 전망만 제시했다. 그는 사회주의 진영은 혁명적이며 투쟁적인 부문운동을 전개할 것이지만, 민족주의 진영은 투쟁과 혁명성이 없는 제2의 신간회와 같은 조직을 만들 것으로 전망하였다.[108]

신간회 해소 후의 전망에 대해서는 노농계급에 의한 대중적 투쟁의 활성화를 전망하거나 실천해야 한다는 입장, 민족주의와 사회주의 운동의 분화와 대립을 전망하는 입장, 신간회와 같은 종류의 민족협동전선이 다시 대두할 것이라는 입장, 신간회와는 다른 형태의 민족협동전선이 나타날 것이라는 입장 등으로 나뉘었다.

이종린, 안재홍, 박희도 3인은 신간회 해소에 대해 일관된 반대 입장을 개진

---

105) 어구선, 「더욱 힘 있는 투쟁」 『혜성』, 1931.7, 10~11쪽.
106) 송진우, 「예측키 어렵다」 『혜성』, 1931. 7, 7쪽.
107) 신흥우, 「현실투쟁으로」 『혜성』, 1931. 7, 7~8쪽.
108) XYZ, 「지하와 부문적으로」 『혜성』, 1931. 7, 8~9쪽.

하면서 타협적 우익 세력의 자치운동을 타파하기 위해 신간회와 같은 민족협동전선 조직이 여전히 필요하다는 입장이었다. 다만 안재홍은 소부르주아 계층에 토대를 둔 좌익 민족주의 세력의 결집 필요성을 강조하였다.

김원호, 이인, XYZ 3인은 신간회와는 다른 형태의 운동 조직이 출현할 것을 전망하였다. 김원호는 보다 투쟁적인 협동전선을, 이인은 민중적 경제운동을, XYZ는 민족주의자 중심의 비혁명적인 제2의 신간회를 전망하였다.

송진우와 신흥우는 신간회 자체 뿐만 아니라 해소 문제 또한 비판적 관점에서 보았다. 송진우는 사회주의자들의 신간회 해소론이 일본노농당 해소론을 직수입한 문제점을 지적했고, 신흥우는 이념과 주의가 다른 집단이 하나의 조직체를 결성하는 것 자체가 불가능하다는 의견을 제시했다.

나머지 정운영, P생, 김약천, 어구선 등 사회주의자 4명은 모두 신간회가 해소될 수밖에 없는 필연성을 갖고 있음을 인정했다. 따라서 해소파들이 추구했던 노농계급에 기초한 대중적 혁명 투쟁이 발전하게 될 것임을 전망했다. 그들은 공통적으로 좌익과 우익의 대립이 분명해지면서 신간회를 지탱했던 소부르주아 계급에 기초한 좌익 민족주의 세력은 소멸할 것이라고 보았다.

『비판』1931년 6월호에는 「해소 이후의 운동 형태에 대한 제가의 의견」을 수록하였다. 여기서 곽상훈은 운동이 '대중 속으로' 가야 한다고 했고, 이인은 당면투쟁을 통하여 '커다란 협동형태' 발전해야 한다고 했고, 윤영균은 '노동운동의 강대화와 농민운동의 강대화'를 주문했다. 반면 동아일보사의 송진우는 신간회 해소와 해소 이후 문제에 대해 '아무 생각이 없다.'고 답하였다.[109] 이광수는 신간회는 애초부터 민족운동의 지도기관이 될 수 없었기 때문에 해소는 당연한 것이라고 하였다.[110]

---

[109] 곽상훈, 「대중 속으로」; 이인, 「협동형태로」; 윤영균, 「각부문운동의 강대화」; 송진우, 「글쎄올시다」『비판』2, 1931. 6, 10쪽.

[110] 이광수, 「지도자론」『동광』23, 1931. 7, 8~9쪽.

신간회에 참여하지 않았거나 소극적이었던 송진우, 신흥우, 이광수 등 우파 민족주의자들은 신간회 해소논쟁에 무관심했으며, 해소 후 민족주의자와 사회주의자의 분열과 대립을 당연한 귀결로 받아들였다.

5. 맺음말

지금까지 언론을 통해 전개된 신간회 해소 논쟁을 살펴보았다. 연구 성과를 정리하면 다음과 같다.

신간회 '해소' 문제를 둘러 싼 언론에서의 논쟁은 1931년 1월과 4월 이후 크게 두 시기로 나누어진다.

1931년 1월 초기 국면에서는 신간회 해소 반대론이 공격적이며 우세한 위치를 점하였다. 조선일보사의 안재홍이 반대론의 선봉에 섰으며, 『삼천리』에서는 신간회 신임 간부진의 정책 전환과 관련하여 해소 반대 여론을 조성하는 데 힘을 기울였다. 사회지도층에 대한 설문 조사의 결과도 신간회 해소 반대론이 절대 다수였으며, 사회주의자들의 의견은 찬성, 반대, 유보로 나뉘어 통일되지 못했다.

1931년 4월 이후에는 신간회 해소 찬성론이나 신간회 지회의 해소론이 잡지에 본격적으로 소개되었으며, 사회주의자들이 해소 반대론을 반박하는 논설 활동을 활발하게 전개하였다. 조선일보사의 안재홍은 이 시기에도 꾸준하게 신간회 해소 반대론을 발표하였다. 다른 잡지에서 찬반양론을 골고루 게재하는 경우에도 안재홍은 반대론의 고정 필자로 활동하다시피 하였다. 특히 『비판』은 창간호 권두언에서 신간회 해소운동을 정당화하는 등 신간회 해소운동의 의미를 긍정적으로 평가하는데 앞장섰다.

4월 이후 후반기에 신간회 해소 찬성론이 언론에 많이 보도되었지만, 여전히 사회지도층의 여론 조사 결과는 반대론이 찬성론보다 우세하게 배치되었다. 이는 당시의 잡지사들이 사회 인사들의 지명도에 의거하여 기사를 편집했기 때문이라고 볼 수 있다. 그렇지만 사회주의 운동 진영 외부의 일반적 여론을 일정하게 반영하고 있다고 하겠다.

신문과 잡지에서 대다수의 민족주의자들은 신간회 '해소'를 '해체'라고 부정적으로 평가하였다. 그들은 신간회와 같은 민족협동전선 조직이 다시 만들어지거나 더 큰 범위 혹은 새로운 형태의 민족협동전선이 형성되기를 바랐다. 특히 안재홍과 이인과 같은 경우에는 사회주의자들이 내세운 대중의 혁명성에 토대를 둔 협동전선의 대의를 받아들여 민족주의 좌익이 새로운 협동전선을 준비하고자 하였다. 그러나 사회주의자들은 소부르주아 계급과 민족주의 좌파의 독자성을 부인하고 그들을 무산계급의 적대 세력으로 간주하였다. 사회주의자들의 신간회 '해소' 운동은 자신의 과거 동맹 세력을 적대 세력으로 간주하고 그들을 무력화시키는 전략전술이었다.

신간회 해소론자들은 신간회를 대체할 만한 협동전선 조직이 만들어질 때까지 해소를 유예하자는 제안도 거부하였다. 구체적 대안이 없고 충분한 지지 여론도 확보하지 않은 상황에서 수개월 만에 조급하게 이루어진 '해소'는 일제의 공작에 이용당하여 '해체'되는 결과가 되었다.[111]

----

111) 1932년 1월 국제공산청년동맹(KIM) 집행위원회는 「조선공산청년동맹의 당면 임무」에서 신간회와 청총의 해소를 '일본제국주의와 그의 민족개량주의적 주구배들에게 이익을 주는' '좌경적 오류'를 범한 행위라고 비판하였다. 이반송. 김정명 편저, 한대희 편역, 『식민지시대의 사회운동』, 한울림, 1986, 297~299쪽.

신간회와 조선일보-정당부터 문화산업육성 기능까지

조맹기 (서강대 언론대학원 명예교수)

1. 신간회의 시대적 의의

조선일보가 주동이 된 신간회는 정당 뿐 아니라, 민족경제육성, 문자보급운동 등을 통해 민족문화산업육성 기능까지 확장시켰다. 신간회와 조선일보는 당시 민족정치 · 문화산업 전반을 주도하였다.

신간회 창립 전후 국내에는 조선일보, 동아일보, 중외일보, 매일신보 등 신문이 있었다. 당시 그 중 '비타협적 민족주의'(左翼)[1]를 강조했던 신문은 조선일보였다. 비타협적 민족주의는 일본 제국주의 정책을 철저히 배격하고, 자주경제적 독립국가 건설에 앞장선 사람들의 기치였다. 초기 소자본가 토착 공산주의도 허용을 함으로써, 이들 민족주의자들은 사회주의 계열의 사람들이 다

[1] 1927년 신간회가 창립될 당시에는 '타협과 비타협' 등이 유연했다(김만규, 1927.1, 3쪽). 김만규는 좌익지인 「조선지광」에서 "(자치론을 논하면서) 비타협만을 알고 비타협으로서도 시간적 타협과 조건적 타협과 이용적 타협이 있는 것을 알지 못하는 자는 비타협을 알지 못하는 자이다."라고 했다. 도정(途程)이 중요한 것이다. 그는 변증법적 유물론에서 절대 진리가 존재하지 않는다는 입장이다.

수를 포함시켰다.

그 중심에는 조선일보 주필, 사장을 지낸 민세 안재홍(安在鴻)이 있었다. 당시 조선일보 지도부는 사회주의, 튼튼한 재력이나, 탁월한 인적 자원 등으로 다른 세력과 포용과 협치를 시도할 능력을 가졌다. 더욱이 민세는 와세다 정경학과 출신으로 일본 문화를 익히 잘 알고 있었을 뿐 아니라, 일제에 강한 반골 지식인이었다. 그의 독립정신은 신간회(新幹會)를 만드는데 산파역할을 했고, '신생회(新生會)' 정신을 해방 후까지 이어갔다.

조선일보는 1924년 9월 13일 친일파 송병준(宋秉畯) 체제로부터 신석우(申錫雨)[2] 체제로 넘어갔다. 사주 신 부사장은 이상재(李商在) 사장을 옹립하고, 안재홍을 주필로 영입했다. 혁신 조선일보는 1924년 11월 23일 조간 2면 석간 4면을 발행한 최초의 조·석간신문이 되었다. 당시 동아일보는 이광수 등 1923년 봄부터 연정회(研政會)를 조직하고, 타협적 민족주의 논조를 펼쳤다.

그렇다고 당시 동아일보 논조가 전적으로 친일 쪽은 아니었다. 이 신문은 비타협적 민주주의로 점차 목소를 높여갔다. 이를 낌새챈 총독부 경무국은 친일단체인 노동상애회 박춘금(朴春琴)을 앞세워 사주 협박사건을 벌렸다. 동아일보 논조가 타협적 민족주의로 갈 수밖에 없는 상황에 놓이자, 많은 기자들은 불만을 품고 조선일보로 자리를 옮기게 되었다.

그 때 젊은 기자들은 동아일보를 퇴사하고 조선일보로 대거 자리를 옮겼다. 이들 대표적 인물은 이상협(李相協), 김동성(金東成), 홍증식(洪增植) 등이었다. 신문의 귀재 이상협은 동아일보 편집인, 김동성은 상무취체역 그리고 홍증식은 영업국장이었다.

---

[2] 신석우는 의정부 출신으로 일본 와세다대학 정경학과를 나와 한때 상해에 건너가 동지사(同濟社)라는 독립운동단체에서 활동한 일이 있는 민족주의자였다. 그는 조선왕조 말에 경무사(警務士, 서울경찰청장)를 낸 지주 신태휴(申泰休)의 아들이었다 (방상훈, 1990, 123쪽).

그 중 홍증식은 화요계(마르크스 생일날을 딴) 소속으로 좌 쪽에서 활동을 했다. 당시 사회부와 지방부는 유난히 '신사상'의 사회주의자가 많았다. 현재의 중앙집권적 성향과는 달리, 당시 분권적 형태를 지닌 지역은 유림의 향토문화가 여전히 중추적 역할을 했다. 현장 중심의 기사가 여전히 설득력이 있었고, 이 문화에서 신생활 운동이 가세했다.

이를 주도했던 사회부는 김형원, 김달진, 박헌영, 임원근, 김단야, 정인익 등 사회주의 계열로 포진시켰고, 지방부에 사회주의 계열 홍덕유(洪悳裕),홍남표(洪南杓), 김재봉(金在鳳) 등이 주동을 이루고 있었다. 그들은 제1차 공산당 사건이 일어난 1925년 11월 25일 대부분 현직에서 물러나게 되거나, '조선출판경찰개요'[3]의 위반으로 대부분이 회사를 떠났다. 물론 사회주의 문화가 하루아침에 거세될 이유가 없었다. 주필 민세는 여전히 비타협적 민족주의(左翼)를 유지하고 있었다.

당시 좌익, 우익을 가르는 계급적 지표는 경제의 변수가 작동했다. 현제 출입처 중심의 정치 신문과는 달리, 당시 신문은 경제 · 산업 · 주식 등 현장 중심이 중요한 위치를 차지하고 있었다. 사회민주주의가 으뜸이었던 이유도 여기에 있었다.

초기 마르크스는 '인본주의'를 띠고 있었고, 좌우가 협치를 하는 입장이었다. 그러나 대체적으로 당시 지식인들은 신분적 민족주의의 요소가 주도적이었지만, 국제적 흐름에서 계급이 중요한 변수가 되기 시작했다.

독립협회 때와는 다른 용어가 등장한 것이다. 더욱이 후일 설립된 신간회는

---

[3] 조선출판경찰개요(朝鮮出版警察槪要)는 소화(昭和) 2년(1927년) 발동한 것으로 "극단적으로 조선통치에 대한 불평불만을 부채질했을 뿐만 아니라 제국의 국체 급 사유재산제도를 부인하고 그 목적을 이루는 실행수단으로써 적로(赤露)의 혁명운동의 방법에 의해 현상을 타파할 것을 강조한 기사를 게재하였기로 동일(同日)로 즉시 발행정지를 명함과 동시에 공히 책임자를 사법 처분에 돌렸다."라고 했다(방상훈, 1990, 146쪽).

좌우 격전장이 되었다. 초기는 유명세를 탄 비타협적 민족주의 지식인과 사회주의 지식인이 서로 공존했으나, 1930년 만주사변 이후는 일본의 병참기지화가 진행이 되면서 상황은 달라졌다. 부띠 부르주아 지식인은 더 이상 존재감을 상실한 것이다. 총독부는 노동자를 끌어안기 위해 신간회를 배척하는, 즉 '적을 통해 적을 제압하는' 이이제이(夷以制夷) 정책까지 폈다.

그 과정을 보면 신간회의 중앙 및 각 지회(支會)에 청년·노동자·농민단체가 주도하기 시작했다. 1928년 당시 지회만도 전국 100개를 돌파했다(이선민, 2017.2.15.). 순민족이 신간회 세포조직이 되었고, 3·1운동 이후 신간회를 통해 지식인이 신뢰를 회복한 것이다.

더욱이 경성지회는 한용운(韓龍雲) 민족지도자가 초대 지회회장을 맡음으로써 그 위상을 높였다. 대체적으로 신간회는 당대 최고의 지성인이 함께 한 조선의 민족단일당, 민족협동전선이었고, 그 절정에 이르렀던 1929년 초에는 전국에 149개의 지회를 두었고 회원이 3만9257명에 이르렀다.

물론 창립 초기 신간회는 최대의 민족 단일 정당임에는 틀림이 없었지만 1931년 만주 사변 이후 소련을 뒤로한 사회주의 최좌익(最左派)의 두더지 작전 앞에서 속수무책이었다. 사회주의 언론의 선전, 선동, 조직자의 기능이 돋보인 것이다. 이들 기능을 통해 프롤레타리아독재(노동자민주주의)냐, 사회민주주의냐는 당시 문제꺼리가 될 수 있었다. 그 중 안재홍은 생활개신운동(후일 신생회 운동), 문맹퇴치운동 등으로 노동자 민주주의를 피해갔고, 오히려 점진적 사회주의의, 즉 '삶의 질 향상', 협동조합을 통한 사회민주주의를 택했다. 국가 기능만 강화시키면 사회민주주의이었다. 그 과정에서 신간회는 항일 단일정당과 더불어 민족문화산업육성까지 담당했다.

그러나 민세의 뜻은 결국 좌절이 되고 말았다. 그 막강한 조직을 가진 신간회는 1929년 말 광주학생사건이후 지도부는 구속 상태를 면치 못했고, 부산,

인천, 통영, 이원지회 등 지회에서 신간회 해소(解消)를 획책함으로써 큰 조직
은 급속히 무너지고 말았다.

물론 그 성장과정을 추적하면 전국 각지 조선일보 지사가 있는 곳은 신간회
지역 거점 지회를 운영하고 있었다(유석재, 2017.2.15.). 즉, 당시 조선총독부는
조선일보가 신간회인지, 신간회 지회가 조선일보 지사·지국인지 판단하기 어
려운 상황임을 실토했다.

그러나 곧 소련의 사회주의 문화의 엄습은 계속되었고, 신간회 조직이 해소
되었고, 조선일보의 판권은 곧 임경래(林景來) 씨에게 넘어갔다. 신간회 해소로
조선일보 경영은 또 한 번의 위기를 맞게 된 것이다. 본 연구는 조선일보를 정점
으로 신간회를 다룬다. 둘 사이를 떨어져서 논하지 않은 것이다. 그 논의를 전개
시키기 위해 필자는 ①신간회의 창립과정, ②신간회의 노선, ③신간회의 해소,
④신간회와 조선일보, 정당부터 민족문화산업육성 기능까지를 다룬다.

필자는 신간회 설립과 해소 과정을 기술하고, 해석하는 것에 본 연구의 중심
을 둔다. 물론 신간회에 대한 수많은 연구가 이뤄졌으나, 필자는 조선일보와
신간회의 발전을 보면서 비타협적 민족주의(左派)와 사회주의의 정체성 확립과
정을 언급한다. 이는 양쪽의 공존과정의 역사를 살펴봄으로써 좌우가 함께 한
드물게 일어난 역사 현장을 언론사 연구자로서 들여다 본 것이다.

기존 연구는 이균영(1993)이 신간회 연구를 집대성하여, 한곳에 집결시켜놓
았다. 더 이상 기존 문헌연구에 몰두할 필요가 없을 정도이다. 그러나 본 연구
는 조선일보가 지금까지 기록한 기록물을 중심으로 논하면서, 당시 안재홍
(1931.12)은 신간회 해소(解消) 후 '조선인민을 위한 표현기관이 필요하다.'라고
했다. 그러나 당시 지식인들, 즉, 이인(1931.7), 박만춘(1932.2), 박문회(1931.1),
양봉근(1931.12), 진영철(1931.12), 홍양명(1931.1) 등은 패거리 수준의 해소 찬
성론을 폈다. 본 연구는 그들의 논쟁을 집중적으로 다룬다.

2. 신간회의 창립과정

사회주의 색체의 사회운동으로 민족주의 운동이 위축되는 시기가 1923년이었다(방상훈, 1990, 162쪽). 1914년 1차 대전 전후로 세계는 자본주의와 공산주의 양대 진영으로 나눠지기 시작했다. 물론 러시아(露國)는 1917년 볼셰비키 혁명으로 팽창일로에 있어 그 분위기가 한반도를 엄습했다. 조선은 혁명 열기로 그 가시권 안에 들어갔다.

일본은 세계 자본주의 체제 안으로 깊숙이 들어가고 있었고, 한반도는 소련의 강도 높은 선전, 선동술이 작동하기 시작했다. 다른 한편으로 그 당시 공통적 요소는 '민족자결주의' 문화이었다. 민족문화, 공산주의문화, 자본주의문화가 함께 공존하는 것이 조선의 형세였다. 이런 혼란상은 동아시아 최극단에 위치한 조선의 지정학적 숙명일 수 있었다.

지식인은 일제의 강점 정책을 비판하고, 그들 고유의 영역을 확보하려는 움직임이 있었다. 즉, 일제에 대항하는 조선의 지식인들도 뭉치기 시작했다. 1924년 이후 조선의 지식인들은 민족주의 운동을 강하게 동조할 수 있었다.

그 시발점이 되는 1924년 1월 결사연정회(結社研政會)가 생겼는데, 타협적·바타협적 민족주의가 함께 공존했다. 그 참가자는 신석우(申錫雨), 안재홍(安在鴻), 김성수(金性洙), 송진우(宋鎭禹), 최원선, 이종린, 박승빈, 이승훈, 서상일, 조만식 등이었다(방상훈, 1990, 162쪽).

한편 세계정세는 1925년 1월 15일 트로츠키를 누르고 스탈린이 등장하여, 붉은 소련은 탄력을 받기 시작했다. 피의 숙청이 일어난 소련(소비에트 사회주의 공화국 연방)이 세워진 것이다. 조선일보는 논설반의 김준연(金俊淵)[4]을 최초

---

[4] 金俊淵(1895~1971)은 영암(靈岩) 출신으로 동경제대를 나와, 조선일보 논설반, 모스크바 특파원 그리고 1927년 화요회(火曜會)에 합류하여, ML 조선공산당을 조직했다. 그는 3차 조선공산당 사건으로 7년 복역 후, 해방 후엔 제헌국회의원, 법무장관(1950)

로 소련에 특파원으로 파견(1925.2.20.~6.10)을 했다. 김준연은 스탈린이 등장한 지 5일 후 모스크바에 도착했다. 그리고 3개월 20일 만에 경성에 돌아왔다.

그는 귀국 후 6월 15일부터 혁명 소련의 「노농(勞農)로시아의 관상」을 40회 연재했다. 경제신문으로 시작한 조선일보는 계급문제에 민감할 수밖에 없었다. 조선일보는 로시아의 도시와 농촌의 관계도 8회 연재했다(방상훈, 1990, 138쪽). 신분사회에서 계급사회의 이전을 염원했다. 더욱이 신석우 체제의 조선일보는 소련에 우호적 기사를 쏟아낸 것이다.

당시 조선일보는 일본 자본에 편입된 동아일보와는 달리, 지면의 다양성을 유지했고, 좌우를 넘나들 수 있는 위치에 서있었다. 또한 스탈린 체제 초기에 일어난 코민테른 5차 대회는 '식민지의 억압 받는 인민들의 봉기'를 획책하는 기간이었어, 좌우 민족주의자가 함께 할 수 있었다.

더욱이 조선일보는 신석우 체제가 들어서면서, 이념논쟁을 허용할 수 있는 분위기였다. 이 신문은 재정도 넉넉한 상태였다. 신 부사장은 "8만 5,000원(1924년 9월 당시 쌀 4,300가마를 살 수 있는 돈)을 신문에 투자를 했다. 지금 시가로 8억 원에 가까운 거금이다. 서른 살의 독립 운동가는 그의 전 재산을 팔아 마련한 돈으로 조선일보의 판권을 사 민족지의 틀을 새로 짰다."라고 했다(김덕한, 2001.3.2.). 그리고 그는 개성 부자 최선익, 전남 영광의 대지주 조설현, 호남 갑부 신구범을 참여시켰다(이한우, 2004.12.23.)

신 부사장은 와세다 출신 주필 안재홍 뿐 아니라, 편집국장 와세다 경제학과 출신 민태원(関泰瑗), 그리고 논설반에 사회주의적 성향을 지닌, 동경제대 출신 김준연을 영입했다. 그들은 패기 있는 명문학교를 졸업한 젊은 수재들이었다. 뿐 만 아니라, 신(申) 부사장은 사장으로 민족지도자 이상재(李商在)를 영입했다. 그는 개화운동, 독립협회 부회장, YMCA 청년운동과 민중계몽 운동,

....

을 지냈다 (방상훈, 1990, 138~9쪽). 신간회 많은 간사 중 한 사람이었다.

3·1운동 주도자로 당시 전 조선에 알려진 인사였다. 이한우는 "동아일보와 싸우지 말고 합심해 민족 계몽에 앞장서야 한다(이한우, 2004.12.23.)."라는 조건으로 고사하던 사장직 수락을 동의했다.

조선일보는 재력과 인재로 좌우 엘리트를 편집국으로 영입할 수 있었다. 조선일보는 그 힘으로 1925년 4월 15일 「언론의 권위」를 표제로 걸고, 최초의 전국기자대회를 열었다. 이상재(李商在) 의장이 사회를 해야 했으나, 나이 관계로 안재홍이 보게 되었다. 무명회(無名會, 신문·잡지 전체 기자단), 철필구락부(鐵筆俱樂部, 사회부 기자단), 전위기자동맹(前衛記者同盟, 小壯신문기자) 등 31개 언론단체 언론인 7백 명이 참가했다(방상훈, 1990, 140쪽).

이 대회는 ⑤개 결의안을 채택했으나, ③언론, 집회, 결사의 자유에 관한 건 등 세 항목과 데이부인, ④조선인의 경제적 불안에 관한 건 등은 검열로 삭제되고, 기사에 나타난 것은 ①우리는 친목과 협동을 공고히 하야 언론의 권위를 신장 발휘하기를 기함, ②신문 기타 출판물에 관한 현행법규의 근본적 개신을 도함, ⑤대중운동의 적극적 발전을 촉성하기를 도함 등이었다(방상훈, 1990, 140~2쪽).

당시 기자들이 원했던 것이 언론, 출판, 결사의 자유를 원했고, 경제적 자유를 원했다. 분명 기자들은 자유를 적극적으로 원했으나, 소련의 경색된 볼셰비키 체제를 그렇게 탐탁하게 생각하지 않았고, 기자들은 여전히 배가 고픈 상태였다.

젊은 전위기자동맹의 젊은 기자들은 사회주의 문화를 흡수한 신지식인들이었다. 일부는 1924년 조선노농총동맹 창단식에 참여했다. 한편 좌익계 언론인들은 각각 서울청년회, 화요회, 북풍회 등 사회주의 세력을 주도했다. 그 색깔을 보면 서울청년회, 북풍회는 토착 사회주의 계열이라면, 화요회는 실제 마르크스 책을 직접 독파한 지식인들이었다. 그들은 사농공상의 신분사회에서 시장사회를 건너뛰고, 계급사회로 돌진하고 있었다.

한편 당시 조선일보는 좌경화를 적극 수용했다. 「통영의 무산자여 단결하라」(1924.10.19), 「레닌회견 인상기」(1925.1.27), 「사상단체 조선해방동맹」(4.12), 「돌연 적기를 뒤흔들고 무산자 만세를 고창(高唱)」(4.20) 등이 지면에 소개되었다(이한우, 2010.1.8.), 이에 놀란 일제는 「치안유지법」(1925. 5.12. 시행)을 제정하고, 제1차 조선공단당 사건(1925.11.25.) 등으로 조선일보는 사회주의 성향 기자 17명을 퇴사시켰다.

물론 신문 논조가 흔들릴 정도는 아니었다. 그 내막을 봐도 사장 이상재, 부사장 신석우, 주필 안재홍, 편집국장 민태원 등 우익계가 주도한 신문이었다. 더욱이 주도적 역할을 했던, 주필 안재홍도 비타협 민족주의자(左翼)이었지만, 사회주의자(最左翼)는 아니었다. 당시 코민테른도 5차까지 좌우 공존의 분위기를 연출했다. 더욱이 안재홍은 소-부르주아(petit bourgeois), 협동조합론을 강조하는 것으로 봐 '사회민주주의(social democracy)' 운동에 더욱 관심을 가졌다. 즉, 그는 언론 자유와 경제적 자유를 더욱 확장시키고자 했다. 그는 각 사회단체, 정치단체를 통해 국민을 계몽시키고 동원시키도록 독려했다.

안재홍은 사회민주주의 시장사회를 잘 육성하면, 계급사회 갈등을 일정부분 해소할 수 있다고 본 것이다. 더욱이 일제 강점기 조선 사회는 언론자유가 조금 허용되었고, 기본적 경제행위 자유만을 허용한 상태였다. 그것만도 대한제국시대와는 전혀 다른 천지개벽의 모습이었다. 안재홍은 선전, 선동, 조직자를 통한 레닌·스탈린의 파시즘 독재체제와 거리를 두었다.

물론 당시 일제는 여전히 군국주의 사회였다. 원래 군사형 사회는 사병의 의지가 별로 중요하지 않았다. 안재홍 주필은 사병의 일부 언론의 자유, 경제적 자유 등을 누리는데 만족해야만 했다. 그런 그에게 스탈린, 김일성주의를 강요할 수 없었다. 그의 성향은 해방 후 건국준비위원회에서 여운형(呂運亨)이

건국동맹(김일성 계열)에 참가했다고, 그는 그 위원회로부터 탈퇴했고, 그는 곧 국민당(國民黨)을 창당했다. 민세가 사회주의, 공산주의자가 아님을 알 수 있는 대목이다. 국민당을 통해 그는 과거 조선일보 사람들은 다시 모우고, 신간회 사람들을 불러들였다.

한편 조선일보 지도부는 혁신 조선일보 운영 당시 강한 비타협적 성향을 지면에 반영시켰다. 일제의 민족말살 정책에 대항하는 의미가 있었다. 신석우 체제가 들어오기 전 송병준은 황성신문 사장을 지낸 남궁훈(南宮薰)을 영입했다. 그는 1905년 을사보호조약으로 장지연의 「시일야방성대곡」을 쓰도록 허용한 사장이었다.

남궁훈은 송병준에게 2가지 조건을 내 걸었는데, '①신문 제작에 한 자라도 손대지 말 것, ②사원 채용에 간섭하지 말 것'을 제시했다(이한우, 2004.12.23). 그리고 임시정부 독립운동 관련 기사는 물론이고, 소작 쟁의 등 민감한 주제들에 대해서도 편집 간부들이 '어떻게 할까요?'라고 물으면 남 사장은 '보도'라고 한 마디만 할 뿐이었다.

조선일보는 사장과는 관계없이 강한 언론자유 뿐 아니라, 비타협적 편집국 문화가 형성되어 있었던 것이다. 조선일보는 꾸준히 한민족 단일 전선 형성에 관심을 가진 것이다. 이들은 강한 운동권 논리, 정치 만능사회 등으로 민족주의 정신을 반영시켰다. 그렇더라도 강한 운동권 논리는 정서적 민심을 반영할 수 있어서나, 정보의 강철 팩트(the strong core of information)를 만들 수는 없었다. 이런 정보의 도움이 없으면 앞으로 올 공화주의, 민주주의 체제(system)를 준비할 수 없었던 것이 당연했다. 조선일보는 지극히 사상적 포퓰리즘을 선호했다. 당시 언론은 일제강점기의 특수성에 따라 이성의 작동을 방해를 받았으며, 체계(system) 건설에는 약점을 지녔다. 사고(thinking)은 앞서갔으나, 일관성(consistency), 명증성(evidence) 처리에 미숙했다. 당시 사실과 의견의 분리가 불가능

상태에서 기사를 작성했다. 기자에게 과학정신은 아예 요구할 수 없었다.

당시 혁신 조선일보는 민족주의적 이념적 좌표를 설정하는 데는 일정부분 성공을 거두었다. 그 사상은 안재홍의 「조선일보의 신사명-민중에게 신명(申明)함」에서 "만천하 조선인 동포여, 여러분은 현대를 떠나서 있을 수 없는 조선인이요, 조선을 떠나서 있을 수 없는 세계인이요, 현조선과 현시대의 사명을 떠나서 그의 존재의 의미를 해석할 수 없는 시국해결, 시대창조의 사역자들이다. 그리고 조선일보는, 이러한 현대의 조선인과 그의 성패와 고락과 진퇴와 휴척을 함께 하는 이외에, 그의 존재와 발전의 필요와 의의와 사명이 없을 것이다."라고 했다(안재홍, 1924, 1.1; 안재홍, 1981, 76~7쪽).

말하자면 조선일보는 민족주의뿐만 아니라, 사회주의, 자본주의 등 혼란한 시대사조를 수용할 수 있는 분위기였다. 이 신문은 각계의 단체들이 움직임을 활발하게 전개하도록 도와줬다. 조선일보는 전조선사정연구회(1925. 9.15.), 태평양문제연구소, 조선민흥회(朝鮮民興會, 1926.7.15.) 등을 설립시켜 한민족 단일 전선을 수축하였다(방상훈, 1990, 163쪽). 이들 단체는 민족주의, 즉, 조국해방운동으로써 사회운동단체의 역할을 한 것이다. 이들 단체들은 당시 정치적 결사체의 초기단계로 봐야 한다.

사회운동 단체로서의 기자대회는 빼놓을 수 없었다. 전술한 '조선기자대회'[5] 준비위원회 대표 명제세(明濟世)은 실업, 종교, 여성, 청년 · 학생, 사상 형평(衡平)의 각계를 망라시켰다. 더욱이 3 · 1 운동이후 청년, 노동자, 여성 등이 참가했는데 이들에서 그 새로운 시대를 열 준비를 한 것이다. 이들은 과거 유교적 지식인들과 다른, 새로운 지식인이었다.

한편 조선일보는 민흥회가 중국의 국민당(國民黨) 운동처럼 전개될 것을 기

[5] 화요회와 북풍회 (사회주의 계열)의 연합세력은 일제 경찰의 관심을 돌리기 위한 목적으로 조선기자대회와 전조선민중운동자대회를 잇달아 열고 그 사이 결당(結黨)을 단행하고자 하였다(이균형, 1993, 54쪽).

대하며 조선민족 해방의 원동력은 오로지 대동단결에 있음을 역설했다(방상훈, 1990, 163쪽). 그러나 민흥회는 일제의 방해로 실패하게 되었다. 청년, 여성 형평 등이 합세는 분명 사회주의 계열도 함께 했음을 짐작할 수 있었고, 일제는 민족주의와 사회주의가 동조하는 경향을 결코 좌시할 수 없었다.

조선민흥회 자매단체 전진회(前進會)는 안재홍이 주도했으며, 자치주의적 경향을 띄고 있었다(방상훈, 1990, 164쪽). 한편 조선민흥회는 "서울청년회계의 사회주의자들과 조선물산장려회계(민립대학기성운동세력 포함)의 민족주의자들의 제휴를 중심으로 이루어진 한정된 규모의 민족협동전선이었다."라고 했다(이균영, 1993, 22쪽). 이는 조선일보 창간 초기 경제지 색깔을 비판적으로 수용했다고 볼 수 있고, 여전히 마르크스 레닌의 경제사상과 민족주의를 함께 아우르고 있었다.

안재홍은 더욱 판을 키워 단일전선기구인 신간회(新幹會)를 창립했다. 신석우는 타협적 색깔이 농후한 연정회(研政會)에 손을 떼고, 무산계급정당의 진전회, 민흥회(民興會)를 바탕으로 1927년 2월 15일 신간회(新幹會, 이승복은 八旬記에서 홍명희가 지은 이름)를 창설한 것이다.

신간회를 '민족단일정당', '민족협동전선' 양대 표어로 시작되었다(박명환, 1936, 152쪽). 이는 초기형태의 정당인 셈이다. 신간회는 흥분, 환호, 기대로 이렇게 시작되었다. 한편 이승복은 조선일보가 신간회의 대변지로 규정했다(李昇馥, 1974, 149쪽). 조선일보는 신생 초기 정당 신간회의 기관지임을 규정한 대목이었다. 당연히 조선일보는 비타협적 민족주의적 당파성을 띄고 있었다. 성격을 좀 더 구체적으로 논의하면 독립신문과 독립협회관계는 계몽적 성격을 지니고, 느슨한 관계를 유지했다면 조선일보에 더부살이 한 신간회는 더욱 정치 단체적 색깔을 분명히 했다. 당시 사회적 상황은 좌파 문화가 득세함으로 소련의 공산당을 조직을 연상할 수 있는 분위기였다.

이는 신간회가 민족적 총역량을 집중한 단일 정당이라고 의미하는 바이다. '민족단일당', '민족협동전선' 양대 표어를 걸었지만, 여전히 과도기적으로 사상 단체와 정치투쟁 단체의 두 중간에 걸쳐 있었다(사설, 1927.8.7.).

또한 동 사설은 "객관적 정세에 의하여 또 승인(承認)하지 않을 수 있다."라고 했다. 신간회는 자타가 공인하는 시대적 절박성을 포함할 의도였다. 그렇다면 언론이 주도한 정당이라고 봐도 무리가 없다. 지금도 언론은 정치색을 많이 띄지만, 일제 강점기 때 회(會)가 지금 정당과 같은 기능을 한 것을 쉽게 알 수 있다.

조선일보를 중심으로 단일 민족주의 정치단체가 형성된 것이다. '신간회 창립대회'에서 발표된 간사 33명 중 조선일보 사람은 사장 이상재와 부사장 신석우 외에도 주필 안재홍, 편집국장 한기악, 영업국장 이승복, 지방부장 장지영, 취체역 최선익, 판매부장 홍성희 등 다수가 포함돼 있었다(유석재, 2017.2.15.). 또한 신간회 발기인과 간부 51명 중에서 핵심 12명이 조선일보 소속이었다.

발기인에는 조선일보의 이상재 시장 등 핵심 간부들과 조만식(개신교), 한용운(불교), 권동진(천도교), 김명동(유교) 등 종교계 인사, 조병옥(연희전문 교수), 홍명희(오산학교 교장) 등 교육계 인사, 김준연·한위건 등 조선공산당 간부들이 포함됐다. 당초 정했던 이름은 신한회(新韓會)였는데 당국이 승인하지 않아 신간회로 바꾸었다.

'신간회의 사명'을 쓴 본부 조직부장 홍명희(洪命憙)는 「시대평론(時代評論)」에서 "우리의 민족적 운동으로 그 길로 그르치지 않고 나가게 하는 것은 곧 우리들이 당연히 노력할 일이다. …그럼으로 우리들은 우리의 경우가 허락하는 데로 과학적 조직-일시적이 아니요 계속적인, 또는 개인적이 아니요 단체적인-행동으로 노력하여할 것이니 새로 발기된 신간회의 사명이 여기 있을 것이다."라고 했다(방상훈, 1990,186쪽). 당시 조선의 민중운동은 경제적 방면에서 사회주의적 운동, 정치적 방면으로 민족주의 운동이었다.

좀 더 풀이하면 홍명희가 이야기하는 신간회는 부르주아 개인주의 근거한 '일신지아(一身之我)'의 세계가 아니었다. 그는 량 차차오(梁啓超)가 이야기하는 '일군지아(一群之我)'를 지향하고 있었다. 개인은 자기를 희생하고, 타(他, 국가와 민족)를 이롭게 하는 대아(大我)의 개념을 이야기한다. 민족은 자기희생을 전제할 때 의(義)가 형성된다고 봤다.

더욱이 신간회가 설립될 당시에 북한의 언론이 태동되었다. 언론의 개념이 애국계몽운동에서 마르크스 레닌주의 언론관이 유입되었다. 홍명희는 '과학적 사회주의' 운동을 신간회 설립 목적으로 삼았다. 즉, 북한에서 교과서, 『조선신문100년』에는 "위대한 수령님께서 창간하신 신문『새날』(1928년 1월 15일 창간)의 기본사명은 청소년들과 광범한 인민대중 속에 로동계급의 선전사상, 반일 애국사상을 해설·선전함으로써 그들을 혁명적으로 교양하고 조직에 튼튼히 묶어세워 반일혁명 투쟁에로 떨쳐나서게 하는 것이다."라고 했다(리용필, 1993, 136쪽). 신간회 설립 당시 '신사상'은 사회주의 계열의 사상이 조선의 사상적 맥락으로 자리를 잡기 시작한 것이다.

3. 신간회의 노선

운영과정을 자세히 보자. 실제 신간회를 실제 운영한 것은 안재홍이었다. 즉, 신간회는 1927년 2월 15일 창립을 하고, 회장에 이상재, 부회장에 권동진(權東鎭)을 추대하고, 안재홍은 총무부 총무간사(간사장)에 선출되었다. 발족 얼마 되지 않아 그해 3월에 이상재가 별세, 신간회 회장은 오래도록 공석이 되고, 조선일보 사장 신석우가 그 뒤를 이었다. 그 후 사원의 거의 모두가 신간회의 주요지도부의 지위에 취임을 했다(천관우, 1981, 11쪽). 신간회와 조선일보는 같은 운명을 지닌 공동체였다.

조선일보 운영형태를 보자. 1926년부터 조선일보 편집국장은 보성전문 출신, 한기악(韓基岳, 신간회 발기인)이었다. 그는 시베리아 상하이 등에서 독립운동을 했으며, 동아일보 창간 기자와 시대일보 편집국장을 거쳐 조선일보 편집국장 자리를 인계받은 것이다(이한우, 2004.12.23). 신문이 당연히 운동권 정서를 반영할 수박에 없다.

또한 안재홍은 1919년 대한민국청년외교단의 비밀조직(상해임정의 연통부 구실)에 가담했고, 대구옥(大邱獄)에서 3년 형을 복역했다. 민세도 역시 운동권 출신이었다. 그렇다면 한기악과 민세의 뜻이 그만큼 중요할 수밖에 없었다.

안재홍은 신간회의 성격을 '정치적 경제적의 구경적(究竟的) 해결'이라고 했다(안재홍, 1927.1.10.). 여기서 정치(政治)는 정야(正也)라는 전통적 규정과는 다르다. 사람과의 관계에서 권력을 쟁취하는 것이다. 한편 경제도 당시 상황에서 파이를 늘린다는 것보다, 자본과 노동과의 관계를 언급했다. 커뮤니케이션 연구에서 중요한 콘텐츠(contents) 개발에 다가가지는 못했다. 여전히 관계성 속에 머물고 있었다.

설령 그럴지라도 현실적 경지, 경제적 절박성을 도외시할 수 없었다. 신간회는 정치적, 경제적 절박성의 기능을 논의 했다. 즉, 이는 "특수한 정세 하에 있는 조선의 현실에서, 그들은 어떠한 구체적 방침으로써 그 당면한 직능을 다하여야 할 것인가. 이는 신간회원 된 자뿐 아니라 자타와 내외가 주목하는 바이어니와, 더욱이 목사(目下)에서 그 책임을 지고 있는 산간회의 간부 제 씨는 심심한 고려가 있는 바이다."라고 했다(안재홍, 1928.3.27.).

민세는 신간회와 조선일보의 논조를 정하는데 결정을 기여를 했다. 물론 신간회 창립 당시 안재홍은 조선일보 주필을 맡았고, 논설반 주간은 교토(京都)

제국대학 경제학과과 졸업 및 동 대학원 수료자 이관구(李寬求)가 1926년 귀국하여, 논설반을 이끌었다. 그는 일본에 마르크스 경제학으로 유명한 가와카미 하지메(河上肇)를 지도교수로 두었다. 그는 신간회 중앙위원 겸 정치부 간사로 임명되었다. 둘은 신간회의 선전활동에 적극적이었다.

한편 동아일보에서 온 홍증식은 사회주의 계열로 영업국장을 맡았다. 그러나 그는 제1차 공산당사건(1925년 11월)으로 징역형을 받아 1927년 1월 17일 발표한 신간회 발기인 28명 중, 포함될 수 없었다. 다음으로 이승복(李昇馥)이라는 존재가 부각되었다. 그는 20명의 간사 가운데도 포함 되어 활동을 했다. 그는 영업국장의 자리를 차지하고 있었는데 그는 지국을 통제할 수 있는 위치에 있었다.

영업국장 이승복, 지방부장 장지영, 취체역 최선익, 판매부장 홍성희 등이 관리직에 포함되어있었다(유석재, 2017.2.15). 이들은 직접 신문 경영 참여한 인사들이어서 지역 판매에 결정적 기여를 했다. 더욱이 신간회는 1927년 이후 지회의 확장에 신경을 썼다. 결국 신간의 지회는 조선일보의 판매조직과 관련해서 같이 움직이게 된 것이다. 즉, 조선일보 지분국(支分局)은 신간회 지회, 뉴스, 계몽, 판매, 광고 등 다양한 업무를 맡게 되었다. 잘 관리가 될 때는 신문사에 도움을 주지만, 그렇지 못할 시기에는 사회문제를 양산할 수 있는 곳이 되었다.

한편은 조선일보사는 신문 지국을 통해 지식인을 집결시킬 수 있었고, 이 신문은 사회에 뿌리 깊게 심을 수 있었다. 조선일보사의 조직은 전 국민의 지식인 조직이었고, 신간회의 하부조직이 되었다. 민족주의는 조선일보와 신간회 조직을 통해 성장할 수 있다. 다른 한편으로 조선일보의 재정이 허약했다면, 그 또한 조선에서 일본인의 착취가 심했다는 이야기가 된다.

더욱이 이승복(李昇馥) 국장은 안재홍과 경영으로 호흡을 맞춘 사람이었다.

안(安) 사장은 1932년 3월 만주동포조난문제협의회(滿洲同胞遭難問題協議會) 회에서 의연금을 일부를 회사운영자금으로 사용했다는 이유로 구속을 당했다. 그 때 안재홍과 같이 이승복 국장도 구속되었다(천관우, 1981, 17쪽). 그렇다면 조선일보 안재홍 사장과 영업국장 그리고 신간회는 한 경제적 동체임을 알 수 있는 대목이다.

그들은 신문논조와 신간회 정책을 서로 연계시켜, 민족협동전선 구축에 관심을 뒀다. 안재홍은 "시대의식의 식히는 바에 인(因)함."라는 표현을 쓴다(시평, 1927.2.14.). 비타협 민족주의도 일제 식민지 상태로부터 민족의 생존과 국가의 독립을 쟁취코자하는 절박한 심정에서 세운 이념적 지표였다.

한편 전술했든 신문이 갖는 지대의 절박함을 풀어가 듯, 신간회는 그 사회의 '중요한 이슈[6]'와 더불어 생활의 개신 등을 다루는 단체로 간주한 것이다. 더욱이 1929년 시작한 '생활개신운동'은 관계성이 아니라, 문화의 콘텐츠를 생산하는 기틀을 마련한 것이다.

그러기 위해 조선일보는 "조직선전에 힘을 모으고 각방향의 사정을 착착 조사하여서 십분 자중함을 하고 그의 역량이 더욱 증대함과 함께 더욱 그 사명으로 하는 바를 표현하기에 주력한다."라고 했다(사설, 1927.5.12.). 이 신문은 생활의 과학화를 통해 문화콘텐츠를 개발하는 작업에 관심을 갖기 시작한 것이다. 당시 기자는 과거 지사언론과는 다른 속성을 가졌다. 신문사는 조직이 비대해 있었고, 신문제작에도 분업화가 이뤄졌다.

그렇다고 요즘처럼 라스웰(Harold Lasswell)의 환경의 감시, 제도의 연계, 문

---

[6] 그 당면한 문제는 ①속한 농민의 교양, 즉 농민의 교양운동과 문맹타파, ②경작권의 확보 및 외래 이민 방지, ③조선인 본위의 교육확보, 즉 문화적 생명 및 세계 문화의 흡수, ④언론, 집회, 결사 출판의 자유의 획득 및 그를 위한 운동, 즉 절개를 지키는 비타협적 언론자유 획득, ⑤협동조합운동, 즉 소 부르주아지와 생활력 향상, ⑥심의 단발(深衣斷髮) 여행(勵行), 전통의복인 백의 폐지, 즉 생활개신운동 등을 열거했다(안재홍, 1928.3.27.).

화 전승 등의 기능을 가진 언론이 아니라, 오히려 당시 언론은 레닌(V.I. Lenin)
이 사용하고 있는, 선전, 선동, 조직자임 기능을 했다. 한 부분을 선택하여 선전
하고, 그 부분에 행동을 수 있게 하고, 그를 수행할 수 있는 조직을 형성시켰다.
신문과 신간회의 역할이 맞아떨어지는 부분이다.

물론 엄밀히 말하면 레닌이 사용한 선전, 선동, 조직자는 '프롤레타리아 독
재'의 나라 건설을 위한 도구적 언론의 기능을 한 것은 아니었다. 설령 사회주
의 언론기능을 사용한다고 하더라도, 스탈린식·김일성의 언론자유의 개념을
아니었다. 언론자유가 여전히 으뜸 요소로 부각된 것이다.

신간회의 1927년 사설 1월 20일 「신간회의 창립준비, 진지한 노력을 요함」에
서 '…민족적 각성 촉진과 우경적 사상을 배척하고 순민족주의단체로 출발'이
라고 함으로써 프롤레타리아 독재 국가건설이 아니라, 민족국가, 혹은 공화주
의 건설에 더욱 관심을 가졌다.

그 강령도 ①'우리는 정치적 경제적 각성을 촉진함[7]', ②우리는 단결을 공고
히 함, ③우리는 기회주의를 일체 부인함(방상훈, 1990, 186쪽)로 규정했다. 첫
번째는 비판기능을 가능하게 했다면, 두 번째는 언론의 선전, 선동, 조직자의
기능이 합당하고, 나머지 세 번째는 강한 민족주의, 열린 민족주의의(공화주
의)를 표출한다. '사회주의 언론기능의 토착화[8]'로 이야기할 수 있다.

그 언론의 기능에 따라 광주학생사건이 1929년 11월 5일 일어나자, 조선일보

---

[7] '정치적·경제적 각성을 촉구함'에서 당시 상황은 "한국인 착취기관의 철폐, 이민정책
의 반대, 한국인 본위의 교육제 실시, 한국어 교수의 실서, 과학사상 연구의 자유,
한국인에 대한 특수취체법규의 철폐 등이었다(이기백, 2011, 383쪽).

[8] 신간회는 총무간사를 여러 명 두었다. 서무간사 권동진, 재무간사에 박동완, 출판간
사에 최선익(崔善益), 정치문화간사에 신석우, 조사·연구 간사에 안재홍, 조직 간사
에 홍명희, 선전간사에 이승복 등이다(방상훈, 1990, 185쪽). 이들 간사에 출판간사
및 정치문화 간사, 조직 간사, 선전 간사 등을 두었다. 이들은 언론이 선전, 선동,
조직자임을 쉽게 알 수 있다. 그 목표는 민족주의, 공화주의 국가 건설의 초석이었다.

는 비판적 사설을 싣고, 진상보고를 위한 민중대회를 계획하고, 신간회 광주지회 뿐 아니라, 다른 지회 조직을 다져갔다. 더욱이 언론은 선전, 선동도 필요하지만 조직자가 필요하게 된다. 이를 위해 신간회를 통해 비타협적 정치투쟁을 하고, 그에 따른 조직자의 전위(前衛)분자가 필요하게 된다(안재홍, 1927.3.10).

물론 신간회는 "'정치적 경제적 구의적(究意的) 해결'을 목표로 한다. 그 행동은 일체 타협적 민족주의, 기회주의를 배격한다. 신간회는 '고목신간(古木新幹)'이라는 숙어에 의하여, 금일 자못 영락산망(零落散亡)의 비운에 잠긴 조선인에게 그 생신한 생황의 시대가 오기를 희원하는 뜻을 부쳤다.' 함이 그 명명자의 말이다."라고 했다(안재홍, 1927.1.10.).

조선일보는 합법적으로 신간회 운동을 지지했다(안재홍, 1927.3.10.). 이슈에서 전술(戰術)로서 기본강령과 행동강령을 정하고, 조직적 비타협적 민족주의로 승화시킨다. 즉, 신간회는 민족유일 전선을 형성하고, '104 지회'9)를 통해, 그 뜻을 펼 수 있게 한 것이다.

지회는 신문사 재정이 비교적 넉넉했던 1927년 설립 당시가 가장 활발했다. 뿐만 아니라, 신간회는 지회를 통해 민중교양운동, 즉 문맹파타운동을 전개했다. 즉, 안재홍은 무명 교양자의 헌신적 봉사를 독려를 했다(안재홍, 1927.10.9.). 문맹타파운동은 한글보급운동(1929년 7월 이후 본격적으로)이 되고, 일제에 항거하는 비타협적 민족주의자가 되고, 다른 한편으로 조선일보 독자 배가운동과 맞물렸다. 조선일보 경영진으로 봤을 때 문맹이 70~80% 상황에서 어떤 사회, 문화운동도 성공할 수 없을 뿐 아니라, 독자 증가도 한계가

---

9) 신간회의 支會는 경성지회(회원수 1천 명)가 3월 10일 시작으로, 경북 16개, 경남 15개, 전남의 14, 함북 10, 함남 9, 전북 8, 경기 6, 황해도와 충남의 각 5, 강원도 4개, 평남 평북 충북 및 일본 각 3개, 간도 지회, 만주 남북 각지에서 설치 중이었다(안재홍, 1927. 3.13). 민세는 조직 책임자는 '대중 속으로 들어가 그들을 지도하기를 독려'하도록 했다.

있었다.

안재홍 자신도 문자보급 운동이 가장 급한 사업으로 봤다. 그는 "연단(演壇) 상에서 부르짖는 선구자의 소리가 그 대회장에 집합할 수 있는 국부적인 인민의 귀에 제한되고, 신문 잡지 및 기타 일반의 간행물은 소수의 독서력을 가진 인민의 눈에 국한되고 마니, 절대다수의 무지한 농민층 기타 노동자에게 우선 간이(簡易)한 독서 지식을 주는 것이 가장 긴요한 전기적 사업이 된다."라고 했다(안재홍, 1929.7.17.). 그렇다면 문맹 타파운동은 조선일보 경영과 직결되었다. 문자해독이 늘어나면 당연히 신문 부수가 늘어나게 마련이다. 조선일보사는 '귀향학생 문자보급운동'을 1935년 조선총독부가 금지할 때까지 이어갔다(천관우, 1981, 14쪽).

물론 당시 신간회의 경제운용은 이승복(李昇馥)[10] 영업국장이 1927년 2월 신간회 창립 직후였다. 그는 동아일보, 시대일보의 영업국장이였으나, 조선일보 자리를 옮겼다. 영업국장으로 취임을 하고 기자 30여 명, 공장 직원 70명, 영업국 직원 30명이 되었다(조선일보 사료연구실, 2004, 111쪽).

신간회 주축이었던 홍명희(1888~1968), 안재홍(1891~1965), 이승복(1895~1978), 한기악(1898~1941) 등은 각별한 교우 관계를 맺고 있었다(조선일보사사료연구실, 2004, 114쪽). 이승복은 사회주의 계열의 신사상연구회의 가담한 인

---

[10] 이승복(李昇馥, 1895~1978)은 휘문고등보통학교 출신으로 한학에 능통했다. 1924년 동아일보 조사부장으로 입사하였다. 그는 만주와 연해주에서 독립운동을 하다 상해 임시정부에 참여한 뒤 잠시 귀국했다가 옥고를 치르고 나왔다. 이 무렵 그는 홍명희, 홍증식, 김찬 등과 함께 사상단체인 신사상연구회 조직을 주도했고 신사상연구회가 운동단체인 화요회(火曜會)로 변신한 뒤에도 중심인물로 활동했다(조선일보 사료연구실, 2004, 114쪽). 당시 영업국장 밑에서 광고부장으로 일했던 김인현은 "곁에서 지켜보니까 신간회의 실제 일은 모두 평주(이승복의 호)가 했어요. 각계각층의 저명한 인물들을 끌어들인 것이 모두 평주의 힘이었고 자금동원이라든가, 당시 사회운동 전개가 모두 평주의 역량으로 되었습니다."라고 했다(자서전 『삼천백일홍』, 조선일보 사료연구실, 2004, 113쪽).

물이었다. 좌우를 엮을 수 있는 위치에 있었다. 그의 영업활동은 괄목했다. 그는 조선의 부호들에게 "이 민족의 장래를 위하는 일인데 기꺼이 희사해 주심이 어떻겠소?"라고 설득했다(조선일보 사료연구실, 2004, 111쪽).

또한 당시 조선일보사가 펼친 문화산업은 곧 조선의 민족문화 산업과 직결된다. 우선 '생활개신(生活改新) 운동'[11]이 그 첫째 과제였다. 고목신간(古木新幹)의 정체성과 관련이 되고, 경제적 삶의 뿌리가 된다. 후일 민세가 신민주주의로 신생회 선언, '국민이 모두 직업을 갖는다.'(國民皆勞)의 원류를 찾을 수 있는 생활운동이다.

민세는 색의단발(色衣斷髮), 건강증진(健康增進), 상식보급(常識普及), 허례폐지(虛禮廢止), 소비절약(消費節約)의 다섯 가지 과목은 평범한 듯 또 광범하다(안재홍, 1029.5.2.). 그는 생활에서 수천 년에 내려오는 봉건적 폐습으로 본 것이다.

생활개신 운동은 안재홍이 이야기하는 '국민개노'가 실현되고, 민주공화주

---

[11] 신간회의 주요활동은 ①~⑪까지는 일제의 저항 운동의 성격이 강하다. 그러나 ⑫번부터는 생활개신운동으로 토착 생활운동과 관련을 맺고 있다. 즉, 신간회가 일제의 비판이 아니라, 새로운 사회의 건설의 밑거름을 제공하는 일이다. 그러나 조선일보의 신생활개신운동은 6차 코민테른 '12월 테제'에서 이런 신생활 운동은 정치화 운동으로 인해 좌절되었다. 사회주의자들은 공장, 생산, 철도, 농장 등과 신간회 조직을 일치시키고 만다(鐵岳, 1930, 92~3쪽, 참조). 그 기초 자료는 ①일제식민지 교육반대, 민족교육 요구 학생동맹휴학 지원활동, ②지방주의계열 단체 비판운동/지역주의에 빠진 단체에 대한 비판과 시정, ③재만동포옹호운동/재만동포옹호동맹을 창립, ④하의도 소작쟁의 등 농민운동지원, 수재민 구호운동, 어민들의 권익옹호운동, 노동운동 지원, ⑤동척의 한국인 농민수탈 및 일본인 동척이민 폭행규탄, ⑥조선인본위의 민족교육운동, ⑦태평양 문제연구회 참가반대운동, 독립운동과 사회운동 지원, ⑧갑산화전민 방화방축사건에 대한 항쟁, ⑨언론, 출판, 집회, 결사탄압 규탄운동, ⑩광주학생 독립운동 옹호지원활동과 민중대회 운동, ⑪일제 지방행정 반대운동, ⑫야학 및 문맹퇴치운동, ⑬3총 해금운동 및 학생운동 지원 활동, ⑭미산타파 및 색의 착용, 생활개선운동, ⑮여성부인운동 지원(자매단체(근우회 관련)("제90주년 신간회 창립기념식", 2017.2.15., 서울 YMCA 회관 대강당).

의가 실현된다. 그 과정에서 초기에 국가 기능이 강화되면 사회민주주의가 되고, 그 후 민주공화주의를 위한 기초가 된다. 물론 생활개신은 비경제적 요소도 포함되어 있었지만, 일자리 창출을 위한 기회를 얻을 수 있었다. 색의(色衣)는 욕망을 부추길 수 있었고, 자기를 다른 자아와 구별할 수 있었다. 이는 물산장려운동과 같은 맥락이다.

이들의 노력은 신문의 선전기능, 캠페인 기능이 어우러진다. 조선물산장려회의 '우리는 우리의 것으로!'의 표어에서 사회민주주의로 표방할 할 수 있는 협동조합 운동이 계속이 된다. 후자는 조선일보가 주축이 되어 이뤄졌고 생활개신운동의 '새로살자!', '새로살자!'가 새로 등장한 것이다(김일영, 1929.6, 23쪽).

물론 신간회 운동을 김일영은 빈민을 생각하지 않는 부르주아운동으로 간주했다. 좌우가 균열이 보이는 시점이었다. 그러나 조선일보와 신간회가 주축이 된 이 운동은 경제적 숙명의 의식을 버리고, 효능과 필요를 구하는 운동이었다(안재홍, 1929.5.2.). 즉, 부의증진, 정치의 완성 등 생활내용을 충실히 하는 운동이 계속된 것이다. 이는 결국 '조선민족의 사명'이요 '생존 가치'를 향상시키는 일이며, 민주공화주의 바른 실천의 기초 작업이 된다.

1929년 당시 세계 대공황이 몰아닥친 절박한 시기에 조선일보는 조선인민의 생존의 가치를 높이고, 일자리 창출을 위한 선전활동을 전개한 것이다. 사회주의 계열 「조선지광(朝鮮之光)」은 신간회를 '민족단일당'을 강조함으로써, 당시 신간회의 위상을 알 수 있는 대목이다. 더욱이 이 운동을 위해 「조선지광」의 85호(1929.8) 필자로 안재홍의 「매개기능으로서의 생활개신선전」, 김성수(金性洙)의 「가능한 것으로부터」 등 기사를 등장시켰다.

그 내용을 자세히 보자. 여기서 건강 증진은 "질병에 유약한 유년과 청년을 보살 필 수 있고, 노동자를 병마에서 건질 수 있게 했다. 이는 개인의 삶의 질을 높일 수 있었다. 다른 한편 건강증진을 위해 병원을 세우면, 일자리가 늘어나고, 교육기관이 늘어나가 마련이고, 산업이 증진된다. 이들 생활의 향상 은 문자해득이 높아지고, '문화'[12] 증진을 이룩할 수 있다. 이는 결국 신문과 사회민중이 교호관계를 유지하며, 민중의 자주정신, 자주의식, 주관의식을 높 일 수 있게 한다."라고 했다(유완희, 1928.1, 37~9쪽). 결국 신생활 운동은 고목 에 새 가지가 생길 수 있는 삶의 영역에서 혁명이 일어나게 된다. 이 운동은 후일 민주공화주의가 발아하는 발판을 마련할 수 있었다.

조선일보 사업이 신간회 사업으로 확장된 것이다. 리용필은 이 내용을 자세 히 설명했다. 즉, 그는 "이제는 대륙침략전쟁을 준비하면서 (일본은) 조선의 도시와 농촌에 대한 착취와 략탈정책을 더욱 강화시켰다. 이 때 조선일보, 동 아일보는 '농촌구제, 농촌계몽'의 간판을 내걸고 '귀농운동', '모범농촌 조사운 동' 등을 벌렸다. 신문사들에게는 그때 서울에 와서 공부하다가 방학에 고향으 로 귀가하는 중학생들로서 '학생계몽대', '문자보급반' 등을 두어 지방에 보내는 일을 하나의 년례 행사로 벌려놓았던 것이다. 여러 가지 명칭의 '대'에 망라된 학생들은 신문사의 간판을 가지고 지방에서 가서 '문명퇴치', '색의단발', '농사 계량', '소비절약', '금주금연' 등을 내용으로 한 강연, 좌담 등의 '선전사업'을 벌렸다. 신문들은 그들의 활동에 대하여 수십 회씩 련제보도하군 하였다."라고 했다. 신문사들은 이와 함께 지방순회탐방이란 것을 조직하고 여기에 기자들 과 소위 지방유지들, 벼슬아치들까지 인입하여 조선상공업의 진흥을 선전하게 하고, 그들의 활동정형에 대해서는 수십 회에 걸쳐 연재하군 하였다"라고 했다 (이용필, 1993, 114쪽).

---

12) 문화는 "개인이나 사회의 생활내용을 충실히 하며 풍부히 함이니 곳 부의증진과 정치 의 완성과 도덕의 순수와 종교의 풍성과 과학의 발달과 철학예술의 심언오묘라. 환언 하면 조선민중으로 하야곰 세계문명에 공헌케 하며 조선강산으로 하야곰 문화의 낙 원이 되게 함을 제창하노니 이는 곧 조선민족의 사명이요 생활의 가치라 사유한 연고 라. 요컨대 동아일보는."(유완희, 1928.1, 35쪽).

북한은 신문에서 하는 이들 운동을 선전, 선동, 조직자의 기능으로 봤다. 이들 계몽운동은 생활개신을 통해, 낙후된 조선인이 선진국가로 수직적인 승진 운동을 가능하게 된다. 이를 위해 각층에서 시작하여, 순민족적으로 그 절실한 개신을 요하는 경세적(經世的) 제 문제에 관하여, 오직 진지한 실천에로 맹진을 요 할 뿐이다(안재홍, 1929. 5.15). 여기서 경세는 사회 정책적 과제를 의미하는 것이고, 궁극적으로 일자리 창출로 사회 계층 상승의 기회를 얻게 된다. 즉, 생활개신을 통해 경제적 이익을 얻고, 일자리를 얻게 된다. 후일 민세의 신민주주의 사고의 핵심, 즉, '신생회 선언', '국민개노' 사상이 생활개신에서 일어나게 된다.

언론사는 통계를 쓰기 시작했으며, 협동조합운동도 동시에 전개했다(방상훈, 1990, 206~7쪽). 생활에서의 과학화 운동이 일어났다. 또 다른 민족문화 육성산업, 즉 생활개신운동의 하나는 학생들의 귀향활동이다. 민세는 귀향활동을 통해 심신을 단련시키고, 또 자연과 인간의 정확한 지견(智見)을 넓히기 위하여, 개인으로나 혹은 부대로서나, 자기의 향촌을 중심에로 한 산하발섭(山河跋涉)의 운동을 전개할 수 있다(안재홍, 1929.6.16.). 이 운동은 결국 개인 정신 수양이 가능하고, 국민 개개인이 공중(public)으로 생활할 수 있게 한다.

이는 귀향활동을 통해, 문맹퇴치 운동을 가능케 한다. 민세는 "귀향운동이 결국 농민의 교육을 위함이요, 농민교양이 일정한 목적 의식성에 의하여 될 것을 의미함은, 용설(冗說)치 않는다. 그러나 오인은 이것을 고양함에 장애가 많을 것을 잘 안다. 뿐만 아니라, 교양이 없는 대중에서는 목적의식에 의한 계획적인 교양운동이 필요한 한편, 우선 상식의 일진보를 주는 것만도 또 필요한 것이다."라고 했다(안재홍, 1929.6.16.).

물론 귀향활동 운동으로 문맹퇴치 운동은 문화산업과 관련이 된다. 신문이 문화산업을 발전시킬 동력으로 작동한 것이다. 한편 이승복 국장은 '조선어'13)

문자보급운동을 산업으로 본 것이다. 그 결과 조선일보는 1929년 이후 당시 경영에 호전을 이뤘고, 신문기업의 조직이 비대해졌다(천관우, 1981, 16쪽). 그렇다면 신간회는 당시 시대상황에서 정치운동, 경제운동, 문화운동의 산실이 된 것이다.

당시 신석우는 현실적으로 심각했던 경영난 해결을 위해 제갈공명이란 별명을 갖고 있던 이승복을 영업국장으로 영입했다(이한우, 2004.12.23). 그는 막후에서 신석우를 도와 조선일보 살림뿐만 아니라 신간회의 살림까지 도맡았던 것이다.

4.신간회의 해소

그러나 조직이 비대해지고, 신간회까지 껴안은 조선일보는 그만큼 일제의 감시가 심해졌고, 언론의 자유가 위축되게 마련이었다. 즉, 1931년 신문기업의 규모가 커졌지만, 삭제 압수를 당한 사설 시평이 매우 드물어졌다(천관우, 1981, 16쪽). 물론 정치적 이유도 있었다. 조선일보는 1928년 5월 9일 안재홍이 집필한 「濟南事件의 壁上觀, 田中內閣의 大冒險」으로 안재홍은 구속되었고, 신문은 9월 21일 까지 133일 동안 정간 상태를 유지했다. 일본군의 산동출병에 대한 우려를 논한 것이다. 그 때 정간 해제를 조건으로 조선일보가 신간회에서 탈퇴하기를 바랐다(방상훈, 1990, 197쪽).

그러나 민세는 1929년 12월 또 다시 광주학생사건과 관련된 신간회대중대회

---

13) 안재홍은 조선어에 애착을 가졌다. 그로 인해 1942년 12월 조선어학회사건이 터져 민세는 9번째 함남 홍원경찰서에 구속되었다 실제 중심인물이 아니어서, 약 100일 만인 이듬해 3월에 석방되었다. 그러나 그 후 사상범, 전과자에 대한 집중적 감시의 대상이 되었다(천관우 1981, 20쪽).

사건으로 구속되었다. 조선일보가 신간회에 탈퇴하라는 총독부의 말을 듣지 않는 꼴이 되었다. 조선일보는 133일 정간 후, 광주학생사건을 직면한 것이다. 광주지회를 건지기 위해 무리한 출혈을 했다. 민세는 구속의 세례를 피할 수 없었고, 신문사는 재정이 고갈되었다.

한편 일제는 산동출병 이후 조선을 병참기지화를 시도했다. 그 만큼 큰 공장이 들어서고, 노동자의 숫자는 불어났다. 더 이상 사회주의, 공산주의자는 小부르주아 신간회를 필요치 않았다. 조선일보와 신간회는 동시에 위기를 맞이했다.

1931년 만주사변 이후 논조는 더욱 위축되었고, 그 논조의 약화 경향은 더욱 공고해졌다. 말하자면 문화의 산업화도 더불어 화근을 불러들였던 것이다. 그 틈을 타 사회주의 계열은 스스로 갈 길을 찾아가게 되었고, 1931년 5월 조선일보는 당장 경영의 어려움을 겪고 있었다. 경영난으로 신석우 체제가 물러나고, 민세는 주필직에서 신임사장으로 승진했다. 신문사 사장직을 맡았으나, 경영은 여전히 어려웠고, 설상가상으로 취임한지 10일째, 신간회 자진 해산이 이뤄졌다. 사회주의자들은 '극좌 노선의 완성'으로 더 이상 小부르주아 민족주의를 필요치 않았다.

신간회 참가자들의 성향이 소개되었다. 당시 이인(李仁)은 "신간회는 농업과 공장노동자들과 관계가 없는 소부르주아지가 지도력을 가졌으며, 지도자는 영웅적 야심에 몰두하여 실천력이 부족하다."라고 했다(이인, 1931.7). 그들은 신문을 읽을 수 있는 지식인임에는 틀림없지만, 혁명적 지식인, 인텔리겐챠와는 거리가 멀었다. 그들은 프롤레타리아트 혁명대신, 신생활 운동, 더 나아가 경제민주화를 더욱 선호했다.

신간회 내부에도 균열이 일어났다. 1929년 6월 28일 29일 양일간에 걸쳐 '복(複)대표대회'[14]가 열렸다. 전국복대표전체대행대회가 중앙기독교청년회관에

14) 복대표대회는 각 지회에서 회원 수에 비례하여 대표회원을 선출하고 그 대표회원들

서 개최되었다. 이 대회에서 직제개정과 임원 선출이 있었는데, 지금까지 간사제(幹事制)에서 중앙집권제인 집행위원제도를 채택하기로 규약개정을 하였다(박명환, 1936, 158쪽).

이 대회의 특징은 '아래로부터의 조직'으로 규약을 변경시켰다. 현재 중앙집권 하에서 출입처 중심의 정치신문 성격과 다른, 지역 중심으로 사회민주주의를 실현하고자 했다. 다른 측면에서 신생활 운동으로 사회민주주의, 경제 민주주의 개혁을 할 수 있다고 봤다.

그 만큼 분권적 조직으로 중앙의 힘이 유약했다. 그 규약에 따라 중앙 집행위원장 허헌(許憲)이 당선되었다. 신간회 2대 회장이 당선된 것이다. 그리고 서기장 황상규(黃尙奎), 전 부회장 권동진(權東鎭)을 중앙검사위원장, 회계에 김병노(金炳魯) 씨가 뽑혔다. 한편 허헌과 대척점에 있는 조병옥(趙炳玉)을 경성지회임시대회에서 선출했다. 이에 전남 광주목포 양지부에서 준공직이라는 변호사 7직에 있는 몸이 중앙위원장은 부당하다는 것이다(박명환, 1936, 160쪽).

중앙 집행위원장 허헌은 당시 법조계의 원로로서 신간회 경성지부회에 2대를 연하여 3대 회장으로써 돌연 신간회 위원장 된 것이다. 구본부측은 긴장했다. 허헌은 집행위원장을 포함한 78명의 간부 중 사회주의자로 확인되는 인물로 49퍼센트 38명을 구성시켰고, 그들은 주로 화요회, 서울청년회, ML 등 조선공산당 재건을 위한 인물들이었다(이균영, 1993, 215쪽). 신간회의 좌경화는 구 본부측의 의도와는 전혀 빗나갔다(박명환, 1936, 159쪽). 그렇다고 정간으로 총독부가 신간회와 조선일보 사이에 끈을 끊게 하는 판에 어떤 대안을 내 놓을 수도 없었다. 그러나 허헌은 곧 '민중대회사건'(1929년 12월 광주학생 사건, 신간회민중대회 사건)으로 12명 인사와 같이, 구속되어 사퇴했다.

이 본부에 모여 정기대회를 개최, 규약의 개정과 임원을 개선해야 하지만 정기대회가 금지되었으므로 수개의 인접지회가 합동으로 대표 즉 복(複)대표 1인을 선출하고 복대표들이 모여 정기대회를 대신하는 대회였다(이균영, 1993, 26쪽).

그 주요 인사는 홍명희, 조병옥, 이관용(李灌鎔), 이원혁, 김무삼 등 주요간부를 제외하고 다른 인사는 곧 석방되었다. 그 사이 조병옥이 이끌던 경성지회가 처음의 정쟁을 유지하였다. 당시 조병옥은 1925년 6월 미국 콜럼비아대학에서 박사학위를 받고 연희전문 상과에서 경제학과 재정학을 가르쳤다(조선일보사 사료연구실, 2004, 271쪽).

광주학생 사건으로 3년 간 복역하고, 범법자로 학교로 돌아갈 수 없어, 조선일보 주변을 맴돌고 있었다. 그는 1932년 8월 1일 임경래(林景來)에게 조선일보 판권을 양도받았다. 그해 11월 23일 조만식(曺晩植)을 사장으로 초빙하고, 결국 신문을 방응모(方應謨) 부사장에게 넘겨준 장본인이었다.

조병옥 전무는 "조선일보를 살리지 않으면 우리 민족의 또 하나의 계몽 기관이 없어지게 되므로 어떻게 해서든지 신문사만은 살아야 한다."(『나의 회로록』)라고 했다(조선일보사 사료연구실, 2004, 271쪽).

또한 그는 "'민족이 얼을 살리고 무지한 대중을 널리 계몽시키고 민족문화를 향상시켜 민족운동의 커다란 역할을 할 수 있는 길은 오로지 언론을 창달하는 길밖에는 없다고 생각한 나머지 언론기관에 분골쇄신하여 헌신할 작정이었던 것이다.'고 회고했다."라고 했다(조선일보사 사료연구실, 2004, 271쪽).

조병옥 경성지회위원장이 당시 가진 생각이었다. 그러나 그는 광주학생사건으로 3년 옥고를 치른다. 한편 공석이 된 신간회를 회계 책임자였던 김병노(金炳魯)가 1930년 11월 중앙집행위원장으로 선출되면서 곧 다시 온건한 노선이 확립되었다. 그는 서기장과 더불어 요직을 겸임으로 독식하게 이른다.

한편 윗 조직이 와해된다고, 밑까지 붕괴될 이유가 없었다. 지금까지 지회설립과정은 지방신문 기자들이 많이 참여하여, 신문사 지국 사무실을 쓰기도 했다. 조선일보, 동아일보, 중외일보 지국사무실을 같이 쓰기도 했다(이균영, 1993, 253쪽). 이들 지회를 통해 웅변대회나 연설회를 개최했다. '생활개신 운동'은 지회, 분회를 통해 계몽을 할 수 있었다. 그러나 공장 노동자들 조직이 활성화되면서 상황은 달라지기 시작했다. 1928년 『대중신문(大衆新聞)』은 사설을 통해 "「노동자·농민의 정치적 훈련은 공장을 중심으로」 하여야 한다고 주장하였다."라고 했다(『대중신문』, 1928.1.28; 이균영, 1993, 283쪽).

신간회 조직은 반드시 생산조직일 수 없었다. '12월테제'의 노동자 농민의 프롤레타리아 독재의 관점에서 문제가 될 수 있었다. 즉, 공장, 생산, 철도, 농장 등과 신간회 조직은 일치하지 않는 것이다(鐵岳, 1930, 92~3쪽). 작업장을 중심으로 신간회를 이용한다면 공장을 중심으로 사상교육하게 되고, 신간회의 지회, 분회는 자신들 목적을 위한 수단으로 사용하게 되기 마련이다.

사회주의자들은 신간회의 지회와 분회를 통해 그들의 목적을 위한 게릴라 전투를 계속 할 수 있게 되는 것이다. 한편 지분국에서도 조선일보 지도부가 흔들리는 동안, 사회 계몽, 기사 내용, 광고영업, 판매 등이 엉켜 신문의 위상을 떨어지게 하는 요인도 크게 작동하고 있었다.

사회주의자는 이런 신간회를 와해시키려고 했다. 노동자·농민의 '정서'를 파고 들어왔다. 그들은 조선일보·신간회를 혐오한 총독부 관리의 정책을 옹호한 것이다. 총독부는 이들 세력에 대한 이이제이(夷以制夷) 정책을 펼 수 있는 기회를 맞았다.

더욱이 코민테른 '12월 테제' 이후 식민지 조선을 개혁시키려는 러시아와의 뜻이 점차 반영되기 시작했다. 사유재산을 부정하는 프롤레타리아독재 쪽으로 기울러지고 있었던 것이다. 한편 사회주의 계열은 1928년 12월 10일 코민테른 6차 대회인 '12월 테제'의 뜻을 따르기 시작했다. 조공(조선공산당)은 1928년 9월 조선공산당은 코민테른에 정식 가입했다.

'12월 테제'는 소부르주아 지식인 중심의 조공(조선공산당)의 문제를 언급하고, '노동자·농민의 정부'를 선호하게 했다. 그 정책에 따라, 코민테른의 외곽

조직인 1930년 9월 프로핀테른(국제적색노동조합, '9월 테제')에 가입된다. 조선공산당은 더 이상 민족주의 성향을 지닐 수 없게 된다. 조선공산당은 세계 공산당 조직. '극좌노선의 완성(最左翼)'에 편입된 것이다.

1931년 만주사변 이후 경공업에서 중화학공업으로 산업의 형태가 변화했다. 코민테른은 1929년 원산 총파업 이후 노동조합운동의 정책을 바꾼다(신주백, 1990년 봄. 28쪽). 즉, '9월 테제'의 전략에 따라 혁명적 노동조합을 ①산업별로 개편 가능한 기존의 직업별 노조를 산업별로 개편하고, ②산업별로 개편될 수 없는 지역 합동 노조는 조합 내에 청년부·여성부·청년부를 두어 미조직 노동자를 흡수하고 강화하는 방향, ③미조직 공장에 침투하여 산업별 조합을 건설하는 경향을 나타내기 시작한다. 각 공장에는 '공장위원회'가 건립되고, 작은 규모에는 '자치회'가 설립된다.

산업사회에서 민족주의는 그 의미를 상실해 갔다. 1931년 전후 조선은 세계 자본주의에 이미 편입되고 있었다. 한편 리용필은 "그해 김일성의 주창으로 1928년 1월 15일 무송에서 사회주의 선진사상 보급 전파의 『새날』이 창간되고, 이어 당조적의 『불쉐위크』, 『농민동맹』의 『농우』 등이 창간되었다."라고 했다 (리용필, 1993, 188쪽).

러시아는 더 이상 조선공산당에 소부르주아 조직의 허용을 거부하고 새로운 노동자·농민의 나라를 건설하기를 바랐다. 즉, 코민테른 정책은 "식민지 또는 반식민지에 투쟁은 토착민족주의자와 합동투쟁을 포기한다는 정책에서 나온 정세의 변화로 그 실례를 중국국민당에서 찾고 또한 신간회 중앙위원의 진용이 전자에 비해서 민족주의자적 색채를 농후하게 띈 까닭이라 하였다."라고 했다(박명환, 1936, 167쪽).

5. 신간회와 조선일보-정당부터 문화산업육성 기능까지

부산, 인천, 통영, 이원지회 등은 회소 문제를 본격화 시켰고, 대부분의 신간회 주축 인사들이 구속된 상태에서, 전체대회를 5월 16일로 해소(解消) 위원장 강기덕(康基德), 위원 31인, 후보 3인, 검사위원 5인의 선거 한 후 신간회는 회소의 길을 걸었다. 사회주의 계열의 강 씨의 뜻에 따라 신간회는 자진 해산을 했고, 공선공산당은 토착 민족주의와의 공동투쟁을 포기하기에 이른다.

신용하 서울대 명예교수 "1927년 1931년까지 조선일보는 신간회 기관지나 대변자 역할을 했다"라고 했다(유석재, 2017.2.15.). 해소 직전 조선일보 지도부는 구금사태, 재정적 압박을 받고 있었다. 신간회를 통한 희생이 그 만큼 크게 부각된 것이다. 물론 혁신조선일보는 그럴만한 이유가 내재적으로 존재했다. 신석우, 안재홍, 이관구, 조병옥 등은 정경학과 출신 혹은 경제학자이면서 사회민주주의를 폭 넓게 수용하고 있었다. 그게 패착이 된 것이다.

그 안을 자세히 들여다보면 신간회 주류였던 그들은 비타협적 민족주의, 즉 신간회 구 간부는 좌익(左翼)으로 분류될 수 있으나, 최좌익(最左翼)은 아니었다. 그들은 언론을 통해 선전, 선동, 조직자가 될 생각은 별로 없었다. 지도부는 신분사회로부터 탈피하고, 시장사회를 통한 자유주의 사회를 염원했지, 스탈린의 파시즘을 원하지 않았다. 즉, '협동조합운동', '소자본주의 육성' 등을 봐 다분히 사회민주주의의 경향을 나타내었다. 그 만큼 그들은 경제적 자유, 자본주의 등이 우선시 되었다. 같은 경제 우선 정책을 폈지만, 사회주의 계급사회, 즉 노동자·농민의 프롤레타리아 독재는 원치 않았다.

그럴지라도 경제적 이해관계에 더욱 민감할 수밖에 없었다. 당시 시대조류를 봐도 계급적 경제 관계가 정치적 것에 앞선 사회였다. '신사상'으로 마르크스·레닌주의가 한반도를 엄습했다. 정치는 일본제국주의가 독식한 상태이었고, 조선인에게 경제적 자유만 부분적으로 허용할 뿐이었다.

1920년 초 조선은 경제문제가 민감하게 다가왔다. 그 논리라면 조선일보와 신간회는 경제적 계몽의 성격이 농후할 수밖에 없었다. 당시 일본은 경제적 자유는 허용하였지만, 군국주의를 기반으로 하고 있었다. 한편 러시아는 프롤레타리아 독재를 구가했다. 조선의 입장에서 사회주의보다. 오히려 사회민주주의가 당시 주도적 담론이라고 봐도 무리가 없었을 것이다.

그 관점에서 본다면 신간회는 독립협회와는 달리 계몽적 성격을 지녔지만, 계급적, 경제적 이해관계를 더 따졌다. 그렇더라도 당시 신문은 강철 팩트를 중심으로 한 언론은 아니었다. 정파성 신문으로써 언론은 이성의 작동을 방해했으며, 체계(system) 건설에는 등한시했다. 명증성, 일관성, 사실 위주가 아니었다. 과학적 분석은 뒤로 했다.

설령 그렇더라도 조선일보는 경제·산업·주식 등 경제신문으로 시작함으로써, 경영진이 바뀐다고 하더라도 언론인 성격 자체가 바뀐 것은 아니다. 조선일보 색깔도 전통적으로 다른 신문의 편집국의 성격과 판이했다. 조선일보는 다른 신문에 비해, 기자가 비교적 자유롭게 이견을 개진할 수 있는 성격을 갖고 있었다. 그 정책은 외부 성향과도 관계를 맺고 있었는데, 민족자본 형성 및 민립대학설립 등을 강조한 것이 두드러졌다.

물론 신간회의 설립목적도 민족단일당, 민족협동전선 양대 기치 아래, "민족적 당면이익을 광범하게 예민하게 감지하고 각 단계의 역량에 기하여 가능한 최대한도의 x술(術)을 규정하고 협동xx을 제창하는 역할을 담당한 민족적 단일당으로서의."라고 했다(김기림, 1931, 8쪽). 그 만큼 전 민족적 과제를 이야기하지만, 파당성이 들어갈 어떤 여지를 주지 않았고, 민세는 퍽 모더니즘적, 즉 합리적 논리를 폈다. 당시 신간회는 경세적, 혹은 사회 민주적 입장에서 정당기능부터 민족문화육성 산업, 즉 콘텐츠 산업까지 아우르는 슬로건을 고안했다.

그렇다면 신간회가 종교 단체도 아니었다. 천도교 청년당 소속이 입회에 관심을 가졌던 박문희(朴文熺)는 "신간회는 투쟁을 통한 조직체가 아니니까 다시 말하면 노동자농민의 절실한 일상이익을 위한 투쟁을 토대로 한 조직이 아니고 부유적(浮游的) 소부르주아 층의 외교적 통합인 까닭에 그 투쟁이 활발치 못하다. 구성분자의 직업별 통계를 보면 농민이 다수라고 하였으나 이는 대부분은 무직자로서 편의상 농민이라고 쓴 것이다."라고 했다(김기림, 1931, 11쪽).

천도교의 입장에서 신간회의 색깔이 분명치 않다고 한 것이다. 박문희 씨는 "신간회가 협동 전선을 형성해 투쟁하는 것은 막연한 강령과 형태를 지니고 있다. 오히려 청총(靑總), 노총, 농총, 근우회 등 다른 단체와 협력할 필요가 있다."라고 했다(박문희, 1931.1, 17쪽).

더불어 박문희 씨는 "대신 계급적 이해관계 뿐 아니라, 종교적 감정의 유대가 더 강인하다. 그럼으로 기독교단체 등 제종교단체도 조직 내에 인입(引入)할 일."이라고 했다(김기림, 1931, 11쪽). 신간회는 사회 제 단체로서 종교단체를 적극 가입시키자는 것이다. 신간회의 방향은 지금처럼 막연한 것은 지양해야 한다고 했다.

물론 신간회가 프롤레타리아 독재의 노동자 민주주의는 수용하지 않았다. 사회주의계(系)도 "신간회는 종래에 있어 민족적 총역량의 집중체라는 추상론에서 무조건으로 모든 계급이 이것을 지지해야 된다는 맹목적 경향에서.소부르주아지의 단체가 되고 말았다는 것. 현재의 신간회는 노농대중의 투쟁의욕을 억제하는 조직이 되고 있다."라고 했다(洪陽明, 1931.1, 12~3쪽).

신간회의 성격이 이렇다면 제국주의에 대항하는 코민테른의 '반제통일전선(反帝統一戰線)', '산업별 노동조합 운동', '조선공산당 재건운동' 등에 적극적일 수 없었다. 또한 전(前) 간부는 스탈린의 강권적 프롤레타리아 운동에 동조할 이유도 없었다. 민세의 노력도 알 수 있는 대목이다. 해소에 반발한 안재홍은 민족단체통제협의회를 조직하려 했으나, 해소론자들의 거부로 뜻을 이루지 못했다(천관우, 1981, 17쪽).

조선일보는 그럴 경제적, 정치적 역량을 잃었다. 민중의 흥분, 환호, 기대로 시작한 신간회는 소련을 뒤로 한, 사회주의자의 두더지 작전에 힘없이 무너지고 말았다. 신간회가 더 이상 민족협동전선을 실현할 수 있는 조직적 한계를 지니고 있었다.

소련 중심으로 편 사회주의 혁명이 조선에 이식되었다면 지금까지 북한은 주체사상을 이야기하는 것은 문제가 있다. 신간회 해소 과정의 역사로 보면 전혀 주체사상을 이야기할 수 없는 입장이다. 그 사고의 발상은 코민테른 6차 대회에서 결정이 되었다. 신간회의 해소 논리로 본다면 남북통일의 실마리도 결국은 러시아가 풀어야 하는 결론에 이른다.

물론 해소론자들도 할 말이 있다. 신간회는 "민족적 소 부르주아지의 집단으로써 가장 전투적인 노동자농민의 전투력을 말살시켰다. 신간회를 해소시켜 노동자는 노동조합에로 농민은 농민조합에로 각각 귀영시키는 것이 해소의 일반적 의의였었다."라고 했다(양봉근, 1931. 12, 8쪽).

또한 프롤레타리아의 국제화에 대한 언급도 있었다. 세계공산당 대열에 조선도 참여할 필요가 있다는 소리가 된다. 즉, "조선운동의 역사적 단계에서 일정의 지도적 이론이 수립된다면 이는 우선 국제적 연쇄관계를 갖고 물질적 해부를 비롯하여 그야말로 투쟁의 경험을 토대로 하는 조선의 조선적인 특수성을 비판하는 데에서 진정한 지도자 이론을 추출시켜야 할 것이다."라고 했다(진영철, 1931.12, 9쪽). 이는 "조선의 민족협동전선은 '언제나 좌익적이고 이것이 곧 정통적인 것' 같이 평한다. 말하자면 '자기 자신이 사회주의요, 합법주의자로 스스로 천명했다.'"라고 평가할 수 있다(진영철, 1931.12. 10쪽).

그러나 민세는 다른 생각을 갖고 있었다. 그는 조선인만을 위한 표현기관이 필요하다는 논리다. 그는 "조선의 지도자들이 좌익이나 급진을 명예로 알아서 추수적(追隨的) 태도로 헤매고 있는 동안에서는 지도자는 허수아비요 명사도 물거품이오. 결성도 그림자요. 조선에 순조선인적 의사의 표현기관이 필요하다는 것을 무럭무럭 느끼게 됩니다. 일정한 공식공론이나, 또는 수입이론으로 자체의 현실상의 살아 움직이는 직면한 정세를 등한시하고, 나아가는 것은 그것은 살기위한 이론이오, 이론을 위한 생활인가를 가릅니다."라고 했다(안재홍, 1931.12, 6~7쪽).

당시 다른 사람은 민세를 비판했다. 그 비판의 내용은 "민족사회주의자로 자처하면서 소부르주아지 의식의 반동자임에 틀림이 없다."라고 했다(朴萬春, 1932.2, (68쪽). 민세는 " 현재 이것을 충분히 비판할만한 자료를 갖지 못 하였음을 유감으로 생각하면서 민족운동의 대한 민족주의자적 표현기관의 시비만을 논하여 보고하는 것이다. 조직문제 그것은 계급세력 간에 변화과정에서 그 계급관계와 불가분적 관계를 갖고 있다."라는 것이다(69쪽).

박만춘은 조선의 문제를 계급적 대립관계의 현실 속에서 조직문제를 풀어가야 한다는 논리다. 제국적 부르주아 계급적 조직을 이탈할 수 없는 현실을 감안하여, 별개의 조직을 갖는 것은 언제든지 부르주아지의 직접인 편을 드는 것이다(72쪽). 그는 프롤레타리아의 출현의 정당히 설명할 수 있다고 주장함으로써 해소론에 정당성을 부여했다.

물론 안재홍은 신간회 해소로 없어진 표현기관의 필요성을 재차 언급을 했다. 그 논리라면 신문의 논조와 신간회의 활동은 그 경향적 면에서 맞아떨어졌다. 신문은 지회, 분회활동을 상세히 기술하고 있었다. 당시 신간회는 지역의 유림이 주도했던 향토문화을 이끌었고, 많은 기자출신 문인들이 그 문화를 발전시켜줬다. 그 시대 중요한 이슈, 즉 광주학생사건은 곧 신간회가 행동대원들로 움직였다. 신문은 그 활동의 선전, 선동의 매체가 된 것이다.

안재홍은 「일제 운동의 당면문제-신간회는 무엇을 할까」에서, "신간회를 위하여, 그 기본강령과 행동강령으로서 필요한 제 조항을 토구(討究)하고, 당면문제에 관한 각종의 슬로건과 및 그의 전 과정에 일반적으로 필요한 제조함을 열거하려 할진대, 그는 자못 제애(際涯)가 없을 것이다. 그러나 특수정세의 밑에 있는 조선에서 目下에 가장 문제 삼을 수 있는 문제를 문제 삼는 것이 적의(適宜)한 전책(戰策) 이라할진대, 우선 간명하게 전기한 제 조항을 들 것이요." 라고 했다(안재홍,1928. 3. 27).

안재홍은 프롤레타리아의 목적론적 계급적 독재를 주장하는 대신 신문을 통한, 협동조합 운동, 신생활 운동에 더욱 관심을 가졌다. 1929년 조선일보와 신간회가 함께 펼친 사회 개혁 운동이었다. 민족단일당, 민족협동전선에서 사용한 선전, 선동술, 조직술이었다. 그는 1948년 정부가 수립되고 신생활 운동을 다시 끌고 왔다.

그는 남북통일을 전제한 뒤 해방 후 「(선언문) 신생회 선언」에서 "①우리들은 이 거대한 염원에서, 가장 애국적 민주적 협동호조적인 민중의 교육훈련을 실천과업으로 삼는다, ②또한 과학 기술적 능률적 그리고 실용적인 시각과 실천의 연성(鍊成)이 요청되는 것이다, ③모든 의식주와 사유, 행동 등 국민적 및 시민적인 일상생황의 온갖 부문에 걸쳐, 진보적이요 또 혁명적인 신생체제를 전개 및 성과 하여야 할 것이다."등 민족문화 산업 육성을 제시하고 있다(안재홍, 1983, 307쪽). 안재홍의 구상한 '신생회 선언'은 남북이 함께 자주적 사회민주주의 그리고 결국 민주공화주의 실현을 가져올 것을 독려한 것이다.

참고문헌

金起林, 1931.1, "신간회전체대회–대행중앙집행위원회광경", 『삼천리』 11.

김덕한, 2001.3.2, 「(창간특집) 조선일보 사장열전 ②우창 신석우 선생」, 『조선일보』.

金萬圭, 1927.2, "妥協과 非妥協–우리는 정치운동에 대하여 엇더한 태도를 취할까?", 『朝鮮之光』 64호.

김성수, 1929.6, 「가능한 것으로부터」, 『朝鮮之光』 85號.

김일영, 1929.6, "생활개신운동에 대하여" 『朝鮮之光』 85號.

대중신문, 1928.1.28, 「노동자·농민의 정치적 훈련은 공장을 중심으로」

리용필, 1993, 『조선신문 100년사』, 나남.

朴萬春, 1932.2, "안재홍의 표현단체재건론을 駁함" 『彗星』

박명환, 1936, "신간회 회고기", 『신동아』, 54.

朴文熹, 1931.1, "전국적 해소와 시기", 『三千里』 11.

방상훈, 1990, 『조선일보 70년사①』, 조선일보사.

사설, 1927.8.7, 「민족단일당의 문제」, 『조선일보』.

시평, 1927.2.14, 「만일민족진영」, 『조선일보』.

사설, 1927.5.12, 「민족단일당」, 『조선일보』●

사설, 1928.1.28, 「1928년의 戰野를 전망하면서」, 『大衆新聞』.

신주백, 1990·봄, "1930년대 국내 사회주의자들의 민족해방운동론", 『역사비평』.

안재홍, 1981.3, 안재홍 간행위원회 편, 『민세 안재홍 선집①, ②』, 지식 산업사.

_____, 1924.11.1, 「조선일보의 신사명」, 『조선일보』, 1924.11.1.

_____, 1927.1.10, 「신간회의 창립준비–진격(進擊)한 노력을 요함」, 『조선일보』.

_____, 1927.3.10, 「신간회의 京城대회–주목을 끌 이 회합」, 『조선일보』.

_____, 1927. 3.13, 「신간회의 급속한 발전–지회설치 1백 돌파」.

_____, 1927.10.9, 「금년의 민중교양운동–무산지도자의 배출을 촉(促)함」, 『조선일보』.

_____, 1928.3.27, 「실제운동의 당면문제–신간회는 무엇을 할까」, 『조선일보』.

_____, 1929.5.2, 「생활개신을 고조함–峻烈한 실천의지의 고조」, 『조선일보』.

_____, 1929.5.15, 「생활개신을 선양함–본사주최의 신운동」, 『조선일보』.

_____, 1929.6, 「매개기능으로서의 생활개신선전」, 『朝鮮之光』 85號.

_____, 1929.6.16, 「하기와 귀향학생–하고 싶은 두 조건」, 『조선일보』.

_____, 1929.7.17, 「귀향학생 문자보급반–본사주최의 봉사사업」, 『조선일보』.

_____, 1931.12, "신간회해소 후 제정세 전망—표현단체 재건의 필요성", 『삼천리』.

양봉근, 1931.12, "그 후의 정세와 오인의 태도", 『삼천리』.

유석재, 2017.2.15, 「신간회 낳고 키운 조선일보 사람들」, 『조선일보』.

柳完熙, 1928.1, "조선의 신문과 민중—아울러 신문기자의 직책에 대하여", 『조선지광』 75號.

이균영, 1993, 『신간회 연구』, 역사비평사.

이기백, 2011, 『한국사 신론』, 일조각.

이선민, 2017.2.15, 「左와 右 아우른 신간회, 민족의 힘 하나로 모았다」, 『조선일보』.

이승복, 1974, 『三千百日紅—平洲 李昇馥 선생 八旬記』, 인물연구소.

이 연, 2013, 『일제 강점기 조선언론 통제사』, 박영사.

_____, 1931.7, 「무엇보다 경제운동」, 『혜성』.

이한우, 2004.12.23, 「이상재 '民族계몽 힘써야 한다.'는 조건으로 사장 수락」, 『조선일보』.

_____, 2010.1.8, 「박헌영 등 사회주의 성향 기자들 입사. 1년 만에 대부분 떠나」, 『조선일보』.

일기자, 1929.11, 「현미경—각 신문사의 지분국」, 『조선지광』88호.

이혜복, 1992, 『한국언론인물사화』(상), 대한언론인회.

조선일보 사료연구실, 2004, 『조선일보 사람들—일제시대편』, 랜덤하우스중앙.

진영철, 1931.12, "신간회 해소과정의 재음미", 『삼천리』.

천관우, 1981, 「해제(解題)」, 안재홍 선집 간행 위원회(편)(1981). 『민세 안재홍선집 ①』, 지식산업사.

鐵 岳, 1930, "大衆的戰鬪的協同戰線の結城と新幹會及び獨立促成會の任務", 『朝鮮前衛黨當面問題』, 東京: 左翼書房, 92〜3쪽.

洪陽明, 1931.1, "신간회해소문제비판—계급연맹의 역사적 제약성의 문제", 『三千里』 11.

Jones, Alex S.(2010), Losing the News, New York: Oxford University Press.

필자소개

┃정윤재┃
한국학중앙연구원 사회과학부 교수

┃유지아┃
원광대 동북아시아인문사회연구소 연구교수

┃조규태┃
한성대 역사문화학부 교수

┃김인식┃
중앙대 다빈치교양대학 교수

┃윤덕영┃
국사편찬위원회 편사연구관

┃김기승┃
순천향대 향설나눔대학 교수

┃조맹기┃
서강대 언론대학원 명예교수